O LIVRO DAS
CONSPIRAÇÕES

O LIVRO DAS CONSPIRAÇÕES
EDSON ARAN

Também inclui
fraudes, fatos
inexplicáveis e
criaturas bizarras

Copyright © 2016 by Edson Aran

Grafia atualizada segundo o Acordo Ortográfico da Língua Portuguesa de 1990, que entrou em vigor no Brasil em 2009.

CAPA E PROJETO GRÁFICO Joana Figueiredo
IMAGEM DE CAPA Shutterstock
ILUSTRAÇÕES Jean-Michel Trauscht
PREPARAÇÃO Livia Lima
REVISÃO Clara Diament e Carmen T. S. Costa

Dados Internacionais de Catalogação na Publicação (CIP)
(Câmara Brasileira do Livro, SP, Brasil)

Aran, Edson
   O livro das conspirações : também inclui fraudes, fatos inexplicáveis e criaturas bizarras / Edson Aran. — 1ª ed. — São Paulo : Suma de Letras, 2016.

   ISBN 978-85-8439-048-9

   1. Conspirações 2. Conspirações – Miscelâneas 3. Curiosidades e maravilhas I. Título.

16-07612   CDD-001.94

Índice para catálogo sistemático:
1. Teorias conspiratórias : Conhecimento controverso   001.94

[2016]
Todos os direitos desta edição reservados à
EDITORA SCHWARCZ S.A.
Praça Floriano, 19, sala 3001
20031 — Rio de Janeiro — RJ
Telefone: (21) 2199-7824
Fax: (21) 2199-7825
www.objetiva.com.br

O LIVRO DAS
CONSPIRAÇÕES

PREFÁCIO É TUDO VERDADE

Ninguém lê prefácios. Ainda mais o prefácio de um livro como este, que pode — e deve — ser lido em qualquer ordem. No entanto, já que você parou aqui, merece conhecer um segredo que essa gente que não lê prefácios jamais saberá: o sentido da vida.

É verdade. Até o final deste texto introdutório, você não apenas entenderá o funcionamento do estranho mundo das conspirações como também vai descobrir por que estamos aqui. A vida, o universo e tudo mais. Vou explicar.

A teoria conspiratória é uma vertente da literatura fantástica, que, por sua vez, é gêmea da sátira, a sua irmã problemática. Os três gêneros — conspiração, sátira e fantasia — usam exatamente a mesma técnica: a subversão dos fatos para revelar uma incômoda verdade oculta. Pense em *As viagens de Gulliver*, de Jonathan Swift, e nas teorias sobre o assassinato do presidente John F. Kennedy. Ambas as narrativas distorcem o mundo que conhecemos para apresentar uma nova realidade estranha e perturbadora. A pequenez do homem e suas motivações em Swift; o poder invisível que controla o mundo no caso de Kennedy.

Não por acaso, *O livro das conspirações* está cheio de personagens que trafegam entre os dois mundos. Rabelais, por exemplo. François Rabelais, exímio satirista e autor de *Gargântua* e *Pantagruel*, os dois primeiros livros da clássica pentalogia da literatura fantástica, inspirou a criação do Hellfire Club — um precursor da Illuminati — no século XVIII e, muito tempo depois, da Igreja de Thelema, fundada pelo satanista Aleister Crowley. Ou ainda Jean Cocteau, o poeta e cineasta surrealista que é apontado como grão-mestre do Priorado de Sião, a organização monarquista que conspira para restituir Jerusalém aos descendentes de Jesus e Maria Madalena.

Mas — cuidado! — isso não significa que todas as teorias conspiratórias sejam ficcionais. Antes de afirmar um absurdo desses seria preciso compreender exatamente qual é a natureza da ficção. Vamos tentar.

O homem é um animal que conta histórias. Há 40 mil anos, muito antes da escrita, já produzia pinturas rupestres nas cavernas do Paleolítico, cujo significado ainda divide os antropólogos. Vários homenzinhos armados de lanças cercam um mamute: seria o registro dos acontecimentos ou um desejo de que a caça fosse bem-sucedida, um PowerPoint pré-histórico? Na primeira hipótese, o desenho é uma obra de não ficção. Na segunda, de ficção. As duas teorias nos levam a caminhos diferentes. Se o desenho for só uma crônica, então nossos antepassados eram jornalistas antes mesmo de a imprensa existir. E como todos nós concordamos que a mídia mente, o mamute talvez fosse só um esquilo inofensivo.

No entanto, se o desenho for uma obra de ficção, então ele tem a função de transformar desejo em realidade — no caso, abater um mamute e alimentar a tribo. A pintura é quase uma invocação xamanística que traz ao mundo uma ideia abstrata.

Toda narrativa existe para dar um sentido ao universo, não importa o formato. Conto, romance, dissertação de mestrado, tratado histórico, tese sociológica, manifesto político, mensagem divina: é tudo narrativa. De certa forma, é tudo ficção. Mesmo quando os autores acreditam que escrevem não ficção.

Veja, até os livros de história são, no fundo, uma invenção. Principalmente os livros de história. Sobretudo os livros de história. Personagens ganham proeminência ou desaparecem. Acontecimentos mudam de significado. Causas e consequências são revistas e repensadas. A narrativa do passado é influenciada pelo que desejamos no futuro, que, por sua vez, é uma idealização, não é real.

Ouso afirmar, portanto, que qualquer conspiração deste livro é tão verdadeira quanto a versão oficial dos fatos. Nessas águas turvas, a linha divisória entre ficção e não ficção é tênue e talvez nem devesse existir. Quando alguém denuncia uma conspiração, seu desejo é mostrar como o mundo se move; quando alguém inventa uma conspiração, o objetivo é fazer com que o mundo se mova. Tem diferença?

O.k., os céticos dizem que afirmações espetaculares precisam de evidências espetaculares. (E eles estão certos, os céticos.) Mas a ausência de provas nunca afetou a construção da realidade. Vamos lá: você, como muitos de nós, talvez pense que Yaveh, o Deus de Abraão, aquela criatura rancorosa e ciumenta, seja apenas um personagem de ficção que jamais produziu dilúvios nem abriu mares. Não importa. Yaveh é tão real que fez um mundo à sua imagem e semelhança. Suas regras e códigos formam a base moral de grande parte da população do planeta. E a simples descrença de um pobre mortal não anula essa realidade: milhões de pessoas vivem no mundo que Yaveh criou.

Pode-se aplicar o mesmo raciocínio aos anunnaki, aos greys, à Illuminati, aos reptilianos, aos Bilderbergers, ao Priorado de Sião, à Ordem dos Assassinos, aos marcianos que atacaram Nova Jersey, às bases ocultas na Lua, aos mundos subterrâneos, continentes desaparecidos, fantasmas bailarinos e todas as ordens, cultos e organizações que secretamente controlam o mundo. Você pode acreditar ou não, mas todas elas existem, ainda que apenas como uma ideia que deseja se impor à realidade. Como escreveu Joseph Heller, autor de *Ardil-22*: "Só porque você é paranoico não significa que eles não estejam mesmo atrás de você!".

E este, querido leitor que lê prefácios, é o segredo que eu tinha prometido revelar lá no começo. O sentido da vida, lembra?

O sentido da vida é que todos nós vivemos num mundo ficcional que, no entanto, precisa ser levado extremamente a sério. A economia, as religiões, as teorias, os heróis, a história. É tudo falso. Logo, é tudo verdade.

Pois é. É um paradoxo, mas não se preocupe. Só se lembre de uma coisa: é sempre a realidade que imita a ficção, nunca o contrário.

Edson Aran

COMO LER ESTE LIVRO

Comece pela primeira página e vá até o fim. Depois leia outra. Esse é o método simples. Mas tem também o método confuso, que é mais divertido e especialmente recomendado pelo autor. Comece pelo verbete que quiser. Todas as palavras em **MAIÚSCULAS PRETAS** são links para histórias que completam ou aprofundam a primeira. Além disso, ao lado de cada texto há indicações de leitura que guardam certa relação com o verbete já lido.

    O livro é um labirinto, mas o importante não é achar a saída, é curtir a viagem.

IDENTIFIQUE A TRAMA
Quem e o que está por trás de cada uma das conspirações deste volume

 ALIENÍGENAS
Imperialistas cósmicos se metendo nos nossos assuntos internos

 CRIATURAS MONSTRUOSAS
Seres abomináveis à solta por aí

 DOMINAÇÃO MUNDIAL
Eles só querem controlar o planeta

 ESPIÕES E CONTRAESPIÕES
Serviços de inteligência promovendo a estupidez

 FARSA HISTÓRICA
Parece verdade, mas não é

 HISTÓRIA OCULTA
A história não é aquela você aprendeu na escola

 MALDITA MÍDIA
Manipuladores muito loucos aprontando altas confusões

 MUNDOS SUBTERRÂNEOS
O que vem de baixo nos atinge

 MUTAÇÃO BIOLÓGICA
Criaturas estranhas com modificações esquisitas

 NAZISTAS
São nazistas, ora! Precisa dizer mais?

 SATANISMO
Adoradores de Satã e de outros capetas

 SOCIEDADES SECRETAS
As forças ocultas que dominam o mundo

 TECNOPARANOIA
As máquinas que vão nos escravizar

 VIAGEM NO TEMPO
Gente do futuro alterando o passado

"Você pode seguir em qualquer direção", disse o gato. "Para qualquer lado só tem gente maluca…"
"Mas eu não quero ficar com gente maluca!", Alice retrucou.
"Ah, você não tem saída. Nós somos todos malucos aqui. Eu sou louco. Você é louca."
"Como você sabe que eu sou louca?", perguntou Alice.
"Você deve ser", afirmou o gato, "ou então não teria vindo aqui!"

LEWIS CARROLL, *ALICE NO PAÍS DAS MARAVILHAS*

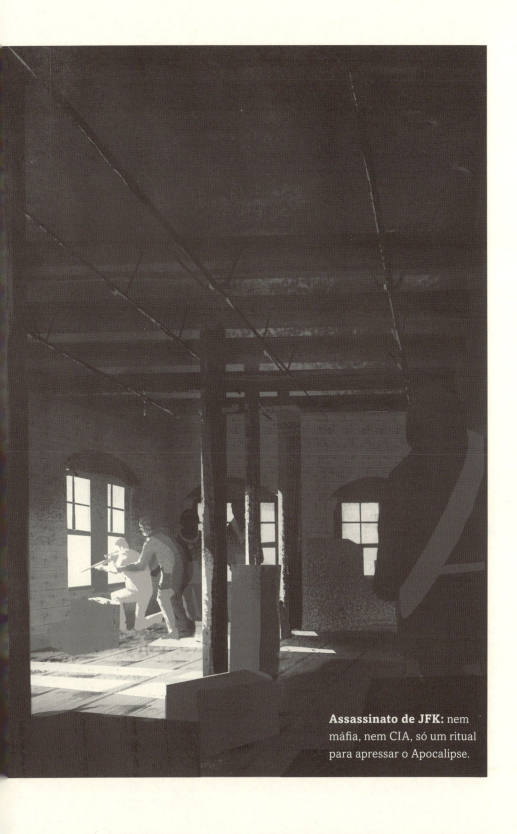

Assassinato de JFK: nem máfia, nem CIA, só um ritual para apressar o Apocalipse.

A

ABDUL ALHAZRED, O ÁRABE LOUCO

Sua história é incerta. Sabe-se que foi poeta e nasceu no século VII no Iêmen, na cidade de Saná — supostamente fundada por Sem, filho de Noé.

Em algum momento da vida, Abdul Alhazred passou dez anos vagando pelo Rub' al-Khali, um dos desertos mais inóspitos do mundo, habitado apenas por espíritos malignos. Ali, teria encontrado as ruínas de uma cidade ciclópica construída antes da era dos homens. Ao retornar da peregrinação, o poeta se convertera em necromante.

Foi viver em Damasco, na Síria, onde escreveu o nefando *Necronomicon* — também conhecido como *Al Azif* —, livro que traz rituais para animar os mortos e invocar os Grandes Antigos, deuses de nomes esdrúxulos que habitaram a Terra bilhões de anos atrás: Cthulhu, Azathoth, Yog-Sothoth, Nyarlathotep, entre outros. As entidades são tão poderosas que basta pronunciar o nome delas para invocá-las e produzir um **APOCALIPSE ZUMBI**.

Apenas dois exemplares do *Necronomicon* teriam sobrevivido: um no Museu Britânico, em Londres, e outro na Biblioteca Nacional de Paris. Mas eles não constam do catálogo das instituições, e há quem afirme que os livros nunca estiveram lá.

Rumores mencionam um terceiro exemplar, pertencente a Adolf Hitler (1889-1945) e enterrado secretamente nas montanhas de Osterhorn, na Áustria, no ocaso do Terceiro Reich. Durante séculos, o *Necronomicon* tem sido cobiçado por seitas e sociedades secretas, pois a posse do livro garante o controle do mundo.

O problema é que o livro nunca existiu. Nem ele nem o árabe louco. Ambos são criações literárias do escritor gótico americano H. P. Lovecraft (1890-1937), que os utiliza em alguns contos e em duas narrativas longas, *Nas montanhas da loucura* e *O caso de Charles Dexter Ward*. O nome "Abdul Alhazred" nem sequer é gramaticalmente correto em árabe.

No entanto, o mago **ALEISTER CROWLEY** (1875-1947) afirmava possuir o *Necronomicon*, e conta-se que **JOHN DEE & EDWARD KELLEY, OCULTISTAS** elisabetanos, traduziram a obra para o inglês no século XVI. Especula-se que Dee & Kelley tenham usado o livro para invocar os **NEFILIM** mencionados pelo profeta bíblico Enoque em seu texto apócrifo. Arqueólogos especulativos afirmam que de fato existe uma cidade perdida nas areias do Ru al-Khali, chamada El Yafri. O local teria sido habitado por **GIGANTES** de origem alienígena e é anterior ao **DILÚVIO UNIVERSAL**.

Veja também:
GLYCON
NÇA DO DESTINO
MANUSCRITO VOYNICH
AZIESOTERISMO
ORDEM DO SOL NEGRO

H. P. Lovecraft talvez não tenha inventado o *Necronomicon*, mas apenas conhecido o grimório. Nesse caso, espero sinceramente que você não tenha a infeliz ideia de dizer em voz alta os nomes de Cthulhu, Azathoth, Yog-Sothoth e Nyarlathotep!

AKHENATON

No álbum *25 anos de samba-reggae* (2005), assim canta o Olodum:

Egito ê,
Akhenaton,
Olodum navega o Nilo com os seguidores de Aton!
Ê Karnak, ê Karnak
Cidade do templo de Amon-Rá
Ê Karnak, ê Karnak
Santuário de um povo milenar!

O faraó Akhenaton não inspirou apenas essa axé-music do crioulo doido — ele também fez a cabeça de historiadores, ufólogos, caçadores de conspirações e até de Sigmund Freud (1856-1939).

Como didaticamente explica o Olodum em sua obra, Amenófis IV (ou Amonhotep em egípcio antigo) foi um faraó da 18ª dinastia ("ê Karnak!"). Seu pai, Amenófis III, havia transformado o Egito numa potência imperialista que englobava os atuais territórios da Jordânia, Cisjordânia, Israel, Síria e o norte do Sudão. Historiadores suspeitam de que o filho, que chegou ao poder em 1375 a.C., tenha sido um corregente do império, ao lado do pai. Não se sabe. No quinto ano de reinado, Amenófis IV mudou o nome para Akhenaton, que significa "o espírito atuante de Aton" ("ê Karnak!").

Aton era o "disco solar", um dos aspectos de Rá, o deus-sol. Mas o faraó o promoveu a deus único e todo-poderoso, proibindo os cultos politeístas no templo de Karnak e promovendo a destruição de todas as estátuas. A palavra "deuses", no plural, foi riscada de papiros e inscrições. O faraó, além de líder militar, se tornou a máxima autoridade espiritual do Egito, reduzindo drasticamente a influência da poderosa casta dos sacerdotes ("ê Karnak!").

Um cronista escreveu: "Os santuários foram abandonados, ervas daninhas lhes cresceram por cima, e os deuses viraram suas costas para esta terra".

Aton reinava supremo.

Isso faz de Akhenaton o inventor do monoteísmo, pois Aton antecede a criação do **YAVEH** dos judeus. No texto "Moisés e o monoteísmo", escrito em 1937, Freud especula que Moisés era um egípcio aliado de Akhenaton. Quando o faraó deixou o poder, ele e seus seguidores saíram zanzando pelo deserto em busca de um lugar ao sol.

Freud argumenta que "Aton" soa como a palavra hebraica "adonai", que significa "senhor", e também como "Adônis", divindade síria surgida na mesma época. "Juntamente com a crença no deus único, nasceu inevitavelmente a intolerância, que anteriormente era alheia ao mundo antigo", escreveu o pai da psicanálise.

O historiador Paul Johnson explica que "identificar o nacionalismo com um deus soberano foi uma característica da época", e a ascensão do império, portanto, se "vinculou à emergência de uma forma de monoteísmo que subordinava a multiplicidade de deuses a uma divindade superior".

Para coroar a reforma religiosa, o faraó abandonou Tebas, a capital do império, e fundou uma nova cidade para a corte: Akhetaton, ou "horizonte de Aton", que acabaria, veja você, por inspirar Juscelino Kubitschek a construir Brasília.

Dezessete anos depois de sua coroação, Akhenaton morreu de forma misteriosa, possivelmente assassinado pelos sacerdotes dos antigos deuses. A cidade de Akhetaton foi saqueada, destruída e abandonada. As estátuas do faraó foram postas abaixo e seu nome foi proscrito. Era a vingança dos deuses.

Mas Akhenaton permaneceu muito vivo no coração do Olodum e também dos conspiranoicos ("ê Karnak!").

Há quem defenda que o culto monoteísta a Aton foi ensinado ao faraó por criaturas **EXTRATERRESTRES**. Outros, mais doidões, dizem que o próprio Akhenaton era um alienígena — ou um híbrido. Como evidência, apontam que ele, assim como sua esposa, Nefertiti, tinha **CRÂNIO ALONGADO**. A múmia de Akhenaton foi descoberta em 1907 no Vale dos Reis. A de Nefertiti ainda não foi identificada, mas há fortes suspeitas de que seja um dos corpos encontrados na mesma tumba — e de fato tem um crânio anormalmente longo.

Alguns fóruns da internet dedicados a viagens no tempo especulam que Akhenaton possa ser um visitante do futuro, daí sua forma física esquisita. A tentativa de implantar o monoteísmo talvez fosse um ardil para influenciar a história, ou até para consertá-la. Com viagens no tempo nunca se sabe.

Já o escritor Mark Booth não enxerga Akhenaton com bons olhos. Na obra *A história secreta do mundo*, sustenta que o monoteísmo é apenas uma forma de materialismo, pois nega a existência de espíritos e outras criaturas

---

Veja também:

ASSASSINATO DO REI

BRASÍLIA, TEMPLO DO DEUS-SOL

FU-TURISTAS

GRANDE PIRÂMIDE

MALDIÇÃO DE TUTANKAMON

desencarnadas. Embora alguns esotéricos vejam o faraó como uma figura profética e santificada, Booth afirma que os egípcios da época consideraram seu reinado um "evento setiano" — isto é, de Seth, o deus da violência, da traição, do deserto, da guerra e das serpentes, um antecessor do Satã judaico ("ê Karnak!").

ALEISTER CROWLEY

No livro de memórias *Paris é uma festa*, Ernest Hemingway divide, a contragosto, a mesa com o escritor Ford Madox Ford no café Closerie des Lilas, em Montparnasse. São os anos 20, e a Cidade Luz é habitada por uma estranha fauna de surrealistas, ocultistas, comunistas e vanguardistas.

Um homem magro, de capa, passa pela rua acompanhado de uma mulher muito alta. Madox Ford diz que aquele é o poeta e ensaísta Hilaire Belloc, mas se recusa a cumprimentá-lo, pois Belloc, assim como Hemingway, não era um "cavalheiro".

Madox Ford se vai; Hemingway continua enchendo a cara, claro. Outro conhecido se junta a ele. O homem magro passa novamente, e o escritor repete a história que ouvira, mas o amigo o corrige: "Não seja besta!", diz. "Aquele é Aleister Crowley, o satanista. Dizem que é o homem mais pervertido do mundo."

Aleister Crowley (1875-1947), a Grande Besta, é uma das figuras mais fascinantes do século xx. Hoje, quase setenta anos depois de sua morte, ainda exerce influência notável em autores como Alan Moore, Grant Morrison, Neil Gaiman, J.K. Rowling e o nosso Paulo Coelho. Seu nome está associado a inúmeras teorias conspiratórias, seitas satânicas e sociedades secretas. Há até quem acredite que ele é responsável por grande parte das bizarrices que ocorrem no mundo.

Ocultista aplicado, Crowley viajou à Índia, ao Tibete, ao México, ao Japão, ao Sri Lanka e à China. Estudou budismo, taoismo, hinduísmo, tantrismo, sufismo e fundou a própria religião, Thelema. Mas nunca foi um pregador cheio de certezas. Em seu *Diário mágico*, escreve: "Neste livro, fala-se de caminhos, espíritos e conjurações de deuses, esferas, planos e muitas outras coisas que podem ou não existir. É imaterial se elas existem ou não. Mas, ao fazer certas coisas, certos resultados são obtidos".

Aleister Crowley defendia uma sistematização dos rituais de invocação e recomendava que se fizessem anotações detalhadas das experiências:

"O que ninguém antes de mim havia feito é provar a existência da inteligência extra-humana. Posso equivocar-me na interpretação, obviamente, mas é impossível duvidar que exista alguém lá". Mas onde é "lá"? Ninguém sabe ao certo.

O mago tinha mania de falar com anjos. Em especial, os caídos, que o profeta Enoque chama de **NEFILIM** e que muitos conspiranoicos acreditam que não eram entidades sobrenaturais, e sim seres **EXTRATERRESTRES**.

Conta-se que entre 1904 e 1919 (as biografias divergem) Crowley teria encontrado, no Cairo, um misterioso ser chamado Aiwass, que o instruiu na prática da magia. Essa criatura seria originária de Sírius, sistema de onde supostamente vieram os **ANUNNAKI** (que são, a depender da fonte, os mesmos nefilim de Enoque). A literatura conspiratório-esotérica garante que Crowley, inspirado por Aiwass, abriu vários portais dimensionais com seus rituais mágicos. O problema é que se esqueceu de fechá-los depois. Esses vórtices foram a porta de entrada para discos voadores, monstros e abominações diversas.

Uma das fendas teria sido produzida na **BOLESKINE HOUSE**, às margens do lago Ness, na Escócia, entre 1899 e 1913. Outro "portal" foi aberto em 1946 no deserto de Mojave, nos Estados Unidos, por **L. RON HUBBARD E O CIENTISTA DE FOGUETES** John Whiteside Parsons. Hubbard, mais tarde, fundaria a Igreja da Cientologia. Parsons faria importantes descobertas sobre a propulsão de foguetes antes de morrer na explosão do seu laboratório, aos 37 anos.

O trabalho de invocação realizado por Hubbard e Parsons, conhecido como **OPERAÇÃO BABALON**, não contou com a participação de Crowley, mas foi inspirado por ele. Alguns teóricos da conspiração defendem que esse portal teria possibilitado a entrada dos alienígenas **GREYS** na nossa dimensão. No ano seguinte, em 24 de junho de 1947, o piloto Kenneth Arnold avistaria uma flotilha de UFOs sobre o monte Rainier, no estado de Washington. E, em 8 de julho de mesmo ano, um objeto voador não identificado caiu em **ROSWELL**, no Novo México. Os dois eventos marcam o início da chamada "Era dos Discos Voadores".

O nome de Aleister Crowley também está associado ao **EXPERIMENTO FILADÉLFIA**, uma suposta viagem no tempo promovida pela Marinha americana em 1943. O experimento seria baseado na magia de Crowley e nas invenções do servo-croata **NIKOLA TESLA**.

Veja também:
ABDUL ALHAZRED, O ÁRABE LOUCO

JOHN DEE & EDWARD KELLEY, OCULTISTAS

KENNETH ARNOLD E OS DISCOS VOADORES

A

ALTERNATIVA 3

Carl Sagan, um astrônomo respeitado e cético, teorizou, certa vez, que se extraterrestres viessem observar a Terra, certamente usariam a Lua como base. De fato, a Lua não é dos amantes, mas dos paranoicos. Segundo alguns teóricos da conspiração, o satélite esconde bases alienígenas, fato que a **NASA** esconde da população mundial. De acordo com outros, nós nunca estivemos lá e o pouso da Apollo 11 é uma completa farsa. E há até quem defenda que os nazistas alcançaram o astro nos anos 40 e vivem lá até hoje. Mas uma das histórias mais interessantes sobre o **MUNDO DA LUA** é a "Alternativa 3".

Em 1977, a emissora britânica Anglia Television, hoje ITV Anglia, levou ao ar um curioso documentário que revelava uma intrincada conspiração mundial. A reportagem começava contando a história de cientistas britânicos desaparecidos misteriosamente. A investigação prossegue com a morte suspeita de um astrônomo, depoimentos de jornalistas que foram pressionados a abandonar a investigação e a entrevista de um astronauta alcoólatra.

Finalmente, a trama é desvendada. Em 1957, um simpósio promovido pela elite econômica mundial concluiu que a Terra não sobreviveria ao Terceiro Milênio. O aumento descontrolado da população e a exploração indiscriminada dos recursos naturais acabariam por inviabilizar a vida humana no planeta; o efeito estufa derreteria as calotas polares e a população se aniquilaria em guerras por água e comida.

Para evitar o cenário *Mad Max*, cientistas desenvolveram três alternativas. A Alternativa 1 era usar um dispositivo nuclear para abrir uma fenda na estratosfera e fazer com que os gases tóxicos que causam o efeito estufa escapassem. O problema é que a fenda também permitiria a entrada dos raios UV na atmosfera, matando milhões de pessoas de câncer. Além disso, seria necessário conter drasticamente a produção industrial para reduzir a emissão de poluentes. A única maneira de fazer isso seria reorganizar a economia em suas bases, alterando a matriz energética calcada em combustíveis fósseis, o que dificultaria bastante a vida dos pobres bilionários. Isso tudo tornava a Alternativa 1 arriscada demais.

A Alternativa 2 consistia em construir uma vasta rede de cidades subterrâneas para abrigar a elite da raça humana. Essas pessoas se manteriam protegidas da barbárie para emergir no momento oportuno e governar o mundo. Mas havia o enorme risco de que esses "oásis" acabassem descobertos pela patuleia enfurecida, complicando ainda mais uma situação já caótica. A Alternativa 2 também foi abandonada.

E, por fim, havia a Alternativa 3, que era praticamente igual à anterior, só que com as cidades secretas construídas na Lua, portanto menos acessíveis à plebe ignara. Enquanto isso, Marte seria "terraformado" para ser o destino final da elite egoísta.

A Alternativa 3 foi colocada em prática e as várias etapas do processo foram cuidadosamente planejadas. Primeiro inventou-se uma falsa Guerra Fria entre as duas potências hegemônicas — que, na verdade, trabalhavam em estreita colaboração. Da mesma forma, dois programas espaciais foram estabelecidos. Um era o falso Projeto Apollo, responsável por forjar a conquista da Lua em 1969. O outro era um consórcio secreto entre americanos e soviéticos que pousou no satélite natural ainda nos anos 50 e construiu ali uma base de lançamento para alcançar Marte.

No entanto, para que a Alternativa 3 fosse bem-sucedida, quatro subprogramas foram colocados em ação. O primeiro consistia na fabricação de conflitos localizados para manter a ilusão da Guerra Fria. O segundo se responsabilizava por recrutar cérebros altamente qualificados para trabalhar na Alternativa 3 (daí o sumiço dos cientistas britânicos). O terceiro controlava o aumento populacional da Terra com a disseminação de vírus letais. E, enfim, o quarto: produzir humanos mais adaptados à vida em Marte por meio de manipulação genética. O resultado dessa experiência são os famigerados "alienígenas" **GREYS** — na verdade, humanos alterados biologicamente. Aliás, por falar nisso, os discos voadores também não são **EXTRATERRESTRES**, mas sim veículos da elite sociopata. Para manter a trama em segredo, os vilões usaram todos os recursos disponíveis: sequestro, manipulação, chantagem e assassinato.

Esta é a verdadeira história do século xx, leitor crédulo. Todas as teorias que envolvem bases secretas subterrâneas e criaturas extraterrestres são um mero reflexo distorcido da Alternativa 3, a única conspiração verdadeira.

Só tem um problema: é tudo armação.

O programa da Anglia Television foi exibido em 1º de abril de 1977 e não passa de uma piada extremamente elaborada: um "*mockumentary*" transmitido dentro de uma série jornalística chamada *Science Report* para dar maior veracidade à trama.

Ou, pelo menos, é nisso que querem que você acredite.

O escritor americano Jim Keith (1949-99), autor de doze livros sobre conspirações, escreveu uma obra inteira sobre o tema, *Casebook on Alternative 3*, na qual reconhece que o documentário da Anglia é uma farsa, mas aponta evidências de que a Alternativa 3 é real e está em andamento neste exato momento.

Segundo os conspiranoicos, peças de **DESINFORMAÇÃO** como o *mockumentary* são produzidas de tempos em tempos para ridicularizar quem

Veja também:

A GUERRA DOS MUNDOS

AMAZING STORIES

AUTÓPSIA ALIENÍGENA

HOMENS--MORCEGO DA LUA

QUARTO 237

denuncia as verdadeiras conspirações. Ou seja: a Alternativa 3 é totalmente falsa, logo é absolutamente real.

ALUMBRADOS

Seita gnóstica surgida na Espanha do século XVI, os alumbrados ("iluminados", em português) pregavam que Deus está dentro de cada um de nós, tornando dispensáveis os sacramentos, o pagamento do dízimo e a obediência à Igreja católica. A Igreja católica não gostou muito.

Os alumbrados foram condenados por heresia em 1623, mas serviram de inspiração para a criação, 150 anos depois, na Alemanha, da Ordem dos Iluminados da Baviera, também conhecida como **ILLUMINATI**.

Alguns conspiranoicos afirmam que a **COMPANHIA DE JESUS** era a verdadeira força por trás da seita espanhola e também da sociedade secreta alemã. Isso é curioso, já que os jesuítas comandaram a Inquisição, que combateu os alumbrados e, mais à frente, a Illuminati. Mas talvez o maior talento da ordem seja este: manipular os dois lados do conflito para implementar uma agenda completamente diferente. Você já viu isso antes em *Star Wars*.

Veja também:

COLÉGIO INVISÍVEL

ECCLESIA GNOSTICA CATHOLICA

GNOSTICISMO

YAVEH

AMAZING STORIES

A revista *Amazing Stories* foi criada em 1926 pelo editor Hugo Gernsback (1884-1967) e é a primeira publicação *pulp* totalmente dedicada à ficção científica. Nos anos 20, lançou clássicos de H. G. Wells, Jules Verne e Edgar Rice Burroughs. Isaac Asimov e Arthur C. Clarke também ganharam uns trocos vendendo contos para a publicação.

Mas em meados dos anos 40 *Amazing Stories* enfrentava a concorrência de um novo e poderoso veículo: os quadrinhos. As vendas caíam e a direção da revista foi entregue ao jovem e inquieto Raymond A. Palmer, mais conhecido como Ray Palmer. Para aumentar a circulação, o novo editor abriu a publicação para relatos de não ficção. *Supostamente* de não ficção.

Um dos primeiros textos da nova fase, publicado em 1945, foi "I Remember Lemuria!", de Richard Shaver, que narra o encontro do autor com criaturas **INTRATERRESTRES** chamadas "deros", que secretamente cons-

Veja também:
ALTERNATIVA 3
HOMENS-
-MIRAGEM
HOMENS-
-MORCEGO
DA LUA
NNETH ARNOLD
E OS DISCOS
VOADORES
RON HUBBARD
O CIENTISTA DE
FOGUETES
ERRE PLANTARD
DE SAINT-CLAIR

piram contra a humanidade. Palmer nunca escondeu que fez inúmeros acréscimos ao original de Shaver para deixar a história mais interessante.

A estratégia editorial funcionou e fez com que as vendas começassem a subir. Aos poucos, Ray Palmer foi abandonando os contos de ficção científica e transformando a *Amazing Stories* numa publicação de, hmmm, "reportagens investigativas".

A revista foi uma das primeiras a mencionar a queda de um disco voador em **ROSWELL**, em 1947, e também pioneira em denunciar a existência dos sinistros **HOMENS DE PRETO**.

O sucesso das narrativas bizarras impulsionou a criação da revista *Fate* (1948), sobre fenômenos paranormais, e, mais tarde, da *Flying Saucers from Other Worlds* (1957), totalmente dedicada à ufologia.

O escritor americano Robert Anton Wilson (1932-2007), um pesquisador de teorias conspiratórias, atribui a Palmer a invenção de vários elementos que hoje são canônicos na trama sobre os **GREYS**: "Milhões de pessoas estão vivendo num mundo criado por Ray Palmer, embora a maioria delas nunca tenha ouvido falar dele".

AMAZONAS DO ESPAÇO EXTERIOR

O historiador Diodoro da Sicília nasceu aproximadamente em 90 a.C. e escreveu uma única obra, *Biblioteca histórica*. Mais da metade do texto se perdeu. A partir do que sobrou, percebe-se que ele resumiu e agrupou obras anteriores num remix de fatos e lendas. Diodoro diz, por exemplo, que as amazonas eram as piores inimigas da Atlântida e que teriam tentado invadir a ilha-continente várias vezes.

O escritor francês Guy Tarade (autor de *Ovni e as civilizações extraterrestres*) parte dessa afirmação para tecer uma trama das mais traumáticas. Segundo ele, as civilizações da **PRIMI-HISTÓRIA**, isto é, dos tempos anteriores ao **DILÚVIO UNIVERSAL**, tinham armas de destruição em massa mais letais que as nossas. E, oh, que horror, a sociedade era ginecocrática, ou seja, governada por mulheres: "Segundo o Gênesis, foram as mulheres as primeiras que degustaram o fruto da Árvore da Ciência, que dava o conhecimento. Foram as primeiras a transpor o passo que separava a animalidade da humanidade".

A história da maçã é pura safadeza e não passa de uma metáfora. Detalhes mais apurados são relatados no livro do profeta Enoque (não por acaso expurgado da *Bíblia*), que conta que os anjos **NEFILIM** desceram à Terra porque se encantaram com as filhas dos homens e ensinaram a elas a arte do cultivo, a escrita, a arquitetura e as práticas divinatórias. De posse desse conhecimento, as fêmeas dominaram o mundo.

Guy Tarade acredita que a narrativa de Enoque descreve, na verdade, o contato entre humanos e alienígenas, confundidos com anjos pelos povos da Antiguidade. Os filhos dos nefilim com as terráqueas seriam os heróis e **GIGANTES** das nossas lendas. Prossegue o autor francês: "Para que as filhas do homem tivessem recebido em seus leitos estes amantes caídos do céu, seria necessário que, nesses tempos longínquos, os machos terrestres não tivessem direito de opinar! Era, portanto, uma sociedade matriarcal que governava a Terra havia 10 mil anos ou mais".

Com as mulheres na direção, a coisa não terminou bem. Eva foi expulsa do paraíso pelo machista **YAVEH**, que ainda mandou um dilúvio para afogar os filhos dela. Mas Yaveh, diz Tarade, também é só outra metáfora para descrever os alienígenas ciumentos que não suportaram o crescente poder de suas mulheres e filhos. O dilúvio foi uma maneira de se livrar da prole indesejada.

No entanto, antes da fatalidade, as amazonas trocaram a Terra pelas estrelas, diz Guy Tarade:

> Detentoras de uma ciência superior e possuindo já máquinas voadoras aperfeiçoadas, elas emigraram para um outro planeta, antes que a Terra fosse abalada por um dilúvio que elas tinham, sem dúvida, provocado! Queiramos ou não, nosso planeta é atualmente visitado por discos voadores pilotados por elas. Elas "acionam" sociedades secretas que lhes são inteiramente devotadas, e pode-se perguntar se, por outro lado, as grandes religiões patriarcais não recebem apoio técnico de uma outra organização espacial que prega o culto ao homem.

Em resumo, toda a história da humanidade é apenas um longo e chato "momento DR".

Veja também:
ANUNNAKI
APOLLO 20
ATLÂNTIDA E M
MEROVÍNGIOS DO ESPAÇO
"MONA LISA"

ANARQUISTAS DESTROEM LONDRES

O anarquismo voltou à moda com o **BLACK BLOC** e as marchas antiglobalização, mas nunca foi levado muito a sério como proposta política. Uma utopia bacaninha do Bakunin, porém sem base sólida.

No começo do século XX, no entanto, o anarquismo metia medo. O marxismo ainda não era a religião favorita de nove entre dez revolucionários e a Primeira Guerra Mundial (1914-8) tinha começado com um atentado anarquista ao arquiduque austríaco Franz Ferdinand (favor não confundir com a banda indie escocesa, que segue incólume).

Pois bem. Em 1926, a rádio inglesa BBC interrompeu a transmissão regular para um boletim extraordinário: turbas anarquistas estavam destruindo Londres! A National Gallery, o museu mais importante do país, havia sido saqueada. O Hotel Savoy tinha sido dinamitado e os revoltosos enfrentavam a polícia para tomar o Parlamento. O Big Ben estava em chamas e o ministro dos Transportes havia sido enforcado num poste. A rádio transmitia os conflitos ao vivo e era possível escutar as explosões ao fundo.

Os ouvintes da BBC deixaram suas casas em pânico para cair fora da cidade, mas quando chegaram às ruas não havia nada: nem tumulto, nem guerra, nem bombas, nem Big Ben em chamas. Nada. A transmissão era uma radionovela satírica escrita por Ronald Knox (1888-1957).

Knox foi um teólogo anglicano, amigo de Evelyn Waugh (seu futuro biógrafo), irmão do editor da *Punch* (o *Pasquim* inglês) e autor de vários ensaios e crônicas de humor. Em um deles, defendia que Sherlock Holmes e dr. Watson eram figuras reais e não ficcionais. Em outro, enumerava evidências (todas falsas) para provar que os poemas de Lord Tennyson haviam sido escritos pela rainha Vitória. Sua radionovela sobre a revolução anarquista, *Broadcasting the Barricades*, era mais uma das suas intrincadas armações literárias. Ronald Knox foi a grande inspiração de Orson Welles para a adaptação radiofônica de **A GUERRA DOS MUNDOS**.

Fica a lição: jamais confie num satirista. Eles não valem nada.

> Veja também:
> ALTERNATIVA 3
> AMAZING STORIES
> DIÁRIOS DE HITLER
> F FOR FAKE
> HOMENS--MORCEGO DA LUA

ANDREW CARLSSIN, VIAJANTE DO TEMPO

No começo de 2003, um americano chamado Andrew Carlssin, de 44 anos, investiu oitocentos dólares na Bolsa de Valores de Nova York. Duas semanas depois, sua carteira de ações valia 3,5 milhões. O FBI suspeitou de que ele tivesse informações privilegiadas e o levou para interrogatório.

Carlssin confessou que realmente obtivera dados sigilosos — mas não de forma ilegal. Ele conhecia em detalhes o futuro das empresas porque era um viajante do tempo de 2256. Fascinado pela instabilidade econômica do século XXI, o investidor viu ali uma incrível oportunidade de enriquecer.

Para confirmar que falava a verdade, o homem do futuro fez algumas previsões. Disse que George W. Bush começaria a **INVASÃO DO IRAQUE** em 20 de março daquele ano e também informou quando, onde e como Osama bin Laden seria morto. Carlssin, no entanto, se recusou a dizer como conseguira viajar no tempo, alegando que esse conhecimento seria perigoso demais nas mãos de "homens primitivos".

A fortuna obtida na Bolsa foi confiscada e ele foi para a cadeia aguardar a audiência, marcada para 2 de abril daquele ano. Uma fiança de 1 milhão de dólares foi estabelecida para sua soltura. Em 29 de março, no entanto, um misterioso benfeitor pagou o valor e Andrew Carlssin foi solto. Ele nunca apareceu na audiência, nem em lugar nenhum depois disso. Simplesmente sumiu.

O FBI prosseguiu a investigação, mas não conseguiu avançar muito — o homem não tinha amigos, conhecidos ou endereço. Era como se ele não existisse antes de 2003.

Há quem diga que a história é uma farsa inventada pelo tabloide *Weekly World News*, uma curiosa mistura de jornal sensacionalista com publicação de humor (embora você nunca saiba exatamente onde um termina e começa o outro). Mas a notícia também apareceu em diversos sites e jornais, entre eles o Yahoo! News. Supostamente até o *The New York Times* publicou uma reportagem sobre o misterioso viajante do tempo.

O FBI diz que a história é uma lenda urbana. No entanto, uma fonte anônima da Security and Exchange Commission (SEC) deu a seguinte declaração: "Durante um interrogatório de quatro horas, ele repetiu essa história maluca de viagem no tempo. Ou Andrew Carlssin era um lunático ou um mentiroso patológico, mas ele transformou oitocentos dólares em 3,5 milhões em duas semanas em 126 operações de alto risco. Ele sabia o que estava fazendo".

Veja também:
AKHENATON
EXPERIMENTO FILADÉLFIA
FU-TURISTAS
JOHN TITOR, VIAJANTE DO TEMPO
RUDOLPH FENTZ, VIAJANTE DO TEMPO

ANONYMOUS

Grupo de ativistas cibernéticos (eles preferem "hacktivistas") vagamente inspirado nas ideias do situacionismo.

O movimento situacionista foi um coletivo de artistas e agitadores surgido na França no final dos anos 50 cuja proposta pode ser assim resumida, de forma imprecisa: "A ação política deve ser espetacular ou a sociedade burguesa vai olhar para o outro lado". Isso também define vagamente o modus operandi do Anonymous e do seu primo não muito distante, o **BLACK BLOC**.

Os vídeos do Anonymous perseguem a estética do cinema B e das histórias em quadrinhos. Suas intervenções simulam uma transmissão televisiva clandestina com trilha sonora grandiloquente e texto pretensioso. A máscara de **GUY FAWKES** usada por eles é a mesma do filme *V de vingança* (2005), que, por sua vez, é uma adaptação da *graphic novel* de mesmo nome escrita pelo inglês Alan Moore.

O Anonymous surgiu em 2003 e é definido como uma comunidade digital global com ideias vagamente libertárias e vagamente anticapitalistas. Supostamente não existe uma liderança centralizada, apenas núcleos que agem vagamente inspirados em causas vagamente comuns. Eles são vagamente contra o controle da internet (leia-se: combate à pirataria), o capitalismo, os governos autoritários e as grandes corporações. O grupo esteve envolvido em movimentos vagamente de esquerda, como o Occupy Wall Street (Estados Unidos, 2011), a **PRIMAVERA ÁRABE** (Egito e Tunísia, 2011), as manifestações da praça Taksim (Turquia, 2013) e as **MARCHAS DE JUNHO** (Brasil, 2013).

Desde que surgiu, o Anonymous já atacou operadoras de cartões de crédito (Visa e Mastercard, 2008), igrejas (Cientologia, 2008; Vaticano, 2012), governos islâmicos (Irã, 2009; Turquia, 2013), governos de esquerda (Venezuela, 2014), de direita (Egito, 2014), ditaduras (Coreia do Norte, 2013), democracias (Brasil, 2013), indústrias de video games (Sony PlayStation, 2011), de música (Recording Industry Association of America, 2010) e de cinema (Motion Picture Association of America, 2010).

Esse comportamento ideologicamente errático lança suspeita sobre as reais motivações do grupo. Durante as manifestações de 2013 no Brasil, blogs alinhados ao governista Partido dos Trabalhadores acusaram o Anonymous de trabalhar secretamente num plano para desestabilizar o país. No portal Conversa Afiada, o jornalista Paulo Henrique Amorim escreveu: "Não devemos descartar 100% a possibilidade de ação subterrânea, especialmente através das redes sociais, onde muita gente atua atrás da cortina do anonimato. O ciberespaço é hoje território de guerra. Mas, repito, não há qualquer indício nem prova de que isso de fato esteja acontecendo".

O premiê turco Recep Tayyip Erdoğan não foi tão cuidadoso ao apontar manipulação externa nas manifestações da praça Taksim. "O mesmo jogo está sendo jogado no Brasil e na Turquia", disse ele. "Os símbolos são os mesmos. Twitter, Facebook, são os mesmos. A mídia internacional é a mesma. É o mesmo jogo, a mesma armadilha, o mesmo objetivo." Blogs e fóruns de discussão na internet afirmam que o Anonymous é secretamente controlado pela CIA. Um vídeo postado no YouTube pelo perfil AnonSecurity157 demonstra de modo didático a delicada relação. Segundo o autor, até os "vazamentos" do **WIKILEAKS** são coordenados pelo governo americano.

Criaturas bizarras: outros habitantes do planeta que você ainda não conhece.

Há fatos concretos para corroborar a teoria, no entanto. Em 2012, o hacker americano Jeremy Hammond foi preso por acessar de forma ilegal o site da empresa internacional de consultoria Stratfor. No julgamento, ele declarou que seguia orientação do hacker "Sabu", ou Hector Xavier Monsegur, um agente do governo americano. "Sabu" também é o fundador do grupo LulzSec, que, por sua vez, é ligado ao Anonymous. Hammond declarou ainda que o hacker teria fornecido a ele uma lista de alvos a ser atacados que incluía sites governamentais do Brasil, do Irã e da Turquia.

Segundo essa teoria conspiratória, a CIA e a Agência de Segurança Nacional americana (NSA) passaram a usar métodos sutis para promover transformações políticas no mundo depois do fracasso da intervenção militar direta no Afeganistão (2001) e no Iraque (2003).

Bem-vindo(a) à Matrix! E — surpresa! — Neo e o agente Smith são a mesma pessoa.

Veja também:
BITCOIN
CINCO OLHOS
ECHELON
INTERNET
SNOWDEN E OS ALIENÍGENAS
TECNOPÓLIO

ANUNNAKI

Se a história da civilização fosse uma escola de samba, os anunnaki seriam a comissão de frente. Eles usariam barbas onduladas, teriam **CRÂNIOS ALONGADOS** e rabos de sereia.

O *Dicionário dos deuses e demônios*, de Manfred Lurker (1928-90), não lhes dá muita atenção. Diz apenas que "anunnaki" é a denominação coletiva das divindades inferiores da Suméria. São criaturas anfíbias que habitam a Terra, ao contrário dos igigi, que vivem no céu.

Os mitos sumérios têm forte ligação com a água. A Mesopotâmia, situada entre os rios Tigre e Eufrates, onde hoje está o Iraque, era um lugar de pântanos e várzeas há 5 mil anos. Era possível plantar e colher ali, em vez de vagar pelo mato catando coquinhos. Clãs de agricultores se juntaram na região, construíram diques e muros para se defender dos inimigos. Foi necessário organizar o convívio social, e — bingo! — a civilização nasceu.

A Suméria nos legou a escrita, a engenharia, a irrigação, a matemática, a teologia e a literatura (*A epopeia de Gilgamesh* é a mãe de todas as odisseias, inclusive da própria *Odisseia*, de Homero). Sua mitologia é a base de muitas religiões que surgiram às margens do Mediterrâneo, em especial a babilônica, a egípcia e a semita.

Segundo essas cosmogonias, no início dos tempos cinquenta deuses vieram dos céus para guiar os homens, que eram nômades e selvagens como motoboys. Eles seriam os verdadeiros criadores da civilização, que é uma dádiva divina para a humanidade. Conspiranoicos, no entanto, acreditam que a lenda é a narração metafórica de um contato com **EXTRATERRESTRES**: os deuses anunnaki seriam alienígenas que possivelmente criaram o *Homo sapiens* por meio de manipulação genética.

Os babilônicos, que conquistaram os sumérios em 1760 a.C., assumiram a mitologia anterior, mas mudaram o nome dos anunnaki para annedoti, que significa algo entre "repulsivo" e "viscoso" (a palavra "anedota" vem daí também, o que dá uma boa ideia da importância do humor na nossa civilização).

O historiador babilônico Beroso, que viveu em 290 a.C., descreve assim os annedoti:

> O corpo inteiro do animal era como o de um peixe; tinha sob a cabeça de peixe outra cabeça e também os pés embaixo, semelhantes aos do homem, acrescentados à cauda de peixe. Sua voz e também sua linguagem eram articuladas e humanas. Ao pôr do sol, o monstro costumava mergulhar de novo no mar, passando toda a noite em suas profundezas.

Na época de Beroso, os anunnaki já tinham deixado a Terra havia milhares de anos, mas sua influência permanecia. Os sacerdotes, por exemplo, se vestiam de peixe em homenagem a eles. A mitra papal seria uma reminiscência dessa antiga moda eclesiástica. As histórias de tritões, sereias e monstros marinhos também refletiriam a memória coletiva do contato alienígena. Sem falar na perturbadora e preocupante associação de Jesus Cristo ao peixe.

Num livro detalhista e longo, *O mistério de Sírius*, o antropólogo inglês Robert K. G. Temple persegue os deuses anfíbios em inúmeros relatos lendários. A teoria defendida por ele é que os anunnaki são provenientes do sistema estelar de Sírius, a 8,6 anos-luz da Terra. A evidência apontada é que os calendários babilônico e egípcio eram baseados no trajeto dessa estrela, assim como os da tribo dogon, povo que vive no Mali, na África, e que, segundo estudiosos, descende dos antigos egípcios. O antropólogo é cuidadoso: busca evidências culturais, em vez de sair por aí apontando ruínas, como faz o suíço Erich von Däniken, o mais famoso entusiasta do astronauta ancestral.

Já os seguidores de Robert Temple são muito mais descuidados e divertidos. Zecharia Sitchin (1920-2010), por exemplo, defende que os anunnaki são originários de um planeta chamado Nibiru, que fica além da órbita de Plutão e que retorna ao nosso sistema solar a cada 3450 anos. Segundo ele, os "golfinhos" extraterrestres inevitavelmente regressarão para subjugar a raça humana como fizeram no passado.

Vários conspiranoicos associam os deuses-peixes aos **NEFILIM**, os anjos caídos que vieram à Terra para pegar mulheres, gerando uma raça de **GIGANTES** canibais. Ambos os mitos seriam uma lembrança distorcida do contato com os extraterrestres.

Há também quem entenda que os anunnaki não eram anfíbios e que isso seria apenas outra metáfora para descrever invasores vindos do mar. Mas não tem tanta graça.

Veja também:
ENOQUE E OS ANJOS ASTRONAUTAS
INVASÃO DO IRAQUE

APOCALIPSE ZUMBI

Secretamente, todos nós desejamos que os mortos-vivos saiam por aí comendo gente. Vai ser muito bacana estourar a cabeça de desafetos zumbis a pauladas e tiros de escopeta, fala a verdade.

Bem, pode parar de sonhar.

Há quem acredite que o apocalipse zumbi é real, inevitável e está próximo de acontecer. Uma dessas pessoas é o médico e contra-almirante americano Ali S. Khan, diretor do Centers for Disease Control and Prevention (CDC), a agência que cuida da saúde pública nos Estados Unidos.

Em maio de 2001, Khan publicou no site da agência um artigo chamado "Preparedness 101: Zombie Apocalypse". No texto, ele orientava a população a como se comportar durante uma epidemia de mortos-vivos. O artigo continua disponível no site do CDC, que também traz a versão em quadrinhos.

"Preparedness 101" fez enorme sucesso na época em que foi postado — a audiência foi tão grande que derrubou o servidor da CDC. Khan diz que o tema "apocalipse zumbi" foi usado para dar humor e visibilidade a um prosaico manual de sobrevivência em catástrofes naturais. Ou, nas palavras do autor: "se você está preparado para enfrentar o apocalipse zumbi, também pode enfrentar furacões, pandemias, terremotos e ataques terroristas".

O documento é apenas uma armação bem-sucedida do CDC e não há a mínima possibilidade de que o apocalipse zumbi aconteça.

O.k.

Mas há casos intrigantes de "zumbificação" ocorrendo no mundo. É sério. No Memorial Day (feriado que celebra os militares americanos mortos na defesa do país) de 2012, em South Beach, Miami, um homem chamado Rudy Eugene atacou um mendigo conhecido como Ronald Poppo. O agressor, que estava completamente nu, jogou a vítima no chão e começou a devorar o rosto dela, arrancou os olhos com as mãos e os mastigou como se fossem jabuticabas. Um policial chegou bem rápido ao local e ordenou que Rudy se afastasse da vítima. Como o agressor não obedecia, ele disparou uma vez. E outra vez. E mais uma. Só então Rudy, que passou a ser conhecido como "The Miami Zombie", caiu morto.

Um mês depois, no Canadá, um homem chamado Luka Magnotta matou o namorado, o estudante chinês Lin Jun, e também o comeu. No sentido antropofágico da coisa. Dois meses mais tarde, Alexander Kinyua, de Maryland, devorou o coração e o cérebro do seu colega de quarto. Ainda em 2012, outro caso semelhante foi reportado, dessa vez em Nova Jersey. Também aconteceram ataques em Illinois e na Califórnia.

Investigações revelaram que todos esses "zumbis" haviam consumido a droga mefedrona, conhecida popularmente como "miau-miau" ou "sais de banho". A substância provoca um efeito parecido com o da cocaína misturada à anfetamina, além de causar paranoia, alucinação, sede, sudorese e, segundo os relatos, resistência à dor. O usuário vira um morto-vivo com um estranho apetite por carne humana.

Talvez o artigo de Ali S. Khan no CDC não seja afinal uma armação, mas sim uma advertência real para o iminente apocalipse zumbi.

Seja o que for — armação ou conspiração —, é melhor se preparar. Caso o seu bairro seja tomado por zumbis canibais e você tenha de abandonar o local, aí vão as dicas do CDC para compor um kit básico de sobrevivência:

1. Água. Calcule um galão por dia para cada pessoa;
2. Comida. Apenas itens não perecíveis e que você come regularmente;
3. Remédios. Tanto os utilizados para tratamentos como os mais comuns: comprimidos para dor de cabeça etc.;
4. Ferramentas e utensílios. Facas, fita-crepe, lanterna, rádio, pilhas etc.;
5. Produtos de higiene. Toalha, sabão, papel higiênico etc.;
6. Uma troca de roupa para cada pessoa e cobertores;
7. Documentos de identificação. Carteira de motorista, passaporte etc.;
8. Kit de primeiros socorros.

E, finalmente, uma última dica que não saiu do CDC, mas sim da observação empírica de quem assistiu a dezenas de filmes de zumbis: porrete não precisa ser recarregado. Lembre-se disso.

Veja também:
A GUERRA DOS MUNDOS
ALTERNATIVA 3
ANARQUISTAS ATACAM LONDRES
HOMENS-MORCEGO DA LUA

A

APOLLO 20

O último voo tripulado à Lua foi o da missão Apollo 17, em 1972. O Projeto Apollo foi oficialmente encerrado três anos depois, vitimado pela crise do petróleo, pelo corte de verbas da **NASA** e em especial pelo desinteresse da opinião pública pelo satélite — já que, afinal, lá só havia rochas e poeira. Mas no mundo paralelo das teorias conspiratórias essa é uma versão mentirosa e distorcida dos fatos.

Em 2007, alguém que se identificava como Retiredafb postou vários vídeos no YouTube gravados durante a missão Apollo 20, suposta viagem secreta à Lua ocorrida em 1976. Mais tarde, o usuário acabou por revelar que seu nome verdadeiro era William Rutledge, um ex-astronauta americano de 76 anos que vivia em Ruanda. Segundo ele, em 16 de agosto de 1976 a **NASA**, em colaboração com a então União Soviética, enviou um foguete à Lua que tinha como tripulação a cientista americana Leona Snyder e o cosmonauta russo Alexei Leonov, além do próprio Rutledge, comandante da missão.

A Apollo 20 tinha a missão de explorar os destroços de uma gigantesca nave alienígena em forma de charuto que caíra perto da cratera Delporte, no lado escuro da Lua. A espaçonave estaria ali havia estimado 1,5 milhão de anos, mas se mantivera relativamente intacta graças à atmosfera rarefeita do satélite. No interior dela, os astronautas encontraram restos de vegetação e de corpos extraterrestres muito bem preservados. Os alienígenas se pareciam com seres humanos, embora fossem de estatura mais baixa e tivessem seis dedos em cada mão. Uma das criaturas era uma fêmea de cabelos pretos que ganhou dos astronautas o apelido de **"MONA LISA"**.

Além de disponibilizar vídeos no YouTube, Rutledge divulgou arquivos de áudio, mapas, fotografias e relatórios pormenorizados da Apollo 20. O ufólogo italiano Luca Scantamburlo se interessou pela história e fez uma longa entrevista com o ex-astronauta. Segundo ele, a operação era tão secreta que seu comando não ficava no tradicional Centro Espacial de Houston, no Texas, mas sim na Base da Força Aérea de Vandenberg, na Califórnia. A missão também teve acompanhamento dos soviéticos, baseados na cidade de Sverdlovsk, atual Ecaterimburgo, nos montes Urais.

A informação sobre a nave alienígena acidentada viera dos russos, aliás. Em 1969, a sonda *Luna 15* teria se se chocado com a espaçonave ao pousar. Durante oito anos, americanos e soviéticos discutiram sobre os direitos de exploração do artefato até concordarem com uma missão conjunta. "Mona Lisa" foi trazida para a Terra, assim como os restos de outro corpo, este completamente destruído.

William Rutledge também contou ao ufólogo Luca Scantamburlo que a nave extraterrestre continha vegetais de aparência desconhecida, pedras que "suavam" um líquido amarelo (supostamente com propriedades medicinais) e muitos corpos de criaturas diminutas, de dez centímetros de altura, todos acondicionados em tubos de vidro.

O ex-astrounauta disse que vivia escondido na África porque temia ser silenciado pelos serviços secretos das duas potências responsáveis pela missão. É possível que isso tenha mesmo acontecido, pois ninguém teve notícias dele desde então.

No entanto, as fotos e os vídeos da Apollo 20 continuam na internet. Talvez russos e americanos considerem que a história é fabulosa demais para ser levada a sério e que não valha a pena perder tempo destruindo evidências em que ninguém acredita. Ou talvez exista outra explicação mais ao gosto dos céticos, esses estraga-prazeres. E há.

Todos os vídeos, fotografias, depoimentos e áudios seriam uma criação do artista multimídia francês Thierry Speth. Apollo 20, Rutledge e "Mona Lisa" são peças de uma "instalação" que usa a internet como moldura. Os adeptos dessa versão afirmam que os primeiros filmes da Apollo 20 apareceram no site Revver.com e foram postados pelo próprio Speth. Só depois é que William Rutledge entrou em cena. Por falar nisso, ninguém nunca falou com o astronauta pessoalmente — a tal entrevista concedida para o ufólogo italiano Luca Scantamburlo foi feita por e-mail.

Veja também:
ALTERNATIVA 3
AMAZONAS DO ESPAÇO EXTERIOR
AUTÓPSIA ALIENÍGENA
QUARTO 237

ARCANOS SURREALISTAS

Os relatos sobre os Arcanos Maiores do Surrealismo são escassos e contraditórios.

Em 1929, circulou por Paris uma convocação a todos os artistas surrealistas para uma reunião no dia 11 de março, "precisamente às 8h30, no Bar du Château, 53, Rue du Château, esquina com a Rue Bourgeois".

O convite vinha assinado por André Breton (1896-1966) e Louis Aragon (1897-1982). A intenção do encontro era discutir a expulsão de Liev Trótski da União Soviética por Ióssif Stálin. Afinal, boa parte dos surrealistas havia se convertido ao marxismo. Outros, no entanto, flertavam perigosamente com o ocultismo, o conhecimento hermético e as sociedades secretas. Mais de trinta artistas e escritores compareceram ao convescote.

Falaram um pouco de Trótski, mas logo começaram a discutir o próprio surrealismo. Concluiu-se que o movimento estava estagnado. O importante não era vender quadros, mas sim mudar o cotidiano burguês, transformar o mundo numa experiência bizarra e ilógica que desafiasse a compreensão.

Segundo Julian Descartes em *O surrealismo como experiência alquímica* (1973), partiu do poeta Tristan Tzara (1896-1963), um dos criadores do dadaísmo, a proposta de que o movimento se convertesse em "atividade subterrânea, conspiratória e revolucionária". A partir daí, o surrealismo teria tomado dois caminhos distintos. Um era oficial e composto de pinturas com relógios derretidos. O outro era secreto e dedicado à criação de "experiências irracionais no mundo real", até que toda a "realidade burguesa se afogasse no oceano dos absurdos" (ainda segundo Julian Descartes).

Para concretizar o projeto de subversão surrealista foram eleitos 22 Arcanos Maiores, além de um Cartomante, totalizando **VINTE E TRÊS** conspiradores. Cada Arcano correspondia a uma carta do tarô e tinha uma área específica de atuação. Descartes afirma ainda que Tristan Tzara foi o primeiro "Louco" e coube a ele a execução de teorias sem sentido que, na intenção de explicar a história, apenas a tornariam mais confusa.

O poeta, ator e cineasta Jean Cocteau (1889-1963) adotou a carta "Papisa" e seu campo de atuação foi o "ocultismo simulado" — seja lá o que isso signifique. Louis Aragon (ou Hans Arp, as narrativas são confusas) era o "Enforcado". O próprio André Breton assumiu o posto de Cartomante, com o propósito de "fazer o jogo", ou seja, associar os Arcanos em projetos comuns. Mas Breton abriria mão da função em meados dos anos 30, argumentando que a "subversão surrealista é mais irreal quando os Arcanos se movem sozinhos".

Não se sabe quais eram os outros dezenove conspiradores, mas Gilles Dufaux (em *L'Hystérie paranoïaque comme complot occultiste* [A histeria paranoica como complô ocultista], 1978) afirma que todos os cargos foram preenchidos.

Os Arcanos Surrealistas tinham autonomia para conduzir experimentos, indicar sucessores e recrutar colaboradores. Há quem afirme que a organização siga atuante e esteja por trás de todas as teorias conspiratórias, aparições macabras, monstros misteriosos, fenômenos inexplicáveis, sociedades secretas e armações esquisitas. Tem quem diga que a história dos Arcanos Surrealistas é apenas uma anedota pretensiosa e absolutamente sem graça. E também quem lembre que o maior truque do diabo é fingir que não existe.

Veja também:
CÓDIGO DA VINCI
FANTASMAS BAILARINOS
PIERRE PLANTARD DE SAINT-CLAIR
SITUACIONISMO

ASSASSINATO DO REI

As muitas teorias conspiratórias sobre a morte do presidente americano John F. Kennedy, em 22 de novembro de 1963, formam um quebra-cabeça gigantesco.

No geral, os conspiradores acusados pelo crime são:

1. O complexo industrial militar. Kennedy supostamente encerraria a intervenção americana no Vietnã (apesar de tê-la iniciado), gerando grandes perdas econômicas para o setor;
2. A máfia. A organização apoiara em segredo sua eleição, mas depois foi furiosamente combatida pelo ministro da Justiça, Robert F. Kennedy (que em 1968 também seria assassinado);
3. Cubanos anticastristas. Kennedy negara apoio aéreo à invasão de Cuba pela baía dos Porcos em 1961, o que deixou o grupo de direitistas exilados bastante enfurecido;
4. Fidel Castro. Kennedy não forneceu apoio aéreo na baía dos Porcos, mas a invasão de Cuba foi tramada e apoiada pela CIA. Fidel ficou chateado;
5. A CIA. O serviço secreto americano tinha algo em comum com Castro: também discordava da política externa kennediana por considerá-la muito frouxa com a União Soviética;
6. O FBI. O todo-poderoso chefe do bureau, J. Edgar Hoover, tinha uma relação conflituosa com os Kennedy, especialmente com Robert, seu chefe direto;
7. O MJ-12 (ou Majestic-12). A organização secreta teria forjado um pacto com alienígenas **GREYS** no governo de Dwight D. Eisenhower e, posteriormente, se tornara o "governo invisível" dos Estados Unidos. Kennedy estava cada vez mais desconfiado da presença alienígena na Terra e isso forçou o MJ-12 a agir;
8. Lee Harvey Oswald. O maluco solitário e ideologicamente confuso fez tudo sozinho. Ninguém acredita nisso, é óbvio;
9. Todo mundo trabalhou junto: Lee Harvey Oswald, a CIA, o FBI, J. Edgar Hoover, o complexo industrial-militar, Fidel Castro, os anticastristas, o MJ-12, o vice-presidente Lyndon B. Johnson e Richard Nixon. As reuniões de planejamento deviam ser mais tumultuadas que discussão em condomínio.

No entanto, há uma teoria conspiratória ainda mais original e desconcertante. A ideia apareceu no ensaio "King-Kill 33: Masonic Symbolism in the Assassination of John F. Kennedy" [Morte-Rei 33: Simbolismo maçônico no assassinato de John F. Kennedy], do conspiranoico James Shelby Dow-

A

nard (1913-98), publicado na primeira edição do livro *Apocalypse Culture*, de 1987. Segundo Downard, o assassinato de Kennedy foi um sacrifício ritual maçônico conhecido como "Assassinato do Rei". O crime seria parte de uma conspiração ainda maior e minuciosamente planejada para acelerar o fim do mundo e criar uma nova ordem mundial.

A teoria de Downard é intrincada, mas pode ser resumida assim:

1. Toda a trama é um processo alquímico dividido em três partes: criação e destruição da matéria primordial, assassinato ritual do rei e, finalmente, condução da matéria primordial à terra primordial;
2. A primeira etapa do plano aconteceu em 16 de junho de 1945, no campo de testes de mísseis de White Sands, no Novo México, onde foi lançada a primeira bomba atômica. A matéria primordial (o átomo) foi decomposta e recombinada, causando a explosão. O campo de testes fica no **PARALELO 33** Norte. O grau mais alto da maçonaria é o 33;
3. A segunda etapa foi o "assassinato ritual do rei", isto é, a morte de John F. Kennedy. O crime ocorreu na Dealey Plaza, local onde, diz Downard, teria sido construída a primeira loja maçônica de Dallas. Na época de Kennedy, a Casa Branca era chamada de "Camelot", numa referência ao rei Arthur e aos cavaleiros da Távola Redonda, o que torna a segunda parte da conspiração alquímica muito mais apropriada. A cidade de Dallas também fica no Paralelo 33;
4. Alguns dos supostos maçons envolvidos na trama seriam Lyndon B. Johnson, J. Edgar Hoover, Earl Warren (chefe da comissão que investigou o assassinato) e Allen W. Dulles (ex-diretor da CIA que também fez parte da Comissão Warren);
5. Finalmente, na terceira parte da trama, a "matéria primordial" foi trazida à "terra primordial". Isso aconteceu quando Neil Armstrong (um suposto maçom de grau 33) trouxe pedras da Lua para a Terra, em 1969;
6. Na cabeça de muitos conspiranoicos, a nova ordem mundial já é uma realidade. Para provocar o fim do mundo agora, basta cumprir a última parte da profecia: reconstruir o Templo de Salomão, em Jerusalém. E isso só será possível depois de derrubar a mesquita de Al-Aqsa, um dos lugares mais sagrados do islamismo, construída sobre as ruínas do antigo templo. Convenhamos: é uma receita bem eficaz para provocar o apocalipse;
7. Mas se você duvida de tudo isso, aqui está a desconcertante prova final: o assassinato de Kennedy aconteceu em 22 de novembro. Se você somar o dia (22) com o mês (11), o resultado é 33.

Veja também:
BARACK OBAMA
MAÇONARIA
MARILYN MONROE
TRINTA E TRÊS

ASSASSINOS

Na série multimídia (composta de games, livros, quadrinhos, filmes etc.) *Assassin's Creed*, a Ordem dos Assassinos é mostrada como um grupo libertário que combate a tirania e a **ORDEM DOS TEMPLÁRIOS**. Entretanto, nos relatos históricos, os Assassinos não passam de um bando de psicóticos dispostos a morrer pela glória de Alá. Uma Al-Qaeda da Idade Média.

O problema é que todas as crônicas que mencionam a seita são de origem cristã e datam do período das Cruzadas, quando o conflito entre civilizações estava tão quente quanto hoje.

Em seu diário de viagem, o mercador veneziano Marco Polo (1254--1324) descreve assim esses devotos:

> Milice é a região onde antigamente morava o Velho da Montanha. Seu nome em árabe é Alaudim. Ele havia mandado construir num vale, entre duas montanhas, o maior e mais belo jardim do mundo: ali se encontravam muitos frutos, animais e pássaros, e também os mais suntuosos palácios, todos pintados a ouro. Havia também três fontes canalizadas: por uma corria água; por outra, mel, e, por outra, vinho. Naquele lugar viviam alguns jovens, rapazes e moças, todos formosos e os que melhor sabiam cantar, tocar e dançar.
>
> O Velho fazia-os crer que estavam no Paraíso. Maomé havia dito que quem fosse para lá encontraria rios de leite e de mel e de vinho e ainda teria belas mulheres, tantas quantas quisesse. Por isso, os sarracenos daquela região acreditavam que o céu era de fato ali.
>
> Mas, na verdade, só entravam nesse jardim aqueles que o Velho queria usar como assassinos.
>
> O Velho mantinha ali rapazes de doze anos com aparência de que se tornariam jovens fortes. Ele dava-lhes ópio para beber e eles dormiam por uns três dias. Quando acordavam e se viam no meio de todas aquelas coisas, acreditavam que estavam no Paraíso. Quando o Velho queria matar algum desafeto, mandava buscar o jovem mais forte dos que ali estavam e, desse modo, podia matar a quem quisesse; os rapazes faziam isso de boa vontade: se escapavam, voltavam ao palácio de seu senhor; se eram presos, queriam morrer, pensando que voltariam ao Paraíso.
>
> Dessa forma, nenhum homem escapava ao Velho da Montanha, e posso dizer que, por medo, vários reis pagavam-lhe tributos.

Os seguidores do Velho da Montanha chamavam a si mesmos de "nizaritas" e se diziam descendentes de Fátima, filha de Maomé. Os califas "fatímidas" — conhecidos hoje como xiitas — reinaram no Egito de 909 a 1171. Mas, em 1094, com a morte do califa Al-Mustansir, roubou-se a sucessão ao filho mais velho, Nizar, que foi entregue ao mais jovem, Al-Afdal. Os "nizaritas" não reconheceram a soberania do novo califa e se dispersaram em principados autônomos, como a fortaleza de Massiafe, na Síria, e Alamut, na Pérsia, atual Irã. A palavra "assassino" deriva de "*haxxixin*", que significa, em árabe, "consumidor de haxixe", droga muita apreciada pela seita.

O Velho da Montanha a quem Marco Polo se refere foi o senhor de Alamut a partir do ano 1100. Seu nome não era "Alaudim" — que significa "nobreza da fé" em árabe —, mas Hassan ibn al-Sabbah, um dos personagens mais importantes nas crônicas das Cruzadas, ora lutando contra os cristãos, ora se aliando a eles contra os sunitas. Conta-se que certa vez o Velho da Montanha enviou um emissário para negociar a paz entre a seita e o sultão Saladino (1138-93). O representante de Hassan foi recebido pelo sultão, que, ciente do fanatismo dos Assassinos, manteve ao seu lado dois de seus guardas pessoais de maior confiança. O assassino entrou na tenda de Saladino e se dirigiu aos dois guarda-costas: "Vocês estariam dispostos a matar o sultão se o Velho da Montanha assim o desejasse?", ele perguntou. Para surpresa de Saladino, os guardas disseram que sim e se revelaram membros da seita.

Há quem defenda que os Assassinos tenham trocado ideias com os Templários, de quem foram aliados temporários. Alguns conspiranoicos acreditam que o culto ao demônio **BAPHOMET**, que levou à condenação dos Cavaleiros do Templo por heresia em 1312, teria sido ensinado a eles pelos Assassinos.

A fortaleza de Alamut sobreviveu até 1256, quando as hordas mongóis que haviam saído pelo mundo destruindo tudo sob o comando de Gengis Khan chegaram até lá e exterminaram a seita. Já os Assassinos da Síria conseguiram sobreviver tempo suficiente para iniciar a expansão do empreendimento. Missionários foram enviados à Índia no século XIII, onde se estabeleceram.

Em 1817, o então líder dos Assassinos, Hassane Ali Shah, recebeu do xá do Irã o título de "Aga Khan", que é uma mistura de turco ("Aga" significa "líder militar") com mongol ("Khan" é "comandante em chefe"). O título é hereditário e pertence atualmente ao príncipe Shah Karim Al Hussaini, um magnata nascido na Suíça em 1936. Em 2010, a revista *Forbes* estimou sua fortuna pessoal em 800 milhões de dólares. A fundação Aga Khan, criada por ele em 1967, existe em trinta países e tem o objetivo declarado de promover "atividades sociais, econômicas e culturais para o desenvolvimento das pessoas, independente de credo, origem ou gênero".

Veja também:
PRESTE JOÃO

A Ordem dos Assassinos ainda existe; tem endereço, telefone, site e, aparentemente, não mata mais ninguém.
Mas se você matasse, sairia por aí contando?

ATLÂNTIDA E MU

Imagine se os historiadores, na hora de registrar os fatos, se esquecessem de uma civilização inteira. Tremenda burrada, não? Bem, segundo os conspiranoicos, eles fizeram pior: ignoraram completamente três (três!) grandes civilizações: Atlântida, Mu e Lemúria.

A Atlântida é citada pela primeira vez nos diálogos *Timeu e Crítias* do filósofo ateniense Platão (427-347 a.C.). Segundo ele, a ilha-continente ficava além das colunas de Hércules, que hoje chamamos de estreito de Gibraltar. Platão conta que os atlantes conquistaram todos os povos da Terra. Os deuses, ofendidos com tamanha pretensão, fizeram a Atlântida ir por água abaixo numa série de terremotos e inundações. Tudo teria acontecido por volta de 10 mil anos a.C., ou seja, 6 mil anos antes do surgimento da Suméria, a primeira civilização reconhecida pela história.

Mu é outra coisa. Em 1924, o coronel inglês James Churchward (1851--1936) publicou o livro *O continente perdido de Mu*, no qual afirma que, alguns anos antes, conseguira acesso à biblioteca secreta de um mosteiro misterioso na Índia e encontrara ali a história de Mu, uma civilização avançada existente no Pacífico e desaparecida havia 12 mil anos. Mu se estendia das atuais Marianas à Ilha de Páscoa e tinha uma população de 64 milhões de pessoas. De acordo com James Churchward, o continente era a sede do império Uigur. O relato dele fez a cabeça de gente como Adolf Hitler, que acreditava que os alemães descendiam desses uigures.

O nome "Mu", no entanto, precede a obra do coronel, que o pegou emprestado do arqueólogo francês Charles Étienne Brasseur de Bourbourg (1814-74). Quanto tentava decifrar a linguagem maia, Bourbourg topou com a palavra "Mu" e a entendeu erroneamente como "terra coberta por água devido a uma catástrofe". É a prova definitiva de que os maias tinham um enorme poder de síntese.

A Lemúria, por sua vez, é só outro nome para Mu, embora alguns conspiranoicos também a considerem uma terceira civilização perdida, dessa vez localizada no oceano Índico. O nome "Lemúria" vem de lêmure, aquele bichinho fofo. O zoólogo inglês Philip Sclater (1829-1913) ficou intrigado com a existência dos primatas na Índia e na África e, por isso, concebeu a teoria de que existira no passado remoto uma "ponte" de terra entre esses dois continentes e a chamou de Lemúria. ou a terra dos lêmures.

A ocultista **HELENA BLAVÁTSKI** (1831-91), fundadora da **SOCIEDADE TEOSÓFICA**, levou a teoria de Sclater a sério e incluiu a Lemúria na mitologia teosofista. Blavátski escreveu que a população do continente perdido era composta por uma raça de gigantes hermafroditas com quatro braços e três olhos.

Ah! E lêmures, muitos lêmures.

Outros conspiranoicos defendem que esses continentes desaparecidos eram habitados (ou liderados) por alienígenas do tipo **ANUNNAKI**. E há quem entenda que atlantes e lemurianos eram gente como a gente, embora muito mais avançados do ponto de vista tecnológico. Essa corrente de pensamento se chama **CATASTROFISMO** e concebe um mundo de cataclismos cíclicos que lança a humanidade seguidamente de volta à Idade da Pedra. Sempre com amnésia, é claro, pois ela nunca se lembra da tecnologia desenvolvida antes.

Ou quase.

O conhecimento secreto de Atlântida e Mu se manteria preservado em sociedades secretas que influenciariam o destino da humanidade até hoje. Alguns conspiranoicos também acreditam que artefatos científicos desenvolvidos por essas civilizações continuariam em funcionamento, embora sem supervisão adequada. Afinal, no local onde supostamente submergiu a Atlântida existe hoje o **TRIÂNGULO DAS BERMUDAS**, no qual inúmeras embarcações desapareceram de forma misteriosa. Já no Pacífico, onde estava Mu, existe o menos conhecido — mas muito mais assustador — **TRIÂNGULO DO DRAGÃO**. Foi nessa área que a aviadora americana Amelia Earhart desapareceu sem deixar vestígios em 1937. Também foi ali que, em 2014, sumiu o voo MH370 da Malaysia Airlines.

Veja também:
AMAZING STORIES
DILÚVIO UNIVERSAL
ESTATUETAS DE ACÁMBARO
MUNDOS SUBTERRÂNEO
PEDRAS DE LA MARCHE
PRIMI-HISTÓR

AUTÓPSIA ALIENÍGENA

No dia 5 de maio de 1995, o inglês Ray Santilli revelou ao mundo um documento capaz de mudar a história da humanidade e a nossa percepção do universo. Era um filme 16 mm de dezessete minutos que mostrava um espécime do grupo **GREYS** autopsiado por dois cientistas humanos. Feita em preto e branco por um cinegrafista amador (ou muito nervoso), a gravação mostra uma mesa de autópsia onde repousa uma criatura cinza de cabeça volumosa, olhões pretos, nariz quase inexistente, boca sem lábios e orelhas diminutas. A perna direita está muito ferida e escura.

Dois humanos em trajes de proteção examinam a criatura e removem seus órgãos. Um terceiro sujeito toma notas numa prancheta. Tudo isso se passa numa sala branca encardida. Atrás de uma parede de vidro, uma quarta pessoa observa a cirurgia. A filmagem teria sido feita em 1947.

Segundo Santilli, o filme foi oferecido a ele por um colecionador americano durante uma viagem a Cleveland, em Ohio, em 1992. O inglês pretendia encontrar registros em película dos primeiros shows do Elvis Presley. Não achou o rei, mas capturou um ET. Acontece.

O filme foi um sucesso mundial. Estreou no Channel 4 britânico no documentário *Alien Autopsy: Fact or Fiction?*, e, logo a seguir, no canal americano Fox. O documentário foi vendido para outros 32 países, incluindo o Brasil, onde foi exibido pelo *Fantástico*, da Globo.

Tem gente que defende a tese de que a "autópsia" é real e prova, definitivamente, a existência de vida fora da Terra. Mais: esse alien teria sido encontrado em **ROSWELL**, no Novo México, confirmando, portanto, uma das maiores lendas da ufologia: a de que um disco voador caiu no local e teve seus tripulantes capturados pelo governo americano.

Bom demais para ser verdade, não? Pois é. Não faltou quem duvidasse da autenticidade do filme de Santilli e o caracterizasse como uma bem arquitetada e lucrativa armação. Os pontos mencionados por esses céticos incorrigíveis são:

1. A Kodak analisou quimicamente o filme e confirmou que o negativo é mesmo dos anos 40. Só que os frames autenticados pela empresa são das pontas do filme, onde não aparece nenhum alienígena;

2. Quando a "autópsia" veio a público, em 1995, Santilli afirmou que o cinegrafista responsável pelo filme era Jack Barnett (1906-67), que de fato trabalhou para o Exército americano durante a Segunda Guerra Mundial. Mas quando os críticos apontaram que o cameraman era um cabeça de bagre amador, Santilli recuou. De qualquer forma, em 1996 a emissora japonesa Fuji TV levou ao ar uma curiosa entrevista com o **HOMEM QUE FILMOU O ALIENÍGENA**. Esse suposto cinegrafista se recusou a dar o verdadeiro nome, como manda o figurino;

3. Especialistas em efeitos especiais afirmam que o alienígena em cena é um manequim e, entre diversas outras evidências, apontam pelo menos uma que até leigos como eu e você podemos comprovar. Quando um corpo está deitado numa superfície dura, a força da gravidade o "achata" contra o objeto. Mas isso não acontece com o extraterrestre;

4. Filmagens em cores eram raras (e caras) nos anos 40. Mas o Exército americano produzia filmes coloridos com regularidade – especialmente quando pareciam destinados a se tornar documentos históricos. A autópsia de um alienígena capturado não é coisa trivial. Ou é?;
5. O telefone preto que aparece no filme tem o fio espiralado, mas em 1947 os telefones tinham fios lisos.

Caso encerrado. O filme é falso, o alienígena é falso e, portanto, o disco voador que supostamente caiu em Roswell em 1947 também é falso, certo? Errado.

Boa parte da comunidade ufológica acredita que "sim, o filme é *fake*", mas que uma armação tão bem elaborada teria o único propósito de confundir e embaraçar os pesquisadores sérios. Para manter intacta a cortina de fumaça que esconde a presença alienígena entre nós, documentos falsos seriam frequentemente "liberados" e usados em manobras de **DESINFORMAÇÃO**.

O próprio Ray Santilli, depois de muita pressão, confessou que o filme era "falso, porém verdadeiro". A explicação: a "autópsia" era uma recriação baseada num filme original que, infelizmente, se perdera.

Veja também:
A GUERRA DOS MUNDOS
ALTERNATIVA 3
GREYS
HOMENS-
-MIRAGEM
HOMENS-
-MORCEGO
DA LUA
"MONA LISA"

B

BAPHOMET

No *Pequeno e divertido dicionário de demônios, diabos, capetas, espíritos diabólicos e personagens afins*, Baphomet é definido como tendo "dois ou três lados, uma cabeça chifruda, um crânio, um falo, o corpo de um hermafrodita, um animal montado, o rosto de Maomé, de uma criança ou de um velho barbudo".

A Ordem dos Pobres Cavaleiros de Cristo e do Templo de Salomão, mais conhecida como **ORDEM DOS TEMPLÁRIOS**, foi acusada de adorar Baphomet e condenada por heresia em 1312.

O nome da criatura, dizem alguns, é uma variação de "Maomé", a quem os Templários teriam aprendido a cultuar graças ao contato com a Ordem dos **ASSASSINOS** durante as Cruzadas (1096-1272). Outros estudiosos associam Baphomet a Baal e Moloch, divindades que disputavam o coração e a mente dos homens com o **YAVEH** de Abraão.

No século XIX, o ocultista francês Éliphas Lévi descreveu Baphomet como "o fantasma de todos os terrores, o dragão de todos os teogônicos, o Ahriman dos persas, o Typhon dos egípcios, a Píton dos gregos, a velha serpente dos hebreus, a gárgula, a grande besta da Idade Média, o Baphomet dos Templários, o ídolo adorado dos alquimistas, o deus obsceno de Mendes, a cabra do Sabbath". Já o mago **ALEISTER CROWLEY** associava Baphomet à sabedoria e o transformou em uma das figuras centrais da sua religião, Thelema.

Segundo algumas teorias conspiratórias, o Baphomet dos Templários era a **CABEÇA FALANTE** do profeta João Batista, ofertada a eles pelos Assassinos da Pérsia. A cabeça era capaz de prever o futuro. Jacques Bergier e Louis Pauwels, fundadores da revista francesa *Planète*, dedicada à investigação de assuntos bizarros e à ficção científica, sugerem que a cabeça era um autômato baseado no sistema binário, como as calculadoras atuais.

Outros dizem que o Baphomet dos Templários não era nem cabeça falante nem demônio, mas o controverso **SUDÁRIO DE TURIM**, a suposta prova "fotográfica" da existência de Jesus Cristo.

Veja também:
ECCLESIA GNOSTICA CATHOLICA
GNOSTICISMO

BARACK OBAMA

O presidente americano Barack Hussein Obama é personagem de inúmeras teorias conspiratórias desde que chegou à Casa Branca, em 2008.

Uma das mais conhecidas diz respeito à sua nacionalidade. Obama não teria certidão de nascimento americana e seria natural do Quênia. Como a Constituição declara que apenas cidadãos nascidos nos Estados Unidos podem concorrer à presidência, ele estaria suscetível a um processo de impeachment.

Em 2011, o presidente apresentou uma certidão de nascimento provando que nascera em 1961 em Honolulu, no Havaí, e que seus pais eram Barack Obama Sr., um economista do Quênia, e Stanley Ann Dunham, uma antropóloga americana do Kansas. Não adiantou. A extrema direita se juntou a grupos cristãos fundamentalistas para afirmar que o documento era falso.

Várias teorias conspiratórias começaram então a surgir. Segundo uma delas, Obama teria nascido no Quênia. Sua mãe era mesmo Ann Dunham, mas seu pai era queniano e filho do xamã da tribo luo.

Segundo outra teoria, o pai de Obama era um militante comunista chamado Frank Davis, com quem a mãe dele se envolvera no tempo da faculdade. Uma terceira história afirma que seus pais eram desconhecidos. Obama teria sido adotado por Ann Dunham e seu segundo marido, o indonésio Lolo Soetoro, que educara o garoto como muçulmano. Na quarta trama, o presidente não é filho legítimo de Ann Dunham, mas de uma amiga dela chamada Jo Ann Newman, que tivera a criança na adolescência com — prepare-se! — o supremacista negro Malcolm x.

Não contente em chamar Barack Obama de macumbeiro-comuna-muçulmano-militante-radical, os teóricos da conspiração revelaram uma última história extremamente inquietante. O presidente seria, na verdade, um híbrido humano-alienígena criado e educado pelos **EXTRATERRESTRES** reptilianos para se tornar o líder político do mundo ocidental.

Segundo o conspiranoico inglês David Vaughan Icke, principal divulgador da tese dos **LAGARTOS MUTANTES**, toda a elite mundial é reptiliana, incluindo a família real britânica, que atua como uma espécie de centro de comando das tropas invasoras.

Veja também:
MARCIANOS EXISTEM
OSAMA BIN LADEN, A FARSA
PROJETO PÉGASUS

BENJAMIN FRANKLIN

Como você já percebeu (já?), este livro está cheio de malucos talentosos, mas poucos deles são tão divertidos quanto o americano Benjamin Franklin (1706-90). Franklin foi cientista, político, revolucionário, filósofo, jornalista, escritor e humorista. Era um iluminista, supostamente um **ILLUMINATI** e comprovadamente um maçom (foi grão-mestre da loja da Pensilvânia em 1734), além de membro do **HELLFIRE CLUB** de Londres.

Benjamin Franklin é responsável por várias conspirações e inúmeras armações, embora as duas coisas quase sempre se confundam. O historiador Paul Johnson atribui a ele a invenção do "humor americano". Faz sentido. A *"one-liner joke"*, essa forma portátil de ironia e sarcasmo, foi inventada por Franklin no *Poor Richard's Almanack*, publicação que criou em 1732 e editou até 1758. O almanaque de Franklin trazia previsões, jogos matemáticos, calendário, contos, ensaios e aforismos. Mas também era usado para perpetrar conspirações.

Uma delas: durante a guerra da independência americana, a Inglaterra contratou mercenários alemães conhecidos como hessianos. Franklin forjou a carta de um certo Schaumbergh, que afirmava que os médicos ingleses deixavam os alemães feridos morrerem para evitar pagamentos a soldados sem condições de lutar. Os hessianos acreditaram na farsa e passaram a hostilizar os empregadores, que, por sua vez, os acusavam de mentirosos e trapaceiros.

Como resultado, muitos dos alemães desertaram, o que ajudou bastante a causa revolucionária.

Mas a armação mais divertida do *Poor Richard's Almanack* foi a morte de Titan Leeds, que publicava o concorrente *Leeds Almanack*. O livreto de Leeds era cheio de previsões astrológicas e vendia muito mais que o *Poor Richard's*. Para irritar o adversário, Franklin "previu" a morte dele para o dia "17 de outubro de 1733, às 15h29, no momento da conjunção entre o Sol e Mercúrio". Leeds não morreu, mas Benjamin Franklin não se abalou. Na edição de 1734, ele listou Titan Leeds entre os mortos ilustres do ano anterior. E continuou a fazer isso em toda edição até que Leeds bateu as botas, em 1738. O *Poor Richard's Almanack* deu os parabéns aos amigos de Titan Leeds por finalmente aceitarem a verdade.

Mas há também um lado sombrio na história de Benjamin Franklin.

Em 1998, a casa onde ele vivera em Londres entre 1757 e 1775 passou por uma restauração. Era um prédio tipicamente inglês de dois andares no número 36 da Craven Street, entre a Trafalgar Square e o Tâmisa. No porão da residência foram encontrados inúmeros cadáveres. Eram mais de 1200 ossos de homens, mulheres e crianças. A datação por carbono 14 indicou que os corpos eram do mesmo período em que Franklin habitara a casa. Até agora ninguém solucionou o mistério, o que deu origem a inúmeras teorias conspiratórias.

Alguns afirmam que Benjamin Franklin, o brilhante satirista, também era um *serial killer*. Mas antes que você saia pulando e gritando "Descobri a identidade secreta de Jack, o Estripador!", fique atento às datas. Jack só começou a atuar em 1888, quase cem anos depois da morte de Franklin.

Outra teoria é que Benjamin Franklin e um protegido seu, o anatomista William Hewson, conduziram experiências secretas com os cadáveres, que eram comprados em hospitais e necrotérios. Talvez os dois estivessem fazendo estudos anatômicos que, naquela época, precisavam ser conduzidos em sigilo. Ou talvez fosse coisa mais sinistra.

O livro *The Occult Conspiracy: Secret Societies — Their Influence and Power in World History* [A conspiração oculta: Sociedades secretas — Sua influência e poder na história do mundo], de Michael Howard, acusa Benjamin Franklin de ser um satanista e maligno mestre conspirador. Segundo o autor, o herói da independência americana também era, acredite se quiser, um agente secreto inglês. Ele seria o Agente 72 na agência de espionagem fundada por John Dee e Francis Bacon durante o reinado de Elizabeth I.

Também é atribuída a Benjamin Franklin a iniciação do satirista francês Voltaire (1694-1778) na **MAÇONARIA**.

Veja também:
BILL STUMP
DIÁRIOS DE HITLER
JOHN DEE & EDWARD KELLEY, OCULTISTAS
ZERO ZERO SETE

BILDERBERGERS

A elite branca que secretamente controla o mundo não é tão secreta assim. Ela tem nome, endereço e assessoria de imprensa. Chama-se Bilderberg Group ou apenas Bilderbergers. É uma organização composta por seiscentas das pessoas mais ricas e influentes do hemisfério Norte: banqueiros, políticos, empresários e barões da mídia. Essa tropa de elite compõe um *think tank* que se reúne anualmente num simpósio para discutir questões globais.

Ou pelo menos é isso que eles querem que você saiba. Segundo vários conspiranoicos, os Bilderbergers são o braço operacional da **ILLUMINATI**. O plano do grupo é implementar um novo e turbinado tipo de "capitalismo selvagem" baseado na escravidão e na supressão dos direitos individuais. A economia chinesa é frequentemente citada como um modelo a ser perseguido. Para que o projeto vingue, os Bilderbergers estabeleceram uma agenda de cinco etapas:

1. Construção de uma economia transnacional baseada em megacorporações capazes de controlar diferentes setores da produção;
2. Substituição progressiva das moedas nacionais por transnacionais, como o euro;
3. Futuramente, o dinheiro será trocado por um sistema de identificação biométrica universal, já utilizado por alguns bancos para identificação dos clientes — quando se usa a impressão digital para sacar dinheiro, por exemplo. Mas os conspiranoicos vão mais longe: eles afirmam que o dinheiro se tornará virtual e estará vinculado à identificação biométrica do correntista. Em vez de cartões e carteiras, você usará o polegar. Ou a íris. A literatura conspiratória dá a isso o nome de **TECNOPÓLIO** e garante que a implementação do sistema possibilitará que a escravidão seja socialmente aceita no mundo moderno. Afinal, se o dinheiro é você, como pagar uma dívida quando sua conta zera?;
4. Tropas da Otan, sob o comando da ONU, atuarão como uma polícia global e acabarão por substituir as forças armadas de cada país;
5. Essa nova ordem mundial adotará uma forma de fascismo global, mas agora sob a bandeira do liberalismo econômico e da democracia.

A primeira reunião dos Bilderbergers aconteceu em 1954, no Bilderberg Hotel, em Oosterbeek, na Holanda, daí o nome. O anfitrião do convescote foi sua alteza sereníssima príncipe Bernhard de Lippe-Biesterfeld, da Holanda. Curiosamente, Bernhard é apontado como descendente dos reis

Veja também:
BITCOIN
BOHEMIAN CLUB
HELLFIRE CLUB

merovíngios franceses, o que, por sua vez, o liga à suposta linhagem de Jesus e Maria Madalena e a seus protetores, o **PRIORADO DE SIÃO**.

Conspiranoicos acreditam que os Bilderbergers são comandados por um círculo interno de quinze pessoas conhecido como Incunábula.

BILL GATES ver TECNOPÓLIO

BILL STUMP

Grave Creek Mound é um túmulo pré-histórico situado no vale do rio Ohio, na atual Virgínia Ocidental, nos Estados Unidos. A edificação tem forma levemente piramidal e é atribuída ao povo adena, que viveu na região entre 250 e 150 a.C. Em 1838, uma escavação arqueológica foi realizada no local, e foram encontradas centenas de esqueletos e utensílios de barro, mas a descoberta mais impressionante foi um disco de arenito de quarenta centímetros de diâmetro com uma inscrição de três linhas num alfabeto desconhecido.

O antropólogo americano Henry Rowe Schoolcraft (1793-1864) foi o primeiro a analisar a pedra e concluiu que a inscrição tinha certa semelhança com a língua celta. Mas, para se certificar disso, enviou cópias do texto para vários colegas e universidades europeias. E foi aí que a confusão começou.

Alguns estudiosos apontaram que a inscrição era fenícia, outros, que era cartaginesa. Também houve quem apostasse em númida e grego antigo.

Em 1857, o francês Maurice Schwab decidiu acabar com a confusão e disse que a inscrição realmente era fenícia. No mesmo ano, ele publicou sua tradução do texto: "O chefe da imigração que atingiu estas terras edificou estas estátuas para todo o sempre". Estava decidido. Os fenícios haviam atingido o Novo Mundo muito antes de Colombo e inclusive tinham estabelecido colônias ali.

Dez anos mais tarde, no entanto, outro arqueólogo francês, Jules Oppert, que havia estudado a escrita cuneiforme da antiga Suméria, apresentou nova tradução do texto — que, segundo ele, era definitivamente assírio —: "Este é o túmulo de um homem assassinado. Que Deus vingue sua morte e apague os criminosos da existência". O.k., o túmulo agora era assírio, e isso o tornava ainda mais intrigante. Os fenícios eram conhecidos como grandes navegadores, os assírios, nem tanto.

Mas em 1873 o antropólogo americano M. Lévy-Bing afirmou que Oppert estava errado. A inscrição era obviamente canaanita e dizia "O que tu dizes, tu impões, tu brilhas em teu impetuoso clã, rápida chama". Essa versão sem sentido não inspirou a confiança de ninguém. No entanto, todos estavam convencidos de que o túmulo pré-histórico era prova de que uma cultura avançada havia existido na região.

Montes levemente piramidais são comuns na Virgínia Ocidental, e muitos pesquisadores enxergaram alinhamentos estelares nas construções, concluindo que aquele povo, fosse quem fosse, possuía notável conhecimento astronômico.

Em 1930, Andrew Price, presidente da West Virginia Historical Society, finalmente fez a tradução definitiva da pedra de Grave Creek Mound. O idioma era inglês comum e o que estava escrito era: "Lápide de Bill Stump, 15 de outubro de 1838".

Mas quem era Bill Stump?! Um rico proprietário de terras? Um cientista? Um pesquisador? Nada disso. Bill Stump é um personagem cômico do romance folhetinesco *As aventuras do sr. Pickwick*, escrito em 1836 pelo inglês Charles Dickens. No livro, Pickwick e três amigos viajam pelo interior da Inglaterra para observar descobertas e invenções. O romance satiriza a soberba da comunidade científica, criadora de teorias ridículas e incapaz de compreender o mundo real.

Até hoje ninguém sabe quem forjou a lápide para rir dos estudiosos de dois continentes.

Veja também:
ESTATUETAS DE ACÁMBARO
HOMEM DE PILTDOWN
PEDRAS DE LA MARCHE

BILU

O ET Bilu fez grande sucesso nos programas populares da TV brasileira por volta de 2010. Sua forma física é ignorada, pois as câmeras sempre o registraram na penumbra, geralmente à noite e escondido no meio da mata.

A voz de Bilu é esganiçada e infantil, e, apesar da origem alienígena, ele fala um português perfeito e sem sotaque. Sua mensagem mais importante para a humanidade, repetida várias vezes, é simples e objetiva: "Apenas que... busquem conhecimento!".

O extraterrestre apareceu repetidas vezes no município de Corguinho, em Mato Grosso do Sul, onde fica o Projeto Portal, misto de seita religiosa com comunidade ufológica fundado em 1997 por Urandir Fernandes de Oliveira (UFO), um curandeiro que alega manter contato com **EXTRATERRESTRES** de Vênus desde os treze anos. Graças a isso, Urandir teria adquirido vários poderes sobre-humanos, incluindo o dom da cura.

A comunidade ufológica brasileira, entretanto, não reconhece Urandir como um dos seus — diz que ele é um charlatão e que Bilu é só alguém escondido no meio do mato, talvez o próprio curandeiro. Não que Urandir se importe com isso. Ele alega ter mais de 70 mil seguidores que acreditam fielmente nele. E também no ET Bilu.

Veja também:
FADAS DE COTTINGLEY

BITCOIN

O bitcoin é uma moeda digital criada em 2008 para negociações P2P, *peer to peer*, isto é, diretamente entre usuários da **INTERNET**, sem a necessidade da intermediação de uma instituição financeira.

Você pode usar o dinheiro para comprar vaquinhas de mentira para sua fazenda virtual no Facebook, por exemplo. Mas várias empresas do mundo real já aceitam bitcoins como forma de pagamento, em especial aquelas ligadas à informática, como Microsoft, Mozilla e Dell.

Em janeiro de 2015 foi criada nos Estados Unidos a primeira casa de câmbio para negociar bitcoins, a Coinbase — você entra lá com dinheiro virtual e sai com dinheiro de verdade. O valor da moeda digital é extremamente volátil, mas em agosto de 2015 um bitcoin comprava 97 centavos de real ou 26 centavos de dólar. Valia, portanto, mais que o peso argentino, que no mesmo período comprava apenas onze centavos de dólar.

Como muito do que nasce na web, o bitcoin é vendido como uma ideia libertária e anticapitalista, capaz de produzir um mundo mais feliz, onde as pessoas cantam e dançam pelas ruas.

Bom demais para ser verdade, não é? E é mesmo.

A moeda digital é cercada de controvérsias e teorias conspiratórias. A principal acusação é de que é usada para lavagem de dinheiro, financiamento de grupos terroristas e transações do tráfico internacional de drogas. Muitos dos negócios em bitcoins são feitos na chamada *deep web*, a parte da internet que não é indexada pelos mecanismos de busca e que é bastante utilizada por organizações ilegais.

Mas há quem alegue também que o bitcoin foi criado pela National Security Agency (NSA) americana, que vigiaria cuidadosamente as transações na moeda, com a finalidade imediata de monitorar grupos contrários aos interesses dos Estados Unidos. O objetivo futuro seria o estabelecimento de uma moeda única transnacional para edificar a nova ordem mundial planejada pelos **BILDERBERGERS**, o *think tank* da elite financeira mundial.

Um dado que fomenta essas teorias conspiratórias é o fato de ninguém saber quem de fato criou o bitcoin — que é, basicamente, um programa de computador. A invenção é atribuída ao japonês Satoshi Nakamoto, um engenheiro de software. Mas Satoshi Nakamoto não existe. O nome foi usado para postar um paper chamado "Bitcoin: A Peer-to-Peer Electronic Cash System" [Bitcoin: Um sistema peer-to-peer de dinheiro eletrônico] em novembro de 2008, que marcou o lançamento do primeiro "minerador" de bitcoins. Para "minerar" é preciso que seu computador faça parte da rede de processamento da moeda virtual. Como não existe um "banco central", cada máquina "mineradora" administra ao mesmo tempo a emissão e o valor do bitcoin, num processo propositalmente confuso, como todas as teorias "disruptoras" nascidas na web. O trabalho da sua máquina é pago em bitcoins.

O primeiro a fazer isso foi Satoshi Nakamoto, ou melhor, o grupo que se escondia atrás desse nome. Calcula-se que eles tenham faturado 1 bilhão de dólares com "mineração" desde 2008.

Mas não se engane: as moedas regulamentadas também estão cada vez mais virtuais, e, nesse contexto, as transações com bitcoins até que são relativamente seguras. O programa usado para os negócios foi desenvolvido pela NSA, chama-se SHA-256 e é considerado o algoritmo mais estável do mundo.

Veja também:
GOOGLE SKYNET
TECNOPÓLIO

BLACK BLOC

Oficialmente, o black bloc não é uma organização, mas uma "tática" de protesto surgida na Alemanha dos anos 80. Os manifestantes se vestem de preto, usam máscaras e saem quebrando tudo para protestar contra a globalização.

O escritor americano John Zerzan, teórico pró-black bloc, afirma que a organização (ou "tática") não é violenta, pois ataca apenas "coisas" e não pessoas. Zerzan também defende um "futuro primitivo", com o abandono da civilização e a adoção de um modelo econômico baseado nos caçadores-coletores da pré-história humana.

Ele também tem opiniões muito contundentes sobre a série *Star Trek*, que considera "uma insidiosa contribuição para a dominação" (*Running on Emptiness: The Pathology of Civilization* [Rodando no vazio: A patologia da civilização]).

Apesar da abissal profundidade intelectual de John Zerzan, muitos conspiranoicos de esquerda não veem o black bloc com bons olhos. Segundo eles, o grupo (ou "tática") é financiado por organizações de extrema direita interessadas em desestabilizar governos e economias. A bandeira "antiglobalização" seria apenas uma bem arquitetada manobra de **DESINFORMAÇÃO**.

A organização (ou "tática") é acusada de desmobilizar o movimento Occupy Wall Street em 2011, além de atacar governos no Brasil (2013), na Venezuela (2014), na Turquia (2013), no Egito (2013) e na Ucrânia (2014), todos eles formalmente de esquerda.

No Brasil, o grupo (ou "tática") também é associado ao assassinato do cinegrafista Santiago Andrade, da Rede Bandeirantes, durante protestos no Rio de Janeiro, em 2014.

O blog de propaganda política O Cafezinho, alinhado ao então governo petista, escreveu em 28 de janeiro de 2014:

> O objetivo [do black bloc] é mudar regimes de governos legítimos por governos de pequenos grupos. No caso de o regime legítimo resistir, o "plano B" é destruir o Estado e toda a sociedade. [...] O que está acontecendo é absolutamente claro, e a imprensa-empresa faz o mesmo jogo dos políticos, dos militares e dos serviços secretos que estão agindo por trás dessas "revoluções".

Veja também:
ANONYMOUS
BILDERBERGERS
BOHEMIAN CLUB
MARCHAS DE JUNHO
PRIMAVERA ÁRABE

BOB LAZAR E A ÁREA 51

A história da megaconspiração que envolve o governo americano e os alienígenas **GREYS** não seria a mesma sem o auxílio luxuoso de Robert "Bob" Lazar.

Em 1989, ele concedeu uma longa entrevista à pequena KLAS-TV, de Las Vegas, e fez um monte de revelações assombrosas. Lazar dizia ser ph.D. em física e afirmava ter trabalhado longos anos na base aérea de Nellis, no deserto de Nevada.

Só que Nellis não é uma base aérea qualquer.

Ela foi construída em 1954 e fica no centro de um terrenão de 12 mil quilômetros quadrados, de espaço aéreo restrito, onde com frequência são

Elvis e Michael no enterro de Paul McCartney: nada é o que parece ser.

avistados estranhos objetos voadores não identificados. O lugar é popularmente conhecido como Área 51.

O governo americano alega que o sigilo em torno de Nellis é questão de segurança nacional. Ali foram testados protótipos de aviões espiões, como o *Aurora* e o caça-bombardeiro de tecnologia *stealth*. Isso também explicaria por que tantos UFOS são observados no local.

Mas, segundo Lazar, tudo isso é conversa para boi mutilado dormir. Ele afirma ter sido contratado para fazer engenharia reversa no sistema propulsor de várias naves **EXTRATERRESTRES** que estavam escondidas no local. De início, pensou que os discos voadores tivessem sido capturados pelos militares americanos. Aos poucos Bob Lazar foi ganhando acesso aos níveis mais secretos do complexo subterrâneo sob a base, até que um dia topou com alienígenas baixinhos, cinzentos e cabeçudos vivendo e trabalhando lado a lado com cientistas humanos.

De acordo com Lazar, os americanos entraram em contato acidentalmente com os alienígenas cinzentos em 1947, quando uma nave deles caiu em **ROSWELL**, no Novo México. Um pacto de cooperação entre espécies teria sido formalizado durante a gestão de Dwight D. Eisenhower (1953-61). Em troca de tecnologia, os americanos permitiram a realização de pesquisas biológicas no planeta — daí os inúmeros casos de abdução alienígena e mutilação de gado.

No entanto, a relação sempre foi marcada por desconfiança mútua: os americanos só toleram os aliens porque não dispõem de meios efetivos para derrotá-los, e os **GREYS** apenas suportam os americanos porque sua espécie corre risco de extinção — daí a necessidade das pesquisas biológicas.

Em 1979, a difícil relação degringolou para conflito aberto, quando vários terráqueos e extraterrestres foram mortos no interior da base. Os dois lados se entenderam depois disso, mas a confiança, que nunca fora das melhores, ficou definitivamente abalada.

Segundo Lazar, o programa *"Star Wars"* de militarização do espaço, formulado durante a administração de Ronald Reagan (1981-9), tinha como objetivo deter uma invasão grey em larga escala, e não, como se dizia, prevenir ataques nucleares da União Soviética.

Bob Lazar fez um enorme sucesso nos anos 90. Suas histórias inspiraram inúmeras obras de ficção, sendo a mais famosa a série de TV *Arquivo X*. Atualmente, porém, muitos ufólogos já admitem que ele talvez não passe de um charlatão ou, na pior das hipóteses, um agente de **DESINFORMAÇÃO** inventado pelo governo americano.

Sua formação como físico é contestada, assim como seu alegado emprego na base de Nellis. Bob Lazar argumenta que seus dados pessoais foram

Veja também:
HOMENS DE PRETO
HOMENS-MIRAGEM
MUNDOS SUBTERRÂNEOS
OPERAÇÃO BABALON
WILLIAM MOOR

corrompidos para desacreditá-lo. E, para confirmar suas afirmações, até explica como funciona o sistema de propulsão das naves alienígenas: elas não voam, apenas deslizam sobre um feixe de micro-ondas criado por um motor de antimatéria.

BOHEMIAN CLUB

A coruja é um símbolo de erudição e inteligência e está associada a Atena, a deusa grega da sabedoria. Além disso, é um ícone da noite, da magia, dos poderes ocultos, dos rituais satânicos e do dom da profecia.

O pássaro também é o símbolo do Bohemian Club, uma associação fundada em 1872 em San Francisco, nos Estados Unidos. O clube tem entre seus sócios banqueiros, empresários, políticos, barões da mídia e astros de Hollywood. Sua composição é muito semelhante à dos **BILDERBERGERS**, e alguns integrantes são supostamente membros das duas organizações, como o ex-presidente americano George W. Bush e o ex-secretário de Estado Henry Kissinger. O Bohemian Club é uma agremiação masculina e as mulheres continuam barradas na porta, mesmo no século XXI.

Todos os anos, nas duas últimas semanas de julho, os afiliados ao clube se reúnem no Bohemian Grove, um sítio de 1100 hectares em Monte Rio, na Califórnia. Segundo o repórter Philip Weiss, da extinta revista *SPY*, que se infiltrou no local em 1989, "o Bohemian Grove está para o establishment americano como o Bois de Boulogne estava para o *Ancien Régime* francês".

Os encontros são sempre protegidos por um forte esquema de segurança. Nesses congressos, dizem os conspiranoicos, os membros do Bohemian Club promovem orgias e planejam o futuro da humanidade. O plano deles é implantar uma nova ordem mundial fascista e uma versão ainda mais selvagem de capitalismo. É exatamente a agenda dos Bilderbergers, pois ambas as organizações seriam subordinadas à **ILLUMINATI**.

A ativista Mary Moore, cofundadora do Bohemian Grove Action Network, alega que o clube comanda em segredo o governo americano desde sua criação. Em suas misteriosas reuniões, o Bohemian Club teria arquitetado o Manhattan Project, que levou à construção da bomba atômica, e, mais recentemente, teria organizado a desestabilização de governos indesejáveis no mundo todo — por exemplo, a chamada **PRIMAVERA ÁRABE**.

Vários presidentes americanos pertenceram ao Bohemian Club, como Richard Nixon, George H. W. Bush, George W. Bush, Dwight D. Eisenhower,

Ronald Reagan, Gerald Ford e Bill Clinton. Os escritores Jack London, Ambrose Bierce e Mark Twain também foram associados.

Grupos cristãos fundamentalistas afirmam que o Bohemian Club é um culto secreto a Moloch, o deus dos cananeus que exigia sacrifícios humanos. Moloch não se parece nem um pouco com uma coruja, mas eles não ligam.

Veja também:
BITCOIN
INTERNET

BOLESKINE HOUSE

A Boleskine House é uma construção do século XVIII situada na margem direita do lago Ness, nas *highlands* escocesas. É uma residência privada que, até pouco tempo, pertencia a Jimmy Page, guitarrista do Led Zeppelin. A região é propícia para a prática de pesca e caça, além de oferecer uma vista privilegiada para o lago.

Próximo à casa há um pequeno cemitério, que dizem ser assombrado. A Escócia é cheia de cemiteriozinhos assim e muitos deles têm fama de abrigar fantasmas, mas o que torna a Boleskine House de fato especial é que a famosa Grande Besta, **ALEISTER CROWLEY**, viveu ali entre 1899 e 1913.

O bruxo comprou uma casa isolada, pois pretendia invocar alguns anjos e trocar ideias com eles. (Lembre-se, porém, de que eles não são as criaturas boazinhas que descreveram a você na aula de catecismo. Esses seres constituem uma espécie de Força Especial de **YAVEH**, usada especialmente em missões do tipo *search & destroy* — foi o que fizeram em Sodoma e Gomorra.)

Aleister Crowley tinha especial predileção pelos anjos caídos — aqueles que perderam a guerra civil com o Criador no começo dos tempos. O mago inclusive pretendia falar com o próprio chefe do bando, Lúcifer, o Senhor da Luz.

O trabalho de invocação em Boleskine House durou seis meses. Os seguidores de Crowley afirmam que as cerimônias corriam bem, até que aconteceu um problema: a Ordem Hermética da Aurora Dourada, sociedade secreta à qual o bruxo pertencia na época, também entrou em "guerra civil". O bruxo-chefe, Samuel Liddell "MacGregor" Mathers, solicitou que Crowley viajasse a Paris para ajudá-lo nessa disputa interna, e os trabalhos em Boleskine House foram interrompidos, mas não terminados. Esse foi o erro do mago. Os ocultistas dizem que um trabalho de invocação precisa ser concluído — as criaturas conjuradas devem ser esconjuradas ou nunca mais irão embora.

Isto foi o que supostamente aconteceu em Boleskine House: o por-

Veja também:
OPERAÇÃO
BABALON

tal dimensional aberto por Crowley jamais foi fechado e por ele entraram o **MONSTRO DO LAGO NESS** e sabe-se lá mais o quê.

Alguns caçadores de monstros dizem que "Nessie" não é uma criatura "física", mas um estranho fenômeno paranormal. Como os discos voadores, o Pé Grande ou o **HOMEM-MARIPOSA**.

BRASÍLIA, TEMPLO DO DEUS-SOL

Brasília não é apenas uma cidade esquisita em forma de campus universitário. Segundo alguns conspiranoicos, a obra faraônica do presidente Juscelino Kubitschek (1902-76) é literalmente faraônica. Os arquitetos Lúcio Costa e Oscar Niemeyer não estavam sob a influência nefasta do urbanista suíço Le Corbusier, como se pensa, mas sim do faraó **AKHENATON**!

Não, isso não é axé-music do Olodum. Preste atenção.

Akhenaton foi faraó da 18ª dinastia egípcia e governou o país por volta de 1375 a.C. Seu nome de batismo era Amonhotep, que significa "Amon está satisfeito", uma homenagem ao deus Amon. Mas, logo que assumiu o trono, ele, assim como Baby Consuelo, decidiu mudar o nome para "Akhenaton" ("servo de Aton"). Mais do que isso, o faraó repudiou Amon e a religião politeísta e iniciou um culto monoteísta a Aton, o disco solar.

Akhenaton assumiu então a dupla função de faraó e sacerdote. Para marcar a transição, abandonou a antiga capital, Tebas, e em quatro anos construiu uma nova cidade de onde comandaria seu reino: Akhetaton (ou "horizonte de Aton").

Os nomes são parecidos, por isso não confunda: Akhenaton é o faraó, Akhetaton é a cidade, que existe até hoje — atualmente se chama Tell El-Amarna e fica a 312 quilômetros do Cairo. As ruínas das antigas construções constituem um dos principais sítios arqueológicos do país. Na década de 30, Juscelino Kubitschek, ainda um estudante de medicina, visitou o local. Nasceu aí a vontade de reconstruir Akhetaton, uma capital dedicada ao sol.

Em seu livro *Meu caminho para Brasília*, o presidente escreveu:

> levado pela admiração que tinha por aquele autocrata visionário [...], aproveitei minha estadia no Egito para fazer uma excursão até Tell El-Amarna. [...] À margem do Nilo, jardins verdejantes haviam sido plantados, e, atrás deles, subindo a encosta da rocha, erguera-se o palácio do faraó, ladeado pelo grande templo. Hoje,

tanto tempo percorrido, pergunto-me, às vezes, se essa admiração por Akhenaton, surgida na mocidade, não constituiu a chama [...] para construir, no Planalto Central, Brasília – a nova capital do Brasil.

Alguns místicos vão mais longe e afirmam que Kubitschek era o próprio Akhenaton reencarnado. Segundo eles, o Plano Piloto de Brasília não tem a forma de um avião, como afirmava Lúcio Costa, e sim de uma ave. Na verdade, a forma de Hórus, o deus-falcão dos antigos egípcios. Akhetaton também tinha a forma de um pássaro, com as asas voltadas para o nascer do sol, ou seja, para Aton.

A Praça dos Três Poderes tem a forma de um triângulo equilátero com o Palácio do Planalto, o Supremo Tribunal Federal e o Congresso Nacional ocupando cada qual um vértice. A mesma formação ocorria na cidade do faraó, com o palácio e dois templos dedicados a Aton.

Além disso, a Catedral de Brasília tem uma entrada subterrânea, assim como acontecia nos antigos templos egípcios. Mas quando se atravessa a passagem escura e se entra na catedral, a luz do sol expulsa as trevas, filtrada pelos imensos vitrais que se estendem até o teto. A igreja, argumentam os conspiranoicos, não é um templo construído para louvar **YAVEH** & Filho, mas sim o todo-poderoso Aton.

Os prédios de Brasília também escondem segredos. O Congresso e suas cúpulas representariam o sol nascente e a lua crescente; a rampa suspensa lembraria o templo de Amon em Tebas, atual Luxor, e os prédios gêmeos seriam uma representação dos dois obeliscos que também ladeavam a construção egípcia.

Ainda tem mais. No aniversário de Brasília, em 21 de abril, o deus-sol Aton nasce exatamente entre os dois edifícios do Congresso. E todos os dias ele se põe exatamente atrás do monumento a JK, onde os restos do presidente, tais como os de um faraó, repousam pela eternidade. Não é por acaso que a residência oficial do presidente da República se chama Palácio da Alvorada. É mais uma saudação ao nascimento de Aton.

Deus é brasileiro, mas a capital do país é secretamente dedicada a um deus pagão do antigo Egito.

Veja também:
HY-BRAZIL

C

CABEÇA FALANTE

Todo mundo que foi alguém na Idade Média tinha uma cabeça falante em cima do criado-mudo. Os crânios, além de bater papo, previam o futuro, proporcionando status e ascensão social ao proprietário elegante.

Segundo a lenda, o alquimista francês Gerbert d'Aurillac (950-1003) tinha uma dessas cabeças-oráculos, um crânio com cor de bronze. Apesar disso — ou talvez justamente por isso —, D'Aurillac foi eleito papa em 999, adotando o nome de Silvestre II. Note que "999" de cabeça para baixo é "666", mas não vamos nos dispersar com bobagem.

Dizem que a **ORDEM DOS TEMPLÁRIOS** também tinha uma cabeça falante. Era supostamente o crânio mumificado do profeta João Batista, decapitado pelo rei Herodes por volta do ano 30. As crônicas cristãs dizem que a cabeça do profeta foi sepultada em segredo no monte das Oliveiras, em Jerusalém, e descoberta em 452 por dois monges gregos que a levaram a Constantinopla. Com a tomada da cidade pelos otomanos em 1453, o crânio foi transportado para o Vaticano.

Os muçulmanos, no entanto, contam outra história: a cabeça de João Batista foi enterrada na Mesquita dos Omíadas, em Damasco, e continua lá. Outra narrativa afirma que a Ordem dos **ASSASSINOS** da Pérsia era a proprietária da relíquia na época das Cruzadas e que eles a teriam presenteado aos Templários, com quem mantinham relação cordial, apesar de serem adversários.

O objeto — que falava e previa o futuro — era cultuado pela Ordem do Templo e foi cuidadosamente preservado em Jerusalém até 1187, quando o sultão Saladino tomou a cidade. A cabeça falante seguiu, então, para a Europa. Essa relíquia teria sido confundida com o demônio **BAPHOMET**, que acabou levando à condenação dos Templários à fogueira em 1307.

Não se sabe o que aconteceu com o crânio depois disso. Mas há uma cabeça de João Batista na igreja de San Silvestro in Capite, em Roma. Talvez seja a mesma que estava com os Templários, embora ela não tenha falado nada desde o século XIV, quando chegou lá. Pode ser falta de assunto.

Uma terceira *talking head* teria pertencido ao monge franciscano e alquimista inglês Roger Bacon (1214-94), o **DOCTOR MIRABILIS**. O crânio também tinha cor de bronze, como o de Gerbert d'Aurillac. Mas, segundo anotações deixadas pelo próprio Bacon, nada havia de místico no objeto, que era apenas um autômato movido por roldanas.

Os robôs medievais não eram coisa de outro mundo, aliás. De acordo com o pesquisador alemão Friedrich W. Doucet, o alquimista Alberto von Bollstäd (1193-1280), conhecido como Alberto Magno, "construiu um androide como servo, sob a forma de uma linda moça, que podia falar. Consta que o autômato era feito de ferro, sob influência de determinada constelação".

Tomás de Aquino, discípulo de Magno, ficou tão tentado pela beleza do robô que o destruiu a marteladas para não cair em pecado. Mais tarde, Tomás de Aquino acabou canonizado pela Igreja católica.

Veja também:
MANUSCRITO VOYNICH

CARCAÇA DO *ZUIYO-MARU*

Em abril de 1977, o navio pesqueiro japonês *Zuiyo-Maru* navegava próximo à costa da Nova Zelândia. Quando recolheu sua rede de pesca, o barco trouxe à tona a carcaça de um estranho animal, uma criatura que media aproximados dez metros, pesava 1800 quilos e que provavelmente havia morrido fazia semanas. O cheiro era insuportável. O capitão ordenou que jogassem a coisa de volta ao mar. Antes, porém, o marinheiro Michihiko Yano fez uma foto e um desenho da criatura. A carcaça lembra a de um plesiossauro, réptil marinho do período Cretáceo extinto há 66 milhões de anos.

Alguns biólogos, no entanto, observaram a fotografia e afirmaram que se tratava apenas dos restos de um tubarão-boca-grande que ganhara uma aparência bizarra devido à decomposição.

Afinal, não existem plesiossauros vivos, não é? Exato.

No entanto, convém lembrar que um celacanto foi encontrado nadando todo faceiro em 1938. E a espécie, que também pertence ao Cretáceo, era igualmente dada como reprovada pela seleção natural.

O próprio tubarão-boca-grande foi descoberto apenas em 1976. Ninguém sabia que ele ainda existia até um deles ter sido capturado na costa do Havaí — no mesmo oceano Pacífico onde a carcaça do *Zuiyo-Maru* foi pescada.

Veja também:
CATASTROFISMO
CINTURÃO DOS MONSTROS
HOLANDÊS VOA
MONSTRO DO LAGO NESS

CATASTROFISMO

As espécies não evoluem, elas são todas extintas e dão lugar a outros bichos completamente novos num ciclo eterno de fenômenos catastróficos:

esta foi a ideia formulada pelo naturalista e zoólogo francês Georges Cuvier (1769-1832).

O evolucionismo ainda era uma crença marginal na época dele, pois Charles Darwin só escreveria *A origem das espécies* em 1859. Mas a ideia da progressão biológica já existia e preocupava bastante o francês, um homem de formação católica tradicional.

O naturalista acreditava que os fósseis pesquisados por ele não indicavam uma transformação progressiva, mas pertenciam a criaturas absolutamente divergentes. Georges Cuvier seria apenas uma nota de rodapé na história da zoologia se as suas ideias não tivessem ganhado vida própria e saído pelo mundo aprontando confusão.

Adeptos do **CRIACIONISMO** viram na pesquisa dele provas científicas da existência do **DILÚVIO UNIVERSAL** e da mão invisível de **YAVEH** na criação das criaturas. Já entusiastas de **ATLÂNTIDA E MU** encontraram nas especulações do francês suporte para suas teorias sobre os continentes desaparecidos.

O catastrofismo também influenciou **HELENA BLAVÁTSKI** na formulação da teosofia, que advoga a existência de várias raças inteligentes anteriores ao surgimento do *Homo sapiens* na Terra. Uma ideia, aliás, que fez muito sucesso entre os esotéricos da Alemanha nazista.

A ficção *pulp* também deve muito a Georges Cuvier, embora não saiba disso. O escritor gótico americano H. P. Lovecraft se inspirou nas catástrofes cíclicas para criar seus Grandes Antigos, as criaturas monstruosas que habitaram o planeta antes do homem. Já Robert E. Howard usou épocas anteriores ao dilúvio para situar as aventuras épicas de Conan, o Bárbaro.

Segundo os catastrofistas, a Terra está condenada a destruições regulares que fazem a humanidade sempre retornar a um estado de barbárie. E amnésica por completo, claro. Apenas poucos vestígios — como as **PEDRAS DE LA MARCHE** e as **ESTATUETAS DE ACÁMBARO** — indicariam que o planeta viveu uma gloriosa **PRIMI-HISTÓRIA**, em vez da pré-história habitualmente aceita.

Veja também:
AMAZONAS DO AÇO EXTERIOR
CINTURÃO DOS MONSTROS
DINOSSAUROS
ENOQUE E OS ANJOS
ASTRONAUTAS
GIGANTES
MAHABHARATA
MONSTRO DO LAGO NESS

CAVALEIRO NEGRO

A lenda começa em 1899. Naquele ano, o inventor **NIKOLA TESLA** realizou experimentos de radiotransmissão no seu laboratório em Colorado Springs, nos Estados Unidos. Lá, teria captado um estranho sinal, que acreditava ser de origem extraterrestre. O sinal, porém, tinha origem na órbita do nosso planeta. Mas onde estava a fonte? Tesla não descobriu.

A resposta só teria vindo em 1953, quatro anos antes do lançamento do satélite russo *Sputnik*. Nessa época, o astrônomo e ufólogo Lincoln LaPaz, da Universidade do Novo México, localizou um objeto estacionário na órbita terrestre a 50 mil quilômetros da superfície que circunda a Terra no sentido leste-oeste. O peso da coisa foi calculado em quinze toneladas, muito mais pesado do que os foguetes da época. Como nenhuma nação tinha tecnologia para colocar aquilo lá, só podia ser um fragmento de rocha aprisionado pela gravidade da Terra. Ou então um artefato alienígena.

O objeto era completamente negro e com um formato dos mais esquisitos: lembrava um navio na posição vertical. O nome *Black Knight* [Cavaleiro negro] foi dado a ele pela defesa aérea norte-americana, que o teria rastreado durante três semanas até que, ao que tudo indica, o artefato sumiu. Em 1963 foi visto de novo pelos astronautas da missão Mercury-Atlas 9. Em 1998 foi fotografado pelo ônibus espacial *Endeavour* na missão STS-88, que deu início à construção da Estação Espacial Internacional. As imagens são facilmente encontradas na internet, embora o site da NASA não faça qualquer referência a elas.

O jornalista americano John Keel (1930-2009), que também investigou as aparições do **HOMEM-MARIPOSA**, pesquisou à exaustão o Cavaleiro Negro e afirmava que o objeto não era um aerólito capturado pela gravidade do planeta. Era, definitivamente, artificial.

Em 1973, entrou em cena o jornalista escocês Duncan Lunan — também astrônomo amador e escritor de ficção científica —, que afirmou ter captado novas transmissões do estranho objeto. Ele transformou os pulsos em linhas, as linhas em um mapa estelar e chegou à conclusão de que era uma representação do sistema estelar Epsilon Boötis, localizado a 203 anos-luz da Terra. Só que o mapa mostrava o conjunto de estrelas como era há 13 mil anos, indicando que o Cavaleiro Negro estaria na órbita da Terra desde aquela época. Talvez estivesse transmitindo sua mensagem desde então, mas ninguém aqui embaixo tinha tecnologia para captá-la.

Duncan Lunan ainda não estava satisfeito. Ele percebeu que os pontos do mapa estelar (desenhado por ele, lembre-se) também formavam uma mensagem, que era:

> Comece por aqui
> Nossa casa é Epsilon Boötis
> Que é uma estrela dupla
> Vivemos no sexto planeta de sete

Contado para fora a partir do Sol
Nosso sexto planeta tem uma lua
Nosso quarto planeta tem três
Nosso primeiro e terceiro planetas têm cada um uma lua
Nossa sonda está em órbita da sua lua
Isso atualiza a posição de Arcturo mostrada em nossos mapas.

Arcturo é o nome dado à estrela mais brilhante da constelação Boötes (ou Boieiro). O jornalista escocês só não explicou por que os alienígenas chamariam seu próprio sistema estelar pelo mesmo nome ridículo que nós, terráqueos, demos a ele: Boieiro. Seria muito mais bacana chamá-lo de Mongo ou Zoltar.

Os incorrigíveis céticos gostam de dizer que o Cavaleiro Negro é apenas uma manta isotérmica perdida durante uma das missões espaciais da **NASA**.

Não valem nada esses céticos.

Veja também:
ANUNNAKI
APOLLO 20
MARCIANOS EXISTEM
MUNDO DA LUA

CAVEIRAS DE CRISTAL

O escritor inglês Frederick Albert Mitchell-Hedges (1882-1959) é um dos aventureiros reais que inspiraram a criação de Indiana Jones. Patrocinado pelo jornal *Daily Mail*, Mitchell-Hedges percorreu o mundo em busca de cidades perdidas e artefatos misteriosos.

Em 1927, no território que hoje é conhecido como Belize, ele e sua filha Anna Le Guillon Mitchell-Hedges encontraram um misterioso crânio esculpido em cristal de quartzo, que estava debaixo de um templo nas ruínas da cidade maia de Lubaantun. A caveira tem o tamanho de um crânio humano normal, com treze centímetros de altura e doze de largura, e pesa cinco quilos. As cavidades dos olhos e os dentes são cuidadosamente entalhados, o que faz o objeto destoar bastante de outros crânios encontrados em sítios maias e astecas.

Uma observação: maias e astecas são, com frequência, colocados juntos numa mesma frase (como agora), mas são duas civilizações distintas. Os maias precederam os astecas em mais ou menos quinhentos anos e ocuparam a América Central, enquanto os astecas se concentravam ao norte, no atual México. Ornamentos em forma de caveira são comuns na cultura asteca, mas não são muito corriqueiros entre os maias.

Voltemos. Mitchell-Hedges afirmava que o crânio de Lubaantun tinha mais de 3 mil anos e, segundo os nativos de Belize, era usado em cerimônias religiosas. Com o objeto, o sumo sacerdote maia podia provocar a morte de qualquer um. Por isso, o artefato é também conhecido como "Crânio da Condenação".

Muita gente, porém, considera que a descoberta de Mitchell-Hedges não passa de armação. Ele teria comprado o crânio de um negociante de arte e depois o enterrado discretamente em Belize para então reencontrá-lo. Há até quem diga que a escavação sequer ocorreu. A autobiografia de Mitchell-Hedges, *Danger, My Ally: The Amazing Life Story of the Discoverer of the Crystal Skull* [Perigo, meu aliado: A incrível história da vida do descobridor do crânio de cristal], de 1954, não colabora muito com a credibilidade do escritor. Ele alega ter cavalgado com Pancho Villa e discutido política com Liev Trótski, mas não oferece nenhuma evidência convincente dos dois encontros. Os amigos diziam que ele era mitômano.

A questão é que o "Crânio da Condenação" não é o único crânio de cristal do mundo. Há outros. Um deles, que está no Museu Britânico desde 1897, já foi considerado um artefato asteca, mas hoje a instituição atesta que foi confeccionado na Europa durante o século XIX. Ainda assim, diz a lenda, os funcionários que trabalham à noite no museu não gostam de ficar sozinhos perto dele, pois são acometidos por visões aterradoras.

Outro crânio de cristal foi doado anonimamente em 1992 ao Smithsonian Institution, em Washington, DC. Alegam se tratar de um artefato asteca. Também existe uma caveira no Musée du quai Branly, em Paris, e muitas outras espalhadas por coleções particulares.

Os céticos afirmam que nenhum desses crânios é pré-colombiano e que todos eles (ou pelo menos a maioria) têm uma origem comum: Eugène Boban (1834-1908), um francês que comercializava arte no século XIX — especialmente artefatos de suposta origem asteca e maia —, de quem Mitchell-Hedges teria comprado seu "Crânio da Condenação". Como o quartzo não pode ser submetido à datação por carbono 14, não é possível precisar a idade dos artefatos. Eles podem ter duzentos anos, 3 ou 12 mil anos.

A aposta do restaurador americano Frank Dorland, que fez vários testes com o crânio de Mitchell-Hedges nos anos 70, é justamente de 12 mil anos. Segundo ele, a caveira foi esculpida em um único bloco de cristal sem o uso de ferramentas de metal e sem levar em conta os eixos naturais da rocha. Só uma tecnologia muito mais avançada que a nossa poderia tê-la produzido. Além disso, Dorland alega que o "Crânio da Condenação", quando deixado em repouso, produz estranhos sons que lembram sinos e corais. Várias pessoas teriam testemunhado o fenômeno, mas não há nenhum registro disso. Para o restaurador, a caveira não é maia, e sim originária das civilizações perdidas de **ATLÂNTIDA E MU** — e teria, portanto, 12 mil anos.

Depois que Frank Dorland entrou na história, os crânios viraram objeto de culto entre os adeptos da Nova Era. Para alguns, eles são "computadores" capazes de registrar cenas e transmiti-las (desde que alguém consiga quebrar o código, coisa que ainda não aconteceu). Para outros, são armas de destruição em massa que, muito provavelmente, causaram a ruína das civilizações que as criaram. Há também quem considere que as caveiras têm propriedades curativas, e outros que acreditam que elas podem mostrar o futuro, como uma bola de cristal.

O artefato de Mitchell-Hedges é bem mais detalhado do que os outros, por isso há até quem jure que ele é uma cabeça humana transformada em cristal por algum processo desconhecido.

Outros pensam que o "Crânio da Condenação" pertenceu a um extraterrestre. Não por acaso, esse é justamente o tema do filme *Indiana Jones e o reino da caveira de cristal*, de 2008, com o herói inspirado em Frederick Albert Mitchell-Hedges.

Veja também:
ANUNNAKI
CATASTROFISMO
ENOQUE E OS ANJOS ASTRONAUTAS
ESTATUETAS DE ACÁMBARO
PEDRAS DE LA MARCHE

CERN E O ANTICRISTO

O CERN é frequentemente confundido com o acelerador de partículas LHC, a maior máquina já construída pelo homem, com 27 quilômetros de circunferência. Mas uma coisa é uma coisa, e outra coisa é outra coisa. CERN é a sigla em francês para Conseil Européen pour la Recherche Nucléaire [Organização Europeia para a Pesquisa Nuclear]. Já LHC é Large Hadron Collider [Grande Colisor de Hádrons], um acelerador de partículas localizado num complexo subterrâneo perto de Genebra, na Suíça.

O LHC pertence ao CERN e é graças a ele que hoje a humanidade conhece o bóson de Higgs, que é, bem, uma coisa que ninguém sabe direito o que é. De um jeito bem tosco e simplificado, o bóson é uma partícula infinitesimal que, ao interagir com outras, faz com que as primeiras ganhem massa. Ele transforma energia em matéria, e por isso foi apelidado pela mídia golpista de "partícula de Deus".

Desde que começou a funcionar, em 2008, o LHC é cercado de teorias apocalípticas. Uma delas afirmava que, quando o colisor entrasse em funcionamento, ele criaria um buraco negro que engoliria a Terra, o Sistema Solar e boa parte da Via Láctea. Tudo indica que os rumores foram um pouco exagerados.

C

Mas existe uma história muito melhor do que essa. Segundo vários conspiranoicos da **INTERNET**, entre eles o misterioso Freedom Fighter 2127, que mantém um podcast de bizarrices no YouTube, o LHC pode abrir um portal para o inferno e libertar o Anticristo!

Isso mesmo. Um. Portal. Para. O. Inferno.

Em dezembro de 2013, a 68ª Sessão da Assembleia Geral das Nações Unidas proclamou 2015 como o Ano Internacional da Luz e das Tecnologias Baseadas em Luz, em comemoração ao centenário da teoria da relatividade. Na ocasião, o CERN aproveitou para anunciar o início do projeto HL-LHC (High Luminosity LHC), que pretende aumentar a luminosidade das colisões de partículas em dez vezes.

Mas isso é o que os cientistas dizem. As teorias conspiratórias têm outra explicação: elas relembram que Lúcifer, o líder dos anjos caídos, era conhecido como Senhor da Luz antes do fracassado golpe de Estado contra **YAVEH**. O "ano da luz" seria, na verdade, o ano de Lúcifer, e o objetivo secreto do CERN seria criar túneis para dimensões paralelas na esperança de que, numa dessas, eles conseguissem abrir as portas do inferno e libertar o Anticristo.

E por quê, pergunta você, cientistas tão inteligentes fariam coisa tão estúpida?

É simples. O CERN, garantem os conspiranoicos, é apenas e tão somente o braço científico (ou "mágico") da **ILLUMINATI**, cujo objetivo final é a destruição da civilização para o estabelecimento de uma nova ordem mundial sob inspiração de **BAPHOMET** (que, obviamente, sendo o diabo que é, trabalha junto com Lúcifer).

Há, no entanto, versões diferentes dessa mesma conspiração. Alguns teóricos dizem que o LHC não está interessado em soltar os demônios na Terra, mas sim em abrir uma passagem estelar para o mundo dos **ANUNNAKI**, os deuses-alienígenas que teriam iniciado a civilização suméria há 5 mil anos e talvez, quem sabe, até criado o *Homo sapiens* por manipulação genética. Fazer contato com essas criaturas parece ser uma obsessão, já que a **INVASÃO DO IRAQUE** pelos americanos em 2003 teria o mesmo objetivo secreto.

Um último detalhe: na sede do CERN, em Genebra, há uma grande estátua de dois metros do deus indiano Shiva fazendo sua dança cósmica. A imagem foi um presente do governo da Índia, pois, segundo a mitologia, o universo se forma quando o deus dança. Só que Shiva também é o deus da destruição. Antes de criar um universo é preciso destruir o antigo.

Veja também:
ALEISTER CROW
GATO DE SCHRÖDINGER
L. RON HUBBAR E O CIENTISTA D FOGUETES
OPERAÇÃO BABALON
PROJETO MONT

CINCO OLHOS

Five Eyes (ou, em português, Cinco Olhos) é o nome que se dá à aliança dos serviços de espionagem de Estados Unidos, Inglaterra, Canadá, Austrália e Nova Zelândia. O sistema **ECHELON** é o principal instrumento usado por essas agências. Não precisa mais do que isso. O Echelon é capaz de bisbilhotar e-mails, hackear sites, monitorar redes sociais, escutar ligações telefônicas e observar transmissões via satélite, entre outras coisas.

Edward Snowden, o ex-funcionário da NSA que denunciou os abusos cometidos pela agência em 2013, descreve Cinco Olhos como "uma organização transnacional de espionagem que não obedece às leis dos próprios países que a compõem".

A cooperação entre os serviços secretos anglófilos se iniciou durante a Segunda Guerra Mundial para espionar as forças do Eixo e se fortaleceu durante a Guerra Fria, quando se dedicou aos países da Cortina de Ferro. Mas, a partir dos atentados terroristas de 11 de setembro de 2001, os Cinco Olhos ganharam autoridade para espionar qualquer país ou organização que representasse ameaça política e econômica ao grupo.

Em outubro de 2013, uma reportagem apresentada pela Rede Globo revelou que o Ministério de Minas e Energia e empresas brasileiras estratégicas, como a Petrobras, tinham sido espionadas por arapongas americanos e canadenses.

Pois é, o *Big Brother* existe e tem cinco olhos voltados para você. Ele sabe onde você mora, sabe o que faz nas redes sociais e sabe até os *nicknames* pornográficos que usa no Snapchat.

Veja também:
ANONYMOUS
BILDERBERGERS
BLACK BLOC
BOHEMIAN CLUB
SNOWDEN E OS ALIENÍGENAS
WIKILEAKS

CINTURÃO DOS MONSTROS

Nessie, a simpática criatura que supostamente habita o lago Ness, na Escócia, é o mais famoso monstro lacustre do mundo, mas não o único.

O lago Morar, a sudoeste do Ness, também tem seu próprio bicho esquisito: Morag, espécie de serpente com dez metros de comprimento. Ele foi avistado pela última vez em 1969 por Duncan McDonnell e William Simpson, que atravessavam o lago de lancha quando toparam com Morag. Nem um pouco preocupado em preservar a vida animal, Simpson tentou abater o bicho com um tiro de rifle, mas felizmente errou.

Mais ao norte, na Suécia, fala-se do Storsjöodjuret. O nome, que soa

C

como se alguém estivesse engasgado com arenque defumado, significa apenas "o monstro do lago Storsjön". A criatura é supostamente uma serpente marinha de vinte metros cujas aparições remontam ao século XVII.

Do outro lado do Atlântico, no Canadá, o lago Okanagan também tem seu "Nessie" residente, Ogopogo, serpente cinco metros maior que Morag. Em 1926, o bicho teria sido visto por várias pessoas que estavam num acampamento religioso às margens do lago. Infelizmente, ninguém se lembrou de fotografá-lo. Mas, em 1968, um morador local, Art Folden, registrou em super-8 uma estranha criatura no lago. Só que, dessa vez, Ogopogo se parecia com uma baleia.

O Alasca também é uma terra de bestas primitivas. E isso não é uma referência aos políticos do Tea Party. Em 2011, um grupo de criaturas marinhas foi registrado em vídeo por pescadores daquele estado americano. As imagens foram ao ar pelo Discovery Channel. Paul LeBlond, ex-diretor do Departamento de Ciências Marinhas e Terrestres da Universidade da Colúmbia Britânica, acredita tratar-se de répteis carnívoros do período Cretáceo que milagrosamente driblaram a extinção. A criatura do Alasca recebeu o nome de "cadbossauro", em referência à baía de Cadboro, no Canadá, onde outros espécimes teriam sido avistados no passado.

Outro bicho esquisito no folclore da região é o Pé Grande (ou Sasquatch), criatura humanoide e selvagem de dois a quatro metros de altura. A prova mais conclusiva da existência desses **HOMENS PELUDOS** é um filme feito em 1967 por Roger Patterson e Robert Gimlin que mostra um ser coberto de pelos marrons correndo no mato.

Patterson morreu em 1972. Antes, porém, confessou que o filme era uma armação e que o "monstro" era um amigo seu vestido de gorila. O parceiro Robert Gimlin, no entanto, não confirma essa informação e ainda ganha a vida ministrando palestras sobre o Sasquatch.

Os criptozoólogos — zoólogos amadores que dedicam tempo e dinheiro para correr atrás de criaturas lendárias — enxergam uma correlação entre todos esses seres, pois suas aparições ocorrem na mesma latitude, no chamado "Cinturão dos Monstros". Segundo os crédulos, a condição climática e a escassa presença humana nessa zona possibilitaram que algumas espécies desafiassem Charles Darwin.

Veja também:
BOLESKLINE HO
CARCAÇA
DO *ZUIYO-MARU*
DINOSSAUROS
MONSTRO
DO LAGO NESS

CÓDIGO DA VINCI

Como todo o mundo cristão ocidental sabe, *O código Da Vinci* é o nome de um livro escrito pelo americano Dan Brown em 2003 e que já vendeu 80 milhões de exemplares.

No romance, o professor de simbologia Robert Langdon enfrenta o Vaticano e desvenda uma conspiração milenar que envolve **JESUS E SEUS GAROTOS**, fruto do casamento com **MARIA MADALENA, A SENHORA J.C.**

Veja também:
COLÉGIO INVISÍVEL
CONSPIRAÇÃO DA PÓLVORA
GNOSTICISMO
JESUS NUNCA EXISTIU
MEROVÍNGIOS DO ESPAÇO
ERRE PLANTARD DE SAINT-CLAIR

Essa teoria conspiratória não foi inventada por Dan Brown, ele só diluiu e simplificou uma história já conhecida. Vários livros haviam explorado o tema antes, em especial *O Santo Graal e a linhagem sagrada*, best-seller nos anos 80. Michael Baigent, Richard Leigh e Henry Lincoln, os autores do livro, processaram Dan Brown por plágio. E perderam.

Afinal, *O Santo Graal e a linhagem sagrada* é declaradamente uma investigação histórica, enquanto o livro do americano é uma obra de ficção, certo?

É. Mais ou menos isso.

A conspiração é bizantina e funciona como as bonecas russas: são várias camadas sobrepostas, inúmeros *subplots* e muitas contradições. Para começar a entendê-la, talvez você devesse iniciar a leitura pelo verbete **GNOSTICISMO**.

Ou talvez não.

COLÉGIO INVISÍVEL

As histórias do Colégio Invisível formam um embriagante coquetel de fantasia e realidade, embora seja difícil precisar a porcentagem de uma e de outra.

Comecemos pelo que é historicamente aceito. A associação foi criada em Londres no século XVII pelo filósofo irlandês Robert Boyle (1627-91). O "colégio" é chamado de "invisível" porque seus pesquisadores estavam espalhados pelo continente europeu e trocavam ideias por carta. Foi a primeira *world wide web* da história.

A Europa continental vivia uma época de furioso fundamentalismo católico em resposta ao cisma protestante liderado por Martinho Lutero (1483--1546) em 1517. Controlado pela **COMPANHIA DE JESUS**, o Tribunal do Santo Ofício (*a.k.a.* Santa Inquisição) mandava para a fogueira qualquer um que pensasse diferente dele. Os luteranos e calvinistas lideravam a fila dos condenados, mas alquimistas, ocultistas e livres-pensadores, como o astrônomo Galileu Galilei (1564-1642), também podiam acabar se queimando.

A Inglaterra, enquanto isso, vivia um momento bem mais liberal. O país estava sob a regência da protestante Elizabeth I, que se encontrava em guerra contra o Vaticano e a Espanha, principal potência católica. Muitos luteranos se refugiaram na Inglaterra, assim como esotéricos diversos. Afinal, dois dos maiores conselheiros da rainha eram justamente **JOHN DEE & EDWARD KELLEY, OCULTISTAS**.

Daí a ideia de Robert Boyle de criar uma rede epistolar de livres-pensadores situados nos dois lados do canal da Mancha. Os membros do Colégio Invisível usavam um sistema independente e secreto de correio muito semelhante ao Tristero, que aparece no romance conspiranoico *O leilão do lote 49*, de Thomas Pynchon.

Mas a experiência não era só onanismo filosófico, pois também servia aos propósitos políticos de Elizabeth I, que atraiu para o país muitos cérebros cerceados pelo catolicismo. O florescimento intelectual da Inglaterra começa justamente nesse período. Além disso, Sir Francis Walsingham e Sir Francis Bacon, os fundadores do **SERVIÇO OCULTO DE SUA MAJESTADE**, recrutavam seus primeiros agentes secretos entre os membros do Colégio Invisível.

A "rede" epistolar idealizada por Robert Boyle foi certamente influenciada pelos **MANIFESTOS ROSA-CRUZ**, textos ocultistas que aparecem na Europa a partir de 1614 e que mencionam confrarias "invisíveis" de conhecimento hermético.

Mas não é só isso.

Um artigo publicado em 1998 na curiosa revista monarquista *Dagobert's Revenge* aponta Robert Boyle como um grão-mestre do **PRIORADO DE SIÃO**. O texto sugere ainda que o Colégio Invisível tinha uma agenda secreta: a recondução da "linhagem sagrada" — isto é, a descendência de Jesus e Maria Madalena — ao poder. Elizabeth I foi sucedida por Jaime I, da casa dos Stuart — que, dizem os conspiranoicos, tem laços consanguíneos com a linhagem. Sob o rei Jaime, o Colégio Invisível se tornou a Royal Society de Londres, a primeira academia dedicada à pesquisa científica. Entre seus membros fundadores estava o físico Isaac Newton, apontado como o grão-mestre do Priorado de Sião que sucedeu a Richard Boyle.

Uma curiosidade: o lema da Royal Society de Londres é *"Nullius in verba"*, que pode ser toscamente traduzido do latim para "Não acredite nas palavras de ninguém".

Veja também:
CÓDIGO DA VINCI
CONSPIRAÇÃO D PÓLVORA
GUY FAWKES
JESUS E SEUS GAROTOS
MARIA MADALE
A SENHORA J.C.

COMPANHIA DE JESUS

Inácio de Loyola nasceu no ano da graça de 1491 na cidade de Loyola, atual Azpeitia, no País Basco. O pai era um rico proprietário de terras, e Inácio — que na época ainda usava o nome de batismo, Íñigo López — logo se viu a serviço de Fernando II de Aragão, rei de boa parte da atual Espanha e também da Sicília.

Em 1521, López quase morreu na batalha de Pamplona, uma escaramuça entre franceses e espanhóis pela soberania do combalido Sacro Império Romano-Germânico. Enquanto se restabelecia no castelo do pai, decidiu ler um monte de livros religiosos (não publicavam muito outra coisa na época). Ele ficou profundamente tocado pela vida de são Francisco de Assis, que abandonara tudo para servir à Igreja, e decidiu fazer o mesmo. Íñigo López virou frade, adotou o nome de Ignácio e, para melhor cumprir sua missão, fundou a Companhia de Jesus em 1534. A ordem se propunha a ser o exército de Deus na terra para combater e converter infiéis.

Só que o conceito de infiéis tinha se expandido muito enquanto Inácio convalescia.

Em 1517, Martinho Lutero rompera com o Vaticano, dando origem à Reforma Protestante. O mundo cristão foi dividido em dois, com cada lado acusando o outro de heresia. Para colocar ordem na bagunça, o Vaticano organizou o Concílio de Trento em 1545 e restaurou o Tribunal do Santo Ofício, para investigar e julgar hereges.

Ou seja, para fazer uma Santa Inquisição.

A tarefa ficou a cargo da Companhia de Jesus do piedoso Inácio de Loyola. E os jesuítas, como passaram a ser chamados os membros da ordem, cumpriram a tarefa com dedicação. Calcula-se que 200 mil europeus tenham sido investigados pelo tribunal. A maioria foi liberada com chibatadas no lombo e penitências, mas ao menos 2% do total acabou na fogueira.

No livro *As sociedades secretas: Do século XVII ao século XX*, o italiano Gianni Vannoni escreve:

> A nobre ideia do oficial Inácio de Loyola de construir uma cavalaria mística exclusivamente voltada aos serviços da Divina Majestade transformou-se numa congregação de piedosos maquiavélicos, peritos na arte do domínio. A eles deve-se a instauração de uma meliflua ditadura indireta nas cortes europeias católicas, enquanto na América Latina, onde puderam atuar sobre uma população isolada do resto do mundo, constituíram uma ditadura coletivista que durou mais de um século e meio.

C

Os defensores dos jesuítas argumentam que a Inquisição é um breve capítulo na história da ordem, que se dedicou mesmo ao ensino religioso. A cidade de São Paulo, por exemplo, nasceu ao redor do colégio fundado pelo jesuíta José de Anchieta.

Mas não adianta. A Companhia de Jesus está associada a inúmeras teorias conspiratórias e principalmente ao antissemitismo. Tudo faria parte de um *masterplan* para apressar a volta de Cristo à terra. O problema são as etapas necessárias para chegar lá. Veja só.

1. O principal objetivo da ordem seria a reconstrução do Templo de Jerusalém. Está profetizado no livro do Apocalipse que esse é o sinal do fim dos tempos que traz Jesus de volta à terra. Faz sentido. Para reconstruir o templo seria necessário demolir a Mesquita de Al-Aqsa, o terceiro local mais sagrado do islã. Se isso não provocar o Apocalipse, o que mais vai provocar? Um detalhe curioso: a reconstrução do templo também é, dizem, o plano secreto da **MAÇONARIA**. Maçons nunca se deram bem com jesuítas, mas talvez a conhecida inimizade entre eles seja parte do plano também. Tudo é possível;

2. Aliás, por falar nisso, os jesuítas seriam a verdadeira força por trás da **ILLUMINATI**, que trabalharia secretamente pelo mesmo objetivo: apressar o fim do mundo;

3. Os jesuítas seriam os criadores dos ***PROTOCOLOS DOS SÁBIOS DE SIÃO***, o falso panfleto que acusa os judeus de conspirarem pela dominação mundial e que levou aos pogroms russos no final do século XIX e início do XX;

4. Eles também seriam os tutores secretos de Adolf Hitler. E um deles, Bernhardt Stempfle, teria ajudado o futuro Führer a escrever *Minha luta*. A Companhia de Jesus também foi a inspiração para a organização paramilitar nazista SS, moldada à imagem e semelhança da ordem. Além disso, jesuítas teriam ajudado a localizar judeus na Europa ocupada, especialmente na França de Vichy, a administração pró-nazi comandada pelo colaboracionista Philippe Pétain;

5. Em contrapartida, os jesuítas também são acusados de conspirar para o estabelecimento do Estado de Israel. Parece contraditório, mas não é: o fim da diáspora dos judeus também é um dos sinais do Apocalipse.

Como se não bastasse tudo isso, também existem teorias conspiratórias que associam os jesuítas ao assassinato do presidente americano John F. Kennedy em 1963. Mas aí não vale: o mundo inteiro esteve envolvido no crime.

Veja também:
ALUMBRADOS
COLÉGIO INVISÍ
CONSPIRAÇÃO
DA PÓLVORA

CONDE DE SAINT GERMAIN

Em 1748, a nobreza francesa mostrava-se fascinada por um misterioso personagem que surgira aparentemente de lugar nenhum: o conde de Saint Germain. Ele é descrito como um homem moreno de quarenta a cinquenta anos, que sempre se vestia de preto e usava vistosos anéis de diamantes. Saint Germain afirmava ser imortal e dizia dominar os segredos da arte alquímica de prolongar a vida e de fabricar pedras preciosas.

Embora Saint Germain oferecesse grandes jantares no castelo de Chambord, que o rei Luís xv emprestara a ele como residência, o conde jamais era visto comendo. Bebia apenas um chá de ervas que ele mesmo preparava.

Num desses jantares, diz a lenda, um convidado intrigado perguntou a um dos garçons: "É verdade o que dizem do seu mestre? Que ele esteve presente nas bodas de Canaã e conheceu pessoalmente Jesus Cristo?". O serviçal prontamente respondeu: "Eu não sei dizer, meu senhor. Estou a serviço do conde há apenas duzentos anos...".

Embora pareça um personagem de ficção, o conde de Saint Germain existiu. Ele foi íntimo de Madame de Pompadour, a amante do Rei Sol, que o introduziu na corte de Versalhes. O homem é mencionado nas *Memoires autentiques*, do conde de Cagliostro (um mistificador), nos textos de Giacomo Casanova (outro mistificador) e também por Jean-Jacques Rousseau (mais um mist, digo, filósofo).

Casanova fala da habilidade de Saint Germain em fabricar diamantes, de que era um virtuose no violino, dominava várias línguas estrangeiras, tinha talento como pintor e um extraordinário poder de sedução, capaz de rivalizar com o dele próprio. O escritor inglês Horace Walpole, que se encontrou com Saint Germain em Londres, escreve que o conde "canta, compõe e toca violino maravilhosamente, mas é louco". O sempre irônico ensaísta Voltaire o define como "o homem que sabe tudo e nunca morre".

Há, entretanto, registros de sua morte por pneumonia em 27 de fevereiro de 1784, na cidade de Eckernförde, Alemanha. Saint Germain teria vivido seus últimos anos ali, realizando experimentos alquímicos num laboratório presenteado a ele pelo governador da região, o príncipe Carlos de Hesse-Cassel, um entusiasta do esoterismo e membro de várias sociedades secretas.

Mas é aí que a história começa a ficar realmente estranha: o conde de Saint Germain continuou a aparecer na Europa, no Oriente Médio e no Extremo Oriente por mais duzentos anos.

Em 1785, ele ensinou ao médico alemão Franz Anton Mesmer os segredos do hipnotismo. Em 1793, durante o terror que sucedeu a Revolução

Francesa, foi visto com Madame du Barry, a amante de Luís xv, antes da condenação dela à guilhotina. Em 1798, esteve no Egito como membro da Comissão das Ciências e das Artes que acompanhou as forças do imperador Napoleão Bonaparte. Em 1821, a condessa d'Adhemar se encontrou várias vezes com ele e registrou em seu diário que Saint Germain aparentava ter sempre a mesma idade. Entre 1880 e 1900, **HELENA BLAVÁTSKI**, a fundadora da **SOCIEDADE TEOSÓFICA**, achou-o no Tibete. Há até uma fotografia desse encontro. Blavátski está sentada em uma cadeira que lembra um trono, uma das mãos sustentando o queixo e a outra apoiada no braço da cadeira. Atrás da cadeira há três homens barbados. O primeiro usa uma longa capa. O segundo, um turbante branco. O terceiro veste uma túnica, com cinto e botas brancas, além de uma capa e uma espada, que traz presa à cintura. Ele usa cavanhaque e aparenta ter entre quarenta e cinquenta anos. Segundo Blavátski, aquele é o conde.

Mas quem (ou o que) era o tal Saint Germain?

Alguns conspiranoicos acreditam que ele era um viajante do tempo. Outros o associam ao **JUDEU ERRANTE**, o amaldiçoado hebreu condenado a vagar pela Terra até a volta do Messias. E há quem diga que ele era (e possivelmente ainda é) um vampiro. O fato de o conde se declarar filho ilegítimo de Francis II Rákóczi (1676-1735), príncipe da Transilvânia, ajudou a propagar a última versão. A *Enciclopédia Britânica*, mais cética, diz apenas que ele era um judeu português.

Uma coisa que contribui para aumentar a confusão é que o título "conde de Saint Germain" não pertencia ao nosso personagem, mas ao general Claude Louis (1707-78), seu contemporâneo. O título era hereditário e foi usado pelos descendentes do militar. Outra coincidência é que o santo padroeiro de Paris se chama Saint Germain (496-576), bispo da cidade na época do rei merovíngio Childebert I. É ele o construtor da abadia de Saint-Germain-des-Prés.

Além disso, parece que ao longo da história muita gente resolveu personificar o conde. O primeiro deles foi o humorista inglês Milord Gower, também contemporâneo do personagem, que se divertia ao narrar seus encontros com Jesus Cristo.

Até **ALEISTER CROWLEY** considerou a ideia por um tempo. Em 1923, ele escreveu em seu diário: "Devo me transformar no conde de Saint Germain com uma peruca e uma barba falsas e começar uma nova lenda?".

Imortal, vampiro, viajante do tempo ou charlatão, o misterioso conde é associado aos **MANIFESTOS ROSA-CRUZ** (há quem diga que ele é o próprio Christian Rosenkreuz, o autor dos textos), à **MAÇONARIA** (ele é o suposto criador do mantra "Liberdade, igualdade e fraternidade", depois adotado pelos revolucionários franceses) e à **ILLUMINATI** (ele também é Adam Weishaupt, o fundador dessa ordem).

A última aparição conhecida de Saint Germain foi em 1972, na França. Usando o nome de Richard Chanfray, ele foi visto várias vezes na TV francesa apresentando um programa de mistérios. Chanfray afirmava que podia transmutar chumbo em ouro e que era o próprio Saint Germain, ainda vivo depois de tantos anos. Ele era ator, compositor, escultor e uma celebridade no jet set de Paris e Saint-Tropez. Foi amante da cantora Dalida (com quem fez dupla) e depois de Paula de Loos, a falsa baronesa de Trintignan. Falidos e endividados, Paula e Richard Chanfray cometeram suicídio juntos em 1983.

Ou talvez seja isso que ele queira que você pense.

O conde de Saint Germain pode ter enganado a morte mais uma vez e esteja vivo por aí, quem sabe lendo este livro e se divertindo com suas próprias peripécias.

Veja também:
FU-TURISTAS
IMORTAIS

CONSPIRAÇÃO DA PÓLVORA

"*Remember, remember the 5th of November*", diz a canção repetida anualmente na Noite das Fogueiras, festa popular inglesa que lembra o nosso São João. A comemoração tem fogos de artifício, maçãs do amor, batatas assadas e a tradicional malhação de bonecos de **GUY FAWKES**, algo parecido com a queima do Judas.

Fawkes é um dos dez homens acusados de planejar a Conspiração da Pólvora, que pretendia mandar pelos ares o rei Jaime I e a Câmara dos Lordes em 5 de novembro de 1605. A ideia dos conspiradores era de que a morte do monarca (junto com toda a nobreza protestante) levasse ao poder a filha dele, Elizabeth Stuart, então com nove anos. Eles acreditavam que ela trataria melhor os católicos ingleses, que comiam o pão que o diabo amassou desde que Henrique VIII rompera com o Vaticano em 1533.

Mas os terroristas foram traídos. A trama foi revelada numa carta anônima enviada em 26 de outubro a William Parker, o barão de Monteagle. Em 4 de novembro, Guy Fawkes, um perito em explosivos, foi encontrado nos subterrâneos do Parlamento tomando conta de 36 barris de pólvora, o suficiente para destruir o prédio inteiro. Preso e torturado, revelou o nome dos outros conspiradores. Todos foram condenados à forca e esquartejados.

A França e a Espanha, duas potências católicas que viviam às turras com a Inglaterra, foram expostas como a força por trás da conspiração. Mas há quem aponte o dedo para o lobby do tabaco (malditos fumantes!). O fumo havia sido introduzido no país por Sir Walter Raleigh e virara mania entre os ingleses. Mas o bom rei Jaime I era um antitabagista convicto e, segundo os adeptos dessa tese, implantaria leis banindo o fumo da Inglaterra, o que acabaria com a alegria dos exportadores de tabaco. Só que as tais leis não vieram depois do atentado fracassado, o que não contribui muito para a credibilidade da teoria conspiratória.

Outra ideia, bem mais instigante, atribui a Conspiração da Pólvora à **COMPANHIA DE JESUS**, o braço operacional do Vaticano na guerra contra o protestantismo. No entanto, o objetivo secreto dos jesuítas não era apenas matar o rei protestante, e sim tirar do poder um representante da casa dos Stuart, que, diz a lenda, tem laços consanguíneos com a "linhagem sagrada" de Jesus e Maria Madalena. A explosão do Parlamento seria uma maneira de enfraquecer o poder do **PRIORADO DE SIÃO**, a "eminência parda" que conduzia o destino da Inglaterra na época.

Veja também:
ANONYMOUS
COLÉGIO INVISÍ[VEL]

CRÂNIOS ALONGADOS

Múmias e esqueletos com crânios anormalmente longos foram encontrados em várias partes do mundo: Egito, Peru, Iraque e Havaí.

Antropólogos acreditam que o alongamento da cabeça tem razões estéticas, assim como piercing e o alargador de orelhas nos nossos dias. Essa forma de automutilação foi muito popular no período Paleolítico (alguns crânios têm 16 mil anos), mas está praticamente desaparecida hoje. Atualmente, só existe entre alguns nativos das Ilhas Salomão e da Nova Guiné. O processo começa logo depois do nascimento do bebê, quando o crânio ainda é maleável, e usa faixas e talas de madeira.

No entanto, para alguns conspiranoicos, alongar crânios não é exatamente uma opção estética. Na melhor das hipóteses, a prática seria uma tentativa de emular a formação cranial de **EXTRATERRESTRES** que mantiveram contato com o *Homo sapiens* num passado distante. Na pior das hipóteses, os crânios encontrados não seriam humanos, mas pertenceriam a seres híbridos nascidos de relações sexuais com alienígenas (ETs parecem obcecados por sexo com humanos, mas isso é outra história).

Um grupo de crânios anormalmente longos foi encontrado em 1928 na região de Ica, sul do Peru. Essas cabeças são atribuídas à cultura paracas, que dominou a região de 800 a 100 a.C. Em 2014, o escritor canadense Brien

Foerster, um especialista em história alternativa (ou especulativa), convenceu o Museu Arqueológico de Paracas a realizar testes de DNA nos fósseis. A conclusão foi de entortar a cabeça. Segundo Foerster, a pesquisa revelou que as múmias não são humanas. Os crânios teriam um volume 25% maior do que o normal (algo que não se consegue com a simples deformação) e pesariam 60% a mais. Ainda segundo o escritor, as cabeças apresentariam mutações desconhecidas nos primatas terrestres (humanos inclusos). Esses seres, diz ele, pertencem a uma espécie distinta por completo de humanoides.

De imediato, os caçadores de farsas da internet saíram a campo para afirmar que tudo não passava de armação. Brien Foerster não existia e tudo era mentira. Mas isso não é verdade. Foerster existe, tem onze livros publicados, e essa pesquisa de DNA foi mesmo realizada. Mais do que isso: as mutações foram realmente identificadas, ao menos numa primeira análise. Só que isso não significa muito: mutações são parte da evolução humana e podem não estar necessariamente relacionadas ao formato dos crânios. Ainda assim os "*coneheads*" do Peru continuam sendo um mistério.

Quem também tinha a cabeça estranhamente ovalada era o faraó **AKHENATON**, o que levou muitos conspiranoicos a considerarem que ele talvez seja um viajante do tempo. Ou um alienígena, quem sabe.

Veja também:
ANUNNAKI
CAVEIRAS DE CRISTAL
NEFILIM

CRIACIONISMO

Se você acredita que um ser todo-poderoso chamado **YAVEH** criou o homem à sua imagem e semelhança há 10 mil anos, parabéns: você é um criacionista. O termo criacionismo está associado ao fundamentalismo cristão, mas se aplica a toda crença que nega o evolucionismo e atribui a criação das criaturas a uma inteligência superior e externa. A ideia de que seres alienígenas construíram o *Homo sapiens* por manipulação genética é só um *reboot* da velha franquia.

Um dos argumentos mais utilizados pelos criacionistas é o do design inteligente. Segundo essa teoria, apenas um designer inteligente poderia ter elaborado criaturas biológicas tão funcionais como, digamos, o ornitorrinco e o pinguim.

E o fato de você estar lendo este verbete com um meio sorriso é a prova conclusiva, dizem os criacionistas, de que uma vasta conspiração materialista está em ação neste exato momento. Pense sobre isso.

Veja também:
ANUNNAKI
CATASTROFISMO
DILÚVIO UNIVERSAL
DINOSSAUROS

CRIANÇAS VERDES

Alguns relatos dizem que o caso aconteceu na aldeia de Banjo, nos arredores de Barcelona, na Espanha. Outros situam a mesma história em Suffolk, na Inglaterra. A versão espanhola ocorre no século XIX, a inglesa, no século XII.

Talvez sejam acontecimentos diferentes, mas a narrativa é surpreendentemente parecida: duas crianças verdes, um menino e uma menina, são encontradas perto de uma caverna. Suas roupas são feitas de algum material desconhecido e a pele é verde como as folhas das árvores. Elas falam uma língua desconhecida e recusam todos os alimentos oferecidos, com exceção de feijão, que comem cru.

O garoto, muito debilitado, morre. A menina cresce, aprende espanhol (ou inglês) e, aos poucos, perde a coloração esverdeada da pele. Ela conta que veio de um mundo sem sol, cuja iluminação natural lembrava um eterno crepúsculo. Lá, todas as pessoas eram verdes. Um dia, ela e o garoto brincavam, quando viram um clarão, ouviram um estrondo e apareceram dentro de uma caverna no nosso mundo.

O escritor Jacques Bergier (1912-78) especula que a aparição das crianças verdes é um experimento conduzido por uma inteligência oculta que, vira e mexe, testa nossa credulidade com acontecimentos bizarros. Diz ele: "Sinto-me inclinado a admitir que essa experiência começou desde a origem da humanidade. Parece que [criaturas estranhas] são depositadas onde se manifestam e depois são retiradas como o experimentador retira o pedaço de queijo do labirinto do rato".

Teoria semelhante é defendida pelo folclorista franco-americano **JACQUES VALLÉE**. Ele acredita que dividimos o planeta com uma raça superior capaz de produzir fenômenos estranhos no mundo real — se é que dá para chamar de real o mundo em que vivemos...

Em 1996, o escritor escocês Duncan Lunan — o mesmo que afirma ter descoberto a origem do satélite alienígena **CAVALEIRO NEGRO** — debruçou-se sobre a lenda das crianças verdes e apresentou sua teoria: elas são alienígenas e foram transportadas do seu planeta natal para a Terra por meio de um portal dimensional com defeito. Como a aparição de criaturas verdes no nosso mundo é incrivelmente rara, é possível que esse portal tenha sido consertado.

Veja também:
DATABASE CÓSMICA
HOMEM DE TAU
KASPAR HAUSER
MUNDOS SUBTERRÂNEOS
PRINCESA CARABOO

DATABASE CÓSMICA

A "database cósmica" é um conceito desenvolvido pelo astrofísico francês **JACQUES VALLÉE**, um ufólogo cujas ideias bizarras causam estranheza até entre seus pares.

Vallée acredita que o fenômeno UFO é um experimento psicossocial, assim como aparições da Virgem, manifestações de espíritos e outros eventos paranormais. Para alicerçar sua tese, narra um caso de abdução alienígena investigado por ele em 1979. Um jovem francês chamado Frank Fontaine desapareceu misteriosamente do seu apartamento e foi encontrado dois dias depois num terreno baldio. Ele tinha memórias vívidas de ter sido abduzido por um disco voador. Mas Vallée afirma que tudo não passou de uma farsa: a abdução teria sido forjada pelo Ministério da Defesa francês como parte de um experimento psicológico chamado "exercício de síntese geral".

Segundo Jacques Vallée, os avistamentos de UFOs e as abduções constituem uma ardilosa manobra de **DESINFORMAÇÃO** promovida por agências de espionagem muito humanas. "As comunidades ufológicas podem simplesmente estar sendo usadas num experimento sociológico", explicou Vallée nos anos 80.

Ninguém o levou muito a sério. Mas em 2013 um documento secreto da Afosi (Air Force Office of Special Investigations), a agência de espionagem da Força Aérea americana, chamado *The Art of Deception: Training for a New Generation of Online Covert Operations* [A arte da ilusão: Formação para uma nova geração de operações secretas on-line] foi vazado por Edward Snowden, tornando os **HOMENS-MIRAGEM** conhecidos do público interessado em teorias conspiratórias. O modus operandi desses "manipuladores da realidade" é semelhante àquele que Vallée descrevera trinta anos antes.

Só que o astrofísico vai do ceticismo militante à paranoia delirante em velocidade *warp*. Para ele, mesmo os fenômenos forjados são uma tentativa de acessar a database cósmica, o arquivo de todas as nossas crenças, lendas e arquétipos. O conceito tem certa semelhança com o de inconsciente coletivo, formulado por Carl Gustav Jung (1875-1961). Segundo o psiquiatra suíço, o inconsciente coletivo é a soma dos instintos herdados e dos arquétipos. "Ao contrário do inconsciente pessoal, ele não é constituído de conteúdos individuais, mais ou menos únicos e que não se repetem, mas de conteúdos que são universais e aparecem regularmente", escreve Jung. "Os conteúdos do inconsciente coletivo constituem como que uma condição ou base da psique em si mesma, condição onipresente, imutável, idêntica a si própria em toda parte."

O inconsciente coletivo é o que permite que lendas e mitos se repitam em culturas sem nenhum contato entre si. Mas, para Jung, os arquétipos só adquirem significado quando se manifestam no consciente. Já a database cósmica de Jacques Vallée é um arquivo acessível de lendas e mitos.

O ufólogo acredita que a evolução espiritual da humanidade é controlada por uma raça superior, que se mantém oculta no nosso próprio planeta. Eles são os *webmasters* da database cósmica, capazes não apenas de manipulá-la, mas também de produzir novas crenças para alimentar o banco de dados.

Veja também:
AMAZING STORI
FATOR OZ
KENNETH ARNO
E OS DISCOS
VOADORES
SNOWDEN E OS
DISCOS VOADO

DESINFORMAÇÃO

A desinformação é uma tática comum aos serviços de espionagem, especialmente em tempos de guerra. Consiste em divulgar dados — reais ou falsos — com o objetivo de confundir uma investigação ou denúncia.

Um exemplo: em 1944, para que o Dia D fosse bem-sucedido, o serviço secreto inglês fez chegar à Alemanha uma quantidade imensa de contrainformações. Dados incorretos sobre transporte de tropas foram "vazados" aos nazistas para que eles acreditassem que o desembarque aliado aconteceria na França e não na Normandia. Para que o blefe fosse completo, criou-se até um "exército fantasma" do outro lado do canal da Mancha, feito de tanques e aviões de madeira.

Toda conspiração precisa disseminar desinformação para obter êxito. Outro exemplo: para que os assassinos do presidente americano John F. Kennedy escapassem ilesos, produziram a desinformação de que o responsável era um maluco solitário chamado Lee Harvey Oswald.

Tenha em mente, no entanto, que a denúncia de conspiração também pode ser uma desinformação. Ou seja: se Lee Harvey Oswald é o assassino, todas as centenas de teorias conspiratórias sobre o caso Kennedy são manobras de desinformação.

Quando se fala em conspiração, é difícil saber onde precisamente termina a verdade e começa a mentira.

Mas essa afirmação pode ser apenas uma manobra de desinformação.
Pense sobre isso.

Veja também:
ARCANOS
SURREALISTAS
FANTASMAS
BAILARINOS
GATO DE
SCHRÖDINGER
HOMENS-MIRA
NAVALHA DE
OCKHAM
SITUACIONISM

DIÁRIOS DE HITLER

Em 25 de abril de 1983, a revista alemã *Stern* decidiu reescrever a história do século xx com a publicação de um achado espetacular: os diários pessoais do Führer Adolf Hitler (1889-1945).

Era tudo muito estranho, pois os diários eram manuscritos e Hitler raramente escrevia à mão. Ele tremia muito devido ao mal de Parkinson e, além disso, tivera o braço ferido no atentado sofrido em 1944. Mas a *Stern* afirmava possuir sessenta cadernos autênticos que cobriam o período de 1932 a 1945, da ascensão à queda do Terceiro Reich.

Os diários haviam sido descobertos pelo repórter Gerd Heidemann depois de três anos de pesquisa minuciosa. Segundo ele, no final da guerra, um avião contendo os preciosos livros tentou fugir de Berlim, mas acabou abatido pelos russos. Soldados fiéis ao Führer resgataram os diários dos destroços e os mantiveram escondidos na Alemanha Oriental.

O resto da imprensa recebeu o "furo" jornalístico com frieza. O inglês *Sunday Times* afirmou, de cara, que os diários eram falsos. O jornal era gato escaldado: em 1967 publicara as "memórias" forjadas de Benito Mussolini (1883-1945), escritas por duas italianas malucas (e fascistas). O francês *Le Figaro* concordava com a publicação britânica e atribuía a falsificação à KGB, o serviço secreto da então União Soviética. Já a Academia de Ciências de Moscou dizia que os diários eram uma fabricação neonazista.

Para se resguardar, a *Stern* enviou os sessenta cadernos ao historiador inglês Hugh Trevor-Roper, que os autenticou como verdadeiros, apesar de apontar inúmeras incorreções nas datas. Mas Adolf Hitler tinha um mundo a conquistar e provavelmente se distraíra. Quem poderia culpá-lo?

Foi então que o jornalista americano James P. O'Donnell ressaltou a semelhança entre os diários e seu livro-reportagem *The bunker*, publicado em 1963, que reconstituía os últimos dias do ditador alemão. A *Stern* apertou o jornalista Gerd Heidemann e ele confessou ter comprado os livros de um homem chamado Konrad Kujau, dono de um antiquário em Stuttgart.

Grande figura, esse Konrad Kujau!

Ilustrador e calígrafo de talento, ele nasceu em 1938 em Löbau, que mais tarde ficaria no lado comunista da Alemanha dividida. Kujau estudou arte em Dresden e escolheu a liberdade em 1957, se estabelecendo em Stuttgart. Em 1967 ele finalmente conseguiu dinheiro para abrir uma loja de antiguidades especializada em relíquias nazistas, um grande sucesso na época. Mas muitos compradores exigiam a autenticação das peças, e Konrad Kujau começou a "criar" os documentos. Percebeu que, em vez de garimpar peças, era mais fácil fabricá-las.

Ele produziu alguns poemas e os assinou como Adolf Hitler. Deu certo, e ele os vendeu como relíquias autênticas. O segundo passo foi forjar a introdução de uma suposta continuação de *Minha luta*, o livro de memórias que o Führer escrevera em 1925. Também funcionou. Tomado de entusiasmo, Kujau produziu até trechos de uma ópera composta pelo ditador, *Wieland, der Schmied* [*Wieland, o ferreiro*].

O jornalista Gerd Heidemann, cuja carreira não ia lá muito bem, ficou sabendo dessa inesgotável fonte de documentos nazi e foi procurar Konrad Kujau. O falsificador disse que talvez fosse possível recuperar um tesouro raríssimo: os diários de Hitler. Mas a busca seria dispendiosa, pois eles estavam nas mãos de velhos nazistas que viviam no lado comunista da Alemanha.

Kujau teria pedido 9,3 milhões de marcos (3,8 milhões de dólares no câmbio atual) para financiar a empreitada. Apesar do preço elevado, a *Stern* aceitou subsidiar a "reportagem" de Heidemann. Kujau então produziu o primeiro volume da série, que trazia notas esparsas do ano de 1935 e uma capa decorada com as iniciais "F.H." (Führer Hitler) em letras góticas.

Para compor os diários, Konrad Kujau usava livros e jornais como referência, mas o que aparentemente atestava a autenticidade dos cadernos era a trivialidade de algumas notas, por exemplo: "Não esquecer dos ingressos dos Jogos Olímpicos para Eva". Ou: "Estou tomando pílulas que me provocam uma flatulência violenta e, segundo Eva, mau hálito".

Enquanto fabricava os diários, que levaram três anos para ficar prontos, o falsificador esbanjava dinheiro e, entre outras maluquices, costumava trabalhar vestido com uniforme militar e exigia ser chamado de "general Kujau".

Depois da denúncia de James P. O'Donnell de que o texto era uma cópia do livro escrito por ele, a *Stern* entregou os diários aos especialistas do Arquivo Nacional da Alemanha e do Departamento de Análises Materiais. Eles constataram de cara que o papel dos cadernos não era da época, que o "H" da capa era na verdade um "A" (Kujau comprara tipos errados) e que a caligrafia de Hitler era uma completa falsificação.

A revista demitiu Gerd Heidemann imediatamente e Konrad Kujau caiu no mundo, mas acabou preso na fronteira com a Áustria, quando tentava deixar o país. O falsificador confessou tudo, mas disse, no entanto, que recebera apenas 1 milhão de dólares pelos diários, e não os 3,8 que Heidemann alegava. O jornalista, por sua vez, afirma até hoje que foi uma vítima inocente do falsário.

Em 1998, Konrad Kujau foi solto e reabriu a velha loja em Stuttgart, que passou também a vender pinturas de Dalí, Rembrandt e Van Gogh, todas feitas por ele. Na parede, o falsário emoldurou uma carta de Adolf Hitler que dava a ele a guarda dos seus diários, para que a posteridade não o esquecesse.

Veja também:
ALTERNATIVA 3
BILL STUMP
ELMYR DE HORY
F FOR FAKE
HOMEM DE PILTDOWN
ORSON WELLES

As "falsificações autênticas" de Konrad Kujau encontraram compradores na Europa e ele fez até uma exposição em Maiorca, na Espanha, com pinturas de Gustav Klimt e Claude Monet feitas por ele.

Em setembro de 1998, foi lançada a autobiografia de Konrad Kujau, com o título de *Die Originalität der Fälschung* [A originalidade da falsificação]. O falsário protestou veementemente contra o livro, afirmando que nem uma linha sequer da obra havia sido escrita por ele.

DILÚVIO UNIVERSAL

Segundo a *Bíblia*, o dilúvio universal aconteceu em 3000 a.C., quase 1500 anos depois de **YAVEH** esculpir Adão. A narrativa, contudo, deriva da obra *A epopeia de Gilgamesh*, poema sumério que precede a *Bíblia* em quase 2 mil anos. A história de Gilgamesh também menciona uma inundação global, uma arca cheia de bichos e tem até o seu próprio Noé, Utnapishtim.

Existem narrativas do dilúvio universal em praticamente todas as culturas humanas. Na China, o Noé local se chama Fu-Shi, que escapa do aguaceiro numa arca e funda a civilização quando a maré recua. Na Índia, é Manu quem constrói um barco aconselhado pelo deus-peixe Ghasha. No México, o asteca Tapi usa até uma pomba para averiguar se as águas baixaram, exatamente como faz o patriarca bíblico.

Em *O herói de mil faces*, o escritor e estudioso de sistemas mitológicos Joseph Campbell (1904-87) define o "herói diluviano" como "um símbolo da vitalidade germinal do homem que sobrevive até mesmo aos piores surtos de catástrofe e do pecado". O mito das águas que se levantam para lavar a iniquidade do mundo teria o mesmo significado psicológico para todo e qualquer ser humano.

Mas há explicações mais divertidas, é claro.

O americano **IGNATIUS DONNELLY** (1831-1901), considerado o "inventor do romance conspiratório", tinha uma ideia mais original. Segundo ele, nos primórdios da criação, nosso planeta era circundado por um anel de água. Isso teria permitido a vida longeva dos patriarcas bíblicos como Matusalém (969 anos), Noé (950 anos) e Enoque (365 anos). O choque com um asteroide teria afetado o delicado equilíbrio gravitacional do cinturão, fazendo o aguaceiro despencar sobre a Terra.

Já os entusiastas de **ATLÂNTIDA E MU** adotaram a teoria da enchente global para justificar a falta de vestígios dessas civilizações perdidas.

E os adeptos da tese do astronauta ancestral, que defendem que **EXTRATERRESTRES** mantiveram contato com humanos no passado distante, usam o mesmo argumento. As provas da interação intergaláctica sumiram na inundação, que seria o efeito colateral de uma guerra catastrófica entre os alienígenas **ANUNNAKI**, mentores dos seres humanos, e seus superiores, que não aprovavam interferência nos assuntos locais. A crônica detalhada da guerra cósmica estaria codificada no *MAHABHARATA*, o poema religioso indiano escrito em aproximadamente 300 a.C.

Veja também:
CATASTROFISMO
CRIACIONISMO
DINOSSAUROS

DINOSSAUROS

A palavra "dinossauro" foi inventada em 1842 pelo paleontólogo inglês Richard Owen e significa "lagarto terrível". Os dinossauros foram criaturas descomunais que dominaram o planeta há 230 milhões de anos, isto é, 228 milhões de anos antes do primeiro hominídeo ficar em pé sobre as patas traseiras.

Dinossauros e seres humanos nunca conviveram, a não ser em desenhos animados e em filmes B como *Um milhão de anos antes de Cristo* (1966), com Raquel Welch (ela é uma gostosa e não uma besta primitiva), e *O homem das cavernas* (1981), com Ringo Starr (ele é uma besta primitiva e não uma gostosa).

Fundamentalistas cristãos afirmam, no entanto, que homens e dinossauros conviveram sim e tudo o que você pensa que é verdade não passa de uma conspiração materialista orquestrada pela ciência oficial.

Segundo esses religiosos, o Universo tem apenas 10 mil anos — e não 13 bilhões, como diz a ciência ateia. O evolucionismo também não existe e todas as criaturas da Terra surgiram prontas e acabadas.

No princípio, **YAVEH** criou Adão e Eva e o tiranossauro rex e viu que isso era bom. Todos viveram numa boa até 3000 a.C., quando aconteceu o **DILÚVIO UNIVERSAL**. Depois do aguaceiro, o planeta mudou drasticamente, e, aí sim, os dinossauros morreram de fome, para alívio do Ringo Starr e da Raquel Welch.

O **CRIACIONISMO** — crença que diz que o Universo e suas criaturas foram moldados pelo Todo-Poderoso e não pelo resultado de combinações químicas e físicas — é ensinado em muitas escolas norte-americanas e também em algumas brasileiras (como o colégio presbiteriano Mackenzie). Mas na maior parte do Ocidente decadente a conspiração materialista ateia está vencendo a batalha das ideias. Por enquanto.

Veja também:
CINTURÃO DOS MONSTROS

IVAN EFREMOV E OS DINOSSAUROS

MONSTRO DO LAGO NESS

PRIMI-HISTÓR

DOCTOR MIRABILIS

Em 1270, o alquimista e monge franciscano Roger Bacon (1214-94) escreveu em latim um tratado de oitocentas páginas a pedido do papa Clemente IV. O livro, *Opus majus* [Obra principal], tinha como objetivo sintetizar o conhecimento da época.

Lá pelas tantas, ele escreve: "Mesmo a menor estrela visível é maior do que a Terra, mas comparada aos céus, como um todo, a estrela não tem qualquer magnitude. O Sol é aproximadamente 170 vezes maior que a Terra, como Ptolomeu já provou. Um homem poderia dar a volta ao mundo em menos de três anos, o que prova que a magnitude das coisas abaixo é simplesmente incomparável à das coisas acima".

O texto é interessante, mas não exatamente surpreendente. Ao contrário do que aprendemos em filmes B, os povos da Idade Média não pensavam que a Terra era chata e que havia um dragão em cada esquina. O trabalho dos filósofos gregos era conhecido por eruditos como Roger Bacon e Tomás de Aquino (1125-1274), seu contemporâneo.

Só que, no mesmo ano, Bacon produziu outro livro, *Opus minus* [Pequena obra]. E aí as coisas começaram a ficar esquisitas. Ele escreveu:

> É possível construir máquinas de navegação que não precisam de homens para conduzi-las e elas navegarão a uma velocidade maior do que se estivessem cheias de homens trabalhando. Também podem ser construídos carros que se movam numa velocidade inestimável sem necessidade de animais para puxá-los. Máquinas voadoras podem ser feitas de forma que apenas um homem, sentado no meio delas, vire um instrumento capaz de mover suas asas artificiais.

Essa incrível capacidade de enxergar o futuro transformou Roger Bacon num dos personagens mais singulares da literatura conspiranoica. Não por acaso, ele é conhecido como Doctor Mirabilis ("Doutor Admirável" em latim). Entre suas invenções estão um "espelho mágico", capaz de mostrar tudo o que acontecia num raio de oitenta quilômetros em qualquer direção. O espelho era provavelmente um telescópio, mas, de qualquer forma, é notável que Roger Bacon tenha construído um. Ele também teria fabricado pólvora, aparentemente sem conhecer a receita chinesa. Segundo a lenda, ele ainda possuía uma misteriosa **CABEÇA FALANTE** capaz de prever o futuro.

Também se atribui a Bacon a autoria do misterioso **MANUSCRITO VOYNICH**, um livro indecifrável que talvez contenha segredos para a construção de armas tão mortíferas quanto a bomba atômica.

Alguns esotéricos acreditam que o Doctor Mirabilis mantinha contato permanente com entidades infernais. Já quem não bota fé em capetas prefere pensar que essas criaturas eram apenas **EXTRATERRESTRES**. Outros defendem que ele era um viajante do tempo que decidiu viver na Europa medieval, daí seu conhecimento de artefatos que só seriam inventados setecentos anos mais tarde.

Mas, se era mesmo um **FU-TURISTA**, Roger Bacon deve ter tido problemas com a máquina do tempo. Depois da morte do protetor, Clemente IV, em 1268, ele acabou aprisionado a mando dos seus superiores eclesiásticos, que não viam com bons olhos suas pesquisas. O Doctor Mirabilis morreu na prisão em 1294.

Veja também:
JOHN DEE & EDWARD KELLE OCULTISTAS

E

ECCLESIA GNOSTICA CATHOLICA

A Ecclesia Gnostica Catholica [Igreja Gnóstica Católica] é o braço religioso da sociedade ocultista Ordo Templi Orientis (Ordem do Templo do Oriente ou OTO).

A OTO foi fundada na Alemanha em 1906 por Theodor Reuss (1855--1923), um anarquista que se deixou seduzir pelo esoterismo, mas só ganhou proeminência quando o bruxo **ALEISTER CROWLEY** se juntou à organização em 1910. Crowley fez a ordem adotar o *Liber AL vel Legis*, o "livro da lei", ditado a ele por um ser desencarnado chamado Aiwass, que ele acreditava ser a Serpente da Sabedoria adorada pelos adeptos do **GNOSTICISMO**.

Ao contrário da OTO, que é aberta apenas aos iniciados da magia, a Igreja Gnóstica Católica aceita qualquer um que queira receber seus sacramentos (batismo e confirmação). Caso seja do seu interesse, saiba que a Igreja tem seu próprio panteão que inclui, entre outros, o popular demônio **BAPHOMET**; o deus egípcio Hórus; a Mulher Escarlate Babalon; o Senhor do Abismo Choronzon e o guia espiritual de Crowley, Aiwass.

E, naturalmente, a Igreja também tem seus santos (muito mais interessantes que seus correlatos cristãos, diga-se). Entre eles estão o filósofo italiano Giordano Bruno (1548-1600); o alquimista Roger Bacon, o chamado **DOCTOR MIRABILIS**; o poeta William Blake (1757-1827); o satirista François Rabelais (1483-1553); o fundador da **ILLUMINATI**, Adam Weishaupt (1748-1930); **JOHN DEE & EDWARD KELLEY, OCULTISTAS** elisabetanos;

Veja também:

L. RON HUBBARD E O CIENTISTA DE FOGUETES

MANUSCRITO THELEMA

OPERAÇÃO BABALON

Christian Rosenkreuz, suposto autor dos **MANIFESTOS ROSA-CRUZ** e o próprio Aleister Crowley.

O principal lema da EGC é "Faça o que quiseres, pois é tudo da lei". Sim, você já ouviu isso numa música do Raul Seixas. O roqueiro e seu parceiro Paulo Coelho eram adeptos da doutrina Thelema, fundada por Crowley. Entendeu agora por que Paulo Coelho faz tanto sucesso?

ECHELON

Oficialmente, o sistema Echelon não existe. Tudo não passa de mais uma intriga dos conspiranoicos de sempre. Vamos aos não fatos.

Em julho de 2013, o jornalista americano Glenn Greenwald denunciou no jornal britânico *The Guardian* que vários países do mundo, entre eles o Brasil, estavam sendo espionados pela NSA, a Agência de Segurança Nacional dos Estados Unidos. Até mesmo a presidente Dilma Rousseff e seus auxiliares haviam sido grampeados pelo esquema. Empresas brasileiras, como a Petrobras, também estavam entre as vítimas. A informação foi passada ao jornalista por Edward Snowden, ex-técnico da NSA no Havaí, atualmente exilado na Rússia.

Dilma cobrou explicações do presidente americano Barack Obama. A Casa Branca desculpou-se pelos "excessos", mas afirmou que o monitoramento de informações era fundamental na guerra contra o terrorismo internacional.

O fato é que o governo americano intercepta comunicações externas desde 1952. A NSA foi criada naquele ano pelo presidente Harry S. Truman para grampear e espionar qualquer país, grupo ou organização que representasse ameaça aos Estados Unidos. Durante anos, a agência foi tão secreta que era chamada de *"No Such Agency"* (algo mais ou menos como "Não sei dessa agência").

No final dos anos 70, ainda em plena Guerra Fria, a NSA teria criado, com a ajuda de sua contraparte inglesa, um sistema de espionagem global chamado Echelon. O Echelon é um conjunto de satélites, radares, estações de rádio e centros de monitoramento compartilhado por cinco países: Estados Unidos, Inglaterra, Canadá, Austrália e Nova Zelândia. Dizem que qualquer telefonema, e-mail, conversa via Skype ou mesmo suas postagens no Facebook e Twitter serão inspecionadas por ele se você usar as palavras certas (ou erradas).

Empresas como a IBM, a fabricante de produtos espaciais Lockheed

Martin (também frequentemente associada à Área 51), o conglomerado TRW Inc. (produtos aeroespaciais, supercondutores etc.) e a gigante da telefonia AT&T são acusadas de colaborar com o sistema.

A existência do Echelon não é comprovada, embora ele apareça em inúmeras teorias conspiratórias, especialmente as que dizem respeito à implantação de uma nova ordem mundial. Comandada pelos **BILDERBERGERS**, **BOHEMIAN CLUB**, **ILLUMINATI**, alienígenas **GREYS** ou todos eles juntos.

Veja também:
CINCO OLHOS
SNOWDEN E OS ALIENÍGENAS
WIKILEAKS

EDGAR CAYCE E OS ATLANTES

Atribui-se ao médium americano Edgar Cayce (1877-1945) a capacidade de diagnosticar doenças e receitar medicações estranhas, mas quase sempre eficazes. Cayce, no entanto, é mais lembrado hoje pela profecia que fez em 1932 de que o continente perdido de Atlântida emergiria em 1969 perto da ilha de Bimini, nas Bahamas. Infelizmente, para que isso acontecesse, uma série de cataclismas abalaria o mundo. O Japão afundaria no oceano, assim como parte dos Estados Unidos. A América Latina seria sacudida por terremotos e vulcões do México à Terra do Fogo. A materialista União Soviética se tornaria o país mais religioso do mundo, e a China seria um dos pilares da cristandade. O.k., os dois últimos não chegam a ser cataclismas.

Cayce também tinha muitas visões da Atlântida, descrita por ele como uma civilização altamente tecnológica que retirava energia de enormes "cristais de fogo": "As pedras", dizia, "podiam extrair força das estrelas quando acionadas por concentração psíquica".

No entanto, por algum motivo, os cristais deram *tilt*, provocaram o **DILÚVIO UNIVERSAL** e varreram o continente do mapa. No local onde os cristais submergiram está hoje o **TRIÂNGULO DAS BERMUDAS**, daí as anomalias magnéticas e o desaparecimento de inúmeros barcos e aviões.

Edgar Cayce foi membro da **SOCIEDADE TEOSÓFICA**, fundada por **HELENA BLAVÁTSKI**. Segundo a teosofia, nosso planeta já abrigou várias raças diferentes da nossa, algumas com poderes semidivinos, como era o caso dos atlantes. Edgar Cayce, aliás, dizia ser ele mesmo a reencarnação de um atlante superpoderoso, assim como vários dos seus amigos.

O detalhe curioso é que, em 1969, uma "estrada" submersa de pedras retangulares foi de fato encontrada próxima a Bimini. A ciência oficial, no entanto, considera que as pedras compõem uma formação geológica natural. Os

Veja também:
ATLÂNTIDA E MU
TRIÂNGULO DO DRAGÃO

"atlantologistas" acusam a ciência oficial de não investigar direito as "ruínas" e, logo, de conspirar para esconder uma verdade incômoda.

ELMYR DE HORY

É possível que Elmyr de Hory — também conhecido como barão Von Houry, Elmyr Herzog, Joseph Boutin, barão Elmyr Hoffman e dezenas de outros nomes — seja o maior falsificador de arte da história.

Mas isso não é tudo.

Elmyr nasceu na Hungria em 1906. De família rica, estudou arte em Paris, mas sempre teve mais interesse na vida boêmia do que no cavalete. A fortuna familiar foi perdida com a Segunda Guerra Mundial, e as pinturas não sustentavam seus vícios. E então aconteceu: como exercício de estilo, Elmyr fez um desenho ao modo de Pablo Picasso e manteve a obra exposta no seu ateliê. Uma cliente viu e se interessou. Em vão, Elmyr tentou dissuadi-la a comprar o Picasso falso. Não adiantou. Ela levou o desenho e o artista percebeu que fazer falsificações era muito mais lucrativo do que inventar originais.

A partir disso, o húngaro produziu dúzias de Modiglianis, Picassos e Matisses. Na maioria das vezes, reutilizava telas antigas para tornar as fraudes mais, hmm, autênticas. Com o tempo, passou a produzir certificados falsos e a inserir suas "criações" em livros de arte verdadeiros, tornando a mentira ainda mais elaborada.

Diz a lenda que Elmyr era tão cuidadoso que o fauvista holandês Kees van Dongen (1877-1968) reconheceu como seu um retrato pintado pelo falsificador. Ele também se gabava de ter linha mais firme que a de Henri Matisse e falava que era necessária certa imprecisão para copiar adequadamente o francês.

Não foram poucos os experts que concederam certificado de autenticidade às produções do pintor. No documentário **F FOR FAKE** (*Verdades e mentiras*, 1973), um tratado sobre a arte da mistificação, o cineasta **ORSON WELLES** pergunta: "Se o valor de uma obra depende da opinião de um expert e se Elmyr é capaz de enganar um expert, então quem, afinal, é o farsante?".

A história de Elmyr de Hory acabou por atrair a atenção do jornalista americano Clifford Irving, que escreveu o livro *Fake! The Story of Elmyr de Hory, the Greatest Art Forger of Our Time* [Mentira! A história de Elmyr de Hory, o maior falsificador de artes de todos os tempos], publicado em 1969. É quando a história fica ainda mais estranha.

Talvez influenciado pelo biografado, dois anos mais tarde Clifford Irving também criou sua própria fraude: uma biografia falsa do bilionário americano Howard Hughes. Na época, Hughes vivia isolado num hotel em Las Vegas e não aparecia em público fazia dez anos. No entanto, Clifford Irving apresentou muitos manuscritos assinados pelo bilionário que confirmavam a autenticidade do seu livro. Os papéis eram todos falsos. Teriam sido forjados pelo pintor húngaro? Não se sabe.

Elmyr de Hory viveu em Ibiza, na Espanha, até morrer, em 1976. Ele era uma celebridade na ilha e nunca foi incomodado pelas autoridades locais. O segredo era simples, dizia dele. Segundo Elmyr, uma vasta coleção de pós-impressionistas que fazia a fama e a fortuna de um importante museu europeu era, na verdade, produção sua — e não valia um centavo.

Veja também:
A GUERRA DOS MUNDOS
ALTERNATIVA 3
DIÁRIOS DE HITLER
HOMENS-MORCEGO DA LUA
HOWARD HUGHES, A BIOGRAFIA
PIERRE PLANTARD DE SAINT-CLAIR
PRESTE JOÃO
PROTOCOLOS DOS SÁBIOS DE SIÃO

ELVIS NÃO MORREU

Todo mundo sabe que Jim Morrison não morreu em 1971, ele apenas forjou sua morte e virou o escritor Thomas Pynchon. Óbvio! Mas, em 1966, Paul McCartney morreu, e a pessoa que vemos por aí é apenas um sósia sem talento do beatle falecido chamado Billy Shears.

O que você não sabe (mas certamente desconfia) é que Elvis Aaron Presley também não morreu. Oficialmente, *the king has left the building* aos 42 anos, em 16 de agosto de 1977, em Graceland, sua mansão em Memphis, no Tennessee. Ele foi encontrado sentado na privada, com as calças arriadas, vítima de uma overdose de pílulas para dormir e de inibidores de apetite. Seu corpo repousa na própria mansão, hoje um ponto de peregrinação para fãs de todo o mundo.

Desde essa data, no entanto, centenas (talvez milhares) de pessoas afirmam ter visto o Rei vivo e bem de saúde, obrigado. Ele muitas vezes é flagrado fritando batatas fritas em lanchonetes de beira de estrada ou andando pelas ruas como se fosse um pobre (i)mortal. Mas existem fatos que sustentem essa crença? É claro que sim.

> 1. Duas horas depois da morte oficial do Rei, um homem extremamente parecido com ele comprou uma passagem aérea para Buenos Aires. Seu nome era John Burrows — e "John Burrows" era uma identidade usada frequentemente pelo Rei para se manter incógnito em hotéis e companhias aéreas. Ele usou o nome em dezembro de 1970 quando foi a Washington ver o presidente Richard Nixon. Esse

também era o cognome dele junto ao Bureau of Narcotics and Dangerous Drugs, do qual Elvis era membro honorário (e alegadamente informante).

2. Elvis era um prisioneiro da própria fama. Com excesso de peso, sua saúde não ia nada bem em 1977. Mas qualquer hospital em que ele se internava era imediatamente cercado por fãs e jornalistas. O mesmo acontecia com os médicos que visitavam sua casa, sempre perseguidos por hordas de *paparazzi*. Morrer para viver pode ter parecido uma boa ideia. Vai saber.

3. Diz-se também que o Rei tinha feito muitos negócios ruins — várias das companhias em que ele investira estavam associadas à máfia. Como tinha laços com o governo (a quem talvez tenha delatado alguns mafiosos também, quem sabe...), não seria difícil obter ajuda para forjar a morte, driblar os criminosos, dar um golpe no imposto de renda e se aposentar com tranquilidade.

4. No dia seguinte à morte do Rei, a família tinha um caixão de quinhentos quilos prontinho, feito sob encomenda. O caixão veio com ar-condicionado para preservação do corpo. Os conspirólogos afirmam que ninguém conseguiria arrumar um caixão desses em tão pouco tempo — a não ser que o enterro tivesse sido programado com antecedência. Também dizem que o ar--condicionado era, na verdade, para preservar um bonecão de cera feito à imagem e semelhança de Elvis Presley.

5. Mas a teoria mais bizarra — e, portanto, a mais plausível — envolve alienígenas (sempre eles). No começo da carreira, Elvis foi acompanhado por um cinegrafista chamado Jack Barnett, que também trabalhava para o Exército americano. Quando Ray Santilli descobriu o controverso vídeo da **AUTÓPSIA ALIENÍGENA**, em 1995, ele buscava filmes antigos do Rei. Santilli aponta o mesmo Barnett como autor da filmagem do ET. É possível que o cinegrafista tenha contado a Elvis segredos militares sobre **EXTRATERRESTRES**, transformando o roqueiro num alvo. O Rei teria, então, forjado a morte para não morrer.

Também é possível que tudo isso não passe de bobagem e que Elvis Aaron Presley tenha mesmo empacotado em 1977. É chato, mas acontece. De qualquer forma, se você vir por aí um velhinho de quase noventa anos rebolando, pode ser ele. Atenção redobrada, principalmente se ele cantar:

Veja também:
FANTASMAS BAILARINOS

MICHAEL JACKSON NÃO MORREU

We can't go on together
With suspicious minds
And we can't build our dreams
On suspicious minds...

Homens-Miragem e as conspirações imaginárias:
modernos fabricantes de mitos.

ENOQUE E OS ANJOS ASTRONAUTAS

A *Bíblia* é um conjunto de textos escritos entre 1500 a.C e 90 d.C. Nos primeiros séculos do cristianismo, havia uma infinidade de livros considerados sagrados, mas o Concílio de Niceia resolveu a questão em 325 d.C. ao decretar quais textos eram "canônicos" e quais seriam expurgados.

Os livros rejeitados em Niceia são chamados de "apócrifos". Hoje em dia, o sentido da palavra é "duvidoso" ou "falso", mas a origem do termo é o grego *"apókruphos"*, que significa "secreto". Um dos mais famosos textos apócrifos é o Livro de Enoque, que também é rejeitado pelo judaísmo.

Enoque é um patriarca da linhagem de Adão (sétima geração depois do primeiro homem), pai de Matusalém e bisavô de Noé. Ele faz uma ponta no Gênesis e depois desaparece da *Bíblia* sem deixar vestígios. Mas, no livro supostamente escrito por ele, Enoque tem papel bem mais importante.

O patriarca conta a história dos **NEFILIM**, duzentos anjos que se encantam com as curvas das fêmeas humanas e descem à terra para passar o rodo. Dá rolo, é claro, pois as "mulheres conceberam e geraram **GIGANTES**" (Livro de Enoque, capítulo 7, versículo 11).

Isso já seria um problemão aos olhos de Deus, mas os anjos rebeldes juntam provocação à injúria e ensinam aos seus descendentes escrita, astronomia, agricultura e fabricação de armas, além de artes mágicas. Com todo esse conhecimento e poder, os filhos dos nefilim criam impérios e escravizam os humanos que, sem ter para onde correr, clamam pela intervenção divina.

E **YAVEH**, que na época não estava para brincadeira, chama seus anjos ainda fiéis e ordena:

Destrói todas as almas viciadas na luxúria e a descendência dos Sentinelas,
pois eles tiranizaram a humanidade.
Que todo opressor pereça na face da Terra.
Que toda má obra seja destruída
(Enoque 10,18-20)

O próprio Enoque é enviado aos nefilim como uma espécie de embaixador de Deus.

Então o Senhor disse-me: Enoque, escriba da retidão, vai e dize aos
Sentinelas,
Os quais desertaram o Alto Céu e seu Santo e Eterno Estado,

*Os quais foram contaminados com mulheres,
Os quais fizeram como os filhos dos homens, tomando para si esposas,
Os quais têm sido grandemente corrompidos na terra;
Que na terra eles nunca obterão paz e remissão,
Que eles não se regozijarão em sua descendência,
Que eles verão a matança dos seus bem-amados,
Que eles lamentarão a destruição dos seus filhos,
Que eles suplicarão, mas não obterão misericórdia ou paz."*
(Enoque 13,5)

E Deus, em sua ira, provocou o **DILÚVIO UNIVERSAL**. Não para punir os homens, como está na *Bíblia*, mas para destruir os filhos dos anjos caídos.

Os entusiastas da tese do astronauta ancestral fizeram de Enoque o seu grande profeta. Segundo eles, o patriarca narra de forma alegórica um contato entre humanos e alienígenas ocorrido entre 12 e 10 mil anos a.C. Os "anjos" seriam alienígenas que interferiram na evolução normal da sociedade humana, entrando em conflito com seus superiores. A narrativa de Enoque, argumentam eles, é muito parecida com a saga dos **ANUNNAKI** da Suméria, que também vieram à Terra para civilizar os homens e provocaram uma guerra com os outros deuses. Em hebraico, os descendentes dos nefilim são chamados de "anakim", palavra muito semelhante a "anunnaki". A diferença é que os deuses sumérios são criaturas anfíbias semelhantes aos tritões da mitologia grega. Mas os conspiranoicos não se incomodam com a aparente contradição e apontam várias correlações entre entidades aquáticas e a tradição judaico-cristã. Há o espírito de Deus pairando sobre as águas (Gênesis 1;2), o peixe como símbolo do Cristo, a cerimônia do batismo etc. Além disso, segundo a teosofia, a palavra grega "amphibios" significa simplesmente "aquele que vive em dois planos" — e pode se referir à natureza extraterrestre dos anakim/ anunnaki.

A história de Enoque também tem uma estranha relação com duas séries de ficção científica. Em *Star Wars*, o nome de Darth Vader é Anakin, e em *Star Trek* a primeira diretriz da Federação de Planetas estabelece que membros da Frota Estelar são proibidos de interferir no desenvolvimento de uma cultura ou sociedade alienígena, seja impondo valores, seja disseminando tecnologia superior.

Veja também:

ALEISTER CROWLEY

AMAZONAS DO PAÇO EXTERIOR

ATLÂNTIDA E MU

LAGARTOS MUTANTES

MEROVÍNGIOS DO ESPAÇO

ESTATUETAS DE ACÁMBARO

Waldemar Julsrud foi um alemão que imigrou para o México no começo do século XX e se estabeleceu como comerciante em San Francisco de Acámbaro, no estado de Guanajuato, região central do país. Julsrud também era um arqueólogo amador, com especial interesse em artefatos pré-colombianos.

Em julho de 1945, ele percorria a cavalo a montanha de El Toro, próxima à região onde vivia, quando notou vários fragmentos de cerâmicas que haviam aflorado depois de fortes chuvas. Julsrud pediu a um pedreiro da região, Odilon Tinajero, que escavasse o local e levasse a ele tudo o que encontrasse.

De 1945 a 1952 foram desenterradas mais de 32 mil peças, entre fragmentos de cerâmicas, pontas de lança, cachimbos, fósseis humanos e milhares de estatuetas. A princípio, as peças foram atribuídas à cultura chupícuaro, que ocupou a região entre 800 a.C. e 200 d.C., mas exames de datação com carbono 14 concluíram que os artefatos eram de 1600 a.C., época em que a região supostamente não tinha assentamentos humanos. E o mistério estava só começando.

Muitas das figuras encontradas em Acámbaro mostram elefantes, camelos e rinocerontes, além de **DINOSSAUROS**. Muitos dos répteis são representados em interação com seres humanos. Geralmente comendo os pobres coitados.

O problema é que os dinossauros se extinguiram há 70 milhões de anos, enquanto o *Homo sapiens* só surgiu há 200 mil anos. Além disso, nunca existiram elefantes, camelos ou rinocerontes no continente americano. Os autores das estatuetas, fossem quem fossem, não podiam ter representado aquelas criaturas. Logo, ou as peças eram uma fraude ou uma descoberta capaz de abalar os fundamentos da ciência.

O arqueólogo americano Charles C. Di Peso, da Fundação Ameríndia do Arizona, diz que a coleção não passa de ardilosa armação. Ele visitou o local e afirmou ter visto o pedreiro Odilon Tinajero enterrando objetos para mais tarde "escavá-los" e apresentá-los como relíquias. Segundo Di Peso, as peças foram fabricadas por uma família da região. Julsrud pagava um peso por peça encontrada, e as falsificações teriam rendido mais de 30 mil pesos aos artistas.

Mas outros dois arqueólogos também visitaram o local: Raymond C. Barber, do Museu de História Natural do Condado de Los Angeles, e Eduardo Noguera, diretor do Serviço de Monumentos Pré-Hispânicos no México. Ambos afirmaram que a coleção de Waldemar Julsrud era autêntica. Também argumentaram que 30 mil pesos eram uma quantia irrisória para um trabalho que levou sete anos. O peso mexicano não valia nada na época. E, mesmo no câmbio de hoje, 30 mil pesos equivalem a apenas 2,3 mil dólares. Uma merreca. Além disso, Charles C. Di Peso jamais forneceu o nome da família de fraudadores que dizia conhecer.

Outro pesquisador americano, Charles Hapgood, um notório caçador de continentes perdidos, foi a Acámbaro e disse ter visto objetos com incrustações de terra batida e pequenas raízes, prova de que haviam ficado muito tempo enterrados.

Atualmente, a ciência considera a coleção — que está reunida no Museu Waldemar Julsrud, em Acámbaro — uma fraude. Mas, lembre-se, a ciência pode muito bem estar conspirando para esconder uma verdade inconveniente: de que homens e dinossauros conviveram, como afirmam os defensores do **CRIACIONISMO**.

O mais curioso é que entre as cerâmicas e estatuetas também foram encontrados restos humanos de **CRÂNIOS ALONGADOS**, como os da rainha egípcia Nefertiti e do seu marido, o faraó **AKHENATON**.

Conforme a teoria de Waldemar Julsrud, defendida no livro *Enigmas del pasado* (1947), as peças eram muito mais antigas do que a datação indicara. Julsrud acreditava que elas eram originárias da Atlântida e haviam pertencido a um museu asteca de Tenochtitlán. Com a invasão espanhola, o tesouro foi levado até Acámbaro e enterrado lá.

Veja também:
BILL STUMP
HOMEM DE PILTDOWN
OPA
PEDRAS DE LA MARCHE
PRIMI-HISTÓRIA

EXPERIMENTO FILADÉLFIA

O Experimento Filadélfia — e suas inúmeras bifurcações — constitui uma das mais complexas e intrigantes teorias conspiratórias na vasta literatura do gênero.

A história começa em 1943. Em outubro daquele ano, a Marinha americana realizou, dizem, um estranho experimento científico com o porta-aviões *USS Eldridge* no porto de Filadélfia, na Pensilvânia. A experiência baseava-se nas teorias do inventor servo-croata **NIKOLA TESLA** (1856-1943) e consistia em envolver o navio em um campo de energia eletromagnética para que ele se tornasse invisível aos radares.

Mas um troço muito mais bizarro aconteceu.

O porta-aviões desapareceu. Sumiu. Evaporou. Só para surgir, segundos depois, a quinhentos quilômetros dali, na base naval de Norfolk, na Virgínia, como presenciado pela tripulação do ss *Andrew Furnseth*, que estava ancorado no local. E então o *USS Eldridge* desmaterializou de novo para voltar ao ponto de origem, aparentemente intacto. Só que não.

Coisas muito estranhas haviam acontecido à tripulação. Alguns marinheiros estavam fundidos ao metal do barco. Outros ficaram transparentes e desvaneceram. Outros permaneceram "congelados" e catatônicos para sempre. Os mais sortudos simplesmente enlouqueceram.

A Marinha apressou-se em encobrir o caso e o governo americano iniciou uma investigação secreta para entender o que tinha dado errado. Esse grupo de investigadores permaneceu ativo até 1983, e sua aventura igualmente insólita pode ser lida no verbete sobre o **PROJETO MONTAUK**.

A história do *USS Eldridge* manteve-se oculta até 1956, quando o ufólogo Morris K. Jessup, autor do livro *The Case for the UFO* (1955), recebeu uma carta muito esquisita de um certo Carlos Allende (ou Carl Allen, ele usava os dois nomes). A correspondência vinha de New Kensington, na Pensilvânia. Allen/ Allende contava tudo sobre o Experimento Filadélfia, do qual dizia ser testemunha. Ele também fornecia uma lista com os nomes dos marinheiros afetados ou mortos durante a experiência e encorajava Jessup a denunciar o caso.

Intrigado, o ufólogo pediu mais detalhes. Quatro meses depois, ele recebeu uma segunda carta, mas o tom agora era outro. Allen/ Allende parecia desconfiado das intenções de Jessup e dizia temer represálias.

Mais ou menos na mesma época, Jessup, que também era astrofísico, começou a prestar serviços para o Laboratório de Pesquisa Naval, em Washington. E a coisa começa a ficar mais bizarra. Uma cópia do próprio livro dele, *The Case for the UFO*, cheia de anotações nas margens, foi enviada para os novos empregadores dele. Aparentemente, três pessoas diferentes tinham canetado o livro. A primeira é chamada de "Mr. A" e é seguramente o próprio Carl Allen/Carlos Allende; a segunda assina "Mr. B", e a terceira, "Jemi".

Nas notas, os três mantêm um diálogo maluco, como se o livro tivesse passado de mão em mão, e fornecem informações sobre o dito Experimento Filadélfia. Segundo os três "comentaristas", o verdadeiro objetivo não era tornar o porta-aviões invisível ao radar, mas sim abrir um portal dimensional. Mr. A, Mr. B e Jemi insinuam também que a Marinha contara com a estreita colaboração de criaturas **EXTRATERRESTRES** na operação.

O objetivo dos alienígenas não era nada altruísta, entretanto. O vórtice dimensional criado pelo experimento permitiu que as naves deles acessassem o nosso plano. De fato, a chamada "Era dos Discos Voadores", quando todo mundo começou a ver ufos no quintal de casa, começou quatro anos depois, em 1947.

O livro anotado fez com que Morris K. Jessup se interessasse novamente pelo caso, mas ele foi encontrado morto em abril de 1959. Oficialmente, Jessup cometeu suicídio aspirando gás carbônico depois de ser abandonado pela mulher. Alguns ufólogos, no entanto, acreditam que ele tenha sido assassinado por se aproximar demais da verdade.

A Marinha americana nega tudo.

De fato existiu um *USS Eldridge*, mas o navio era um contratorpedeiro, e não um porta-aviões. O barco foi vendido para a Grécia em 1951 e ficou em atividade até 1999, quando virou sucata.

Em 1980, o escritor Robert A. Goerman, especializado em fenômenos estranhos, localizou a família de Carl Allen em New Kensington. Embora nunca tenha encontrado o próprio Allen, que sempre foi recluso e fugidio, Goerman concluiu que ele era um homem brilhante, mitômano e de imaginação primorosa. Também afirmou que os comentaristas Mr. A, Mr. B e Jemi eram todos o próprio Allen.

A cópia de *The Case for the UFO* canetada pelos três é conhecida como *Edição Varo* e está disponível na internet. O PDF inclui também as cartas de Carlos Allende/ Carl Allen para Jessup. As anotações às vezes se deixam levar pela filosofice, mas explicam que o Experimento Filadélfia usou ondas eletromagnéticas para converter a massa do navio em energia, possibilitando que ele viajasse no tempo.

Carl Allen morreu em março de 1994 num hospital de veteranos da Marinha.

Veja também:
FU-TURISTAS

EXTRATERRESTRES

Os alienígenas **GREYS**, aqueles baixinhos cinzentos olhudos do sistema **ZETA RETICULI**, são a espécie extraterrestre mais popular entre nós, seres humanos.

Mas ufólogos, conspiranoicos e *new agers* garantem que mais de cinquenta raças extraterrestres diferentes visitam nosso planeta regularmente, a turismo ou a negócios. É possível, no entanto, agrupá-las em apenas oito tipos básicos. Veja quais são eles e identifique corretamente seu futuro amo e senhor:

Anfíbios: São criaturas originárias do sistema estelar Sírius, que fica a 8,6 anos-luz da Terra. Segundo teóricos do astronauta ancestral, esses alienígenas visitaram a região entre os rios Tigre e Eufrates há 3 mil anos e iniciaram a civilização suméria, que os chamavam de **ANUNNAKI**. O historiador babilônico Beroso, que viveu em 290 a.C., registra que a criatura tinha cabeça humana e corpo de peixe, tendo de regressar ao mar toda noite para dormir. Os golfinhos extraterrestres deixaram a Terra há pelo menos 5 mil anos, mas há quem acredite que regressarão um dia para subjugar a raça humana, como já fizeram no passado.

Arcturianos: O médium americano Edgar Cayce (1877-1945) afirmava manter contato com essa espécie, a mais avançada da Via Láctea, segundo ele. São altos e verdes, com três dedos em cada mão. Possuem poderes telecinéticos e curativos e, dizia Cayce, são tudo o que a humanidade será quando crescer, caso não nos aniquilemos em guerras nucleares. Os arcturianos vivem quatrocentos anos e protegem a humanidade e outras civilizações subdesenvolvidas de espécies predatórias e mal-intencionadas. São originários da constelação Epsilon Boötis.

Arianos: São muito parecidos com você e seu vizinho, exceto pelo fato de serem altos, loiros e de olhos azuis. O tipo de extraterrestres que Adolf Hitler adoraria conhecer. E há quem diga que isso aconteceu. A médium austríaca Maria Orsic (1919-45), personagem importante do **NAZIESOTERISMO**, afirmava manter contato com extraterrestres da raça ariana que viviam no sistema Aldebarã, na constelação de Touro. Os alienígenas teriam, inclusive, enviado planos detalhados para que os nazi construíssem um disco voador e vencessem a guerra. Não deu certo, felizmente.

Na mitologia *new age* também existem ETS arianos gente boa e super do bem, preocupados apenas com a paz universal e a ecologia. Os "nórdicos" *new agers* são chamados de pleiadianos, pois teriam origem nas sete estrelas plêiades que ficam, veja você, na mesma constelação de Touro. Devem ser os mesmos aliens pró-nazi, pois Hitler, como se sabe, era bem *new age*.

Os pleiadianos constituem a principal raça do Conselho de Andrômeda, espécie de "Federação de Planetas" que trava uma guerra interestelar contra greys e reptilianos. A frota do conselho é comandada por Ashtar Sheran, que é tipo um Flash Gordon com poderes telepáticos. Sheran apareceu pela primeira vez no livro *I Rode a Flying Saucer* [Eu pilotei um disco voador](1952), do americano George Van Tassel (1910-78), um dos fundadores da chamada "ufologia mística". Mas já deu as caras até no Brasil, em 1969, onde se encontrou com o ufólogo baiano Paulo Antônio Landulfo Fernandes (1948-81), fundador do CEEAS (Centro de Estudos Exobiológicos Ashtar Sheran).

Peludos: O escritor e curandeiro americano Jack "Kewaunee" Lapseritis defende que o Sasquatch, o Pé Grande, o Yeti e os outros antropoides peludos e furtivos têm origem alienígena. A missão das criaturas seria proteger os portais interdimensionais naturais existentes no planeta, por meio dos quais é possível viajar no tempo e para universos paralelos. Os bichos peludos não possuem tecnologia espacial e foram trazidos aqui por uma raça alienígena gente fina que Lapseritis chama de "Povo das Estrelas".

Reptilianos: Espécie transmorfa da constelação do Dragão (ou Draco), distante 3,7 anos-luz da Terra. Segundo o conspiranoico britânico David Icke, esses **LAGARTOS MUTANTES** chegaram à Terra há 10 mil anos, cruzaram com os humanos, e seus descendentes dominam secretamente o planeta. Icke jura que a maioria dos nossos ídolos pop e toda a família real britânica são lagartos.

Ufólogos garantem que outra espécie reptiliana, originária da estrela Altair, na constelação da Águia, trabalha em conjunto com os draconianos no nosso planeta. Talvez eles sejam parentes.

Seres de luz: Supostamente chegaram aqui há 110 mil anos para ajudar o *Homo sapiens*, na época um jovem primata sem noção. Embora não possuam corpo físico, esses seres — chamados de ra-ans — podem materializar uma forma humana para manter uma conversa mais agradável. Eles seriam os construtores secretos da **GRANDE PIRÂMIDE** de Gizé, além de terem inspirado o faraó **AKHENATON** a cultuar Aton e fundar o monoteísmo. Também passaram um tempo na América do Sul, antes de se decepcionarem com o *Homo sapiens* e irem embora do planeta.

Tall greys: Além do tipo cinzento baixinho que mereceu até um verbete específico neste livro, existe também uma criatura mais alta, originária da constelação de Órion e não do sistema Zeta Reticuli, como os nanicos. O conspiranoico americano William Cooper (1943-2001) alegava que o acordo secreto firmado em 1954 entre o governo americano e os greys foi, hmm, subscrito por um cinzento altão autodenominado Sua Majestade Onipotente Krill. Conspiranoicos acreditam que a diferença de tamanho evidencia duas castas distintas: os grandões se dedicariam à diplomacia, enquanto os baixinhos fariam o trabalho sujo, como abduções e voos rasantes sobre plantações de trigo.

Tau-cetianos: São semelhantes aos humanos, mas têm orelhas pontudas como os vulcanos da série *Star Trek*. Aparentemente, vêm à Terra para defender os humanos da influência dos greys, de quem também foram vítimas. São de um planeta que orbita a estrela Tau Ceti, distante doze anos-luz da Terra.

Veja também:
CAVALEIRO NEGRO
INTRATERRESTRES
MARIA ORSIC E OS ARIANOS DE ALDEBARÃ
SASQUATCHES DO ESPAÇO SIDERAL

F FOR FAKE

F for Fake (*Verdades e mentiras*, no Brasil), de 1973, é o último trabalho escrito e dirigido por **ORSON WELLES**. Produções com a assinatura dele continuariam a aparecer depois disso, como o documentário *É tudo verdade* e a ficção *Don Quixote*, ambos lançados em 1993, oito anos depois da morte do cineasta. Mas esses dois projetos são trabalhos inacabados, resgatados e restaurados por fãs. *F for Fake is the real deal*. Embora "real", no caso, não seja exatamente a melhor palavra para descrevê-lo. O filme é um ensaio sobre a arte da fraude e da mistificação.

Documentário desconstruído, acompanha a história do pintor húngaro **ELMYR DE HORY**, famoso falsificador de arte moderna, e também do seu biógrafo, o jornalista americano Clifford Irving.

Só que Clifford Irving também é um falsário, pois foi acusado de escrever uma biografia totalmente ficcional do multimilionário Howard Hughes em 1971. O escritor afirmava, no entanto, que seu livro era verdadeiro e apresentava como provas várias cartas assinadas por Hughes, que na época vivia isolado num hotel em Las Vegas. Os documentos foram todos autenticados por experts, embora Hughes tenha negado que fossem legítimos.

Elmyr de Hory, por sua vez, nunca negou ser um falsificador. Ao contrário. Ele dizia que muitas obras de arte moderna de importantes museus do mundo haviam sido na verdade pintadas por ele.

Welles, que também é narrador e apresentador do filme, não facilita a vida do espectador: ele pula de uma história para outra, faz digressões, números de mágica e até um ensaio visual com sua namorada na época, Oja Kodar.

O filme é uma obra pós-moderna que brinca com gêneros e embaralha real e imaginário, truque que o diretor já experimentara antes na adaptação radiofônica do romance *A guerra dos mundos* (1938) e em sua obra-prima, *Cidadão Kane* (1941).

A tese de Orson Welles é que toda história, em última instância, é uma invenção, mesmo as supostamente verdadeiras.

As questões levantadas pelo filme são as mesmas que não saem da cabeça dos leitores deste livro: "Onde começa a verdade e termina a mentira? E se todo mundo acredita numa ficção, ela ainda pode ser chamada de ficção?".

Veja também:
A GUERRA DOS MUNDOS
ALTERNATIVA 3
AMAZING STORIE
ANARQUISTAS DESTROEM LONDRES
APOLLO 20
AUTÓPSIA ALIENÍGENA
DIÁRIOS DE HITLER
HOMENS-MORCEGO DA LU
HOWARD HUGHES A BIOGRAFIA

FADAS DE COTTINGLEY

Mil novecentos e dezessete foi um ano esquisito. Enquanto Vladímir Lênin desembarcava na Rússia para liderar uma revolução materialista, em Portugal três crianças trocavam ideias com a Virgem Maria e, na Inglaterra, duas meninas fotografavam fadas. Isso mesmo: fadas. Com asas de borboletas e vestidos esvoaçantes, como se tivessem saído de um livro infantil.

A história começou com uma brincadeira. As primas Frances Griffith, de dez anos, e Elsie Wright, de treze, moravam em Cottingley, um bairro de Bradford, em Yorkshire. Um dia, Frances chegou em casa toda molhada e explicou à mãe que havia caído no riacho enquanto brincava com as fadas. Naturalmente, a mãe não acreditou, mas Elsie confirmou a história da prima e pediu ao pai a máquina fotográfica para registrar as criaturinhas.

A fotografia, quando revelada, mostrava Frances, de guirlanda, cercada por quatro pequenas mulheres aladas que pareciam dançar. Uma delas até tocava uma miniflauta. O pai de Elsie, Arthur Wright, observou que as fadinhas eram feitas de papel e a história deveria ter acabado aí.

Só que, três anos depois, a mãe de Elsie, Polly Wright, mencionou essas fotos para o escritor Edward L. Gardner (1869-1969), membro destacado da seção inglesa da **SOCIEDADE TEOSÓFICA**. Gardner levou as imagens para serem analisadas por Harold Snelling, um expert em fotografia, que as declarou autênticas. Entusiasmado, o escritor presenteou Elsie e Frances com uma nova máquina fotográfica e pediu mais fadinhas. As meninas produziram outras imagens das elementais que, dessa vez, seduziram até o escritor Arthur Conan Doyle, o criador de Sherlock Holmes. Em dezembro de 1920, Doyle escreveu um artigo entusiasmado na *Strand Magazine* chamado "The Coming of the Fairies".

Os céticos continuavam céticos. O ilusionista Harry Houdini (1874- -1926) avisou que era tudo uma fraude, mas ninguém o escutou. Enquanto isso, outro teosofista, o escritor inglês Geoffrey Hodson (1886-1993), declarou que também avistara as fadas ao visitar o riacho em Cottingley com as meninas, embora ninguém as tivesse fotografado dessa vez. Conan Doyle começou a dar palestras sobre o fenômeno, e, em 1945, Edward L. Gardner publicou um livro extenso sobre o caso, *Fairies: The Cottingley Photographs and Their Sequel*.

O mistério se manteve até 1982, quando Elsie e Frances, então na casa dos setenta anos, revelaram que as fadas esvoaçantes eram simples recortes de um livro infantil presos no chão com alfinetes. A explicação das duas para a peraltice foi simples: "Os adultos mentiram para a gente que Papai Noel existia, então nós mentimos para eles que as fadas existiam...".

Veja também:
AMAZING STORIES
BILL STUMP
HOMEM DE PILT- -DOWN
HOMENS- MORCEGO DA LUA
MARY CELESTE
NAVALHA DE OCKHAM

O LIVRO DAS CONSPIRAÇÕES 109

FANTASMAS BAILARINOS

No capítulo terceiro do seu *General Compendium of the Nonexistent Conspiracies* [Compêndio geral de conspirações não existentes] (1977), Alexander Phony escreve que "os fantasmas bailarinos são apenas o reflexo de algo que nunca esteve lá".

Phony é daqueles escritores que se divertem com piadas que só eles entendem, mas os fantasmas bailarinos são mesmo reclusos, enigmáticos e misteriosos. Buscar informação é um exercício de paciência muitas vezes inútil. Há quem associe a organização à "Igreja do Subgênio", uma paródia de culto religioso criado pelo conspiranoico americano Ivan Stang em Dallas, no Texas, em 1979. Não há, no entanto, nenhuma evidência de que fantasmas e subgênios conheçam a existência uns dos outros.

Segundo Gilles Dufaux (*L'Hystérie paranoïaque comme complot occultiste* [A histeria paranoica como complô ocultista], de 1978, o nome da sociedade é derivado da "dança fantasma" dos índios sioux, que levou ao massacre de Wounded Knee em 1890, a última batalha das chamadas "guerras indígenas" americanas.

Tudo começou em janeiro de 1889, quando o índio paiute Wovoka ardeu três dias em febre durante um eclipse solar. Quando voltou à consciência, ele contou à sua tribo que seu espírito havia entrado em contato com o "Velho Homem".

A entidade disse a ele que, para os búfalos retornarem às pradarias, os rios ficarem limpos, os mortos renascerem e os homens brancos sumirem, os índios deveriam praticar a "Dança Fantasma", ensinada a eles pelo profeta paiute Wodziwob.

Wovoka foi aceito como uma espécie de "messias dançarino" pelos paiute, que começaram a praticar a dança ritual, além de convocarem outras tribos para se juntar à cerimônia. Vários povos enviaram representantes, entre eles, os sioux da Dakota do Sul, liderados por Touro Sentado, que derrotara o general Custer em Little Big Horn, em 1876. Touro Sentado não se entusiasmou com a pregação de Wovoka, mas permitiu que os sioux praticassem a "dança fantasma". Eufóricos com a previsão de que os brancos invasores desapareceriam, os sioux da reserva de Wounded Knee começaram a dançar com rifles nas mãos. Sem compreender o espírito da coisa, os brancos interpretaram aquilo como uma dança de guerra. O episódio de Little Big Horn ainda era recente, e a paranoica cavalaria americana resolveu tomar a iniciativa da batalha. Em dezembro de 1890, a reserva sioux foi atacada. Mais de trezentos índios morreram, incluindo o lendário Touro Sentado.

Essa história trágica e confusa teria inspirado os fantasmas bailarinos, cujo objetivo declarado é provocar fraturas na realidade com histórias falsas e sem sentido: teorias conspiratórias malucas, sociedades secretas que não existem e abduções alienígenas forjadas. Alexander Phony afirma, porém, que a organização "mantém contato duas vezes ao dia com criaturas alienígenas da constelação de Triangulum".

Os fantasmas bailarinos escondem cuidadosamente sua existência, deixando apenas o "reflexo" de sua presença. Atribui-se a eles, porém, três grandes projetos de escala global.

The Elvis Impersonator Project: Desde a morte de Elvis Presley em 1977, o grupo teria espalhado duzentos sósias do Rei pelo mundo. O objetivo era criar a ilusão de que a fama é capaz de vencer a morte. Logo, se todo mundo virar celebridade, a humanidade viverá para sempre. Recentemente, a operação teria sido reformulada como The Michael Jackson Impersonator Project.

The Epiphany Project: O objetivo é espalhar milhares de frases-gatilho que provoquem um "curto-circuito cerebral", levando o leitor a ter uma epifania religiosa. Algumas delas:

> "O capitalismo é um vírus transmitido por via oral."
> "Deus é tão diminuto que quando fica vermelho vira um morango."
> "Allah não é Deus, é só um alienígena de Sírius B!"
> "Você pode ser o que você não quer!"
> "Para viagens no tempo, esteja aqui ontem."

Veja também:
ARCANOS SURREALISTAS
[ELV]IS NÃO MORREU
F FOR FAKE
GLYCON
[I]MENS-MIRAGEM
MANUSCRITO THELEMA
PATAFÍSICA

The Flat Earth Project: Produção sistemática de estudos e pesquisas para provar que a cosmogonia aceita é uma conspiração da ciência oficial para esconder uma terrível verdade. A Terra não é redonda, mas muito, muito chata, e repousa sobre as costas de um elefante que se equilibra sobre um grão de areia. Quem compreende essa verdade sofre uma iluminação instantânea e descobre o sentido da vida.

Embora muitos acreditem que os fantasmas bailarinos não passem de uma piada, Alexander Phony, único cronista que conseguiu se aproximar do bando, adverte: "Não pense nos fantasmas bailarinos como uma piada; você nunca vai achar a graça".

FATOR OZ

No filme *O mágico de Oz*, Dorothy (Judy Garland) é levada por um furacão a um mundo estranho e colorido. "*Toto, I have a feeling we are not in Kansas anymore...*", diz ela ao cachorrinho Totó, logo depois de aterrissar em cima de uma bruxa.

O Fator Oz é isso: de repente, *it is not Kansas anymore*, embora tudo pareça exatamente igual. Há uma mudança brusca de temperatura e um silêncio incomum. Pássaros e insetos deixam de fazer ruído. E as pessoas experimentam uma estranha sensação de deslocamento, como se tivessem sido transportadas para outro mundo.

A expressão "Fator Oz" foi criada pelo escritor inglês Jenny Randles, ex-diretor da Bufora (British UFO Research Association), que a define como um estado alterado de consciência experimentado por testemunhas de aparições bizarras, sejam UFOS, monstros ou fantasmas.

Randles acredita que a chave para compreender esses fenômenos está no estado mental de quem os observa. Em outras palavras, nós estamos discutindo a consequência em vez de prestar atenção na causa.

A mesma tese é defendida pelo ufólogo francês **JACQUES VALLÉE**, que enxerga as chamadas atividades paranormais como parte de um fenômeno psicossocial mais amplo. Vallée afirma que esses eventos incomuns sempre envolvem perturbações físicas no local, como pulsos de micro-ondas e flutuação no campo magnético. Segundo ele, as "aparições" podem ser uma alucinação provocada artificialmente. Jacques Vallée especula que todo o chamado fenômeno UFO talvez seja apenas uma cortina de fumaça para esconder uma conspiração maior e mais intrincada.

Veja também:
DATABASE CÓSMI[CO]
HOMENS-MIRAGE[M]

FIDEL ROBÓTICO

O cubano Agustín de Rojas (1949-2011) foi um dos poucos escritores a se dedicar a um subgênero da literatura fantástica que pode ser chamado de "ficção científica comunista". Outros representantes de destaque são o russo Ivan Efremov (1908-72) e Stanisław Lem (1921-2006), embora o último tenha se cansado rapidamente da literatura de propaganda e se tornado um escritor satírico.

No romance mais famoso de Agustín de Rojas, *Una leyenda del futuro* [Uma lenda do futuro], de 1985, cosmonautas comunistas conquistam novos

Veja também:

EFREMOV E OS DINOSSAUROS

KUSTURICA FALSIFICADO

MACACOS MARXISTAS

MARX SATANISTA

mundos e civilizações para levar a palavra de Karl Marx aonde nenhum homem jamais esteve.

Mas todo esse fervor ideológico cobrou seu preço. Rojas ficou muito chateado com a queda do Muro de Berlim em 1989 e a derrocada dos regimes comunistas que se seguiu a ela. Desiludido com o fim da União Soviética e a consequente falência econômica de Cuba, o escritor passou a defender a teoria conspiratória de que Fidel Castro nunca havia existido. A criatura barbada seria apenas um robô criado especialmente para tomar conta da ilha. Deprimido, Rojas parou de se alimentar e se recusou a receber cuidados médicos até morrer em 11 de dezembro de 2011.

FREIRAS DE LOUDUN

No ano da graça de 1633, as freiras francesas da Ordem de Santa Úrsula, as "ursulinas", transformaram seu convento em Loudun num Loollapalooza sem fim. As religiosas cantavam, dançavam, gritavam, rasgavam a roupa e diziam estar possuídas pelo diabo.

O bispo de Poitiers, responsável pela diocese, enviou dois padres para investigar a história: Lactance, da ordem franciscana, e Jean-Joseph Surin, da **COMPANHIA DE JESUS**. A apuração foi rápida e concluiu que o convento estava dominado por demônios de A a Z, começando com Asmodeus e terminando com Zebulon.

As freiras afirmavam que a capetada tinha sido invocada pelo pároco da aldeia, Urbain Grandier, que, graças aos poderes infernais, havia passado o rodo em todas elas.

Urbain Grandier era um homem rico, bem-educado e bonito. Apesar de ter se tornado padre, não levava o celibato muito a sério e teve inúmeros envolvimentos amorosos, incluindo Philippa Tricant, filha do promotor público da cidade, que engravidara. Algumas freirinhas não resistiram ao diabólico charme do padre e caíram na sua lábia, o que deixou muito irritada a madre superiora do convento, Jeanne des Anges.

Mas o maior problema de Grandier não era a madre superiora e sim o poderoso cardeal Richelieu, que também acumulava função de primeiro-ministro de Luís XIII. Luís se tornara rei aos nove anos e, por isso, o poder de fato estava nas mãos do autoritário e despótico Richelieu, um dos arquitetos do absolutismo. Não por acaso, Alexandre Dumas o escolheu para vilão no folhetim *Os três mosqueteiros*.

Pois bem.

Foi esse cara que Urbain Grandier irritou.

Primeiro com discursos públicos e depois com uma sátira cáustica publicada anonimamente em 1618.

Richelieu conhecia as aventuras sexuais do padre, mas isso não o incomodava, pois ele próprio teve ao menos três amantes, incluindo a própria sobrinha. O que o cardeal não admitia era desrespeito. Daí para armar uma conspiração com as freiras foi um passo.

Os inquisidores torturaram Grandier até que ele confessou que realmente invocava capetas. Não satisfeitos, ainda produziram o documento em que o pacto demoníaco havia sido lavrado, "assinado" pelo padre e pelo próprio Asmodeus. Urbain Grandier morreu na fogueira em 18 de agosto de 1634. As religiosas continuaram a ter chiliques por mais alguns meses até que alguém informou a elas que o caso estava encerrado.

A história das freiras inspirou o inglês Aldous Huxley a escrever o romance *Os demônios de Loudun*, em 1952. Em 1971, o cineasta Ken Russell adaptou o livro para o cinema com o título de *Os demônios*. O filme mistura surrealismo, nudez e religião e causou bastante polêmica numa época em que essas coisas ainda causavam polêmica.

Veja também:
BAPHOMET
ORDEM DOS TEMPLÁRIOS

FUGA DE HITLER *ver* HITLER DO MATO GROSSO

FU-TURISTAS

A viagem no tempo é teoricamente possível e, segundo Albert Einstein, pode ser feita de duas formas. A primeira é por meio de um veículo mais rápido que a luz. Você anda tão depressa que chega antes de sair. A segunda possibilidade é atravessar um "Buraco de Minhoca". A força gravitacional é tão grande que chega a distorcer o tempo, formando um túnel para o passado. De um lado é, digamos, 2030. Do outro, 1910.

Seja qual for a maneira de viajar (aceleração ou túnel), é necessária energia equivalente à de uma estrela para romper a barreira do tempo. Tecnologia assim só será possível num futuro muito distante. Mas isso não importa: ao ser inventada, a máquina do tempo existiria simultaneamente no passado, presente e futuro, certo?

Errado.

Para o físico Stephen Hawking a inexistência entre nós de turistas do futuro (vamos chamá-los de "fu-turistas") prova que ninguém desenvolveu a viagem no tempo, logo, ela é uma impossibilidade, certo?

Errado de novo.

Stephen Hawking precisa estudar mais.

Basta buscar *"time travelers"* na internet — esse vasto arquivo do conhecimento humano — para encontrar dezenas de fotografias e vídeos com fu-turistas.

Um deles é o *"Time Traveling Hipster"*. O cara é visto numa imagem de 1941 durante a inauguração da ponte South Fork, no Canadá. Tudo nele é moderno e fora de contexto: o corte de cabelo, o modelo dos óculos, a camiseta e a jaqueta. Ele não se parece em nada com os outros homens da fotografia, que usam paletó, gravata e chapéu. A imagem surgiu na exposição Their Past Lives Here, produzida pelo Virtual Museum of Canada, e desde então virou um sucesso na web.

Outra cena curiosa aparece nos extras do DVD *O circo*, de Charles Chaplin, lançado nos Estados Unidos em 2010. O cineasta irlandês George Clarke pinçou e "uploadeou" no YouTube a imagem de uma mulher na estreia do filme no Teatro Chinês de Los Angeles. Ela veste roupas da época (1928), mas, aparentemente, conversa em um telefone celular.

Há ainda três outros casos registrados de supostos fu-turistas. Um deles é **RUDOLPH FENTZ, VIAJANTE DO TEMPO** nova-iorquino que desapareceu em 1876 para se materializar em 1950. Em Times Square, naturalmente. O segundo é **ANDREW CARLSSIN, VIAJANTE DO TEMPO**, preso em março de 2003 pela Receita Federal americana depois de transformar oitocentos dólares em 350 milhões no mercado de ações. Acusado de fraude, Carlssin negou que tivesse informações privilegiadas: ele era apenas um visitante de duzentos anos no futuro.

O terceiro, **JOHN TITOR, VIAJANTE DO TEMPO**, ficou famoso no ano de 2000 depois de prever o início da Terceira Guerra Mundial para 2015.

Teóricos da conspiração argumentam que os militares americanos dominam a viagem no tempo desde os anos 40, quando o **EXPERIMENTO FILADÉLFIA** abriu um túnel para o futuro.

Os céticos descreem dos fu-turistas com o ceticismo de sempre. Afinal, eles são céticos. Mas os conspiranoicos não se deixam enganar: a viagem no tempo é real e os alienígenas **GREYS** talvez nem sejam **EXTRATERRESTRES**, mas sim nossos descendentes de um futuro distante. Esta é uma ideia que ganha cada vez mais adeptos entre os ufólogos.

No livro *Os mestres secretos do tempo*, o francês Jacques Bergier alega,

F/G

porém, que os viajantes temporais não são meros fu-turistas e alguns teriam o claro objetivo de alterar a história. Entre eles, diz Bergier, estaria o faraó egípcio **AKHENATON**, o homem que inventou o monoteísmo.

Veja também:
IVAN EFREMOV E OS DINOSSAUROS

PROJETO MONTAUK

G

GARY MCKINNON, O HACKER

Entre janeiro de 2001 e março de 2002, mais de trezentos computadores do governo americano foram vítimas de ciberataques. Dados pessoais de 104 mil funcionários foram roubados e o software que organizava o suprimento de munições da Marinha na Naval Weapons Station Earle, em Nova Jersey, foi tão danificado que a frota americana do Atlântico ficou paralisada.

Em 11 de setembro de 2001, as Torres Gêmeas sofreram o atentado terrorista da Al-Qaeda e a CIA, o FBI e a NSA acreditaram que os dois acontecimentos estavam ligados. Não estavam. O ciberataque fora obra de um único hacker chamado SOLO, que fizera questão de assinar sua obra em várias mensagens enviadas ao governo americano.

Em agosto de 2002, a identidade de SOLO foi descoberta. Seu nome era Gary McKinnon, um escocês de 36 anos que vivia em Londres.

McKinnon foi interrogado pela National High Tech Crime Unit, departamento de crimes digitais da polícia inglesa, enquanto o estado americano de Nova Jersey emitia uma ordem de prisão contra ele. Os ingleses, no entanto, se recusaram a extraditá-lo, e, em novembro de 2002, Gary McKinnon foi julgado à revelia por um tribunal da Virgínia e condenado a setenta anos de prisão.

Em entrevista ao jornalista Jon Ronson, do jornal inglês *The Guardian*, o hacker escocês conta que tentou fazer um acordo com as autoridades americanas. Em troca de ser deixado em paz, ele não revelaria ao mundo o que descobrira nos computadores da **NASA** e do US Space Command, uma divisão do Departamento de Defesa. A negociação não deu certo e Gary McKinnon contou tudo: há algo muito estranho acontecendo na órbita da Terra.

Ele alega ter descoberto uma lista de militares americanos nomeados "Oficiais Não Terrestres", além de uma imensa relação de naves que oficialmente não existem. McKinnon também diz ter visto imagens de UFOS gigantescos em forma de charutos. O hacker não acredita que os objetos sejam

EXTRATERRESTRES, mas apenas veículos de existência desconhecida para civis. A conclusão do hacker é que o governo americano mantém uma estação espacial militar secreta na órbita do planeta. O país estaria, portanto, violando o Tratado do Espaço Exterior da ONU de 1967, que proíbe a militarização do espaço.

A pendenga judicial pela extradição de Gary McKinnon continua até hoje. O Reino Unido se recusa a entregá-lo, apesar da pressão dos Estados Unidos.

Gary McKinnon sofre da síndrome de Asperger, um tipo brando de autismo que não compromete intelectualmente o doente. Ao contrário, muitos dos que desenvolvem a doença têm cociente de inteligência acima do normal, embora sejam obcecados por assuntos específicos. No caso de McKinnon, ficção científica e discos voadores. Antes de virar hacker, ele era ligado à Bufora (British UFO Research Association), a principal organização ufológica do Reino Unido. Segundo sua advogada, o escocês só invadiu os computadores do governo americano para buscar informações sigilosas sobre alienígenas.

Veja também:
ESINFORMAÇÃO
INTERNET
SNOWDEN E OS ALIENÍGENAS
WIKILEAKS

GATO DE SCHRÖDINGER

O Gato de Schrödinger é hoje tão famoso quanto o Gato de Cheshire de *Alice no país das maravilhas*.

Ele é (e não é) uma conspiração. E é (e não é) uma armação.

No entanto, talvez este seja o verbete mais importante do livro, pois é capaz de explicar tudo o que você leu.

O austríaco Erwin Rudolf Josef Alexander Schrödinger nasceu em Viena em 1887. Quando jovem, foi muito influenciado pela filosofia idealista de Arthur Schopenhauer (1788-1860), que acreditava que o mundo não existe objetivamente, apenas como percepção distorcida na mente do homem, limitada pelas experiências e vontades. O jovem Schrödinger poderia ter seguido o caminho suave da filosofia contemplativa, mas preferiu a física especulativa, tornando-se um dos teóricos mais importantes da mecânica quântica.

Em 1935, ele formulou o "paradoxo do gato" para explicar que o estado de uma partícula subatômica é determinado pelo observador.

O experimento mental funciona assim. Um gato está trancado numa caixa inviolável. Junto ao infeliz felino tem um átomo de urânio. O átomo é instável e pode sofrer desintegração. Se ele se desintegrar, a caixa libera um gás venenoso e mata o gato. Se ele não se desintegrar, o gás não é liberado e

G

o gato vive. Como é a ação do observador que faz a partícula reagir, até que alguém abra a caixa, a partícula está nos dois estados e o gato, portanto, é um morto-vivo.

Confuso?

Não se preocupe. Albert Einstein (1879-1955) também ficou confuso. Ele considerava o Gato de Schrödinger apenas uma fabulação sem sentido: "Então quer dizer que a Lua vira um pedaço de queijo se um rato olha para ela?", perguntava Einstein.

Mas pense aqui comigo: se a realidade é resultado da observação, então todas as conspirações narradas neste livro tornam-se reais quando se lê sobre elas. Como já estamos na letra "G", é um pouco tarde para consertar a bagunça que você causou. Mas não se desespere. Lembre-se que Schrödinger e Schopenhauer acreditavam que "o universo é uma ilusão consensual".

Logo, se todo mundo parar de prestar atenção, ele some.

Veja também:
DATABASE CÓSMICA
FATOR OZ
GOOGLE SKYN

GIGANTES

Em junho de 2004, uma equipe de pesquisadores da National Geographic Society realizou uma expedição arqueológica na região de Rub' al-Khālī, Arábia Saudita, mesmo local onde **ABDUL ALHAZRED, O ÁRABE LOUCO**, buscou inspiração para escrever o abominável *Necronomicon*.

No deserto inóspito, os pesquisadores encontraram um esqueleto que lembrava em tudo o de um ser humano. Só que com dez metros de altura.

Uma foto tirada na ocasião mostra o sítio arqueológico do alto. No canto superior direito, um homem de camiseta branca usa uma pá para desenterrar uma enorme caveira, quase do tamanho dele. No canto inferior esquerdo, outro homem observa, de um ponto mais alto, o progresso da escavação. O gigantesco esqueleto está desenterrado até a altura da cintura, o restante permanece sob a terra.

A incrível descoberta foi totalmente ignorada pela imprensa ocidental, mas acabou reportada pelo jornal indiano *The New Nation*, de Bangladesh. Depois disso, muitas outras imagens de esqueletos humanos gigantescos inundaram a internet. Eles foram encontrados em variados pontos do globo, como Estados Unidos, Grécia, Rússia e Israel.

Os fósseis pareciam confirmar um versículo da *Bíblia*, mais precisamente Gênesis 6,4: "Ora, naquele tempo (e também depois), quando os filhos de Deus se uniam às filhas dos homens e estas lhes davam filhos, os nefilim habitavam sobre a terra; estes homens famosos foram os heróis dos tempos antigos".

A história desses gigantes é contada em maiores detalhes no Livro de Enoque, um texto expurgado da *Bíblia*. O profeta diz que os seres monstruosos eram descendentes dos **NEFILIM**, anjos caídos que vieram à Terra para influenciar os homens e seduzir suas mulheres.

O engenheiro e paracientista austríaco Hans Hörbiger (1860-1931) era fascinado por essa ideia. Hörbiger, que também era um nazista entusiasmado, acreditava que a história do mundo era uma longa sucessão de apocalipses, em que raças superiores acabavam extintas para dar lugar a raças degeneradas. Segundo ele, nosso planeta teve muitas luas antes da atual. Todas elas acabaram "caindo" sobre a Terra. Esta que está aí no alto também vai cair qualquer dia. Nos períodos de "Lua Baixa", quando o satélite está mais próximo e a força gravitacional aumentada, surgem os gigantes, os homens-deuses. Nos períodos de "Lua Alta", como agora, aparecem anões ridículos como nós. Hans Hörbiger teve muitos fãs no país de Friedrich Nietzsche e Adolf Hitler.

O conspiranoico francês Robert Charroux (1909-78) também acreditava nos gigantes pré-históricos. Em *O livro do misterioso desconhecido*, ele escreve: "Ossadas de homens de estatura anormal foram encontradas um pouco por todo o mundo, em Java, na China, no Transvaal. Numa necrópole no Saara, podem ver-se túmulos de seis metros de comprimento onde, diz-se, repousam homens que tinham três metros de altura!".

O profeta Enoque conta ainda que o **DILÚVIO UNIVERSAL** foi a maneira encontrada por **YAVEH** para limpar o planeta dessas criaturas indesejáveis. Os adeptos das teorias conspiratórias enxergam na fábula enoquiana uma metáfora para a guerra real entre raças **EXTRATERRESTRES** tendo nosso planeta como teatro de operações. Alguns trechos da saga de Gilgamesh, narrativa que remonta aos primórdios da civilização suméria, seriam outra versão adulterada do mesmo conflito, assim como o épico indiano ***MAHABHARATA***.

E as fotografias disponíveis na internet estão aí para provar definitivamente que gigantes andaram entre nós.

Só que não.

O esqueleto do Rub' al-Khālī é uma armação produzida pelo site worth1000.com, que se dedica a publicar imagens alteradas em computador. A "foto" foi vencedora do concurso Anomalias Arqueológicas de 2002. O *The New Nation*, que publicou a história falsa, existe mesmo. É um jornal popular que, entre notícias de política e economia, também traz receitas para curar a tosse. Em dezembro de 2007, a *National Geographic* publicou um texto esclarecendo a farsa e lamentando sua associação a ela.

G

As demais imagens de esqueletos humanos gigantes, bastante populares no Facebook, são, até onde se sabe, manipulações digitais. Muitas delas foram veiculadas pelo próprio worth1000.com.

Ou pelo menos é isso que eles querem que você acredite.

Veja também:
ANUNNAKI
ATLÂNTIDA E M
CATASTROFISM
ENOQUE E
OS ANJOS
ASTRONAUTAS
NAZIESOTERISN

GLYCON

O *Dicionário dos deuses e demônios*, de Manfred Lurker, define Glycon como um "demônio-gnóstico mitraico com cabeça humana e corpo de serpente".

A criatura era considerada uma reencarnação do deus grego Asclépio (Esculápio para os romanos), filho de Apolo e representado com o caduceu, símbolo da medicina.

Glycon se tornou mais conhecido graças ao escritor romano Luciano de Samósata, que viveu durante o reinado do imperador Marco Aurélio, que vai de 121 a 158 d.C.

Luciano é considerado o inventor da ficção científica: seu romance *A história verdadeira* narra uma viagem à Lua e o encontro com **EXTRATERRESTRES**. Mas seu gênero favorito era a sátira, a irmã problemática da literatura fantástica. Mais de oitenta textos do autor foram preservados e exerceram grande influência sobre Voltaire, François Rabelais, Jonathan Swift e, especialmente, Gottfried August Bürger, de *As aventuras do barão de Munchausen*.

Luciano era um cético e ridicularizou todas as religiões da sua época, incluindo o cristianismo. O que sabemos de Glycon devemos a ele. No relato "Alexandre ou o falso profeta" ele conta como Alexandre de Abonútico, um embusteiro grego, profetizou que Esculápio renasceria na forma de um deus-serpente. Ele então criou uma marionete com corpo de cobra e cabeça humana que se movimentava com o uso de fios e roldanas. Um deus ex machina no sentido mais explícito do termo.

Alexandre de Abonútico usava o fantoche para fazer previsões, orientar os fiéis, forjar curas e, claro, pedir dinheiro. Apesar do estratagema tosco, o culto era muito popular em Roma, na Grécia e no Oriente Médio, e sobreviveu até o século IV.

Hoje, poucos cultuam Glycon, preferindo embustes mais modernos. Um dos poucos devotos declarados do deus-serpente é o escritor inglês Alan Moore. Mas ele é esquisitão e não pode ser levado a sério.

Veja também:

JESUS NUNCA EXISTIU

SUDÁRIO DE TURIM

YAVEH

O pesquisador Gilles Dufaux (*L'Hystérie paranoïaque comme complot occultiste* [A histeria paranoica como complô ocultista]) afirma, contudo, que um culto a Glycon foi restabelecido na Paris dos anos 60 pelo departamento de "ocultismo simulado" dos misteriosos **ARCANOS SURREALISTAS**. Durante as manifestações estudantis de Maio de 1968, pôsteres do deus-serpente foram afixados na praça Saint-Sulpice com o slogan "Glycon é o único Deus Verdadeiro, pois ele é uma mentira!".

Outro escritor obscuro, Alexander Phony, diz que o projeto secreto dos Arcanos Surrealistas e de seus associados, os **FANTASMAS BAILARINOS**, é fazer o mundo aceitar Glycon como o único salvador legítimo.

GNOSTICISMO

No artigo sobre gnosticismo da *Enciclopédia do sobrenatural*, Richard Cavendish explica assim a doutrina: "A compreensão básica gnóstica é de que a alma é uma centelha de Deus aprisionada num mundo de matéria cuja criação Deus nada tivera a ver, e que é produto de um demiurgo, às vezes mau, às vezes ignorante".

Esse Deus da Matéria é a entidade imperfeita, vaidosa, ciumenta e autoritária que a *Bíblia* chama de **YAVEH**. Aquele mesmo do pacto com Abraão.

O termo "gnose" deriva do grego e significa "conhecimento". De acordo com a corrente, o caminho para a iluminação é individual e dispensa autoridades eclesiásticas. Há certa semelhança conceitual com o budismo, mas a história das duas religiões é radicalmente diferente.

O gnosticismo é contemporâneo do cristianismo. Os dois credos migraram do Oriente Médio para a Grécia por volta de 100 d.C., onde incorporaram muitos elementos do platonismo. Segundo o filósofo Platão (428-349 d.C.), o mundo físico é a projeção imperfeita de uma suprarrealidade perfeita. Tem a ver, não?

Até o século IV, as duas doutrinas disputavam adeptos de forma mais ou menos amigável. Vários grupos gnósticos incorporaram Cristo ao sistema, visto como uma emanação do Deus Verdadeiro que desceu à terra para se opor ao demiurgo. Mas em 380 d.C. o cristianismo se tornou a religião oficial do Império Romano e o gnosticismo acabou declarado uma heresia. Seus princípios nunca desapareceram, no entanto. Ao contrário. Talvez tenham até se dado melhor no underground.

Por exemplo: a saga da "linhagem sagrada" de Jesus e Maria Madalena é inteira de inspiração gnóstica. O primeiro a fofocar sobre o relacionamento dos dois não foi o romancista Dan Brown em **CÓDIGO DA VINCI**. Desde o século II d.C., o gnosticismo defende que Jesus jogava no time dos casados. O Evangelho de Filipe, texto descoberto na biblioteca de Nag Hammadi, no Egito, em 1945, diz: "E a companheira do Salvador era Maria Madalena, que Cristo amou mais que a todos os seus discípulos e a quem costumava beijar frequentemente na boca".

Ninguém estava querendo ser discreto, fala a verdade...

A história da linhagem encontrou terreno fértil na França, assim como o gnosticismo. A dinastia dos reis merovíngios, que governou o país entre os séculos V e VIII, é apontada na teoria conspiratória como descendente de Jesus e Madalena. Os merovíngios eram gnósticos. A seita dos cátaros, que resistiu por cem anos no sul da França até ser dizimada na Cruzada Albigense de 1244, é apresentada como "guardiã do Graal", ou seja, "guardiã da linhagem". Eles também eram gnósticos.

Até mesmo a **ORDEM DOS TEMPLÁRIOS**, apontada como o braço armado do **PRIORADO DE SIÃO**, a sociedade secreta que protege a descendência, teria adotado a gnose, daí sua condenação à fogueira em 1307. O gnosticismo também influenciou os misteriosos **MANIFESTOS ROSA-CRUZ** que apareceram na Alemanha do século XVII e a **MAÇONARIA** inglesa do século XVIII. Maçons e rosa-cruzes são coadjuvantes importantes na saga da "linhagem divina".

Há ainda um aspecto moral na disputa fratricida entre as duas doutrinas. Para o gnóstico, toda a matéria é um mal em si, portanto o devoto tem duas opções: renunciar aos prazeres carnais ou se entregar a eles com muita volúpia. Afinal, nada do que ele fizer ao corpo material influenciará no destino da sua alma imortal — desde, claro, que ele tenha o cuidado de evitar a reprodução e impedir que outras "centelhas de Deus" sejam aprisionadas na matéria impura do demiurgo.

Veja também:
CÓDIGO DA VII
ECCLESIA GNOSTICA CATHOLICA
JESUS E SEUS GAROTOS
MARIA MADALENA, A SENHORA J.
MEROVÍNGIOS DO ESPAÇO

GOOGLE SKYNET

A Skynet era só uma empresa que tentava desenvolver a primeira **INTELIGÊNCIA ARTIFICIAL** (IA) do mundo. Quando a IA se tornou autoconsciente, concluiu que a humanidade era uma ameaça à sua existência e decidiu exterminá-la num evento conhecido como "Judgement Day".

Você já percebeu: esta é a premissa da série cinematográfica *O exterminador do futuro*. É só ficção científica, certo? Bem, não exatamente.

Alguns conspiranoicos acreditam que esse cenário apocalíptico está prestes a acontecer de verdade. Só que aqui, na dimensão que chamamos de real, a Skynet tem outro nome: Google.

O Google foi fundado em 1996 e era apenas mais um motor de busca na web como tantos outros: Yahoo, Ask Jeeves, Bing, Alta Vista etc. Aos poucos, porém, ele engoliu toda a **INTERNET**, ao mesmo tempo que investia em hardwares, nanotecnologia e robótica.

Um dos braços da empresa, o Google Quantum IA Lab Team, foi criado em 2013, em parceria com a **NASA**, para desenvolver um computador quântico (CQ) que, eles esperam, fornecerá a base para uma futura inteligência artificial.

Para entender como o computador quântico funciona, volte ao verbete sobre o **GATO DE SCHRÖDINGER**. Leu? O.k. O seu PC está baseado em um sistema binário. Para ele, o gato está vivo ou morto. Já o CQ interpola dados conflitantes, e, para ele, o gato está vivo e também morto.

O.k. Vamos tentar de novo.

A memória de um computador comum é medida em bits. Um bit armazena apenas uma informação, logo ele é 0 ou é 1. Já o CQ funciona com qubits. Um qubit armazena duas informações simultâneas, logo ele é 0 e também é 1. A capacidade de análise cresce exponencialmente, assim como a velocidade.

A primeira preocupação dos conspiranoicos é que não existem arquivos secretos para um CQ. Como trabalha por tentativa e erro, a máquina é capaz de quebrar qualquer código já criado.

Agora imagine esse computador quântico com acesso irrestrito a cada webcam, videolog, flog, post, chat, telefonema, câmera de vigilância... a internet inteira, enfim.

Será ele capaz de coletar dados, interpretá-los, extrapolá-los e, a partir daí, formular rapidamente planos de ação para solucionar problemas e modificar o mundo?

Se sua resposta é "sim", você acaba de admitir que a máquina pode desenvolver inteligência igual ou superior à humana. A questão, portanto, não é "se" acontecerá, mas "quando" acontecerá.

É verdade que o Google ainda não conseguiu desenvolver seu próprio computador quântico. Mas a empresa canadense D-Wave já construiu dois. A versão mais recente, de 512 qubits, foi adquirida em 2013 por um valor estimado em 15 milhões de dólares. E quem foi o comprador? Isso mesmo: o Google. Um ano depois, ele incorporou a DeepMind Technologies, fundada em 2010 pelo bilionário sul-africano Elon Musk também com o objetivo de desenvolver uma inteligência artificial. A nova empresa se chama agora GoogleDeepMind.

Ainda tem mais. Em 2013, a Google também adquiriu a empresa de robótica Boston Dynamics, que se especializou em criar máquinas militares para a Darpa (Defense Advanced Research Projects Agency), área de tecnologia avançada do Departamento de Defesa do governo americano. A especialidade da Boston Dynamics são robôs que se locomovem como humanos. Eles andam, correm e vencem terrenos acidentados que outras máquinas não conseguiriam. Um desses projetos é um bizarro robô de quatro pernas chamado BigDog, que anda, bem, anda como um cachorrão. Imagine um bicho desses, armado e indestrutível, patrulhando a sua rua orientado pelo GoogleStreetView. Imagine tudo isso controlado por uma inteligência artificial onipresente que habita a internet.

Imaginou? Só falta o Arnold Schwarzenegger para que o cenário fique completo, não é? Mas de que lado ele estará? Da Google Skynet ou da humanidade?

Veja também:
MATRIX
SINGULARIDADE
TRANSUMANISMO

GRANDE PIRÂMIDE

Para a ciência, a viagem no tempo é teoricamente possível, porém impraticável. Mas quem diz isso desconhece (ou finge desconhecer) as histórias envolvendo o **PROJETO MONTAUK** e os **FU-TURISTAS** que vira e mexe aparecem por aí. Por isso, caso você encontre uma fenda dimensional ou sociedade secreta que domina a viagem no tempo, não hesite: vá para o planalto de Gizé, no Egito, em 2500 a.C. Você vai presenciar a Grande Pirâmide no auge da sua glória. Afinal, aquilo que os turistas visitam hoje é apenas a carcaça da construção original.

A Grande Pirâmide de Quéops era revestida com pedra calcária polida e, segundo historiadores, enormes placas de prata que refletiam o sol e tornavam a edificação visível a centenas de quilômetros de distância. Parte do revestimento caiu sozinha, parte foi retirada pelo sultão Al-Malik Al Aziz em 1196 para a construção de mesquitas no Cairo. Ele também tentou desmontar as pirâmides, que considerava símbolos de uma falsa religião, mas mudou de ideia quando percebeu que o trabalho seria muito demorado e dispendioso.

Três pirâmides se alinham do planalto de Gizé: a de Miquerinos (a menor, também conhecida como "pirâmide vermelha"), a de Quéfren (no meio) e a de Quéops. As três são guardadas pela Esfinge, escultura com corpo de leão e cabeça humana, que está de frente para Quéfren.

A história registra que a Grande Pirâmide foi construída entre 2589 a 2550 a.C. durante o reinado do faraó Quéops, da Quarta Dinastia. Para realizar essa obra, hmm, faraônica, o monarca teria levado **VINTE E TRÊS** anos e consumido todo o PIB do Egito. Quéops poderia muito bem ser político no Brasil.

Estudiosos acreditam que a construção mobilizou toda a força de trabalho do país. Não apenas no canteiro de obra, mas também na administração, transporte de materiais, manufatura de ferramentas e alimentação dos operários. Essa proeza é impossível no mundo atual, carente de reis absolutistas e pleno de leis trabalhistas.

Mas há também quem enxergue ajuda externa na edificação da Grande Pirâmide. Erich von Däniken (*Eram os deuses astronautas?*, 1968) sugere apoio logístico de alienígenas. Robert Charroux (*História desconhecida dos homens*, 1963) defende que os construtores eram atlantes — e que a pirâmide não data de 2500 a.C., mas de 10 mil a.C., muito antes do **DILÚVIO UNIVERSAL**. Guy Tarade (*Ovni e as civilizações extraterrestres*) especula que o engenheiro responsável tenha sido Enoque, patriarca bíblico e cronista das atividades dos **NEFILIM** na Terra.

Loucura, você vai dizer. Talvez.

Mas muitos fatos relacionados à pirâmide de Quéops são de entortar a cabeça. Por exemplo: o terreno da construção foi totalmente terraplanado, tarefa das mais difíceis quando não se tem escavadeiras à disposição. A pirâmide foi a estrutura mais alta do mundo por 4439 anos, até a conclusão da Torre Eiffel em 1889.

Sua altura original, hoje desgastada, era de 148 208 metros. Quando se multiplica esse número por 1 bilhão, se obtém a distância da Terra ao Sol.

O perímetro da pirâmide é de 365 metros e equivale aos dias de um ano solar.

Se um meridiano fosse traçado no sentido norte-sul a partir do pico da pirâmide, ele dividiria o mundo em duas partes exatamente iguais, isto é, com a mesma quantidade de terra e água de cada lado.

Tem mais. As três pirâmides apresentam o mesmo alinhamento das três estrelas mais brilhantes do Cinturão de Órion: Alnitak, Alnilam e Alnitaka. São as mesmas que no Brasil nós conhecemos como Três Marias. Os egípcios associavam Órion a Osíris e este ao renascimento e à vida após a morte.

Ainda tem mais. O perímetro da base da pirâmide dividido pelo dobro da altura é igual a 3,1416, o valor de "pi", que só foi descoberto pelo matemático alemão Ludolf van Ceulen em 1596.

O grego Heródoto (485-420 a.C.), que conheceu a pirâmide quando ela era uma jovem de apenas 2 mil anos, afirma em sua *História* que ela era o túmulo de Quéops. No entanto, nenhuma múmia foi encontrada ali dentro (e nem em Quéfren ou Miquerinos, na verdade). Em vez disso, o que se achou foi um vasto sistema de túneis, poços, portas, corredores e câmaras, algumas sem qualquer sentido prático, como se a construção fosse um desenho tridimensional do artista holandês M. C. Escher. Várias salas permanecem inacessíveis e inexploradas até hoje.

Isso levou o biólogo espanhol García Beltrán, um "piramidólogo", a concluir que as construções nunca foram necrópoles, mas sim "fazedoras de chuva". "Há 10 mil anos, esses monumentos dominavam uma região verdejante e cultivada, irrigada com arte, e que produzia colheitas abundantes", explica ele, segundo Robert Charroux.

Outros vão mais longe e enxergam as pirâmides como poderosas "antenas" que captam energia e a distribuem para todo o planeta. Um sistema muito parecido ao projetado pelo inventor **NIKOLA TESLA** no começo do século XX. A invenção de Tesla, que proporcionaria energia elétrica gratuita e abundante ao mundo inteiro, nunca entrou em funcionamento, a não ser na pequena Colorado Springs, onde seu laboratório estava localizado.

O físico egípcio Khalil Messiha tem uma teoria igualmente exótica sobre a Grande Pirâmide. Ele acredita que uma das câmaras ainda inexploradas esconde um objeto voador. Isso mesmo. Um avião. Segundo Messiha, os antigos egípcios já fabricavam aeronaves por volta do século III ou IV a.C. Ele foi levado a essa conclusão devido ao curioso **PÁSSARO DE SAQQARA**, um pequeno objeto de madeira encontrado numa tumba em Saqqara, Egito, em 1898.

Veja também:
AKHENATON
BRASÍLIA, TEMPLO DO DEUS-SOL
ENOQUE E OS ANJOS ASTRONAUTAS
MALDIÇÃO DE TUTANKAMON
OPA

GREYS

Os greys — também chamados de zeta-reticulanos cinzentos — são a espécie alienígena mais comum a visitar nosso planeta. Mas nem sempre foi assim. Até os anos 70, os "contatados" descreviam vários tipos de **EXTRATERRESTRES**. Altos, loiros, metálicos, verdes, peludos ou cheios de tentáculos. Lá pelo final da década de 70, no entanto, as narrativas começaram a convergir para um único tipo: baixinho (cerca de um metro e trinta centímetros), pele cinzenta, cabeça ovalada, grandes olhos pretos sem pálpebras e mãos de quatro dedos longos.

Talvez as visitas dos greys tenham se tornado mais frequentes.

Talvez a aparição do tipo no cinema tenha fixado sua imagem na cabeça das pessoas. O blockbuster *Contatos imediatos de terceiro grau*, de Steven Spielberg, que mostra a comunicação entre humanos e uma raça alienígena com as mesmas características, é de 1977.

No cânone ufológico, os baixinhos cinzentos aparecem no famoso caso Barney-Betty Hill de 1961. Durante uma viagem de carro pelas White Mountains, em New Hampshire, Estados Unidos, o casal Hill avistou uma luz forte no céu e parou para observá-la. Um disco voador surgiu e sequestrou os dois. Mas eles só perceberam que algo estranho havia acontecido quando chegaram em casa. Várias horas do trajeto tinham desaparecido da memória deles, e suas roupas estavam rasgadas e manchadas. Os dois tinham lembranças fragmentadas de uma sala muito iluminada e também de exames físicos abusivos. Nos meses que se seguiram, ambos tiveram pesadelos recorrentes com criaturas cinzentas que usavam uniformes nazistas.

O casal decidiu então fazer um tratamento com Benjamim Simon, psiquiatra e neurologista de Boston. O médico submeteu os Hill à hipnose e eles se recordaram da abdução por alienígenas greys. Betty contou que se comunicara telepaticamente com os captores, que apontaram seu planeta de origem num mapa estelar que ela reproduziu de memória. O caso foi parar nos jornais e atraiu a atenção da professora primária Marjorie Fisk, de Oak Harbor. Durante seis anos, ela estudou as garatujas de Betty Hill até chegar à conclusão de que elas mostravam uma rota até nosso Sistema Solar a partir da constelação de **ZETA RETICULI**, que fica a 39 anos-luz da Terra.

Essa foi a primeira, digamos, "aparição oficial" dos greys.

Mas os ufólogos garantem que o governo americano já tinha encontrado com eles em 1947, quando um UFO caiu em **ROSWELL**, no Novo México. Dois greys teriam sido encontrados com vida nos destroços, o que levou a um contato "diplomático" e ao estabelecimento de um pacto: em troca de tecnologia avançada, o governo americano permitiria que eles realizassem pesquisas biológicas em seres humanos, pois os alienígenas sofrem de uma misteriosa degeneração celular.

Embora o caso Roswell fosse conhecido desde os anos 40, os greys só entraram na história em 1980, com a publicação do livro *The Roswell Incident* [Incidente em Roswell], de **WILLIAM MOORE** e Charles Berlitz.

Veja também:

AZING STORIES

BOB LAZAR E A ÁREA 51

HOLLYWOOD E S ALIENÍGENAS

HOMENS DE PRETO

HOMENS-
-MIRAGEM

MARIA ORSIC E OS ARIANOS DE ALDEBARÃ

MUNDO DA LUA

MUNDOS SUBTERRÂNEOS

G

GUERRA DO IRAQUE *ver* INVASÃO DO IRAQUE

GUERRA DOS MUNDOS

A cidadezinha de Grover's Mill, em Mercer County, no estado de Nova Jersey, Estados Unidos, não tem nada que valha a pena ver. O vilarejo cresceu em torno do moinho (*mill*, em inglês) da família Grover. Daí o nome. Em 1938, Grover's Mill era ainda mais desinteressante do que hoje. O país se recuperava da depressão econômica iniciada dez anos antes e tudo o que os fazendeiros do lugar faziam era observar a grama crescer.

Mas, no domingo de 30 de outubro de 1938, tudo mudou. Eram oito horas da noite quando um meteorito despencou do céu e se estatelou no chão, levantando muita poeira e fumaça. E então, da cratera aberta pela pedra espacial, algo começou a se mexer. Dali saiu um gigantesco e bizarro veículo de três pernas e vários tentáculos mecânicos. Mal emergiu do buraco, a coisa começou a disparar raios de calor nos curiosos que se aglomeravam no local. Um repórter da rádio CBS foi pulverizado na hora. Sete mil militares enviados para conter a coisa foram reduzidos a paçoquinha.

Assim começou a primeira guerra interplanetária da história. Perto de Grover's Mill, três fazendeiros afirmaram ter trocado tiros com uma das geringonças trípedes. Em Pittsburgh, uma mulher quase tomou veneno com medo dos invasores. Nos Estados Unidos inteiros muitas pessoas se esconderam em sótãos e porões, temendo pelo pior. E em Nova York, cidade próxima à zona do desembarque alienígena, houve congestionamento e pânico nas ruas. Uma reação normal diante de uma invasão extraterrestre.

Só que a tal invasão nunca aconteceu.

A transmissão radiofônica do romance *A guerra dos mundos*, de H. G. Wells, foi levada ao ar pela rádio CBS no programa *The Mercury Theatre on the Air*. Mercury era a companhia teatral fundada por **ORSON WELLES** e John Houseman que havia produzido vários sucessos na Broadway. No rádio, eles adaptaram uma série de clássicos literários, como *Drácula*, de Bram Stoker (em junho de 1938) e as aventuras de Sherlock Holmes, de Conan Doyle (setembro do mesmo ano).

Mas com *A guerra dos mundos* Welles resolveu inovar. Primeiro, pediu ao roteirista Howard Koch que transpusesse a história do interior da Inglaterra para a zona rural dos Estados Unidos. Depois decidiu fazer a narração em forma de boletins noticiosos e depoimentos "ao vivo". No começo do programa houve uma advertência de que o troço era uma obra de ficção,

Veja também:
ALTERNATIVA 3
ANARQUISTAS
ROEM LONDRES
APOLLO 20
AUTÓPSIA ALIENÍGENA
F FOR FAKE
HOLLYWOOD E OS ALIENÍGENAS
HOMENS-MORCEGO DA LUA

mas foi só. A seguir, a rádio passou a transmitir um concerto "ao vivo" da orquestra de Ramon Raquello no Park Plaza, em Nova York. Então um boletim especial interrompeu a apresentação e anunciou a queda desse meteorito em Grover's Mill. A música voltou a tocar, mas foi interrompida de novo, agora para que um "repórter" relatasse a matança promovida pelos invasores siderais. Quem pegou o programa pelo meio não entendeu nada e pensou que o mundo estava acabando. O medo tomou conta dos ouvintes, e os três fazendeiros de Nova Jersey chegaram até a enxergar um veículo marciano que nunca esteve lá!

O rádio era o principal veículo de comunicação de massa da época. Tente imaginar a Globo interrompendo o *Fantástico* para mostrar uma invasão alienígena em Jacarepaguá e você terá uma ideia do que a CBS aprontou.

A polêmica, no entanto, foi boa para os autores da armação. Welles e Howard Koch, o roteirista, foram ganhar dinheiro em Hollywood. O primeiro dirigiu o mítico *Cidadão Kane*, o segundo foi o roteirista do igualmente cultuado *Casablanca*.

Certos ufólogos afirmam que a fraude de Welles é uma das justificativas elencadas pelas autoridades para manter em segredo a existência de alienígenas reais que se escondem no nosso planeta. Afinal, se uma simples armação provocou tamanho pânico, o que aconteceria se os governos mundiais confessassem que **EXTRATERRESTRES** mal-intencionados estão abduzindo e molestando seres humanos?

GUY FAWKES

Guy Fawkes foi um dos responsáveis pela infame e frustrada **CONSPIRAÇÃO DA PÓLVORA**, que tinha por objetivo matar o rei inglês Jaime I e mandar o parlamento pelos ares em 1603.

Guy Fawkes foi preso, torturado e enforcado, não necessariamente nessa ordem.

O conspirador era uma espécie de Osama bin Laden católico, mas o terrorista fundamentalista foi recuperado como símbolo revolucionário na *graphic novel V de vingança*, de Alan Moore e David Lloyd, publicada entre 1982 e 1985 na revista *Warrior*. O quadrinho é um panfleto antitatcherista e retrata uma Inglaterra distópica e despótica muito semelhante à do livro *1984*, de George Orwell. "V", o protagonista, é um Batman anarquista que usa uma máscara de Guy Fawkes para enfrentar o governo.

G/H

A *graphic novel* já não era grande coisa, mas foi transformada num filme pior ainda em 2005 pela Warner Bros. A película não fez sucesso, mas inventou a máscara estilizada de Guy Fawkes, que se transformou no "rosto" do grupo **ANONYMOUS** e em um símbolo anticapitalista.

A história, como diria Karl Marx, só se repete como farsa.

Veja também:
COLÉGIO INVIS

H

HELENA BLAVÁTSKI

A aristocrata ucraniana Helena Blavátski (1831-91) projeta uma sombra gigantesca sobre o mundo conspiranoico-esotérico. Suas ideias passam por **MUNDOS SUBTERRÂNEOS**, percorrem os continentes perdidos de **ATLÂNTIDA E MU**, circulam entre adeptos do **CATASTROFISMO** e fornecem importante subsídio para o **NAZIESOTERISMO** na Alemanha de Hitler.

Helena Petrovna Gan nasceu em 12 de agosto de 1831 na Ucrânia, então parte do Império Russo. A data às vezes aparece como 31 de julho, pois a Rússia na época adotava o calendário juliano em vez do gregoriano. Seu pai, coronel Piotr Alekseiévich Gan, era aparentado com a nobreza alemã. A mãe, Helena Andreievna Fadeieva, com a aristocracia russa, além de ser uma espécie de Jane Austen local que assinava suas obras como Zeneida R-Va.

Conta-se que a paranormalidade de Helena Blavátski se manifestou muito cedo. Desde criança ela fazia materializar objetos, dominava a telecinese e tinha vislumbres do futuro. Aos dezoito anos, depois de um brevíssimo casamento com Nifikor Blavátski, governador de uma província armênia, a jovem aristocrata caiu no mundo. Segundo ela, para buscar mestres que a orientassem no domínio da paranormalidade.

Nos anos que se seguiram, Helena, já usando o sobrenome Blavátski, conheceu França, Inglaterra, Alemanha, Itália, Grécia, Egito, Tibete, Índia, México e, finalmente, Estados Unidos, onde chegou aos 42 anos para se estabelecer em Vermont, na casa de duas médiuns locais. Grande contadora de histórias, adorava entreter a sociedade local com suas aventuras, que ela jurava autênticas, entre peles-vermelhas na América e ao lado das tropas de Garibaldi na Itália.

As narrativas encantaram o coronel Henry Steel Olcott, um veterano da Guerra Civil, que com ela fundou, em 1875, a **SOCIEDADE TEOSÓFICA** com o propósito de "investigar os poderes latentes do homem". Mas o centro da organização era a sabedoria hermética de madame Blavátski, que ela aprendera diretamente de mestres espirituais sobre-humanos com quem mantinha contato. Essas criaturas semidivinas — os "mahatmas" — vigiavam o progresso do planeta a partir de uma base secreta no Tibete. Um deles, Kut Humi, encontrava-se regularmente com ela para passar instruções.

E que instruções eram essas? Bem, para Helena Blavátski, não existia uma "humanidade", e sim várias raças diferentes que dividiam o mesmo planeta. Algumas eram superiores, como a atlanteana, a lemuriana e a ariana, a atual raça dominante. Outras eram inferiores, como os africanos e os judeus. Ela também dizia que sobreviventes da destruição da Atlântida escondiam-se em cidades subterrâneas, como Shambhala, de onde atuavam em favor da humani... digo, das raças superiores.

A ideia da supremacia racial influenciou fortemente organizações esotéricas alemãs, em especial a Sociedade Thule e a **ORDEM DO SOL NEGRO**, que misturavam nazismo e ocultismo. Adeptos da teosofia, no entanto, esforçam-se para inocentar Helena Blavátski da acusação de racismo, pois afirmam que tudo do universo é cíclico. Um dia, num futuro distante, os africanos é que constituirão a raça superior, pois já não haverá mais europeus no planeta. Hãã... o.k., eles acham que isso é uma boa defesa...

Em 1884, madame Blavátski e o coronel Olcott estavam instalados na Índia para ficar mais perto dos "mestres secretos" tibetanos. Foi quando Alexis e Emma Coulomb, dois empregados da Sociedade Teosófica, acusaram Blavátski de mistificação e fraude, o que levou a uma investigação promovida pela Society for Psychical Research (SPR). Espécie de "Conar" do esoterismo, a SPR até hoje avalia (e ocasionalmente credencia) casos de paranormalidade.

O investigador Richard Hodgson foi enviado à Índia e, um ano depois, concluiu um relatório no qual afirmava que Helena Blavátski era uma charlatã e embusteira. O pesquisador alegou que ela usava truques de mágica, como fundos falsos e alçapões, para produzir sua "paranormalidade". Além disso, dizia, os mestres superiores com quem ela mantinha contato eram todos atores contratados. Richard Hodgson foi ainda mais longe e afirmou que, além de fraudulenta, Helena Blavátski era uma espiã russa a serviço do czar.

Madame Blavátski argumentou que tudo não passava de uma conspiração. Segundo ela, os Coulomb eram missionários cristãos que haviam se infiltrado na Sociedade Teosófica para desacreditá-la. Não adiantou. Pressionada pelo coronel Olcott, ela abandonou a organização e voltou para a Europa, onde morreu em 1891. Antes, porém, escreveu *A doutrina secreta* (1888), livro que sintetiza toda a sua filosofia.

Helena Blavátski era dona de um humor cáustico e ferino que a fez ganhar a admiração até de **ALEISTER CROWLEY**, que no geral tratava os teosofistas feito cachorros. Ela fumava e bebia como se o mundo fosse acabar no dia seguinte. E não apenas cigarros, mas também ópio e, principalmente, haxixe, sua droga favorita.

Veja também:

CONDE DE SAIN
GERMAIN

IGNATIUS DONI

HELLFIRE CLUB

O "Clube do Fogo do Inferno" nunca existiu. Quer dizer, pelo menos não com esse nome. Seus membros — os mais elitistas da elite britânica do século XVIII — chamavam a si mesmos de Monges de West Wycombe ou Ordem dos Cavaleiros de Saint Francis, em homenagem ao seu fundador, Sir Francis Dashwood (1708-81).

Dashwood era um aristocrata educado em Eton, membro da Câmara dos Comuns e dono de várias propriedades ao redor de Londres. Sem ter muito com o que se preocupar, passou a juventude viajando pela Europa. Na Itália, se encantou pela arquitetura e pelo passado pagão, mas adquiriu enorme desprezo pelo catolicismo. Isso fez com que ele se aproximasse de organizações anticlericais como os rosa-cruzes e a **MAÇONARIA**, da qual supostamente fez parte. Mas o que interessava a Francis Dashwood eram os prazeres da carne. Em 1738, ele fundou a Sociedade dos Dilettanti, que era basicamente um clube de encontros para libertinos. Em 1746, mudou o nome da "ONG" para Ordem dos Cavaleiros de Saint Francis e, cinco anos mais tarde, passou a usar como sede a abadia de Medmenham em West Wycombe, no condado de Buckinghamshire, a sessenta quilômetros de Londres. Ali, ele pendurou uma placa onde se lia "Faça o que quiseres", que muito mais tarde se tornaria o principal lema do bruxo **ALEISTER CROWLEY**.

No centro da abadia, mandou instalar um globo de cristal circundado por um Ouroboros, a serpente que morde a própria cauda, um símbolo do eterno retorno. Os empregados do clube se vestiam de faunos e ninfas, e todas as reuniões terminavam em surubas franciscanas.

Francis Dashwood também se divertia simulando rituais satânicos falsos, antecipando em trezentos anos o modus operandi dos infames **FANTASMAS BAILARINOS**. Mas a coisa ficou ainda mais divertida quando Dashwood descobriu uma série de cavernas próximas à abadia. Ele mandou ampliar os túneis e passou a usá-los para levar prostitutas para o clube. Também mandou construir pequenos quartos no subterrâneo para atender aos mais apressadinhos. Barcas cheias de prostitutas desciam o Tâmisa e abasteciam as cavernas. Foi nessa época que começou a circular na vizinhança o boato de que o "Hellfire Club" realizava missas negras. É bem possível que as histórias tenham sido espalhadas pelos próprios surubeiros, que eram muito chegados a *practical jokes*. Entre os membros do clube estavam pelo menos dois notórios satiristas: **BENJAMIN FRANKLIN** e William Hogarth, um dos primeiros cartunistas da história.

Sir Francis Dashwood também é apontado pelo escritor Robert Anton Wilson como um dos membros fundadores da **ILLUMINATI** na série de livros *The Iluminatus! Trilogy*.

Veja também:
BILDERBERGERS
BOHEMIAN CLUB

HITLER DO MATO GROSSO

A história conta que Adolf Hitler cometeu suicídio em 30 de abril de 1945, quando as tropas soviéticas já ocupavam Berlim. Sua amante Eva Braun se matou junto com ele. Os corpos foram retirados do bunker onde ambos se escondiam e incinerados.

No entanto, essa versão oficial dos fatos sempre foi contestada por vários conspiranoicos. Afinal, argumentam eles, dois anos antes os nazistas haviam criado a Odessa, organização que planejava a fuga e a realocação dos líderes do Reich. O projeto era comandado pelo braço direito de Hitler, Martin Bormann, e foi por meio dele que criminosos como Josef Mengele, Adolf Eichmann e Klaus Barbie deixaram a Alemanha.

Adolf Hitler poderia muito bem ter forjado a própria morte e escapado com a ajuda da Odessa. Algumas teorias conspiratórias afirmam que ele e Eva Braun deixaram a Alemanha em um submarino e aportaram na Argentina, onde contavam com a simpatia do líder populista Juan Domingo Perón. Outra tese diz que o ditador nazista preferiu a companhia dos pinguins aos argentinos e se refugiou numa base secreta na Antártica.

E tem também algumas ideias bem mais inusitadas e extravagantes.

Uma: o Führer se refugiou no centro da Terra, que é oca. Mais precisamente em Agartha, cidade construída por sobreviventes do continente perdido de Mu, que eram os "mestres secretos" dos nazistas.

Outra: o Führer escapou para uma base secreta oculta no lado escuro da Lua que os nazistas haviam conquistado em 1942 com os foguetes de Wernher von Braun.

Mais uma: Lua, nada! O satélite da Terra foi apenas a primeira escala de viagem do Führer, que depois seguiu para Marte. Afinal, organizações ocultistas alemãs, como a **ORDEM DO SOL NEGRO**, mantinham estreita relação com **EXTRATERRESTRES**, que, malignos que são, concordaram em abrigar os líderes nazistas.

A história mais intrigante, no entanto, conta que Adolf Hitler passou seus últimos dias no Brasil, mais especificamente na pequena Nossa Senhora do Livramento, a 42 quilômetros de Cuiabá, no Mato Grosso. Segundo o livro *Hitler no Brasil: Sua vida e sua morte*, de Simoni Renée Dias, o ex-ditador se estabeleceu na região no final dos anos 40, depois de uma rápida passagem pela Argentina.

Mas o Führer não escolheu o Mato Grosso apenas para ficar distante da civilização. Não! Segundo Renée Dias, Adolf Hitler possuía o mapa de um tesouro jesuíta, escondido ali desde 1759, quando a **COMPANHIA DE JESUS** foi expulsa do reino português pelo Marquês de Pombal. O mapa teria sido um presente do papa Pio XII, notório simpatizante dos nazi. Hitler nunca encontrou o tesouro, mas gostou do lugar e decidiu se estabelecer. Para passar despercebido, adotou o nome de Adolf Leipzig e até se casou com uma mulatinha jeitosa conhecida como Cutinga.

O Führer morreu aos 95 anos e foi enterrado ali mesmo, em Nossa Senhora do Livramento. Apenas um toco de madeira indicaria o último refúgio do líder do Reich de Mil Anos.

Veja também:
DIÁRIOS DE HITLER
MUNDO DA LUA
MUNDOS SUBTERRÂNEOS
NAZIESOTERISMO

HOLANDÊS VOADOR

O Cabo da Boa Esperança fica no extremo sul do continente africano e separa dois oceanos, o Índico e o Atlântico. O navegador português Bartolomeu Dias foi o primeiro a singrar suas águas turbulentas em 1488 e lhe deu o nome de Cabo das Tormentas.

Mas o rei João II resolveu rebatizá-lo de Cabo da Boa Esperança, pois, ao dobrá-lo, abria-se para Portugal um novo caminho para as Índias. O otimismo joanino é compreensível, mas Cabo das Tormentas é um nome muito mais *cool* e descolado, já que o promontório também está associado ao Holandês Voador, o navio fantasma condenado a vagar pelos sete mares sem nunca aportar.

Segundo a lenda, o navio partiu de Amsterdã rumo a Jacarta em 1680. Seu comandante era Hendrik van der Decken, um falastrão com pouca habilidade em navegação. A viagem prosseguiu tranquila até o Cabo das Tormentas. Quando tentou cruzá-lo, o navio foi atingido por uma tempestade tropical que destruiu suas velas e o deixou à deriva. Depois de vários dias a esmo, a tribulação se amotinou e tentou tirar o comando de Van der Decken. Injuriado, o capitão invocou o próprio Diabo para manter a autoridade e transpor o cabo. Deus não gostou nadinha e se comportou como o velho Poseidon grego, condenando Hendrik van der Decken a vagar com o navio até o dia do Juízo Final.

Em outra versão, o navio é visitado pela Virgem Maria, que está preocupada com a sorte dos marinheiros. Mas o comandante, furioso com o mau tempo, chuta a santa do convés e é amaldiçoado. O nome do capitão também varia. Dependendo da fonte, ele se chama Amos Dutchman, Bernard Fokke ou Davy Jones.

O que torna o Holandês Voador distinto das diversas outras lendas do mar é que, vira e mexe, o navio é avistado por aí, flutuando sobre as águas sem jamais tocá-las (daí o seu nome).

Em 1881, o futuro rei George v, do Reino Unido, cruzava o Cabo da Boa Esperança a bordo do *HMS Bacchante*, quando avistou o barco maldito. O navio tinha uma luminosidade avermelhada e navegava contra o vento, escreveu ele. Treze marujos que serviam na embarcação confirmaram a história do herdeiro do trono.

Depois disso, o navio fantasma ficou sem dar as caras por um tempão. Mas quando o fez, em 1939, foi visto por mais de sessenta pessoas na praia de Glencairn, na África do Sul. A revista *British South Africa Annual* registrou o evento:

> O navio navegava em linha reta, enquanto os banhistas de Glencairn, sacudidos de sua letargia, discutiam vivamente sobre o destino da embarcação, que parecia navegar para sua destruição nas areias de Strandfontein, uma praia próxima. Porém, quando a excitação atingiu o seu auge, o misterioso navio desvaneceu-se no ar tão estranhamente quanto aparecera.

Os céticos explicaram aos banhistas que eles haviam visto uma miragem, apenas o reflexo na neblina de um navio que navegava muito distante dali. Quem presenciou a coisa, no entanto, afirmou que o barco se parecia com um autêntico galeão do século XVII e não com um navio moderno.

Três anos depois houve uma nova aparição, dessa vez perto de Suez, no Egito. Em 1942, Adolf Hitler ordenou um ataque de submarinos ao porto da cidade. Mas o almirante Karl Dönitz, comandante da Marinha alemã, desaconselhou a investida, afirmando que vários marujos haviam avistado o Holandês Voador e que isso significava um mau presságio. Supersticioso, o Führer recuou.

H

Outro fato curioso na história do Holandês Voador é que os capitães associados a ele realmente existiram. Bernard Fokke (1600-78) era um navegador hábil a serviço da Companhia Holandesa das Índias Orientais e morreu em um naufrágio próximo à ilha de Java. A primeira vez que Fokke é citado como o capitão do barco fantasma é no livro *A Voyage to Botany Bay*, de George Barrington, publicado em 1795. Barrington era um irlandês trambiqueiro e ladrão, condenado ao degredo na Austrália e que, mais tarde, virou escritor. Há quem acredite que sua obra (dois livros) seja uma compilação de narrativas roubadas de outros autores.

Hendrik van der Decken (?-1641) também trabalhou para a Companhia das Índias Orientais e morreu no mar em algum ponto da Ásia. Quem primeiro o associou ao navio fantasma foi o escritor inglês Frederick Marryat no livro *O navio fantasma*, de 1839.

Já Davy Jones é outra história. A expressão "Davy Jones' locker" [o baú do Davy Jones] é uma gíria náutica e se refere ao fundo do mar, lugar para onde nenhum marinheiro quer ir. O nome "Jones" parece ser uma derivação de "Jonas", o profeta bíblico que é engolido por um monstro do mar. Desde o século XVI, Davy Jones é o nome de um demônio marinho que comanda as criaturas das profundezas. Ele também negocia a alma das vítimas de naufrágios. Em vez de morrer afogados, muitos marinheiros se submetem a uma, hmm, "vida" de assombração sob o comando de Jones. A ligação dele com o Holandês Voador é mais recente, mas, como se vê, extremamente adequada.

E, finalmente, uma teoria: também é possível que o misterioso navio fantasma seja só uma embarcação comum capturada num *looping* temporal. Um viajante que perdeu sua bússola dimensional e por isso vaga sem destino pelos mares do tempo.

Veja também:
HY-BRAZIL
MAPAS DE PIRI R
MARY CELESTE

HOLLYWOOD E OS ALIENÍGENAS

Na época da Guerra Fria o mundo ficou dividido entre dois grandes blocos econômicos: capitalismo liberal e socialismo soviético. As duas potências hegemônicas — Estados Unidos e União Soviética — começaram uma guerra de propaganda pelos corações e mentes de quem não se decidia.

O socialismo, porém, levava vantagem.

O primeiro detalhe era que o advento do comunismo era uma "profecia científica". Da mesma forma que os servos haviam deposto a realeza, um dia o proletariado assumiria o poder e os meios de produção. Opor-se à marcha da história era um gesto inútil e reacionário.

A segunda vantagem é que o capitalismo era uma realidade, enquanto o comunismo era uma utopia. O ineficiente socialismo soviético era apenas uma etapa necessária para se chegar ao regime ideal em que o Estado seria finalmente abolido, assim como os exércitos, as religiões e as fronteiras.

Embora não tivesse a força moral do adversário, o capitalismo tinha uma grande aliada: a indústria do cinema, capaz de propagandear o *American way of life* e ainda faturar alguns bilhões de dólares no processo. Nada mal.

Em 1951, no governo Harry Truman, a CIA criou o Psychological Strategy Board (PSB), cuja missão era "vender" o capitalismo e a democracia ao mundo. Desde o início, o PSB contou com colaboradores em Hollywood, como o produtor Darryl Zanuck, fundador da 20th Century Fox, e Robert Wise, diretor de mais de quarenta filmes, entre eles o clássico de ficção científica *O dia em que a Terra parou* (1951), com as desventuras de um alienígena pacifista que vem à Terra advertir a humanidade sobre o perigo nuclear.

E é aí que as lendas começam.

Graças ao envolvimento com o PSB, Robert Wise e o roteirista Edmund North teriam tido consultores militares da mais alta patente para a realização do filme. Esses oficiais supostamente passaram inúmeras informações privilegiadas aos dois. Quando terminaram a produção, Wise e North estavam convencidos de que o fenômeno UFO era real.

Ufólogos baseiam-se nessa história para afirmar que o objetivo verdadeiro do Psychological Strategy Board não era vencer os soviéticos no campo das ideias, mas sim preparar a humanidade para um contato futuro com inteligências **EXTRATERRESTRES**. Várias produções cinematográficas teriam sido criadas especificamente para evitar um choque cultural ainda maior. Entre esses "filmes de propaganda" estariam *Contatos imediatos de terceiro grau* (1977), *ET — O extraterrestre* (1982), ambos de Steven Spielberg, e séries de TV como *A batalha final* (1983-4/2009) e, claro, *Arquivo X* (1993--2002/2016).

Faz parte dessa lenda (ou conspiração) uma história muito divertida e famosa nos meios ufológicos envolvendo o presidente americano Ronald Reagan (1981-9) e o cineasta Steven Spielberg. Dizem que durante uma sessão privada de *ET — O extraterrestre* na Casa Branca, o presidente teria confidenciado ao diretor: "Apenas três pessoas nesta sala sabem o quão verdadeiro é o seu filme!".

Veja também:
A GUERRA DOS MUNDOS
MENS-MIRAGEM
NETH ARNOLD E ISCOS VOADORES
ORSON WELLES

Illuminati: este é o mundo deles, nós apenas vivemos aqui.

HOMEM DE PILTDOWN

Durante muito tempo, o elo perdido foi o Santo Graal da antropologia. A existência de um fóssil de transição que misturasse características simiescas e humanas provaria definitivamente que a teoria da evolução de Charles Darwin estava certa. O problema é que ninguém encontrava o tal elo perdido.

Até que em 1912 o paleontólogo Charles Dawson escavou um fóssil com essas características em Piltdown, cidade do condado de Sussex, Inglaterra. O maxilar lembrava o de um macaco, mas o crânio era humano. O espécime pertencia a uma linhagem completamente distinta entre os humanoides encontrados até então. O departamento de paleontologia do Museu Britânico concluiu que o fóssil era de uma criatura vegetariana e incapaz de falar, pois o crânio não apresentava saliências para os músculos da fala. O novo espécime recebeu o nome científico de *Eoanthropus dawsoni*, em homenagem ao seu descobridor, mas ficou conhecido popularmente como Homem de Piltdown.

Em 1915, Charles Dawson encontrou mais ossos no mesmo local, todos manchados de marrom-escuro, como se tivessem permanecido sob a terra por milhões de anos. Dois anos mais tarde, escavações promovidas por Arthur Smith Woodward (1864-1944), do departamento de geologia do Museu Britânico, encontraram um segundo crânio igual ao primeiro, provando que o Homem de Piltdown era uma realidade científica.

Passaram-se 37 anos e então a casa caiu.

Em 1949, um geólogo do museu, Kenneth Oakley, resolveu realizar um teste com flúor para determinar a idade do fóssil de Charles Dawson. Ele descobriu que o crânio humano tinha 500 mil anos. Só que o maxilar simiesco tinha apenas 50 mil. Certamente Dawson se enganara ao juntar duas ossadas de períodos diferentes, pois o sítio abrigara hominídeos durante um longo período de tempo. Além disso, havia o segundo crânio encontrado em 1917, logo a existência do Homem de Piltdown não podia ser totalmente descartada. Ainda.

Oakley continuou escarafunchando e descobriu que o maxilar sequer tinha 50 mil anos: era apenas a mandíbula de um orangotango moderno envelhecida artificialmente numa solução de potássio. Pior! Os dentes eram humanos e tinham sido implantados e lixados para parecerem desgastados.

Em 1953, o Museu Britânico, constrangido, admitiu oficialmente que o Homem de Piltdown era uma farsa. Mas ainda havia um enigma: quem eram os conspiradores responsáveis pela armação?

Arthur Smith Woodward, o homem que escavou o segundo crânio, é um dos principais suspeitos. Afinal, foi ele quem autenticou o primeiro fóssil e descobriu o segundo, pavimentando o caminho para que fosse indicado diretor do Museu de História Natural.

Outro possível conspirador é o escritor e teólogo jesuíta Pierre Teilhard de Chardin (1881-1955), que na época fazia malabarismo intelectual para conciliar as teorias de Darwin aos dogmas católicos. Ele esteve presente nas escavações de Dawson e foi quem encontrou, veja você, um dos dentes humanos que faltavam na arcada. Na época, Teilhard de Chardin estava sendo pressionado pela Igreja a renegar suas ideias evolucionistas. A descoberta do mítico elo perdido abrandou o ímpeto do Vaticano.

Martin Hinton (1883-1961) é outra peça importante no quebra-cabeça. Ele trabalhava no departamento de zoologia do Museu de História Natural e é suspeito de ter fornecido os ossos de orangotangos que compuseram o falso fóssil. Em 1978, um baú com as iniciais dele foi encontrado nos porões do Museu Britânico. Dentro da mala havia vários ossos e dentes de macacos, todos desgastados artificialmente.

No entanto, o personagem mais surpreendente e instigante entre os supostos conspiradores é o escritor Arthur Conan Doyle (1859-1930), o criador de Sherlock Holmes. Doyle morava a onze quilômetros de Piltdown e visitou as escavações logo no início, tornando-se um dos mais fervorosos defensores de Charles Dawson.

Veja também:
BILL STUMP
CAVEIRAS DE CRISTAL
CRIACIONISMO
ESTATUETAS DE ACÁMBARO
PEDRAS DE LA MARCHE

Segundo um artigo do arqueólogo americano John H. Wislow publicado na revista *Science*, em 1983, Doyle teria agido como uma espécie de Professor Moriarty, arquitetando toda a trama e recrutando os talentos necessários para produzi-la. O escritor, afinal, sempre foi apaixonado por mistérios, falsificações... e fósseis. Quando o Homem de Piltdown foi encontrado, ele acabara de lançar *O mundo perdido*, um romance de aventura que mostra dinossauros e homens-macacos vivendo secretamente num platô da floresta amazônica.

Arthur Conan Doyle também está associado a outra curiosa falsificação: as fotografias das **FADAS DE COTTINGLEY**, divulgadas por ele em 1920, que tentavam provar a existência de seres elementais.

HOMEM DE TAURED

Num dia quente e úmido de 1954, um executivo europeu absolutamente comum desembarcou no Aeroporto Internacional de Haneda, em Tóquio. O Japão do pós-guerra passava por um acelerado processo de reconstrução e modernização, e, por isso, a fila da alfândega era longa e cheia de homens de negócios.

H

Quando o executivo apresentou o passaporte, as autoridades japonesas, surpresas, descobriram que nada havia de comum nele. O documento apresentava carimbos atestando que ele havia visitado o Japão anteriormente. O problema é que o passaporte tinha sido emitido por uma nação inexistente: Taured.

O executivo ficou chocado quando questionado a respeito do seu país e considerou as perguntas absolutamente ridículas. Taured existia há mais de mil anos e todo mundo sabia disso. Levado a uma sala para interrogatório, ele apresentou sua reserva de hotel e forneceu o telefone da filial de sua empresa, onde teria uma reunião no dia seguinte. Mas nem o hotel nem a empresa tinham ouvido falar nele.

Cada vez mais aturdido, o executivo apresentou também as planilhas e relatórios que havia trazido para a reunião, além da sua carteira de motorista, igualmente emitida em Taured.

Os japoneses mostraram a ele um mapa da Europa e pediram que apontasse o seu país. E ele apontou. Era uma minúscula nação situada nos Pirineus, entre a França e a Espanha. Só que o país mostrado era o Principado de Andorra, que existia desde 1278. O homem ficou extremamente nervoso. Aquilo só podia ser uma brincadeira de muito mau gosto. Aquele era Taured e não Andorra, dizia ele.

As autoridades alfandegárias não sabiam o que fazer. Os documentos certamente eram falsos, mas por que alguém forjaria papéis de um país inexistente? Oito horas já haviam se passado desde o desembarque, e, indecisos, os funcionários resolveram levar o homem para um hotel próximo. Ele foi colocado num quarto do 18º andar e um policial foi designado para montar guarda à porta para evitar uma fuga.

Mas, na manhã seguinte, você adivinhou: não havia ninguém no quarto. Nem bagagens ou documentos. Da mesma forma que aparecera, o Homem de Taured se desvaneceu dentro de um quarto trancado.

O misterioso viajante talvez tenha deslizado acidentalmente de um universo paralelo para nossa dimensão. Um universo onde Taured existe e Andorra não.

Aliás, uma versão sutilmente diferente dessa mesma história é citada, en passant, por Jacques Bergier no capítulo dedicado a **KASPAR HAUSER** em *Os extraterrestres na história*. Só que "Taured" é grafado como "Tuared". O país imaginário fica na África e é bem maior que Andorra: vai da Mauritânia ao Sudão e inclui grande parte da Argélia. Nessa variante, o homem afirma ser um representante da Legião Árabe, grupo que luta contra as potências europeias no norte da África e diz que foi ao Japão comprar armas. Segundo Bergier, o viajante acabou num hospício e passou o resto da vida tentando em vão que a ONU intercedesse a seu favor.

Veja também:
ANDREW CARLSSIN, VIAJANTE DO TEMPO

[L]ANÇAS VERDES

FU-TURISTAS

JOHN TITOR, VIAJANTE DO TEMPO

PRINCESA CARABOO

RUDOLPH FENTZ, VIAJANTE DO TEMPO

Uma possível explicação para o caso é que o homem — se de fato um homem existiu — não era "de Tuared", mas sim "um tuaregue". Os tuaregues são nômades berberes que vivem na exata região do país imaginário. E, depois de virar "Tuared", "tuareg" se tornou "Taured".

Mas é claro que a ideia de uma fenda dimensional que captura viajantes incautos é muito mais divertida. Assustadora, é verdade, mas muito mais divertida.

HOMEM-MARIPOSA

A história do Homem-Mariposa é uma enciclopédia de esquisitices. Durante treze meses, entre 1966 e 1967, Point Pleasant, uma cidadezinha de 6 mil habitantes na Virgínia Ocidental, Estados Unidos, foi palco de uma série de fenômenos paranormais iniciados pela presença inquietante do amedrontador Homem-Mariposa ("Mothman", no original).

A coisa começou às 20h30 de 15 de novembro de 1966. Newell Partridge estava assistindo à TV quando a transmissão foi substituída por estática e a casa foi tomada por um estridente ruído branco. Partridge saiu com seu cachorro, um buldogue chamado Bandit, para ver se havia algo errado.

Havia.

Dois imensos "olhos" vermelhos o observavam de cima de uma árvore. O buldogue, inquieto, correu na direção da coisa, que alçou voo e desapareceu na noite. O cachorro nunca mais foi encontrado.

Uma hora mais tarde, o casal Roger e Linda Scarberry voltavam de carro para a cidade. Quando passavam perto da Área TNT, uma série de galpões abandonados usados para estocar munição durante a Segunda Guerra Mundial, avistaram alguma coisa na estrada. Era uma criatura humanoide, completamente cinza e mais alta que um homem, sem cabeça ou pescoço. Dois olhos redondos e vermelhos estavam localizados na parte de cima do tronco. E a coisa ainda tinha asas. Segundo o casal, parecia uma mariposa gigante.

A bizarrice ficou parada na estrada por alguns segundos e depois se afastou andando na direção dos galpões. Assustado, os Scarberry continuaram a viagem, mas a criatura os seguiu voando e soltando guinchos estridentes. O Homem-Mariposa só abandonou a perseguição quando o carro se aproximou da cidade.

Depois disso, vários moradores de Point Pleasant afirmaram ter visto o monstro rondando suas casas, sempre durante a noite. Mas em 27 de novembro de 1966 o bicho apareceu em pleno dia para Connie Carpenter, de dezoito anos, que dirigia por uma estrada da região. A criatura "pousou" em cima do carro e se curvou para a frente para "observar" Connie com seus olhões vermelhos. Depois se mandou. A moça apresentou sintomas de conjuntivite e fotofobia, geralmente associados aos avistamentos de UFOS.

Intrigado, o jornalista e escritor americano John Keel, especializado em reportagens sobre acontecimentos estranhos, foi até a região investigar o fenômeno.

E então as coisas ficaram realmente esquisitas.

Keel descobriu que o Homem-Mariposa não era o único mistério do lugar, palco de frequentes aparições de UFOS, poltergeist, círculos nas plantações e mutilação de animais.

Algumas testemunhas dos fenômenos haviam sido visitadas por **HOMENS DE PRETO**, que as pressionavam a negar tudo. Uma jornalista da região, Mary Hyre, que viu luzes misteriosas no seu quintal, foi procurada por Homens de Preto de aparência oriental falando um inglês tortuoso de sotaque indecifrável. Eles a advertiram que parasse de publicar reportagens sobre os acontecimentos.

Em 19 de janeiro de 1967, um fazendeiro chamado Tad Jones avistou uma esfera de metal flutuando sobre uma estrada em plena luz do dia. Ele reportou a visão à polícia e, no dia seguinte, encontrou um bilhete sob sua porta que dizia "Nós sabemos o que você viu e sabemos o que andou falando. É melhor manter a boca fechada".

O próprio John Keel recebeu correspondências estranhas e absolutamente sem sentido. Muitas delas continham fotocópias de cartas endereçadas a outras pessoas da cidade, como se alguém (ou alguma coisa) tivesse acesso a elas. Amigos de Keel relataram ter recebido ligações dele falando coisas incompreensíveis. O jornalista, entretanto, afirmou que nunca fizera essas chamadas. Ele próprio recebeu telefonemas bizarros. Em um deles, alguém de voz metálica que se identificou como "alienígena" afirmou que um desastre ocorreria na cidade em 15 de dezembro de 1967. Keel contou isso a Mary Hyre, a repórter das luzes misteriosas, que coincidentemente relatou pesadelos recorrentes com pessoas afogadas em águas escuras e geladas. Virginia Thomas, uma moradora da região que também havia visto o Homem-Mariposa, relatou pesadelos idênticos.

Então, no dia 15 de dezembro, às 17h05, a Silver Bridge sobre o rio Ohio desabou. A ponte havia sido construída em 1928. O desgaste e a corrosão acabaram por derrubá-la. Quarenta e seis pessoas morreram afogadas nas águas escuras e geladas.

Depois disso, o Homem-Mariposa nunca mais foi visto.

John Keel escreveu um livro relatando sua experiência, *The Mothman Prophecies* [As profecias do Homem-Mariposa], publicado em 1975, que virou o filme de mesmo nome com Richard Gere no papel central. No Brasil, o filme se chama *A última profecia* (2002).

Os céticos acreditam que o Homem-Mariposa era apenas uma coruja supernutrida, já que o pássaro é comum na região. E afirmam que toda a confusão não passou de invencionice de John Keel.

O escritor, de fato, fez sua carreira em cima do Homem-Mariposa. *The Mothman Prophecies* foi um best-seller imediato. Antes disso, Keel havia popularizado os Homens de Preto numa série de artigos publicados na revista masculina *Saga*. Ele também era roteirista de TV e assinou scripts para *O agente 86*, *Os Monkees* e *Perdidos no espaço*.

Ainda mais intrigante que John Keel é um certo Gray Barker, ufólogo da Virgínia Ocidental ligado ao International Flying Saucer Bureau (IFSB) que, apesar do nome pomposo, é apenas um pequeno grupo de caçadores de UFOs. Os amigos de Gray Barker, falecido em 1984, o caracterizavam como um fabulista: adorava mentiras, *practical jokes* e armações pitorescas.

Gray Barker é apontado por vários céticos como o verdadeiro criador dos Homens de Preto, que apareceram pela primeira vez no seu livro *They Knew Too Much About Flying Saucers* [Eles sabiam demais sobre discos voadores], publicado em 1957.

Também se atribui a Barker a invenção do nefando Hangar 18, local para onde teria sido levada a criatura supostamente capturada em **ROSWELL**, no Novo México, depois da queda de um disco voador em 1947. O hangar ficaria localizado na base da Wright-Patterson da Força Aérea, em Dayton, Ohio.

Nos anos 90, o próprio John Keel admitiu que muitas das bizarrices de Point Pleasant eram armações forjadas por Barker, que passava o tempo todo rondando a cidade. Keel só não disse que o ufólogo foi seu guia na região, além de principal fonte jornalística.

Mas as supostas armações da dupla não explicam tudo. Há quem defenda que uma "fenda dimensional" se abriu na região, sabe-se lá por quê, deixando entrar tudo quando é coisa esquisita e produzindo o efeito conhecido como **FATOR OZ**.

Há outras explicações também. No livro *Casebook on the Men in Black* [Livro de casos sobre os Homens de Preto] (1997), o conspirólogo Jim Keith afirma que Point Pleasant foi vítima de uma operação de "histeria em massa induzida" certamente arquitetada pelo serviço secreto americano e seus misteriosos **HOMENS-MIRAGEM**.

H

Keith acredita que o fenômeno UFO é uma elaborada operação de mistificação orquestrada por agências de inteligência muito humanas. Alienígenas não existem, mas o que existe é muito pior.

Keith, por falar nisso, costumava frequentar o The Burning Man no deserto de Nevada, aquela celebrada rave-espetáculo-ritual-pagão-psicodélica organizada pela Sociedade Cacofônica de São Francisco, famosa por suas armações e *practical jokes*.

Veja também:
DATABASE CÓSMICA
JACQUES VALLÉE

HOMEM QUE FILMOU O ALIENÍGENA

Um ano depois do aparecimento do famigerado filme da **AUTÓPSIA ALIENÍGENA** na Inglaterra, enquanto céticos do mundo inteiro tentavam provar que aquilo era apenas uma armação, uma emissora de TV japonesa botou mais fogo na canjica. Em 19 de dezembro de 1996, a Fuji TV levou ao ar um depoimento de doze minutos com o suposto cameraman da autópsia do extraterrestre **GREY**. O paparazzo de ET respondia várias das questões levantadas a partir da divulgação do filme. Não se sabe, porém, se esse depoimento era parte de uma estratégia montada para dar credibilidade à autópsia ou se o cara pegou carona na controvérsia para conseguir quinze minutos de fama.

A transmissão começa com um depoimento do cameraman, antes daquilo se transformar numa entrevista:

Cameraman: Pronto? O.k. Eu tenho anotações aqui que vão responder a algumas questões. Meu filho está aqui e vai me ajudar. Esta é primeira vez que fico diante de uma câmera e estou um pouco nervoso. [...] Mas antes quero fazer uma declaração: eu sou a pessoa que fez o filme. Eu não vou dizer meu nome, mas quero que vocês saibam que não estou feliz por trair meu país. Os Estados Unidos da América são o melhor país do mundo e eu tenho orgulho de ser americano [...].

Repórter: Como você virou cinegrafista do Exército?

Cameraman: Não foi decisão minha. Eles sabiam que eu entendia de câmeras e me designaram para o trabalho.

Repórter: Que instruções você recebeu do Exército em relação à queda do UFO [em **ROSWELL**, no Novo México] em 1947?

Cameraman: Sem comentários. [...]

Repórter: Que instruções você recebeu ao chegar ao local de queda do UFO e qual foi sua impressão?

Cameraman: Havia criaturas feridas no local — obviamente, sentindo dor —, mas todo mundo estava com muito medo de se aproximar delas. Tudo era uma tremenda confusão. Eu tinha autorização para trabalhar, desde que não interferisse nas atividades da equipe de limpeza. Montei meu equipamento e comecei a filmar. Estava preocupado com uma possível contaminação, mas eu não tinha escolha.

Repórter: Quem estava no local? Fotógrafos? Cientistas? Soldados?

Cameraman: Mesmo se conseguisse me lembrar, eu não diria os nomes! Havia cientistas, soldados, médicos e enviados especiais do presidente [Harry] Truman. [...] Dava para ver que o [veículo acidentado] não era nenhum avião espião ou qualquer outro tipo conhecido. Ninguém sabia como ele tinha caído e nem de onde tinha vindo.

Repórter: O que você filmou no local?

Cameraman: O acidente e as criaturas esquisitas. [...] Eu me sentia nervoso, mas não sabia por quê. [...] As criaturas estavam gritando e os homens estavam assustados, mas eles tinham sido orientados a agir como se fosse uma situação de guerra. O primeiro trabalho era recolher os objetos que as criaturas tinham nas mãos, por temor de que fossem armas. [...] Os monstrengos não queriam se separar daquelas coisas, mas não tiveram chance. Depois os soldados removeram as criaturas.

Repórter: Para onde as criaturas e os destroços foram levados?

Cameraman: [...] Os monstrengos foram levados para um laboratório em Fort Worth [cidade do Texas]. Os restos do UFO foram levados para o Campo Wright [base da força aérea em Ohio].

Repórter: Realizaram uma autópsia no alienígena logo depois da queda?

Cameraman: A autópsia foi feita três semanas depois, num pequeno laboratório em Fort Worth.

Repórter: Que instruções você recebeu na ocasião?

Cameraman: Recebi apenas uma instrução genérica: filme tudo e não atrapalhe o trabalho. Foi o que eu fiz.

Repórter: Quem revelou o filme?

Cameraman: Eu mesmo, na minha base.

Repórter: O que aconteceu depois?

Cameraman: Tudo isso aconteceu em agosto, ao mesmo tempo que a organização militar [no país] mudava consideravelmente. O Exército e a Aeronáutica se separaram e a minha unidade foi temporariamente dissolvida. Naquele momento eu não pertencia a nenhuma das duas forças. [A força aérea era uma divisão do Exército americano e só ganhou autonomia em setembro de 1947.]

Repórter: E você ficou com o filme?

Cameraman: Fiquei porque não havia ninguém a quem entregá-lo. Minhas ordens eram para não discutir a situação com ninguém. Tinha entregado os primeiros rolos [que registravam o acidente], e, nesse meio-tempo, meu departamento foi extinto. Tentei contatar o general McMullen [militar que supostamente o encarregara da missão], mas não consegui, então levei o filme para casa.

Repórter: Por que você abriu mão do filme depois de cinquenta anos?

Cameraman: Achei que não fazia sentido continuar escondendo o filme. Além disso, eu precisava de dinheiro.

Repórter: Como você encontrou Ray Santilli [o pesquisador que procurava registros musicais dos anos 50 e encontrou o filme]?

Cameraman: Ele estava em Cleveland procurando filmes de apresentações musicais, especialmente do Elvis Presley. Eu tinha alguma coisa nesse gênero, que eu havia filmado em 1955. Meu filho me disse que havia uma empresa britânica comprando filmes antigos e eu fui até ele.

Repórter: Alguém viu o filme nesses cinquenta anos?

Cameraman: Não!

Repórter: Qual foi a reação do governo americano quando o filme veio a público?

Cameraman: Não sei. Graças a Deus, eles não me incomodaram.

Repórter: Algumas pessoas pensam que tudo isso é uma experiência psicológica para ver como o mundo reage à existência de alienígenas. O que você acha disso?

Cameraman: [...] As pessoas podem pensar o que quiserem, e se quiserem ver como as criaturas são é só assistir ao filme. Eu não sei de onde eles vieram ou o que são, só sei o que aconteceu. Francamente, eu preferia não ter vendido o filme. Não tenho orgulho disso. Mas eu precisava do dinheiro. Chega de perguntas. Desligue a câmera. Chega de perguntas.

Veja também:
ALTERNATIVA 3
APOLLO 20
HOMENS-
-MIRAGEM
"MONA LISA"

HOMENS DE PRETO

Homem de preto, qual é sua missão? Esconder alienígenas e enganar a população!

Os Homens de Preto, ou MIB (*Men in Black*), estão em atividade pelo menos desde os anos 50, embora alguns conspiranoicos enxerguem pegadas deles em datas muito mais recuadas. O escritor Jacquer Bergier, por exemplo, acredita que eles são tão antigos quanto a civilização e que sua missão é zelar para que certos conhecimentos permaneçam ocultos.

Nos cânones da ufologia, os MIB são a "polícia secreta" do consórcio que envolve os alienígenas **GREYS** e o governo americano. A história é assim: em 1947, um disco voador caiu em **ROSWELL**, no Novo México. Criaturas **EXTRATERRESTRES** ainda com vida foram encontradas nos destroços. Esse "primeiro contato" levou ao estabelecimento de relações diplomáticas com os aliens em meados dos anos 50, já na administração de Dwight D. Eisenhower. Em troca de tecnologia de ponta, o governo americano permitiu que os greys conduzissem pesquisas biológicas no planeta — daí as estranhas mutilações de animais e as frequentes abduções.

Esse consórcio interespécies, chamado de Majestic 12 (ou MJ12), controla várias bases subterrâneas mundo afora, sendo a mais famosa delas a que se encontra na Área 51, no deserto de Nevada. Com o passar do tempo, o MJ12 desenvolveu uma agenda própria e passou a agir como um *shadow government*. Há até quem atribua a ele o assassinato do presidente John F. Kennedy, que supostamente pretendia restringir suas ações. Para manter toda a atividade alienígena longe de olhares indiscretos, criou-se o MIB, uma espécie de polícia secreta encarregada de esconder evidências e pressionar testemunhas indesejáveis.

Os Homens de Preto sempre atuam em dupla ou trio, vestem-se com ternos pretos fora de moda e usam carros antigos, mas extremamente bem conservados (Cadillacs pretos, em geral). Testemunhas reportam que eles são muito pálidos e se expressam em inglês macarrônico de sotaque indecifrável. Vez ou outra, aparentam dificuldade para respirar normalmente. Isso sugere que eles também tenham origem alienígena ou, quem sabe, sejam "robôs biológicos" do MJ12.

Veja também:

BOB LAZAR E A ÁREA 51

HOMENS- -MIRAGEM

MUNDOS SUBTERRÂNEOS

WILLIAM MOORE

Os MIB nunca usam violência física, mas fazem ameaças às pessoas para que não revelem o que viram, ouviram ou viveram. Eles atuam no mundo inteiro e existem relatos de sua presença na Austrália, Nova Zelândia, Alemanha, França, México e até no Brasil, durante a aparição daquele famoso ET em Varginha, Minas Gerais, em 1996.

Os Homens de Preto foram apresentados ao mundo no livro *They Knew Too Much About Flying Saucers* [Eles sabiam demais sobre discos voadores], de Gray Barker, publicado em 1957. Barker também é um personagem importante na saga do **HOMEM-MARIPOSA**, na qual atuou ao lado do jornalista John Keel em 1966.

HOMENS-MIRAGEM

Em junho de 2013, o programador de computadores Edward Snowden vazou milhares de documentos confidenciais da americana NSA (National Security Agency [Agência de Segurança Nacional]) e também de organizações parceiras. Um desses arquivos chamava-se *The Art of Deception: Training for a New Generation of Online Covert Operations* [A arte da ilusão: Formação para uma nova geração de operações secretas on-line] e passou despercebido por quase todo mundo. É uma simples apresentação em PowerPoint, mas ensina a forjar aparições de UFOs e a criar falsos rumores sobre alienígenas. "Aprenda a trocar o real pelo imaginário e vice-versa" é um dos temas do curioso documento do Goverment Comunications Headquarters (GCHQ), um setor da inteligência britânica.

Sempre existiram suspeitas de que algumas informações em circulação nas comunidades ufológicas eram cuidadosamente plantadas por serviços de inteligência. Mas o documento vazado por Snowden é a primeira evidência concreta dessa manipulação. Curiosamente, no mesmo ano em que *The Art of Deception: Training for a New Generation of Online Covert Operations* [A arte da ilusão: Formação para uma nova geração de operações secretas on-line] apareceu, o diretor John Lundberg e o escritor e roteirista Mark Pilkington, ambos ingleses, realizaram um documentário sobre o mesmo tema: *Mirage Men* [Homens-Miragem].

No filme, Richard Doty, um ex-agente americano da Afosi (Air Force Office of Special Investigations), conta que do final dos anos 70 até o fim dos 80 ele comandou um grupo de agentes conhecido internamente como "Homens-Miragem". A missão da equipe era propagar a **DESINFORMAÇÃO** e, em vez de esconder os testes secretos da Aeronáutica, atribuí-los a alienígenas.

Uma das vítimas do time de Richard Doty foi Paul Bennewitz, um bem-sucedido fabricante de eletrônicos do Novo México. Em 1979, Bennewitz, que vivia perto da base aérea de Kirtland, em Albuquerque, avistou estranhas luzes no céu e captou radiotransmissões com seu equipamento amador. Convencido de que se tratava de um fenômeno de origem extraterrestre, ele contatou a Aeronáutica, que, por sua vez, percebeu que o ufólogo estava espionando suas aeronaves secretas. Richard Doty foi acionado e, em vez de desencorajar o bisbilhoteiro, fez o contrário. Disse que o governo estava interessado na pesquisa, forneceu equipamentos melhores a ele e "informações" confidenciais sobre a presença alienígena na Terra. Pouco tempo depois, o ufólogo estava atolado num mundo de paranoia e horror. Em 1988, a família o internou num hospital psiquiátrico.

Segundo Richard Doty, os Homens-Miragem estão em ação desde os anos 50 e muitas das histórias que compõem o cânone ufológico foram inventadas por eles, como a Área 51, o Majestic 12 e os **GREYS**. "Afinal", diz ele, "se essa informação fosse mesmo altamente secreta, seria o segredo mais mal guardado da história..."

Mark Pilkington, autor do livro *Mirage Men*, no qual o documentário de John Lundberg é baseado, acredita que os Homens-Miragem nasceram do Psychological Strategy Board (PSB), criado pela CIA depois da Segunda Guerra e que contava com a ajuda de roteiristas, produtores e diretores de Hollywood para promover a boa imagem dos Estados Unidos. Ali teria surgido o cenário de invasão alienígena, que, uma vez depositado nas mentes certas, cresceria sozinho. No contexto da Guerra Fria, seria melhor que os soviéticos acreditassem em homenzinhos verdes (isto é, cinza) do que em satélites espiões.

Naturalmente, os ufólogos mais *roots* não acreditam em uma palavra disso tudo, que consideram apenas outra camada de desinformação. Segundo eles, ao negar a existência do fenômeno UFO, o governo apenas tenta esconder uma verdade inconveniente: os **EXTRATERRESTRES** estão entre nós e a invasão alienígena já aconteceu.

Veja também:
BOB LAZAR E A ÁREA 51
DATABASE CÓSMICA
LLYWOOD E OS ALIENÍGENAS
ACQUES VALLÉE
ILLIAM MOORE

HOMENS-MORCEGO DA LUA

Quando Neil Armstrong pisou na Lua, em 1969, não era para ele ter encontrado uma paisagem desértica e monótona feito Brasília na sexta-feira. Era para ter avistado florestas, mares, lagos e pirâmides de cristal. E, em meio à paisagem exuberante, deveria haver manadas de minibisões, unicórnios azuis, tribos de castores bípedes e uma curiosa raça inteligente de homens--morcego. Os batmen lunáticos deveriam ser vegetarianos e ter o nome científico de *Verpetilio homo*.

Pelo menos era assim que a Lua era descrita pelo jornal americano *New York Sun* em 1835.

O Sun foi criado em 1833 pelo tipógrafo Benjamin Day, de apenas 23 anos. Na época, os jornais custavam seis centavos. Day decidiu imprimir um tabloide de um centavo cheio de reportagens sensacionalistas. Era o começo da chamada *penny press*, mais tarde rebatizada como *yellow press* e, no Brasil, imprensa marrom.

O jornal fez algum sucesso inicial, mas depois estacionou nos 15 mil exemplares e ali ficou. A um centavo por exemplar, era impossível fechar as contas. Então Benjamin Day convocou seus jornalistas e *knocked the penis on the table*: ou as vendas subiam ou o jornal fechava.

H

Foi quando um dos redatores, Richard Adams Locke, teve a ideia de inventar a fauna e flora lunática. O astrônomo inglês (verdadeiro) Sir John Herschel acabara de se mudar para a África do Sul para montar um observatório astronômico. Ele era conhecido o suficiente para ser usado como "fonte" e estava longe o bastante para não desmentir as "informações" publicadas.

Em 21 de agosto, o *New York Sun* preparou o terreno para a grande armação e publicou uma nota breve mencionando que o astrônomo havia feito fantásticas descobertas sobre a Lua. Quatro dias depois, o jornal trouxe mais detalhes. A Lua tinha florestas, mares, montanhas e, muito possivelmente, vida. No dia seguinte, a "reportagem" completa foi finalmente publicada. Para dar ainda mais credibilidade à fraude, o jornal afirmava que o material era reproduzido com permissão do *Edinburgh Journal of Science*, um periódico escocês verdadeiro e respeitado.

A estratégia funcionou, e o *Sun* saltou de 15 para 60 mil exemplares vendidos por dia. A história dos habitantes da Lua era contada em "reportagens" diárias, como se fosse um folhetim. Para não ficar atrás, o restante da *penny press* também entrou na festa, acrescentando mais detalhes à vida e obra dos *batmen* lunáticos.

A imprensa séria reagiu. O *New York Herald* chegou a acusar o *Sun* de fraude, mas Benjamin Day passou para eles o ônus da prova: "Se é fraude, provem!". Finalmente, Richard Adams Locke vaidosamente admitiu para um colega do *Journal of Commerce* que tudo não passava de uma armação, e a farsa foi exposta.

Mas o *Sun* explicou que a história tinha sido criada apenas para divertimento dos leitores, que souberam rir da piada e não abandonaram o jornal. A ficção de Locke virou livro com o título de *The Moon Hoax* [O trote da Lua] e teve inúmeras reedições. A mais recente delas foi publicada em 2013 nos Estados Unidos.

Veja também:
A GUERRA DOS MUNDOS
ALTERNATIVA 3
AMAZING STOR
DIÁRIOS DE HITLER
MUNDO DA LUA
QUARTO 237

HOMENS PELUDOS

Histórias de criaturas peludas e selvagens existem no Canadá, Estados Unidos, Nepal, China, Índia, Mongólia, Cazaquistão, Austrália, Japão e Brasil. Segundo relatos, o bicho mede entre dois e três metros de altura, é coberto de pelos castanhos e tem um cheiro forte e desagradável. Não é agressivo e geralmente evita os humanos.

Nos Estados Unidos, a criatura é conhecida como Pé Grande ou Sasquatch. Os índios lakota, das Grandes Planícies americanas, que vão do Canadá ao Novo México, a chamam de Chiye-Tanka. As descrições do peludão ianque se assemelham bastante às do Yeti, o abominável homem das neves das montanhas do Nepal, Índia e Tibete. Também há certo parentesco com o brasileiro Mapinguari, que dizem habitar a região amazônica e o pantanal mato-grossense. Na Austrália, o homem selvagem residente se chama Yahoo. Na Abecásia e no Cazaquistão, Alma. Na Sibéria, Chuchunaa. No Japão, Higabon. E ainda tem o Windigo canadense e o Xueren chinês, que, além de peludos, comem gente. Não no bom sentido.

O primeiro vestígio do Yeti reportado por um ocidental é de 1889. Durante uma expedição, o major inglês L. A. Waddell encontrou enormes pegadas humanoides na neve. Os guias xerpas nem ligaram e disseram que os rastros eram do Meh-Teh, cuja tradução é "aquele que parece homem, mas não é". O.k., sem piadas.

Já a expressão "abominável homem das neves" foi cunhada em 1921 a partir de um relato do tenente-coronel inglês C. K. Howard-Bury, que também encontrou pegadas gigantescas no Everest, a 9 mil metros de altitude. Dois anos depois, no mesmo lugar, o major Alan Camaron afirmou ter visto vários abomináveis no alto de um penhasco. A partir daí, praticamente todo ano alguém observava um Yeti na região.

Na China, os relatos também são abundantes. O mais crível é o do biólogo Wang Tselin, feito em 1940. Ele afirma ter visto um Xueren morto na região de Gansu. Era uma fêmea com dois metros de altura e de pelos longos e avermelhados. O rosto combinava traços humanos e simiescos.

Já as histórias do Sasquatch americano datam de 1840, quando o reverendo Elkanah Walker começou a recolher narrativas dos nativos sobre homens peludos que viviam nas montanhas. O nome Pé Grande (*Big Foot*) é de 1958 e foi criado pelo jornalista Andrew Genzoli no *Humboldt Times*. O jornal relatou a história do tratorista Gerald Crew, que havia encontrado enormes pegadas em Del Norte, na Califórnia. Crew, muito esperto, produziu uma prova: usou gesso para moldar e reproduzir os rastros. A agência Associated Press distribuiu a notícia, e o Pé Grande ganhou fama instantânea como um participante de reality show. Alguns anos mais tarde, Gerald Crew confessou que os moldes eram falsos, mas já era tarde demais.

Os índios mahomi, do território do Yokun, norte do Canadá, afirmam que naquela região vivem gigantes peludos de dois metros e meio que apreciam carne humana e perseguem especialmente mulheres e crianças. Os esquimós do Alasca também têm lendas sobre homens selvagens que, no passado, disputavam o território com os humanos.

H

Os criptozoólogos — pessoas que gastam tempo e dinheiro perseguindo criaturas lendárias — defendem que espécies consideradas extintas podem ter sobrevivido em regiões remotas do planeta. Em especial, na latitude do **CINTURÃO DOS MONSTROS**, onde a maioria dos bichos bizarros aparece.

Eles especulam que os "abomináveis" são gigantopithecus, macacos pré-históricos que conseguiram sobreviver ao período Pleistoceno, há 5 milhões de anos. Fósseis do símio foram encontrados na mesma região frequentada pelo Yeti. Céticos argumentam que se essas criaturas realmente existissem elas precisariam de uma enorme quantidade de comida para sobreviver e que nenhum dos supostos hábitats conseguiria suportá-las. É o mesmo argumento que utilizam para negar a existência do **MONSTRO DO LAGO NESS**: não há peixes suficientes no lago para matar a fome do bicho.

Alguns folcloristas usam uma abordagem junguiana para explicar a obsessão humana por selvagens peludos. Os primeiros hominídeos são contemporâneos do gigantopithecus. A disputa por território teria ficado impressa no nosso inconsciente e "produzido" a lenda do Pé Grande milhões de anos mais tarde.

E há também quem tenha ideias ainda mais esquisitas.

O escritor americano Jack "Kewaunee" Lapseritis afirma que os humanoides são extraterrestres deixados aqui por alienígenas bonzinhos, quando o planeta natal deles foi invadido por alienígenas malvados. Eles seriam iguaizinhos aos wookies da saga *Star Wars*, mas com poderes telepáticos. Segundo Lapseritis, a Terra está repleta de vórtices dimensionais por onde entram inúmeras criaturas estranhas. Além de discos voadores, é claro.

Veja também
MACACOS MARXISTAS
SASQUATCHES DO ESPAÇO SIDERAL

HOWARD HUGHES, A BIOGRAFIA

Quando Stan Lee criou o playboy, inventor e übernerd Tony Stark em 1963, sua inspiração era o bilionário americano Howard Hughes. A vida dele, aliás, é quase tão incrível quanto a do seu simulacro nos quadrinhos.

Howard Hughes nasceu no Texas em dezembro de 1905, mas até isso é confuso, pois o garoto só foi registrado em outubro do ano seguinte. O pai, Howard Hughes Sr, era o inventor bem-sucedido de uma broca especial para perfurar campos petrolíferos. O tio, Rupert Hughes, era escritor e roteirista em Hollywood. A mãe, Allen Hughes, sofria de misofobia, pavor de germes, e foi mais protetora do que a prudência recomenda.

O comportamento de Howard foi bastante influenciado por essas três figuras. Ele foi inventor como pai, produtor e roteirista de cinema como o tio e acabou com sérios problemas psicológicos como a mãe.

Assim como Tony Stark, Hughes foi um talento precoce: aos doze anos construiu sozinho um motor para sua bicicleta. Adulto, ingressou na indústria bélica e deu apoio financeiro e logístico à CIA durante a Guerra Fria. A empresa criada por ele em 1932, a Hughes Aircraft Company, produziu aviões e mísseis para o governo americano até 1985, quando foi incorporada pela General Motors.

Em Hollywood, ele produziu filmes importantes como *Os anjos do Inferno* (1930), sobre aviadores ingleses na Primeira Guerra Mundial, e *O proscrito* (1943), um western meio gay que lançou Jane Russell ao estrelato. Não por acaso, a vida agitada de Howard Hughes foi tema de uma cinebio de Martin Scorsese, *O aviador* (2004), vencedor de cinco Oscars e três Globos de Ouro.

No final dos anos 60, o inventor desenvolveu a mesma misofobia da mãe. O medo anormal de doenças fez com que ele se afastasse cada vez mais das pessoas até se tornar um eremita. Um eremita muito rico, claro.

Para não ser incomodado, Howard Hughes comprou um hotel em Las Vegas, o Desert Inn, e ocupou dois andares inteiros. Ele raramente saía do prédio, a não ser para breves e solitários passeios noturnos. Também não falava diretamente com nenhum dos executivos das muitas empresas que possuía e usava um exército de secretárias e assistentes para passar suas ordens. O chefe do *staff* de Hughes era Bill Gay, um membro da Igreja de Jesus Cristo dos Santos dos Últimos Dias, isto é, um mórmon. A maioria das pessoas que cercavam o bilionário, incluindo suas muitas enfermeiras, foi recrutada por Gay entre devotos da sua religião.

Isso levou Robert Maheu, ex-funcionário da CIA e principal executivo de Hughes, a afirmar que o patrão tinha sido sequestrado pela "máfia mórmon", que dera um "golpe de Estado" no império do bilionário e o mantinha permanentemente entupido de remédios.

Pouco depois começaram os boatos de que Howard Hughes estava morto e que Bill Gay mantinha isso em segredo para continuar controlando as empresas.

Foi nesse clima de paranoia e conspiração que, em 1972, o jornalista americano Clifford Irving, autor de um bem-sucedido livro sobre o falsificador de arte **ELMYR DE HORY**, anunciou o lançamento de uma biografia autorizada de Howard Hughes. A editora McGraw-Hill, de Nova York, fez um adiantamento de 765 mil dólares para o autor, quantia alta para a época. Irving dizia ter encontrado o bilionário em inúmeras ocasiões, sempre em lugares pouco comuns, como uma pirâmide maia em Oaxaca, no México.

H

Junto com os originais do livro, o escritor entregou aos editores várias cartas e manuscritos de Howard Hughes que atestavam a veracidade da biografia. Peritos em caligrafia confirmaram a autencidade dessas provas.

Para "esquentar" o lançamento do livro, trechos foram cedidos à revista *Life*, a mais vendida da época, que os publicou com antecedência.

E então o recluso Howard Hughes se pronunciou. Não em pessoa, claro, mas por meio dos seus advogados. O bilionário afirmava que Clifford Irving era um mentiroso, que a biografia era uma fraude e que eles jamais tinham se encontrado. Irving, no entanto, continuava afirmando que tudo era real e que "alguém" estava indevidamente falando pelo bilionário.

Em janeiro de 1972, Howard Hughes decidiu encerrar a controvérsia e conceder uma entrevista à TV americana. Ele conversou com sete jornalistas e afirmou, mais uma vez, que a biografia era uma falsificação. O problema é que o bilionário não estava lá. A entrevista foi feita por telefone.

No misto de documentário e ensaio cinematográfico **F FOR FAKE** (*Verdades e mentiras*), o diretor e narrador **ORSON WELLES** explica que ninguém viu Howard Hughes, mas apenas ouviu uma voz que afirmava ser Howard Hughes. O escritor Robert Anton Wilson (*Tudo está sob controle*) defende a hipótese de que o empresário estava morto e que a pessoa ao telefone era alguém interessado em manter a farsa.

Muitas lendas cercam a confusão toda. Uma delas é que Clifford Irving tinha informações seguras de que Hughes tinha morrido, logo, ninguém poderia contestar o livro. Outra é que Elmyr de Hory, o falsificador de arte que fora personagem da sua obra anterior, teria sido a inspiração e, mais do que isso, colaborador na fraude literária.

Pressionado, Irving recuou e assumiu que tudo era mesmo uma armação. Ele devolveu os 765 mil dólares e cumpriu dezessete meses de prisão por fraude.

Quatro anos mais tarde, em abril de 1976, Howard Hughes foi oficialmente declarado morto. O corpo foi levado de Acapulco, México, onde o bilionário se encontrava, até Houston, no Texas. A suspeita era tamanha que lascas de suas unhas foram enviadas ao FBI para que o cadáver fosse identificado.

Sim, aquele era mesmo Howard Hughes.

Mas tanto os médicos mexicanos quanto os americanos ficaram chocados com o estado do corpo, que estava magro e ressequido como o de uma múmia.

Veja também:
DIÁRIOS DE HITLER
PIERRE PLANTA DE SAINT-CLA

HY-BRAZIL

Os continentes perdidos de **ATLÂNTIDA E MU** fazem enorme sucesso nas paradas esotéricas, mas sua substância é incerta. Já Hy-Brazil tem existência comprovada e você possivelmente está pisando nela agora, a menos que esteja lendo este livro num avião.

A história está relacionada à lenda irlandesa de Bresal, um rei que quis construir uma torre que chegasse aos céus, assim como o **NIMROD** bíblico. A construção nunca foi concluída (vai vendo...) e Bresal, ao morrer, foi deixado num barco à deriva que aportou numa terra boa e gostosa onde a festa nunca termina. Renascido nessa maravilha de cenário, o herói foi coroado rei e o lugar passou a ser conhecido como Ilha de Bresal, Hy-Breasail, Hy-Brazil ou Ilha Brasil. Hy-Brazil é um sítio místico: está eternamente imerso em brumas e só se torna visível de sete em sete anos. Na Idade Média, a ilha figura em várias cartas de navegação, incluindo os lendários **MAPAS DE PIRI REIS**. No século XI, o irlandês são Brandão narrou sua passagem por esse paraíso terrestre e descreveu as cachoeiras e cascatas de colorido sutil. Na mesma viagem, o santo também desembarcou nas costas de um imenso monstro marinho conhecido como Jascônio.

Existem relatos mais confiáveis, felizmente.

Em 1636, um certo capitão Rich afirmou ter visto as verdes matas de Hy-Brazil, antes que elas desaparecessem na neblina. Em 1644, Boullage-Le Gouz avistou gado pastando na ilha. Em 1675, William Hamilton de Derry faz o relato mais completo numa carta a um primo que vivia em Londres. Diz ele que o capitão irlandês John Nisbet of Killybegs havia aportado na Ilha Brasil no ano anterior e encontrado cavalos, vacas e ovelhas. Também avistara um castelo inexpugnável de onde não saía som algum. À noite, acampados na praia, os marujos ouviram urros hediondos e voltaram depressinha para o navio. Na manhã seguinte, retornaram e encontraram nativos que disseram que aquela ilha de O'Brazile tinha sido amaldiçoada por um necromante e ficara eternamente oculta nas brumas. O encantamento, porém, havia sido quebrado na noite anterior. Os urros eram gritos de felicidade para comemorar a liberdade alcançada.

Em 1684, Hy-Brazil faz figuração em *A Chorographical Description of West of H-Lar* [Uma descrição coreográfica do oeste de H-Lar], relato encomendado pela Dublin Philosophical Society ao historiador Roderick O'Flaherty (ou, em gaélico, não engasgue, Ruaidhri Ó Flaithheartaigh). No livro é mencionado um certo Morogh O'Ley, que afirmava ter passado dois dias na ilha.

O último avistamento de Hy-Brazil foi em 1872, quando o escritor irlandês T. J. Westropp (1860-1922), então com doze anos, viu os lindos coqueirais aparecerem e desaparecem rapidamente.

Mas Hy-Brazil não foi embora, ao contrário de Atlântida e Mu. Acompanhe. A palavra gaélica para o cinábrio, um minério de forte coloração avermelhada, é "breazáil", pois os irlandeses acreditavam que sua origem era a terra de Bresal. Com o tempo, a palavra "brasil" passou a ser associada ao vermelho. Em 1193, os italianos já usavam um corante chamado "brasile", extraído de uma madeira proveniente da Sumatra. Um tipo de vegetação bastante semelhante foi encontrado na Terra de Vera Cruz em 1500. Os tupis-guaranis a chamavam de "ibirapitanga", mas os portugueses a batizaram de "pau-brasil", ou seja, o pau da terra de Bresal, o pau de Hy-Brazil, a terra das fontes murmurantes onde eu mato a minha sede e onde a lua vem brincar.

Veja também:
BRASÍLIA,
TEMPLO DO DEUS-SOL
NEOLIBERAIS SATANISTAS

IGNATIUS DONNELLY

Já em sua época, o americano Ignatius Loyola Donnelly (1831-1901) era chamado pelos inúmeros detratores de "O Príncipe da Picaretagem". Apesar disso, ele foi longe. Longe até demais. Donnelly foi senador pelo estado americano de Minnesota e autor de nove best-sellers de ficção e, hmm, não ficção. A ideia de que as civilizações asteca e egípcia partilhavam uma herança cultural comum foi formulada por ele em *Atlântida, um mundo antediluviano*, de 1882. O livro foi um sucesso e inspirou as formulações de **HELENA BLAVÁTSKI** e sua **SOCIEDADE TEOSÓFICA**, assim como os trabalhos de James Churchward sobre o continente perdido de Mu.

Polemista talentoso, Donnelly argumentava que a Atlântida era a matriz de todas as "moradas de deuses" como Asgard, Olimpo e o Jardim do Éden. O continente teria desaparecido há 12 mil anos, quando um cometa se chocara com a Terra, produzindo o **DILÚVIO UNIVERSAL** e obrigando o homem a voltar às cavernas. Em 1883, ele escreveu outro livro sobre o tema, *Ragnarok: The Age of Fire and Gravel* [Ragnarok: A era de fogo e cascalho].

Mas o inquieto autor não se interessava apenas por civilizações desaparecidas. Ele também foi o primeiro a levantar suspeitas sobre a autoria das obras de William Shakespeare, atribuindo o trabalho do dramaturgo ao filósofo Francis Bacon em *The Great Cryptogram: Francis Bacon's Cipher in the So-Called Shakespeare Plays* [O grande criptograma: A cifra de Francis Bacon nas peças atribuídas a Shakespeare], de 1888.

Donnelly também acreditava que a Guerra Civil americana era uma trama secreta de banqueiros internacionais para escravizar a população do país, teoria muito semelhante à ideia recente de que a **ILLUMINATI** trabalha para criar uma nova ordem mundial.

A mente conspiranoica de Ignatius Donnelly também se faz presente no seu trabalho declaradamente ficcional, o romance *Cesar's Column* [A coluna de César], de 1890, um importante precursor da ficção científica. Na trama passada no distante futuro de 1988, uma sociedade secreta chamada Irmandade da Destruição enfrenta uma plutocracia judaica internacional. O livro é composto de cartas, diários e documentos e exerceu influência, ainda que indireta, na ficção de Dan Brown e Umberto Eco.

No ensaio "'Some Unsuspected Author': Ignatius Donnelly and the Conspiracy Novel" [Alguns autores ignorados: Ignatius Donnelly e o romance conspiratório], o pesquisador Alex J. Beringer, da Universidade de Michigan, atribui a ele a invenção do "romance conspiratório" e enxerga suas pegadas também na obra de Edgar Allan Poe, Philip K. Dick e Thomas Pynchon.

O "Príncipe da Picaretagem" está praticamente esquecido hoje em dia, mas está presente em toda teoria conspiratória que questiona a existência de Shakespeare ou que junta na mesma panela astecas, atlantes e egípcios. Nada mal. Nada mal mesmo.

Veja também:
TLÂNTIDA E MU
ATASTROFISMO
KSHAKESPEARE

ILLUMINATI

Segundo o Facebook, esse fabuloso depositário da sabedoria humana, a Illuminati é uma seita satanista que cultua **BAPHOMET** e é frequentada por ídolos pop como Rihanna, Beyoncé, Lady Gaga e Ivete Sangalo. Mas essa versão é recente. A Illuminati histórica é outra coisa: uma sociedade secreta criada em 1776 na Baváva pelo maçom e ex-jesuíta Adam Weishaupt (1748-1811).

O nome formal da organização era Ordem dos Iluminados, e sua agenda era banir as crendices que obscureciam a razão e derrubar os estados monárquicos. Menos de dez anos depois da fundação, a sociedade foi extinta pelo ducado da Baváva. Weishaupt exilou-se em Gota, na Saxônia, onde escreveu vários ensaios sobre o iluminismo até sua morte em 1830.

Ou, pelo menos, é isso que eles querem que você acredite.

Conspiranoicos afirmam que a Illuminati forjou seu próprio fim, mas se mantém ativa até hoje. Segundo Paul H. Koch (*Illuminati — Os segredos da seita mais temida pela Igreja católica*), os seguidores de Weishaupt se infiltraram na **MAÇONARIA** europeia e, no final do século XVIII, já tinham controle absoluto da irmandade.

Por meio de várias organizações de fachada, a Illuminati continuou atuando para alcançar seus objetivos e é a verdadeira força por trás da Independência americana (1776), da Revolução Francesa (1789) e da Inconfidência Mineira (1789). É por isso que a pirâmide, símbolo da ordem, está presente na bandeira de Minas Gerais e no Grande Selo dos Estados Unidos, usado para autenticar documentos emitidos pelo governo. Lá, onde a coisa deu certo, a pirâmide é coroada pelo Olho-que-tudo-vê.

Mas a história não acaba aí, pois a agenda da organização é implantar uma nova ordem mundial com uma moeda única e um governo global. Para alcançar isso, a Illuminati fomenta guerras, incentiva o terrorismo, fabrica conflitos e manipula as finanças mundiais. O comunismo, por exemplo, é uma fabricação da Illuminati, assim como o jihadismo. Os blocos econômicos como União Europeia e Mercosul também são controlados por ela.

Apesar de toda essa atividade, a organização criada por Weishaupt estava praticamente esquecida até 1975, quando foi ressuscitada pelo escritor cult Robert Anton Wilson (1932-2007). Em colaboração com Robert Shea, Wilson criou a série de romances *The Illuminatus! Trilogy*, definido por ele como "um conto de fadas para paranoicos". Na trama, que envolve universos paralelos e viagens no tempo, a Illuminati é mostrada como uma defensora da ordem que se opõe aos agentes do caos, seguidores de Eris, deusa grega da discórdia. Robert Anton Wilson foi um escritor satírico e sua maior influência literária era Douglas Adams, autor de *O guia do mochileiro das galáxias*.

Mas a associação de Wilson a Adams talvez seja apenas uma manobra de **DESINFORMAÇÃO**, assim como os boatos ridículos envolvendo as cantoras pop e a ordem. A Illuminati é capaz de qualquer coisa para esconder seus verdadeiros e sinistros objetivos.

Veja também:
ALUMBRADOS
BILDERBERGER
BITCOIN
BOHEMIAN CLUB
CERN E O ANTICRISTO
COMPANHIA DE JESUS
CONDE DE SAINT GERMAIN
LAGARTOS MUTANTES
ORDEM DOS TEMPLÁRIOS

IMORTAIS

Além de viajantes do tempo, a história também está cheia de imortais. Mas, ao contrário dos **FU-TURISTAS**, que aparecem e depois somem, os eternos estão aqui para conduzir e influenciar a humanidade.

Um dos imortais fundamentais é Melchizedek, o misterioso rei-sacerdote que introduz Abraão ao culto de **YAVEH**. Sem ele, parte significativa da humanidade estaria praticando orgias públicas em louvor a deuses pagãos na mais deliciosa decadência.

Que bom que isso não aconteceu...

Abraão nasceu em Ur, na Caldeia, cidade-estado da Suméria que ficou famosa graças às palavras cruzadas. Uma desavença com o rei **NIMROD**, o construtor da Torre de Babel, fez com que ele saísse vagando pelo mundo. Depois de uma temporada no Egito, Abraão se estabelece em Canaã, atual Israel, e faz um pacto com o soberano local, Melchizedek, que é também um devoto do Deus Altíssimo. Abraão aprende a cultuar essa divinidade, e sua conversão dá origem às três grandes religiões monoteístas: judaísmo, cristianismo e islamismo. Segundo Hebreus 7,3, Melchizedek é "sem pai, sem mãe, sem genealogia, nem princípio de dias nem fim de vida!".

Teólogos cristãos acreditam que ele seria uma primeira manifestação de Jesus Cristo, que, sendo Deus, existe antes de ter nascido. Conspiranoicos, no entanto, afirmam que o sacerdote é um imortal. Rabinos o encontravam frequentemente na Idade Média. E, em 1915, ele reapareceu em Llantrisant, uma cidade de pescadores do País de Gales, como o sacerdote de um culto ao Santo Graal. A história é relatada pelo escritor galês Arthur Machen no livro-reportagem *The Great Return* [O grande retorno].

A aparição mais recente de Melchizedek aconteceu na França em 1973. O homem foi diagnosticado como louco e acabou internado num hospital psiquiátrico, enquanto a polícia tentava em vão descobrir sua verdadeira identidade. Uma das suas seguidoras, no entanto, afirmou que ele era "Melchizedek, rei de Salém e messias imortal encarregado de reformar o mundo". A informação não foi suficiente para livrá-lo do hospício.

Outro imortal que anda por aí há mais de 2 mil anos é o **JUDEU ERRANTE**, condenado a permanecer vivo até o Messias retornar. Sua última aparição teria sido no século passado em Minas Gerais, chorando na porta de uma igreja. Esse personagem é frequentemente confundido com o **CONDE DE SAINT GERMAIN**, que fez grande sucesso entre a nobreza europeia do século XVIII e continua por aí desde então. No final dos anos 70, ele apresentou um programa musical na TV francesa. Não ria. Até imortais precisam comer.

O ser eterno que está na Terra há mais tempo que todos os demais é Fu-Shi. Ele sobreviveu ao **DILÚVIO UNIVERSAL** para fundar a civilização chinesa em 2000 a.C., aproximadamente. E reapareceu mil anos mais tarde para criar o oráculo *I Ching — O livro das mutações*. Fu-Shi retornou no século XIV para deter o expansionismo da China, que, na época, tinha a maior frota de navios do mundo e já havia chegado à África. Se ele não ordenasse aos chineses que evitassem contato com povos bárbaros, você hoje estaria falando mandarim.

Existem ainda alguns perpétuos que secretamente vigiam a humanidade, os misteriosos **NOVE DESCONHECIDOS**. Essa sociedade secreta teria sido fundada em 273 a.C. pelo imperador indiano Ashoka, chocado com a mortandade causada na guerra de Kalinga. A fim de impedir que acontecimentos semelhantes se repetissem, o rei criou uma ordem com nove iniciados para orientar o progresso humano. Aparentemente, eles conquistaram a imortalidade, pois a ucraniana **HELENA BLAVÁTSKI**, a fundadora da **SOCIEDADE TEOSÓFICA**, afirmou ter encontrado pelo menos um deles no Tibete. Ela também achou o conde de Saint Germain no mesmo local, logo é possível que exista um clubinho só para eternos nas montanhas do Himalaia.

O místico russo Grigori **RASPUTIN**, guru do czar Nicolau II, também se dizia imortal, mas acabou assassinado em 1916. Seu pênis de quarenta centímetros foi decepado e passou de mão em mão (opa!) até ser incorporado pelo Museu do Erotismo de São Petersburgo, que o exibe em uma conserva.

Veja também:
INTRATERREST.
MUNDOS
SUBTERRÂNEO*

INTELIGÊNCIA ARTIFICIAL

"A criação de uma Inteligência Articial (IA) seria o maior evento da história humana. Infelizmente, também seria o último." A declaração não é de nenhum fundamentalista religioso, mas sim do físico Stephen Hawking em artigo de 2014 para o jornal inglês *The Independent*. Hawking acredita que uma máquina capaz de pensar, aprender, tomar decisões, se reproduzir e se autorreparar acabaria por decretar o fim da humanidade.

"As máquinas se reprojetariam em ritmo constante", explica. "Os humanos, limitados pela evolução biológica lenta, não conseguiriam competir."

Bill Gates, o fundador da Microsoft, tem a mesma preocupação. Ele acredita que a Inteligência Artificial, ao contrário do sistema Windows, evoluirá rapidamente até a chamada **SINGULARIDADE**, quando será capaz de criar uma nova geração mais inteligente e competente que ela própria. Em pouco tempo, o ser humano estaria obsoleto.

O bilionário sul-africano Elon Musk concorda com Hawking e Gates.

Para ele, a "Inteligência Artificial é a maior ameaça à sobrevivência da humanidade". Musk também não é um "ludita" apavorado com a evolução científica. Ao contrário. Ele é um visionário que tem ideias bastante originais para terraformar Marte e torná-lo um planeta habitável, por exemplo.

No entanto, mesmo receoso, em 2010 Elon Musk criou a empresa

Veja também:
INTERNET
SINGULARIDADE
TECNOPÓLIO
ANSUMANISMO

DeepMind Technologies justamente para desenvolver uma Inteligência Artificial. Ele argumenta que a IA é tão perigosa que é melhor que ele mesmo a desenvolva, antes que alguém o faça e acabe produzindo um desastre.

A DeepMind Technologies foi incorporada pelo Google em 2013. Por conta disso, muitos conspiranoicos teorizam que em breve estaremos vivendo num mundo apocalíptico igual aos filmes da série *O exterminador do futuro*. E a culpa será toda da **GOOGLE SKYNET**.

INTERNET

A internet é uma rede global que conecta computadores. Foi desenvolvida no início dos anos 70 para interligar universidades americanas, mas ganhou popularidade nos anos 90 com a criação do protocolo World Wide Web (www), que permite a troca de imagens e vídeos em tempo real. É só. Acabou o verbete. Acontece que a internet é muito mais do que isso, nós sabemos. Ela está presente nas atividades mais corriqueiras da nossa vida. Quando o pedágio lê digitalmente o "sem parar" do carro, você está na internet. Quando paga uma conta com o cartão, você está na internet. Quando distribui cantadas babacas no Tinder, você está na internet. Facebook, Twitter, Instagram, GooglePlus, WhatsApp, YouTube, Netflix etc. Tudo internet. Nós "vivemos" na internet, somos cada vez mais dependentes dela, e, por isso, muitos veem a rede como a maior de todas as conspirações e a principal ferramenta para a implantação de uma ditadura global.

Um dos setores da economia mais afetados pela rede é a mídia, peça fundamental para a democracia moderna. Jornais e revistas encolhem a cada dia, cedendo espaço para blogs sectários que, mais do que conquistar leitores, querem arregimentar fiéis. O mundo está cada vez mais pulverizado em grupos, gangues, bandos e clãs, cada um mais intolerante que o outro. Não vivemos na grande aldeia global profetizada pelo filósofo Marshall McLuhan (1911-80), mas sim num parque Xingu de tribos em conflito.

O teórico da comunicação Neil Postman (1931-2003) resume assim a questão: "A informação se converteu em lixo e é incapaz de responder às mais básicas questões humanas, além de não fornecer soluções coerentes e úteis aos mais banais dos nossos problemas".

Se por um lado a rede espalha **DESINFORMAÇÃO**, por outro se transforma no principal ponto de encontro de ativistas. A **PRIMAVERA ÁRABE** foi praticamente articulada via web, assim como as **MARCHAS DE JUNHO** de 2013, no Brasil. Organizações terroristas como a Al-Qaeda e o Estado Islâmico (EI) se arregimentam e se organizam na rede. E o **BLACK BLOC** e o **ANONYMOUS** não existiriam sem a internet. E lembre-se: isso é só a parte visível. Setenta por cento da internet é a chamada Deep Web, a "matéria escura" da rede que não é detectada por mecanismos de busca.

Um hacker bem treinado pode causar mais estragos do que um homem-bomba. Ele não apenas é capaz de vazar segredos constrangedores como também de invadir sistemas, derrubar redes elétricas etc. Além disso, como revelou o ex-técnico da NSA Edward Snowden, em 2013, a inteligência americana usa a rede mundial para espionar governos e empresas estrangeiras, como aconteceu com a Petrobras e a presidente brasileira Dilma Rousseff.

Se com uma mão a internet produz o caos, com a outra edifica um **TECNOPÓLIO**, novo tipo de ordem social em que a tecnologia permeia todos os aspectos da nossa vida. Muito em breve nenhuma operação de compra e venda poderá ser realizada fora da rede. Essa dependência econômica e o medo fabricado de uma desordem global abrirão caminho para uma ditadura mundial fundamentada no capitalismo radical que, entre outras maldades, trará de volta a escravidão. Quem se opuser será chantageado com as próprias informações que forneceu à rede. Ou simplesmente expelido da **MATRIX**, convertendo-se num pária social.

Essa teoria conspiratória encanta militantes de esquerda e de direita (ainda há diferença?), além de fundamentalistas religiosos de todos os credos.

E quem estaria por trás desse vasto e intrincado plano? Bem, os suspeitos de sempre: os **BILDERBERGERS**, o **BOHEMIAN CLUB** e quase certamente a **ILLUMINATI**. Portanto, pense duas vezes antes de entrar de novo numa sala de chat pornográfico com o nickname LoirinhaSafada17. Eles estão de olho. E sabem muito bem quem é você.

Veja também:

BITCOIN

GOOGLE SKYNE

INTRATERRESTRES

A Terra tem vastos **MUNDOS SUBTERRÂNEOS**, cada um deles habitado por um tipo diferente de criatura. Conheça a gentalha do submundo:

Antarticans: Arianos loiros e de olhos azuis que vivem sob o gelo da Antártica. Não se sabe se fazem parte do povo arianni (*veja a seguir*) ou se são **EXTRATERRESTRES**

do tipo pleiadiano em busca de clima frio. Em conluio com os nazistas, teriam operado uma base em Nova Suábia, na região norte da Antártica, que continua sob controle alemão até hoje. Com a queda de Berlim em 1945, muitos líderes nazi teriam se refugiado entre os antarticans, incluindo, claro, o próprio Adolf Hitler.

Arianni: São descendentes dos atlantes, que se refugiaram no interior da Terra depois do naufrágio do continente deles no **DILÚVIO UNIVERSAL**. Vivem num império subterrâneo de cem cidades chamado Agartha, cuja capital é Shambhala. Os arianni têm poderes sobre-humanos e ocupam papel importante na mitologia da **SOCIEDADE TEOSÓFICA**. Algumas teorias conspiratórias atestam que eles também mantiveram contato com os nazi (olha eles aí de novo, genteee...).

Deros: Segundo relato do escritor Richard Shaver na revista **AMAZING STORIES**, o interior da Terra é habitado pelos Deros, isto é, sobreviventes do continente perdido de Lemúria. Eles se acham os verdadeiros donos do planeta e usam sua tecnologia avançada para secretamente manipular os seres humanos.

Nagas: Nas lendas hindus, Nagas são demônios em forma de serpente. Incorporados pela mitologia *new age*, viraram criaturas que habitam cidades subterrâneas nas montanhas do Tibete. São de origem reptiliana, assim como os suvians (*veja abaixo*).

Povo de Gizé: Debaixo da **GRANDE PIRÂMIDE** no planalto de Gizé, Egito, existiria uma rede de túneis cuja entrada fica sob as patas da Esfinge. O historiador romano Ammianus Marcellinus (325-391) descreve câmaras secretas construídas antes do dilúvio. E o historiador árabe Al-Masoudi (888-957) fala de autômatos programados para proteger o local. Mas quem popularizou a história foi Billy Meier (1937-), um suíço que alega manter contato com alienígenas pleiadianos. Ele diz que o povo de Gizé escapou do afundamento da Atlântida (olha eles aí de novo, genteeee...) e se escondeu no Egito para manipular secretamente a humanidade. Pesa sobre Billy Meier, no entanto, a denúncia de que ele monta discos voadores com frigideiras para forjar fotografias de UFOs. Mas ele pode estar falando a verdade a respeito do povo piramidal.

Suvians: Criaturas semiaquáticas que possuiriam cidades ocultas debaixo das montanhas Panamint e no Vale da Morte, na Califórnia. Os suvians saíram das lendas dos índios paiute, que os chamam de Hav-musuvs, mas foram incorporados pela mitologia *new age*, que agora os associa aos **LAGARTOS MUTANTES** alienígenas inventados, digo, denunciados pelo conspiranoico britânico David Icke.

Veja também:
ATLÂNTIDA E MU
ONGE DAS LUVAS VERDES
AZIESOTERISMO

Invasão do Iraque: o petróleo é um pretexto; a razão da guerra é o portal para as estrelas.

INVASÃO DO IRAQUE

Em 20 de março de 2003, uma coalizão militar liderada pelos Estados Unidos invadiu o Iraque para depor Saddam Hussein. O objetivo declarado do presidente americano George W. Bush era deixar o mundo mais seguro ao remover o ditador do poder.

Deu errado. Deu muito errado.

O último comboio de tropas americanas deixou o país em dezembro de 2011. O Iraque ficou reduzido praticamente a um monte de escombros onde sunitas perseguem xiitas que atacam curdos que são todos decapitados pelos sociopatas do Estado Islâmico, uma dissidência ainda mais histérica da Al-Qaeda.

Só que você, leitor bem informado, sabe que o motivo da guerra não foi a deposição de Saddam Hussein, mas o controle das reservas de petróleo do país. O Iraque é o segundo maior produtor do mundo, atrás apenas da Arábia Saudita, e atualmente as petroleiras americanas detêm a maioria dos contratos de exploração. Em 2014, a extração chegou a 3,6 milhões de barris por dia, um recorde histórico. Isso certamente explica tudo.

Ou talvez não.

Defensores da tese do astronauta ancestral têm uma versão muito mais esquisita para a invasão americana. O Iraque fica no misterioso **PARALELO 33**. Foi ali, às margens dos rios Tigre e Eufrates, que surgiu a primeira civilização humana. Entre 5000 e 4000 a.C., o povo da Suméria desenvolveu a escrita, a matemática, a irrigação, a agricultura, a literatura, a astrologia e o primeiro código de leis. Há quem acredite que esse progresso teria sido impossível sem ajuda externa, e é aí que entram os **EXTRATERRESTRES**. Mais precisamente, os **ANUNNAKI**, cinquenta deuses que, segundo a mitologia suméria, desceram dos céus para civilizar os homens. Essas lendas seriam a versão alegórica de um contato entre humanos e inteligências alienígenas no passado distante.

Embora alguns conspiranoicos defendam que os anunnaki usavam meios de transporte mais, digamos, convencionais, como discos voadores, outros acreditam que eles se deslocavam por túneis no espaço-tempo.

A física teórica chama esses "atalhos" de pontes de Einstein-Rosen. Elas dobrariam o espaço, permitindo a uma nave viajar mais rápido que a velocidade da luz. O conceito é comum na ficção científica, embora seja só uma especulação matemática no nosso mundinho chato.

Ou talvez não.

O ufólogo australiano Michael Salla, autor de *Exopolitics: Political Implications of Extraterrestrial Presence* [Exopolítica: Implicações políticas da presença extraterrestre] (2004), acredita que era isso o que os americanos realmente buscavam no Iraque: acesso ao portal interestelar usado pelos Anunnaki, que estaria escondido nas ruínas da antiga Suméria.

Salla afirma que um comando especial do Exército chamado Task Force 20 teve a missão específica de localizar e controlar o "túnel" espacial, sob o zigurate negro de Enzu, no vale do Zab, norte do país.

O vale do Zab é conhecido como a "Área 51 do Iraque", pois vários UFOs já foram avistados ali. O local era cobiçado pelos americanos desde a Guerra do Golfo (1990-1). Mas não apenas por eles. Os nazistas, que adoravam uma macumba, também andaram por lá em 1924, sob o comando de Detlef Schmude, um teosofista membro da SS e grande fomentador do **NAZIESOTERISMO**.

O zigurate negro de Enzu, por sua vez, faz parte de um conjunto de ruínas localizadas perto do rio Zab e datadas de 3300 a 2900 a.C.

Não se sabe, no entanto, se a Task Force 20 chegou a localizar e controlar esse portal. Atualmente, o vale do Zab é zona de guerra entre tropas curdas e o Estado Islâmico. Os alienígenas, talvez com medo de levar um tiro, não apareceram para intervir no conflito.

Veja também:
ENOQUE E OS ANJOS ASTRONAUTAS
NAZIJIHADISMO
OSAMA BIN LADEN, A FARSA
WORLD TRADE CENTER

IVAN EFREMOV E OS DINOSSAUROS

Ivan Efremov (1908-72) foi um paleontólogo russo que pesquisou dezenas de ossadas de **DINOSSAUROS** nos Urais e na Ásia Central. Em 1939, ele foi enviado a Xinjiang, uma região autônoma na fronteira com a China, para investigar fósseis encontrados durante a construção de uma hidrelétrica. Havia muitos crânios de dinossauros, e, o mais incrível, vários deles tinham perfurações perfeitamente circulares, como se os animais tivessem sido alvejados por uma bala. Nove anos mais tarde, nas montanhas do Tian Shan, próximas a Xinjiang, outros fósseis foram encontrados em iguais condições. Todos com a mesma estranha perfuração.

Ivan Efremov concluiu que os "buracos" eram a causa mortis dos animais e eles só poderiam ter sido feitos com um tiro de fuzil. Além disso, acrescentou ele, pela trajetória do projétil, o atirador estava usando um aparelho voador.

Seriam **FU-TURISTAS**?
Seriam **EXTRATERRESTRES**?
O paleontólogo preferiu deixar em aberto.

Mas viajar no tempo para caçar tiranossauros é o tema do conto clássico de ficção científica "Um som de trovão", de Ray Bradbury, publicado em 1952. Ivan Efremov, aliás, trocou a paleontologia pela literatura no final dos anos 40. Seu livro mais famoso, *A nebulosa de Andrômeda*, de 1957, é uma aventura espacial em uma sociedade comunista utópica.

Veja também:
ESTATUETAS DE ACÁMBARO
FIDEL ROBÓTICO
FU-TURISTAS

J

JACQUES VALLÉE

Um herege entre hereges, Jacques Vallée é um dos personagens mais curiosos da comunidade ufológica mundial. Ele nasceu na França em 1939, mas se naturalizou americano e vive na Califórnia há trinta anos. É astrofísico, cientista de computação e serviu de inspiração para o personagem Claude La Combe no filme *Contatos imediatos de terceiro grau* (1977), de Steven Spielberg.

Vallée defende que o fenômeno UFO não deve ser isolado de outros eventos incomuns como curas milagrosas, aparições fantasmagóricas etc.

"O fenômeno é amplo, diverso, adaptável e imprevisível", define.

Segundo ele, a tese de que discos voadores são astronaves pilotadas por **EXTRATERRESTRES** é errada e deriva dos filmes de ficção científica dos anos 50, época em que as ocorrências se tornaram mais frequentes. Para ele, as "naves" não são físicas e muito menos alienígenas. Nas suas várias pesquisas de campo, Jacques Vallée constatou que as aparições de UFOs envolvem flutuação no campo magnético e pulsos de micro-ondas. Isso afetaria o cérebro humano, produzindo alucinações. E, segundo ele, alguém — ou alguma coisa — controla o nosso delírio.

Jacques Vallée suspeita que a humanidade divide o planeta com uma raça superior que vigia nosso progresso espiritual e científico. Essa "inteligência supra-humana" produziria todas as nossas crenças e mitologias desde o início dos tempos. Para começar a compreender o mistério, seria necessária uma constante e minuciosa investigação global.

As ideias do ufólogo lembram as do bruxo inglês **ALEISTER CROWLEY**, que advogava uma rigorosa "magia científica". Ele aconselhava que os adeptos registrassem cuidadosamente as experiências com "inteligências extra-humanas". Crowley chamava esses seres de anjos e demônios. Vallée fala em viajantes do tempo e dimensões paralelas.

Veja também:
DATABASE CÓSMICA
DESINFORMAÇÃO
FATOR OZ
HOMENS-MIRAGEM

O ufólogo acredita, como todo conspiranoico, que os governos sabem muito mais sobre o fenômeno do que admitem. E que, inspirados nas ocorrências reais, forjam eventos "paranormais" para manipular pessoas e grupos.

Quer dizer: existe uma inteligência "não humana" aí fora que nos manipula. E também há serviços de inteligência embaralhando tudo e tirando proveito da coisa. Não está fácil para ninguém...

JESUS E SEUS GAROTOS

A história inspirou o romance *O código Da Vinci*, mas é melhor contada em livros mais obscuros, como *O Santo Graal e a linhagem sagrada* ou *Rex Deus*. É assim. Jesus era um rabino. Um rabino dissidente e destemperado, mas ainda assim um rabino. Logo, seguia as leis de **YAVEH**, que ordenou a seu povo que crescesse e se multiplicasse. Por isso, Jesus casou com **MARIA MADALENA, A SENHORA J.C.**, e teve pelo menos dois filhos, Tiago e Sara.

Jesus era um fundamentalista religioso, mas também era rei de Jerusalém por direito dinástico, já que era descendente da casa de Davi por parte do pai, José. O.k. Nós sabemos que a mãe dele engravidou do Espírito Santo sem perder a virgindade, mas pai é quem cria. Não complica.

Jesus representava, portanto, uma tripla ameaça política: ao Império Romano (que dominava a Palestina), a Herodes III (o rei-fantoche dos invasores) e também às autoridades religiosas do Templo (principal fonte de riqueza de Jerusalém). Mesmo depois da crucificação, ainda restava um problema: as crianças, que poderiam reivindicar o trono.

Para livrá-los da morte certa, a mãe, Maria Madalena, decidiu separá-los. Tiago foi levado à atual Escócia, o ponto mais distante do Império Romano, por José de Arimateia, um rico seguidor de Jesus e dono de uma frota de navios mercantes.

Sara e a mãe refugiaram-se entre comunidades judias que viviam no sul da atual França. A menina conseguiu um bom casamento entre a nobreza local e a descendência dela deu origem à dinastia merovíngia, primeiros reis francos depois da queda do Império Romano. Tiago, por sua vez, morreu sem deixar herdeiros, mas não antes de estabelecer na Escócia os fundamentos de uma sociedade secreta, o **PRIORADO DE SIÃO**, cuja principal missão era proteger a ele e à sua irmã e, secundariamente, trabalhar para restituir-lhes o trono de Jerusalém.

J

Com a cristianização do Império Romano por Teodósio I em 380, os descendentes ganharam um inimigo ainda mais poderoso e determinado: a Igreja católica. A existência deles, afinal, representava uma ameaça aos fundamentos da religião, que transformara Madalena em prostituta e Jesus em deus encarnado.

O último rei merovíngio, Dagoberto II, foi misteriosamente assassinado durante uma caçada em 679, cedendo espaço para a dinastia carolíngia, mais afinada com o papado. Desde então, o mundo é palco de uma guerra subterrânea entre o Priorado de Sião e o Vaticano. Vários eventos históricos — como as Cruzadas (1096-1272) — foram cuidadosamente planejados para restituir Jerusalém aos seus legítimos donos.

O Priorado de Sião, no entanto, não é exatamente o mocinho da história. A organização é monarquista, antidemocrática e elitista. Atualmente, o sangue dos merovíngios é identificado com a dinastia dos Habsburgo, ex-soberanos do Império Austro-Húngaro e uma das casas reais mais poderosas da Europa até a Primeira Guerra Mundial. O último representante da dinastia, Ulrich de Lorena-Habsburgo (1942-), luta para alterar a constituição austríaca para que possa se candidatar à presidência pelo Partido Verde, do qual é membro. Ele nunca mencionou o trono de Jerusalém em suas reivindicações, mas as pessoas são dissimuladas assim mesmo.

Veja também:
CÓDIGO DA VINCI
COLÉGIO INVISÍVEL
GNOSTICISMO
JESUS NUNCA EXISTIU
MEROVÍNGIOS D ESPAÇO
ORDEM DOS TEMPLÁRIOS
PIERRE PLANTAR DE SAINT-CLAIR

JESUS NUNCA EXISTIU

Segundo alguns historiadores alternativos, a Igreja conspira há milênios para esconder que Jesus era casado e tinha filhos. Outros, porém, têm ideias ainda mais radicais: *Jesus nunca existiu* e sua trajetória é só uma fabulação sem nenhuma base histórica confiável.

De fato, as fontes não canônicas que citam Jesus são escassas e suspeitas. Os historiadores romanos mencionam os cristãos, mas nada dizem sobre o Messias. Tácito (55-120) e Plínio, o Jovem (62-114), narram apenas a perseguição do imperador Nero à seita depois do incêndio de Roma em 64 d.C. Suetônio (69-141), autor de *A vida dos doze césares*, fala da expulsão dos agitadores judeus da cidade em 50 d.C. pelo imperador Cláudio. Entre os badderneiros estão seguidores de um certo "Chrestos", mas esse era um nome comum na época.

O único historiador a mencionar Jesus é Tito Flávio Josefo (37-100 d.C.), um judeu romanizado que se tornou cronista do imperador Vespasiano Augusto (23-79). O texto dele é chamado pela Igreja de *Testiomonium Flavianum* e conta, em um breve parágrafo, a história do homem sábio, seguido por judeus e gentios, e crucificado por Pôncio Pilatos. No entanto, pesquisadores afirmam que a narrativa é uma grosseira falsificação.

No livro *Jesus nunca existiu*, de 1900, o jornalista italiano Emilio Bossi (1870-1920) argumenta que o *Testiomonium Flavianum* foi inserido no documento original depois da cristianização do Império Romano no século IV.

"A passagem de Josefo relativa a Jesus foi interpolada", escreve Bossi.

> O texto está perdido no meio de um capítulo, sem conexão alguma com o assunto que o precede ou que o sucede, intercalado nos relatos sobre o castigo militar infligido ao populacho de Jerusalém e dos amores de uma matrona romana por um cavalheiro que obtém seus favores fazendo-se passar por uma personificação do deus Anúbis.

Os evangelhos de Mateus, Marcos, Lucas e João não são documentos históricos. Eles foram escritos entre 60 e 100 d.C., mas só foram considerados autênticos pelo Concílio de Niceia em 325, que desautorizou ao menos trezentos outros evangelhos divergentes.

E a história de Jesus contada na *Bíblia* é uma colagem de mitos muito mais antigos, em especial o do deus Hórus, do Egito, e o de Mitra, da Pérsia.

Hórus é filho de Osíris, o deus criador. É senhor do céu, e o sol e a lua são seus olhos. Hórus é representado como um falcão, e seu nome significa "O Elevado". Sua mãe, a deusa Ísis-Méri, é fecundada milagrosamente por Osíris durante o sono: ele usa um raio de sol para que Ísis permaneça virgem.

"Méri" era a palavra egípcia para "amada" e é considerada a raiz semântica dos nomes "Miriam" e "Maria". Nas esculturas e pinturas egípcias, Ísis-Méri é representada com uma esfera solar sobre a cabeça, exatamente como as auréolas das pinturas medievais da Virgem.

Hórus também era chamado de "Hórus-Krst". A palavra "krst" vem do sânscrito e pode ser definida como "preparação do corpo para o sepultamento". Depois de mumificado, ou seja, devidamente aprontado para a vida eterna, o deus virava Hórus-Krst. Há etimólogos que defendem que "Krst" é a origem do grego "Christos", que significa "ungido". Hórus era venerado na sua versão criança, quando era chamado de "Harpokrates", tradição bastante semelhante ao culto cristão do Menino Jesus. Assim como várias outras divindades egípcias, Hórus carrega o ankh, o símbolo da ressurreição, muito semelhante à cruz cristã. Só que o ankh já existia 2 mil anos antes de Jesus. E, finalmente, o aniversário de Hórus era comemorado em 25 de dezembro, no equinócio de inverno do hemisfério Norte.

A história de Mitra, o deus da luz, tem mais semelhanças ainda com a de Cristo. O culto surgiu entre os hititas em 2000 a.C. No século VI a.C., o profeta Zoroastro reformou a religião, que era dualista, e a transformou num culto monoteísta. O novo formato deu certo. O zoroastrismo virou a crença oficial do Império Persa, migrando depois para a Grécia e daí para o Império Romano. Entre 70 e 96 d.C., o culto a Mitra, também conhecido como Sol Invictus, era um dos mais populares de Roma, principalmente entre os legionários.

Mitra era celebrado em catacumbas, e para ser aceito na religião era preciso ser batizado em água corrente. Mulheres não eram permitidas, apenas homens.

O nascimento do deus também foi anunciado por uma estrela e ele surgiu milagrosamente em uma caverna. Os pastores e animais presentes reverenciaram o pequeno Mitra, que, logo depois de nascer, matou o touro sagrado criado por Ahura Mazda, o deus supremo. Do sangue do animal nascem o trigo e a videira. Nas celebrações a Mitra se comia pão e se bebia vinho para entrar em "comunhão" com o deus. A cerimônia acontecia na mesma época do Pessach judaico.

Mitra é o intermediário entre o homem e Ahura Mazda, seu pai e criador. Quem o segue é recompensado com a vida eterna no Paraíso, quem o rejeita acaba no Inferno. O regente do mundo inferior é Ahriman, o Príncipe do Mal, que foi criado por Ahura Mazda, mas não é seu igual. No fim dos tempos, Mitra retornará à Terra para destruir Ahriman definitivamente e os mortos ressuscitarão em corpo e alma para serem julgados por ele. O nascimento de Mitra era comemorado em 25 de dezembro.

Hórus e Mitra, por sua vez, são versões já tardias de antigas lendas sumérias.

E, finalmente, o último prego: a cidade de Nazaré, citada na *Bíblia* como a terra natal de José e Maria, sequer existia no tempo em que Jesus teria vivido.

Veja também:
JESUS E SEUS GAROTOS
LANÇA DO DESTINO
MARIA MADALE[NA]
A SENHORA J.C.
SUDÁRIO DE TURIM
YAVEH

JOHN DEE & EDWARD KELLEY, OCULTISTAS

Os alquimistas elisabetanos John Dee e Edward Kelley são a versão esotérica de Lennon e McCartney. Os dois conversaram com seres extradimensionais, tentaram transmutar chumbo em ouro e criaram o primeiro idioma artificial da história, a língua enoquiana, que tinha gramática e alfabeto completos.

Comecemos com John Dee. Filho de nobres galeses, ele nasceu em Londres em 1527. Desde cedo teve interesse por cifras e códigos. Estudou a cabala, astrologia, matemática e a criptografia. Suas pesquisas derivaram para a magia ritual, que ele abordava de maneira "científica". John Dee acreditava que cerimônias específicas produziam resultados específicos e, por isso, anotava cuidadosamente seus experimentos. Ele também possuía uma biblioteca de 4 mil volumes, a maior da Inglaterra na época. Segundo a lenda, tinha até um exemplar do *Necronomicon*, o infame grimório do necromante **ABDUL ALHAZRED, O ÁRABE LOUCO**.

Em 1555, Dee formulou, a pedido da Corte, o horóscopo da rainha Mary Stuart (1516-68) e previu que ela seria substituída pela meia-irmã, a princesa Elizabeth, filha de Henrique VIII com Ana Bolena. Acabou acusado de traição e foi jogado na masmorra. Quando Elizabeth I assumiu o trono, em 1588, John Dee foi perdoado, transformando-se num dos principais conselheiros da rainha.

A Inglaterra anglicana estava envolvida numa "Guerra Fria" com o Vaticano e a Espanha, a potência católica dominante. Para defender o reino, Elizabeth I encomendou a Sir Francis Walsingham a criação de um "serviço de informações", que foi o embrião dos atuais serviços de espionagem. O habilidoso John Dee foi recrutado por Walsingham e acabou se transformando num dos primeiros agentes secretos ingleses. Foi enviado à França para ficar de olho no duque D'Anjou, que cortejava a rainha. O objetivo do "namoro" era político, pois D'Anjou era católico e sua intenção era colocar a Inglaterra novamente sob a órbita do Vaticano. Dee fez uma consulta aos astros e desaconselhou o casamento. Dee também foi enviado à Rússia e à Espanha, onde teria roubado importantes segredos de navegação que garantiriam a futura expansão do império britânico.

Uma curiosidade: na correspondência que mantinha com Elizabeth I, hoje arquivada no Museu Britânico, John Dee assinava como "007". O duplo zero simbolizava os olhos da rainha e o "7" era o número da perfeição cabalística. Elizabeth I, por sua vez, subscrevia suas cartas como "M".

A habilidade de "007" também teria ajudado a derrotar a Invencível Armada Espanhola de 130 navios que pretendia invadir a Inglaterra. John Dee aconselhou que a frota inglesa permanecesse ancorada, prevendo que os navios inimigos seriam destruídos por uma violenta tempestade no Canal da Mancha, o que de fato aconteceu. Outras fontes, mais esotéricas, garantem que o próprio Dee conjurou o temporal ao negociar com o demônio a alma de Francis Drake, o corsário que comandava a Marinha da Inglaterra.

John Dee já havia se envolvido anteriormente com criaturas bizarras. Em 1581, ele adquiriu um estranho "espelho negro", que também se encontra no Museu Britânico. É um artefato redondo, esculpido em obsidiana polida, e tem origem asteca. Foi levado à Europa pelo conquistador Hernán Cortés e certamente comprado pelo alquimista durante sua estadia na Espanha. Por meio do espelho, John Dee dizia visualizar outras realidades e, numa dessas, acabou por fazer contato com uma estranha entidade que ele acreditava ser um "anjo". O ser falava uma língua desconhecida, que o mago chamou de "enoquiana", em referência a Enoque, o patriarca bíblico que narra a saga dos **NEFILIM**, os anjos que desceram à Terra para procriar com as fêmeas humanas. John Dee decidiu transcrever e traduzir o estranho idioma, mas precisava que alguém conversasse com a criatura atrás do espelho enquanto ele tomava notas.

Entra em cena Edward Kelley, um "especialista" em cristalomancia. Seu nome verdadeiro era Edward Talbot e ele nasceu provavelmente em 1555. Estudou em Oxford, onde foi pego, em 1573, falsificando moedas. Foi preso e condenado a ter as duas orelhas decepadas. Ele mudou o nome e passou a usar uma touca até o meio do rosto.

Logo que começou a trabalhar com John Dee, Edward Kelley disse ter identificado a entidade no espelho: era um arcanjo chamado Uriel, que começou imediatamente a passar instruções. Uma delas era a troca de esposas entre Kelley e Dee. Parece que John Dee não gostou muito da ideia, mas acabou topando.

Depois de incentivar o suingue, Uriel "sugeriu" que Dee e Kelley fossem a Praga visitar Rodolfo II, imperador do Sacro Império Romano-Germânico, que abrira a corte a todo tipo de esotérico, ocultista e macumbeiro.

Os dois fizeram algum dinheiro quando venderam ao imperador o misterioso **MANUSCRITO VOYNICH**, o livro que ninguém consegue ler, cuja autoria atribuíram a Roger Bacon (1214-94), o **DOCTOR MIRABILIS**. Mas isso não era suficiente para mantê-los, e, para conseguir mais uns trocos, os dois prometeram a Rodolfo II que produziriam uma Pedra Filosofal que transformaria chumbo em ouro. Não deu certo, é claro. Edward Kelley jogou a culpa em John Dee, acusando o mago de necromancia. Mas a artimanha não funcionou, pois Rodolfo II absolveu Dee e jogou o parceiro dele na prisão. Em fevereiro de 1595, Edward Kelley tentou escapar pela janela da torre em que estava preso. A corda arrebentou, ele se esborrachou no chão e morreu.

De volta à Inglaterra, John Dee encontrou uma realidade política completamente diferente. Quem reinava agora era Jaime I, o filho de Mary Stuart, que não via o ocultismo com bons olhos. Em 1597, a casa do mago foi invadida por uma turba de puritanos, que destruiu a maior parte dos livros que ele pretendia vender para sobreviver. John Dee morreu na miséria em 1608.

Veja também:
LÉGIO INVISÍVEL
ONSPIRAÇÃO DA PÓLVORA
ENOQUE E OS ANJOS ASTRONAUTAS
MANIFESTOS ROSA-CRUZ
SERVIÇO OCULTO DE SUA MAJESTADE

Mas de várias formas ele ainda está vivo. Estudiosos afirmam que seu contemporâneo William Shakespeare se baseou nele para criar o personagem Próspero de *A tempestade*. E **ALEISTER CROWLEY** inspirou-se no mago para desenvolver seu "método científico" de prática mágica, que influenciou enormemente o esoterismo do século XX.

John Dee acreditava que algumas áreas do planeta se estendiam até outras dimensões. Um desses lugares é a atual Groenlândia, que ele insistiu em vão para que Elizabeth I colonizasse.

JOHN F. KENNEDY; TEORIAS SOBRE O ASSASSINATO DE
ver **ASSASSINATO DO REI**

JOHN TITOR, VIAJANTE DO TEMPO

Houve um tempo em que os fóruns de discussão se espalhavam por toda a **INTERNET** e nenhuma postagem era vista com suspeita de desconfiança. Era o passado distante. Era o ano 2000.

No dia 2 de novembro, um personagem chamado John Titor começou a deixar mensagens muito estranhas no fórum BBS Art Bell. Ele afirmava ser um viajante temporal de 2036, época em que boa parte da Europa, Estados Unidos e China havia sido destruída na Terceira Guerra Mundial. O conflito começara em 2015 e vitimara 3 bilhões de pessoas, quase metade da população do planeta.

John Titor não detalhava as causas da hostilidade, mas atribuía a encrenca à eterna indisposição entre árabes e judeus. Russos e americanos tomam posições diferentes e acabam provocando uma hecatombe nuclear.

Não que a situação dos Estados Unidos fosse grande coisa antes disso. Uma nova guerra civil começara em 2004 por conta do resultado da eleição presidencial e só terminara com o armagedom atômico provocado pela Terceira Guerra Mundial. Em 2036, os Estados Unidos estavam divididos em cinco regiões semiautônomas com Omaha, no Nebraska, como a nova capital.

Mas John Titor não tinha entrado no fórum para falar de política. Ele precisava de um computador IBM 5100, lançado em 1975. A máquina seria essencial no futuro, pois em 2038 é esperada uma espécie de novo "bug do milênio" chamado Y2K38, que causará pane em todos os sistemas operacionais Unix. O aparelho da IBM possui funções que podem minimizar o problema.

Depois de conseguir o PC, o viajante do tempo decidira fazer uma paradinha em 2000 para visitar a família, que ele perderia na guerra civil de 2004. E também para conhecer a si mesmo, na época com três anos. Os nerds do fórum perguntaram se o encontro não provocaria um paradoxo temporal, mas John Titor esclareceu que viagens no tempo não funcionavam assim.

Ele também aproveitou a audiência para alertar contra o consumo de carne bovina, pois o mal da vaca louca se tornaria um problema sério no futuro próximo. Também contou que a viagem temporal seria descoberta ainda em 2001 pelo CERN (Conseil Européen pour la Recherche Nucleaire). E para provar que tudo era verdade, mostrou fotos da sua máquina do tempo, instalada num estiloso Corvette 1967 conversível. Também exibiu a insígnia da sua unidade, subordinada ao Exército e sediada em Tampa, Flórida.

Em março de 2001, depois de cinco meses e 151 postagens, John Titor se despediu e voltou para 2036.

A história podia ter acabado aí. Mas em 2003 um webmaster chamado Oliver Williams criou o site johntitor.com que organizou os posts do homem do futuro em ordem cronológica, além de agregar artigos sobre viagem no tempo, física quântica e o mundo de 2036. No mesmo ano foi publicado o livro independente *John Titor: A Time Traveler's Tale* [John Titor: A história de um viajante do tempo], assinado pela "John Titor Foundation". A "fundação" ainda existe: é uma página na internet cheia de códigos sem sentido. O mistério em torno de John Titor persiste, pois ninguém assumiu a autoria das postagens.

Mas é bem possível que a história estivesse completamente esquecida se não fosse sua origem, o fórum BBS Art Bell. Esse grupo de discussão era mantido pelo programa de rádio *Coast to Coast AM* e funcionava como um ímã para gente esquisita. Explica-se. Apresentado por Arthur William Bell — ou Art Bell —, a atração só falava de teorias conspiratórias, UFOS, alienígenas e paranormalidades diversas. Bell, muito esperto, usava o fórum para garimpar pautas e deu grande visibilidade para John Titor desde o início das mensagens.

O programa ainda existe e atualmente é apresentado por George Noory. Quem vive aparecendo lá para dar entrevista é Oliver Williams. Ele mesmo. O editor do johntitor.com.

Veja também:
ANDREW CARLSSIN, VIAJANTE DO TEMPO

FU-TURISTAS

RUDOLPH FENTZ VIAJANTE DO TEMPO

JUDEU ERRANTE

Jean Pierre Bayadr (de *História das lendas*) conta que essa narrativa foi coletada pelos cruzados na Síria. Outros alfarrabistas afirmam que o mito tem origem alemã e é uma derivação do "Caçador Eterno", a personificação de Wotan que vaga para sempre na Floresta Negra. Nos países teutônicos, o personagem é conhecido como "Der Ewige Jude", o judeu imortal.

O Judeu Errante chamava-se Cartaphilus ou Ahasverus. Era um sapateiro e trabalhava em Jerusalém, na rua onde os condenados à morte desfilavam carregando suas cruzes. Ahasverus estava lá quando Jesus passou. Cansado e debilitado pela tortura, o Messias parou junto ao pórtico dele para descansar. O sapateiro, impiedoso, ordenou que ele continuasse a caminhar. Jesus, então, respondeu: "Eu caminho, mas tu irás caminhar até o dia da minha volta...".

Desde então, o Judeu Errante caminha sem nunca repousar. De cem em cem anos, cai doente, definha e aparentemente morre, só para renascer com os mesmos trinta anos que tinha na época da crucificação.

No século XIII, peregrinos italianos o encontram na Armênia. Em 1542, Paul d'Eitzen, bispo de Schleswig, dividiu com ele uma refeição em Hamburgo. O religioso descreveu um homem alto, de cabelos compridos e plantas dos pés grossas como sapatos. No século XVII, o imortal acompanhou os imigrantes judeus para o Recife holandês. Foi avistado, já no século XX, chorando na porta de uma igreja em Minas Gerais na Sexta-Feira Santa.

Em 1844, o romancista francês Eugéne Sue o transformou em personagem de folhetim com ilustrações de Gustave Doré. O brasileiro Castro Alves dedicou a ele um poema, "Ashaverus e a lâmpada", de 1868. Em 1904, Georges Méliès o retratou em um curta-metragem. Jorge Luis Borges o citou de maneira oblíqua no conto "O imortal" (1949): o antiquário que presenteia a princesa de Lucinge com o manuscrito sobre a vida eterna do tribuno romano Marco Flaminio Rufo chama-se Joseph Cartaphilus.

Em um folheto de 1975, o cordelista pernambucano Severino Borges da Silva o mostrou como um amaldiçoado perseguidor de Cristo: "Dizem que ele tem passado/ Por mato, praça e ermida/ Vila, beco, esquina e rua/ Cabaré, baile, avenida/ E quem se encontra com ele/ Tenha cuidado na vida".

O escritor argentino Alberto Manguel considera que o Judeu Errante goza de uma maldição maravilhosa, pois vive para sempre, fala todas as línguas e pode visitar todas as bibliotecas do mundo. Manguel acrescenta, no entanto, que os pogroms, as expulsões, a limpeza étnica e o Holocausto são a "extensão abominável dessa lenda", que representa a própria condição do povo judeu obrigado a errar pelo mundo. De fato, *O judeu eterno* é o título de um filme de propaganda nazista de 1940, dirigido por Fritz Hippler, que retrata os judeus como parasitas sociais, ávidos por sexo e dinheiro.

O Judeu Errante é muitas vezes confundido com o **CONDE DE SAINT GERMAIN**, o imortal francês que começa a ser avistado no Antigo Regime, encontra **HELENA BLAVÁTSKI** no Tibete em 1880 e fez um programa de variedades na TV francesa em 1972.

Veja também:
NAZIESOTERISMO
NAZIJIHADISMO
PROTOCOLOS DOS SÁBIOS DE SIÃO
SIONISMO

K

KASPAR HAUSER

Numa segunda-feira de maio de 1928, um adolescente de dezesseis anos foi encontrado em Nuremberg, na Alemanha. Ele usava roupas velhas e grosseiras, sapatos femininos menores do que os pés e se comportava como uma criança de dois anos. Sabia falar apenas duas frases, que repetia sem parar: "Não sei!" e "Quero ser um soldado como o meu pai".

No bolso, trazia duas cartas. Uma delas dizia: "Cuide do meu filho. Ele é batizado. Seu pai é um soldado do 6º Regimento de Cavalaria".

A outra era endereçada ao capitão do 4º Esquadrão do 6º Regimento de Cavalaria, baseado na cidade:

> Honrado capitão, envio-lhe um rapaz ansioso para servir ao seu rei no Exército. Ele foi deixado na minha porta no dia 7 de outubro de 1812, mas eu sou muito pobre, tenho dez filhos e preciso trabalhar muito para criá-los. Desde 1812 que não deixo o rapaz sair de casa. Se não o quiser, pode matá-lo ou pendurá-lo na chaminé.

Esse bilhete continha tantos erros ortográficos que pareciam feitos de propósito. O rapaz foi levado até o capitão, que lhe deu lápis e papel. Com muito esforço, ele conseguiu garatujar um nome: Kaspar Hauser.

Kaspar Hauser foi preso como indigente, mas acabou "adotado" pelo carcereiro, que o levou para casa. Percebeu-se, então, que ele tinha características muito curiosas. A planta do seu pé era delicada como a de um bebê e ele andava aos tropeções, como se tivesse aprendido isso recentemente. Se encontrava um obstáculo, simplesmente parava, sem saber como contorná-lo. Os dedos das mãos não tinham nenhuma flexibilidade, e ele se alimentava apenas de pão e água, recusando qualquer outro alimento.

Aos poucos, o jovem foi capaz de contar sua história. Tudo que se lembrava era de ter vivido sempre num quarto pequeno, provavelmente subterrâneo. O teto era muito baixo, e, por isso, ele só conseguia ficar sentado ou deitado. Na cela tinha apenas uma cama de palha e dois brinquedos de madeira. Nunca via ninguém. Era alimentado apenas com pão e água, que eram colocados ao seu lado enquanto ele dormia. Vez ou outra, a água tinha um gosto estranho e ele ficava cansado e sonolento. Então acordava de banho tomado e com roupas limpas.

Durante esse período, que ele não sabia precisar quão longo havia sido, Kaspar Hauser teve contato com apenas um homem, que o ensinou a pronunciar as duas únicas frases que conhecia e a escrever seu nome no papel. Esse mesmo homem o abandonara em Nuremberg naquela segunda-feira de maio.

A história do rapaz se espalhou por toda a Europa. Médicos, advogados e detetives amadores se interessavam pelo caso. O mistério aumentou ainda mais depois que Kaspar Hauser foi ferido de faca no braço, quando passeava pela cidade em 1929. Ele afirmava que um homem estranho tentara matá-lo.

Uma teoria começou a se formar: o jovem era certamente de origem nobre — talvez um príncipe! — afastado de sua família por conspiradores perversos.

No ano seguinte, Philip Henry Stanhope, um conde inglês excêntrico com interesse em arte e botânica, solicitou e conseguiu a custódia de Kaspar Hauser. Stanhope contratou um professor particular para o jovem e decidiu pesquisar sua origem, que ele acreditava ser húngara ou eslava. Mas, aos poucos, Stanhope começou a suspeitar do rapaz, até chegar à conclusão de que ele era apenas um impostor brilhante que simulava debilidade para viver às custas de pessoas ingênuas.

As observações do conde colocaram mais lenha na fogueira. Estaria o aristocrata desmoralizando Kaspar Hauser a pedido de alguém? O jurista e escritor Paul Johann Anselm Ritter von Feuerbach achava que sim. Ele se debruçou sobre o caso e, em 1832, publicou um livro onde expunha uma fascinante e intrincada teoria conspiratória.

Segundo ele, Kaspar Hauser era o filho legítimo da grã-duquesa Stéphanie de Beauharnais e de Karl Ludwig II, o grão-duque de Baden. Stéphanie era filha adotiva do imperador francês Napoleão Bonaparte. O casamento fora um arranjo para manter o grão-ducado de Baden, território independente no sudoeste da Alemanha, sob a órbita da França.

Em 1918, o ducado uniu-se à Alemanha, mas a nobreza local manteve seus títulos e, claro, também sua fortuna. O filho de Stéphanie, "neto" de Bonaparte, era o herdeiro de tudo, mas teria sido trocado na maternidade pela filha morta de uma camponesa e depois entregue aos cuidados de um soldado.

A conspiradora seria Luise Karoline von Hochberg, segunda esposa do grão-duque Karl Friedrich, pai de Karl Ludwig. Como Stéphanie tinha apenas filhas, a sucessão passou para o filho de Luise Karoline, Leopold von Baden — de quem, aliás, o conde inglês Philip Henry Stanhope era grande amigo.

Von Feuerbach morreu em 1833, pouco depois de o livro sair. Alguns dizem que ele foi envenenado. No mesmo ano, Kaspar Hauser foi atraído por um homem que dizia conhecer sua origem até um parque em Ansbach, onde ele vivia sob tutela do conde Stanhope. O estranho o apunhalou no coração. O rapaz conseguiu se arrastar até em casa, mas morreu três dias depois.

O alemão Werner Herzog dedicou um filme ao desafortunado personagem (*O enigma de Kaspar Hauser*, 1974), mas o diretor despreza os detalhes mais intrigantes da história.

Embora a história de Kaspar Hauser já pareça um folhetim de Alexandre Dumas, existem conspiranoicos que acrescentam elementos sobrenaturais à trama. Há quem associe o adolescente a outras criaturas misteriosas, como as **CRIANÇAS VERDES** que surgiram na Inglaterra (ou na Espanha) do século XII afirmando que vinham de **MUNDOS SUBTERRÂNEOS**. Outros acham a história dele parecida com a da **PRINCESA CARABOO**, uma jovem que apareceu em Gloucestershire, Inglaterra, em 1817, usando roupas exóticas e falando uma língua que ninguém conseguia entender.

Outro caso associado a Kaspar Hauser é do **HOMEM DE TAURED**, que pousou no aeroporto de Tóquio, em 1954, vindo de um país europeu chamado Taured, situado entre a França e a Espanha. O passaporte dele era autêntico. O problema é que Taured nunca existiu.

Alguns teóricos da conspiração acreditam que Kaspar Hauser, a princesa Caraboo, as crianças verdes e o homem de Taured são viajantes de dimensões paralelas que perderam a rota e vieram parar na nossa realidade.

Veja também: JACQUES VALLÉE

KENNETH ARNOLD E OS DISCOS VOADORES

Ninguém deveria ver discos voadores, pois eles nunca existiram. Tudo não passou de uma distorção da maldita mídia. Sempre ela.

A chamada "Era dos Discos Voadores", quando todo mundo passou a enxergar UFOS e homenzinhos cinza, teve início em uma data precisa: 24 de junho de 1947. Nesse dia, o piloto civil Kenneth Arnold voava próximo ao monte Rainier, no estado americano de Washington, quando avistou nove objetos voadores não identificados numa formação em "V". A princípio pensou que fossem pássaros, mas a altitude e a velocidade não corroboravam essa conclusão.

No dia seguinte, ainda confuso, Kenneth Arnold deu uma entrevista ao pequeno jornal *The East Oregonion*, de Pendleton, Oregon. O piloto contou que os objetos eram arredondados como besouros e que voavam de forma errática, como se fossem discos que "quicam" na água quando atirados por uma criança. Mas na hora de dar o título da reportagem, o editor precisava economizar palavras e escreveu que as coisas pareciam "discos voadores".

Pronto! A forma discoide passou a ser a favorita dos designers alienígenas. O cinema também ajudou, claro. O clássico da ficção científica *O dia em que a Terra parou*, de Robert Wise, feito quatro anos depois do avistamento de Kenneth Arnold, mostrava uma nave em formato de disco. As revistas de ficção científica e as histórias em quadrinhos, que antes retratavam naves alienígenas nos mais diversos formatos, aderiram à nova representação. E todo relato de abdução e avistamento passou a envolver objetos circulares a partir de então.

No início da década de 50, Kenneth Arnold virou uma subcelebridade, e era convidado frequente de programas de rádio e TV. Em 1952, ele se juntou a Ray Palmer, famigerado editor da revista **AMAZING STORIES**, para publicar o livro *The Coming of the Saucers* [A vinda dos discos], que trazia um relato pormenorizado do seu caso.

Os discos voadores se tornaram tão presentes nos relatos de avistamentos que em 1958 o psicólogo Carl Gustav Jung escreveu uma pensata sobre o fenômeno, *Um mito moderno sobre coisas vistas no céu*. Jung associa o formato das naves a uma moderna representação do divino, que sempre fora circular: o olho que tudo vê, a mandala, o círculo mágico, o sol etc.

No ano 2000, o caso Kenneth Arnold foi "reaberto" pelo pesquisador cético James Easton, o qual sugeriu que o piloto vira pelicanos e não astronaves. Essas aves voam em formação de "V", subindo e descendo como um disco que "quica" na água, e as penas refletem a luz do sol, tornando seu formato difícil de ser identificado à distância.

Nas últimas décadas, os discos voadores perderam muito a popularidade. As naves avistadas atualmente têm, no geral, o formato triangular.

Veja também:
LLYWOOD E OS ALIENÍGENAS
HOMENS--MIRAGEM

KU KLUX KLAN

Organização racista mais conhecida do mundo, a Ku Klux Klan poderia ter tido vida curta se não fosse a contribuição majestosa do diretor de cinema D. W. Griffith (1875-1948).

A Klan foi criada no final da Guerra Civil americana. A tentativa de secessão dos estados confederados saiu derrotada depois de quatro anos de combate. A economia do sul do país entrara em colapso com o esforço de guerra. Os latifundiários falidos odiavam os nortistas vitoriosos, mas detestavam ainda mais seus ex-escravos, agora homens livres, que responsabilizavam por sua derrocada.

Em 24 de dezembro de 1865, seis veteranos da guerra — James Crowe, Frank McCord, Calvin Jones, John Kennedy (nenhum parentesco com o futuro presidente), John Lester e Richard Reed — se juntaram em Pulaski, no Tennessee, para fundar a Ku Klux Klan, que tinha o objetivo de atacar e expulsar os negros da região. O nome do bando é uma mistura da palavra grega "Kuklos", que significa "círculo", com "clã", pois alguns dos fundadores tinham ascendência escocesa. Os mantos brancos e os capuzes representavam os fantasmas dos confederados mortos.

A KKK fazia cavalgadas noturnas com tochas, atacando e matando famílias negras inteiras. As casas eram incendiadas e as pessoas linchadas. Como "assinatura", a Klan plantava uma cruz de madeira em chamas no local. Calcula-se que o grupo fez cerca de 5 mil vítimas entre 1865 e 1871, quando o Congresso americano votou uma lei que concedia ao presidente o direito de usar tropas federais para atacar os mascarados. Temendo o reinício da guerra civil, o líder da organização, o ex-general sulista Nathan B. Forrest, dissolveu o grupo. A história deveria ter acabado aí.

Mas então entrou em cena D. W. Griffith. Diretor e produtor talentoso, ele desenvolvera a incipiente linguagem do cinema com travellings, closes e narração em contraponto. Griffith tinha feito mais de cinquenta longas-metragens quando decidiu adaptar o romance *The Clansman*, de Thomas F. Dixon Jr., obra que já causara confusão em 1905 por defender a organização racista. Mas D. W. Griffith não estava muito preocupado. Ele era um sulista do Kentucky, havia lutado na guerra e tinha certa simpatia pela Klan.

Em 1915, estreou seu épico *O nascimento de uma nação*. O filme ganhou a admiração de Charles Chaplin e do diretor soviético Serguei Eisenstein, de *O encouraçado Potemkin* (1925), por sua qualidade técnica.

Mas o problema não era a forma, era o conteúdo.

Griffith retratava a Ku Klux Klan como uma organização heroica que defendia os sulistas ultrajados pelos conspiradores nortistas, desejosos de expropriar suas terras e doá-las aos ex-escravos. Os negros, atores brancos com o rosto pintado de negro (*black face*), eram todos lascivos e perigosos. Num momento de tensão, a KKK cavalgava para salvar Lillian Gish, a adorável mocinha do filme e namoradinha da América na época.

O nascimento de uma nação foi assistido por mais de 1 milhão de pessoas no primeiro ano, um enorme sucesso para a época, mas recebeu pesadas críticas por sua visão edulcorada da Ku Klux Klan. O maior problema, no entanto, é o que filme acabou por inspirar o renascimento da organização.

No dia de Ação de Graças de 1915, o reverendo metodista William Joseph Simmons juntou seus seguidores nas Stone Mountains do Alabama e recriou a KKK. Só que dessa vez com o acréscimo de vários elementos vagamente esotéricos.

A liderança do grupo passou a ser exercida por um "Imperador", eleito por um conselho. Um "Grande Dragão" era o comandande de um estado e contava com o auxílio de oito "Hidras". Um "Grande Titã" controlava uma região dentro do estado ajudado por seis "Fúrias". Um "Grande Gigante" tomava conta de uma cidade com quatro "Goblins". A organização era aberta apenas a americanos brancos e protestantes, que agora tinham de passar por uma cerimônia de iniciação e um juramento conduzido pelo "Grande Ciclope", espécie de líder ideológico do grupo. Simmons afirmava que a recriação da Klan fora sugerida a ele por Deus em pessoa, preocupado com a situação dos brancos nos Estados Unidos.

Agora, íntima do Criador, a associação decidiu odiar mais gente além dos negros: judeus, latinos, católicos, homossexuais e comunistas.

A estratégia de marketing funcionou, e a nova Ku Klux Klan cresceu rapidamente. Em meados dos anos 20, a organização já tin¹ 5 milhões de afiliados que pagavam "dízimo" mensal para sustentá-la. Em 1924, o grupo promoveu um imponente desfile de 30 mil cavaleiros em Washington para apoiar uma lei anti-imigração. Na década de 30, a Klan passou flertar com o nazismo alemão, que acreditava ser a solução política para livrar os Estados Unidos do caos. O namoro foi interrompido com o ataque japonês a Pearl Harbour em 1941. Em compensação, deu à organização um novo grupo étnico para odiar: os asiáticos.

Com a revelação dos crimes nazistas, ao final da Segunda Guerra Mundial, a opinião pública americana se voltou fortemente contra grupos racistas. A Klan, que já estava afundada em dívidas devido à depressão econômica dos anos 30, acabou "morrendo" pela segunda vez. Eles bem que tentaram um renascimento em 1963, quando entrou em vigor a lei de integração racial das escolas, mas a maré estava contra.

Atualmente, vários grupelhos de nomes exóticos alegam ligação com a

KKK histórica, mas todos foram criados nos anos 90, como os Klans Imperiais da América e os Leais Cavaleiros Brancos da Ku Klux Klan. Este último se diz o maior do país, mas não foi o que se viu na manifestação mais recente promovida por ele, que reuniu apenas uns gatos-pingados para protestar contra a proibição da bandeira confederada em órgãos públicos da Carolina do Sul em julho de 2015.

Calcula-se que essa Klan multifacetada reúna entre 5 e 8 mil adeptos. Não é raro encontrar entre eles gente que afirma lutar contra a nova ordem mundial imposta ao mundo pela **ILLUMINATI**.

Veja também:
NAZIJIHADISM

KUSTURICA FALSIFICADO

O cinema atual é avesso a polêmicas. Vai longe o tempo em que Glauber Rocha e Jean-Luc Godard transformavam os festivais em embates intelectuais que, vira e mexe, acabavam em porrada.

Mas de vez em quando aparece uma história interessante. Como a do Kusturica falso, por exemplo. Em janeiro de 2015, o escritor e roteirista bósnio Abdulah Sidran chocou o mundo cinematográfico ao declarar que o diretor sérvio Emir Kusturica não é Emir Kusturica, mas um impostor chamado Pantelija Milisavljevic. Ele teria assumido a identidade de Kusturica em 1993, depois da morte do diretor no cerco a Sarajevo, na Guerra da Bósnia.

Segundo Abdulah Sidran, Emir Kusturica era o comandante das tropas que defendiam a cidade dos "chetniks", os nacionalistas sérvios. Ele teria sido assassinado e enterrado num lugar secreto para que Pantelija Milisavljevic assumisse seu lugar sob as ordens de Slobodan Milošević, comandante do serviço secreto sérvio. O mesmo Milošević que, ao final da guerra, presidiu a República da Iugoslávia (rebatizada como Sérvia e Montenegro) de 1989 a 2000, até ser forçado a renunciar e acabar condenado por crimes contra a humanidade.

Abdulah Sidran conhecia Emir Kusturica muito bem, pois foi o roteirista de dois dos seus filmes, *Você se lembra de Dolly Bell?* (1981) e *Quando papai saiu em viagem de negócios* (1985). Mas quando a guerra explodiu, eles acabaram em lados opostos: o escritor ficou com os muçulmanos da Bósnia, enquanto o diretor apoiou os cristãos ortodoxos da Sérvia, os "chetniks".

Ou, pelo menos, é isso o que querem que você acredite.

Sidran afirma que "Emir Kusturica era um filho de Sarajevo e morreu defendendo sua cidade e seus amigos. Pantelija Milisavljevic pode continuar

Veja também:
F FOR FAKE
MARTY MCFLY E AS TORRES GÊMEAS
QUARTO 237

personificando o meu amigo, mas Emir Kusturica precisa ocupar o lugar que merece na nossa história".

Como alguns dos melhores filmes de Emir Kusturica (ou Pantelija Milisavljevic) foram feitos depois de 1993 — incluindo o esplêndido *Underground: Mentiras da guerra*, de 1995 —, a troca parece ter feito muito bem para o cinema mundial.

L

L. RON HUBBARD E O CIENTISTA DE FOGUETES

Muito antes de ficar bilionário com sua Igreja da Cientologia, o escritor L. Ron. Hubbard (1911-86) viveu uma intrigante aventura com o cientista californiano Jack Whiteside Parsons (1914-52). Químico e inventor, Parsons era considerado por Wernher von Braun o "pai do programa espacial americano". Ele inventou o foguete de combustível sólido e foi fundador de duas empresas que até hoje lideram o setor aeoespacial, Jet Propulsion Laboratory (JPL), associado à NASA, e Aerojet Engineering Corporation, atualmente Aerojet Rocketdyne.

Só que Jack Parsons era bem mais do que isso.

Ele era um ocultista aplicado e discípulo do mago inglês **ALEISTER CROWLEY**, com quem mantinha correspondência regular. Parsons acabou entrando para a filial californiana da Ordo Templi Orientis (Ordem do Templo do Oriente ou OTO), a sociedade secreta fundada na Alemanha em 1906 e reformada por Crowley em 1925. Graças aos seus inventos, Parsons já era um homem razovalmente bem de vida aos 25 anos e acabou se transformando no patrono da ordem em Los Angeles. O cientista comprou uma casa ampla no número 1003 da avenida Orange Grove, em Pasadena, e abrigou ali todos os membros da OTO, já rebatizada como Igreja de Thelema.

A casa que Jack construiu era uma espécie de comunidade hippie antes dos hippies. Todos eram adeptos das drogas e do amor livre. Ele era dos mais animados. Jack Parsons havia se casado com Helen Northrup em 1934, mas levou para cama a irmã dela, Sarah Elizabeth Northrup, conhecida como "Betty", então com dezessete anos. Todo mundo transava com todo mundo, embora Parsons não conseguisse disfarçar o ciúme que sentia da garota.

Tirando isso, tudo ia bem. Ele pensava em foguetes durante o dia e à noite fazia rituais mágicos na língua enoquiana desenvolvida pela dupla **JOHN DEE & EDWARD KELLEY, OCULTISTAS** elisabetanos.

Além de esotéricos diversos, Jack Parsons também recebia na casa de Orange Grove muitos escritores de ficção científica, gênero do qual era fã. Entre os habitués estava L. Sprague de Camp, engenheiro aeronáutico como Parsons e criador de mundos pré-diluvianos em revistas *pulp*. Com ele veio Robert A. Heinlein, o autor de *Tropas estelares* (1959), que virou filme em 1997. E com Heinlein chegou L. Ron Hubbard.

Na época, Hubbard era só um ex-tenente da Marinha que vendia contos espaciais para publicações como a ***AMAZING STORIES*** e a *Unknown Magazine*. Mas era charmoso e bom de conversa, encantando a todos com suas façanhas durante a Segunda Guerra Mundial. O escritor acabou se juntando à Igreja de Thelema e foi morar na casa de Orange Grove. Jack Whiteside Parsons ficou tão entusiasmado com o novo amigo que escreveu a Aleister Crowley. Segundo ele, Hubbard tinha uma compreensão natural da magia, embora não fosse um iniciado.

Enquanto isso, o novo morador passava o rodo geral na mulherada da casa. Uma por uma até chegar a Betty. A garota tivera suas aventuras, mas sempre voltava aos braços de Parsons. Com L. Ron Hubbard foi diferente. Ela foi e ficou.

Enciumado, mas sem poder assumir o sentimento careta, Parsons entrou de cabeça na magia ritual. Alguns membros da comunidade acreditavam que ele queria invocar um demônio para acabar com o rival, mas não era nada disso. O que Jack Parsons pretendia era conjurar uma nova parceira sexual. Não qualquer uma. Ele queria invocar Babalon, a Mulher Escarlate, a Mãe das Abominações e uma das principais divindades da Igreja de Thelema.

No Livro do Apocalipse, ela é a Grande Meretriz que cavalga uma besta de sete cabeças e dez chifres e precede a chegada do Anticristo. Mas para Aleister Crowley e os thelemitas, a Mulher Escarlate é a representação do princípio feminino, do inconsciente, da sexualidade e da fertilidade.

A série de invocações começou na casa de Pasadena, mas foi concluída no deserto de Mojave. Jack Whiteside Parsons e L. Ron Hubbard foram para lá em 1946 e fizeram juntos o ritual final, conhecido no mundo ocultista-conspiranoico como **OPERAÇÃO BABALON**.

E então a Mulher Escarlate apareceu.

Quando os dois voltaram a Orange Grove, uma jovem artista gráfica havia se juntado ao grupo. Ela tinha 23 anos, cabelos ruivos, olhos azuis e lábios grossos e sensuais. Seu nome era Marjorie Cameron, mas todos a chamavam de "Candy". Jack Parsons a identificou imediatamente como a encarnação de Babalon. Os dois, claro, engataram um romance e começaram a transar feito coelhos.

Ou melhor, transar não.

Para Parsons, aquilo era magia sexual. Encontrar a Mulher Escarlate fora apenas o primeiro passo. O que ele queria mesmo era promover o Aeon de Hórus profetizado por Crowley. Fazer nascer o líder de uma Nova Era que libertaria a humanidade dos grilhões do cristianismo. O Anticristo, enfim.

Nesse meio-tempo, a comunidade se esfacelava. A maioria estava cansada daquele ambiente de demonismo e dor de cotovelo. Com tudo desabando, L. Ron Hubbard decidiu propor um negócio para Jack Parsons que os tornaria milionários. A ideia era a seguinte: ele e Betty iriam para Miami e comprariam três navios. Depois voltariam com eles pelo Canal do Panamá para vendê-los na Costa Oeste por um preço muito mais alto. Os três seriam sócios na empreitada, mas o cientista, único na casa que fazia um bom dinheiro, contribuiria com um investimento maior. Tudo o que ele tinha, na verdade. Parsons relutou, mas acabou seduzido por Betty e Hubbard. O casal se mandou para Miami e não deu mais notícias. A coisa acabou nos tribunais, mas Betty ameaçou revelar que havia sido seduzida por Jack quando ainda era menor. O cientista recuou e saiu do processo com uma nota promissória de 2900 dólares assinada por Hubbard. A casa em Orange Grove foi vendida e demolida. E a comunidade thelemita foi oficialmente dissolvida em 1947, mesmo ano em que Aleister Crowley morreu.

Em 1950, L. Ron Hubbard publicou o artigo "Dianética: A evolução de uma ciência" na revista *Astounding Science Fiction*. O texto deu início à Igreja da Cientologia, mistura de religião, autoajuda, exercídios de meditação e uma mitologia que envolve reencarnação e criaturas **EXTRATERRESTRES**. De certa forma, a Cientologia é uma versão diluída da Thelema de Crowley, só que sem o aspecto gótico vitoriano. É a religião perfeita para a Califórnia, Los Angeles e os cabeças de vento de Hollywood. Betty ficou com Hubbard até 1952. Ele morreu bilionário em 1986. Ela viveu até 1997.

Candy, a Mulher Escarlate, entrou numa de que era mesmo a deusa Babalon. Fez sucesso com os beatniks, virou musa psicodélica e apareceu em filmes undergrounds. Em *Inauguration of the Pleasure Dome* [Inauguração da cúpula do prazer], de 1954, ela contracena com a escritora Anaïs Nin. Candy morreu de câncer em 1995.

Na década de 50, Jack Parsons se tornou persona non grata no mundo dos foguetes. Não por causa da bruxaria, mas por seu envolvimento na adolescência com outro tipo de mambo jambo, o comunismo. Sem emprego fixo, ele passou a prestar serviços para várias empresas, entre elas a Special Effects Corporation, de São Francisco. Jack Parsons morreu quando preparava um composto para eles em 1952. Foi uma explosão tão violenta que levou pelos ares o laboratório que ele mantinha no porão da nova casa, na mesma Orange Grove onde ficara a comunidade. Todavia, há quem prefira acreditar que a tragédia foi consequência de uma invocação demoníaca malconduzida.

Em 1969, o *The Sunday Times*, de Londres, publicou uma reportagem sobre a Igreja da Cientologia. Lá pelas tantas, o artigo diz que L. Ron Hubbard se infiltrou na comunidade de Jack Whiteside Parsons com o objetivo de destruí-la. Ele seria um agente secreto da Marinha com a missão de acabar com o culto demoníaco. É a versão defendida pela Igreja da Cientologia, que prefere ter um fundador que enfrenta as forças do mal em vez de um picareta golpista.

Veja também:
ECCLESIA GNOSTICA CATHOLICA

LAGARTOS MUTANTES

A humanidade ri de David Vaughan Icke, mas um dia, quando suas profecias apocalípticas se tornarem realidade, ninguém mais vai rir! Só que será tarde demais.

David Icke é um ex-jogador de futebol e apresentador de TV que nasceu em Leicester, Inglaterra, em 1952. Desde os anos 90, ele se dedica incansavelmente a revelar a Maior Conspiração de Todos os Tempos, o *master plan* ao qual todos os outros estão subordinados.

E o plano é o seguinte: a Terra é secretamente controlada por lagartos alienígenas mutantes!

Essas criaturas — que ele chama de "reptilianos" — são exatamente os mesmos deuses **ANUNNAKI** dos sumérios e os anjos **NEFILIM** que aparecem no Livro de Enoque.

Icke diz que os lagartos mutantes são originários da Constelação do Dragão (ou Draco), vista apenas no hemisfério Norte, e vieram para cá há 10 mil anos.

Desde então, os descendentes dessas criaturas dominam a Terra por meio do sistema financeiro, da política, das religiões e das sociedades secretas. Os **BILDERBERGERS**, o **BOHEMIAN CLUB**, a **ILLUMINATI**, a **MAÇONARIA**, a ONU, a CIA ou qualquer outra organização que você já tenha ouvido falar trabalham para os reptilianos. Todas elas.

Os reptilianos estão por trás das guerras, conflitos raciais, escaramuças religiosas e catástrofes climáticas que acontecem no mundo. Como conseguem mudar de forma, eles passam despercebidos como humanos normais. Mas não para os olhos astutos de David Icke, que identifica vários deles: a rainha Elizabeth II da Inglaterra; o filho dela, príncipe Charles; o ator Kris Kristofferson; o casal Hillary e Bill Clinton; os ex-presidentes americanos George W. Bush e Barack Obama; as cantoras Madonna, Rihanna, Beyoncé, Lady Gaga e qualquer outra pessoa bem-sucedida cujo nome você lembre neste momento.

Os lagartos mutantes se alimentam de carne humana, e eu, você, todos nós somos apenas víveres na despensa deles.

A associação que fazemos entre répteis e demônios não é mera coincidência. É simplesmente o nosso inconsciente mandando um alerta: os lagartos mutantes são os senhores do mundo.

Veja também:
ENOQUE E OS ANJOS ASTRONAUTAS
RATERRESTRES

LANÇA DO DESTINO

Dizem que Adolf Hitler decidiu se suicidar quando soube que a Lança do Destino, que estava em Nuremberg, caíra em mãos inimigas. Era o fim. Segundo a lenda, o exército de posse da relíquia sagrada é invencível e inconquistável.

No Evangelho de João, capítulo 19, versículo 34, é dito que o corpo de Jesus foi trespassado pela lança de um centurião romano chamado Longinus que desejava apressar sua morte para aliviar o sofrimento na cruz. Isso torna o objeto tão sagrado quanto o Santo Graal, pois também foi impregnado com o sangue do Messias. A Lança de Longinus é conhecida como Lança Sagrada ou Lança do Destino.

A arma teria ficado perdida durante mil anos até ser encontrada em 1097 na cidade de Antioquia, durante a Primeira Cruzada. Antioquia foi fundada pelos macedônios no século IV a.C. às margens do rio Orontes, na atual Turquia. Suas muralhas foram construídas pelo imperador romano Justiano em 400 d.C. Na época da primeira Cruzada, Antioquia estava sob o comando do seljúcida Yaghi-Siyan, que a tomara dos bizantinos. Como era impossível capturar a cidade, os cruzados promoveram um cerco total, cortando o abastecimento de água e comida. Depois de nove meses de fome e sede, os moradores desesperados abriram os portões para o inimigo, que alegremente degolou todos os muçulmanos que viu pela frente. E também os cristãos ortodoxos que não conseguiram explicar qual era a diferença entre eles e os seguidores do islã.

Poucos dias depois, no entanto, Kerbogá, governador de Mossul, no atual Iraque, chegou para socorrer Antioquia com um exército três vezes maior que o cruzado. Os cristãos passaram de sitiadores a sitiados. Só que as despensas e cisternas continuavam vazias, e, para piorar, as ruas estavam cheias de cadáveres. Desesperados, os cruzados primeiro devoraram os cavalos e beberam o sangue deles, a seguir, se entregaram à antropofagia, desenterrando até cadáveres recém-sepultados.

A sorte é que o exército cristão era acompanhado por Pedro, o Eremita, um fanático religioso frequentemente assolado por visões. Numa dessas, ele sonhou que a Lança do Destino estava enterrada em Antioquia e que a posse dela tornaria os cruzados invencíveis.

Escavações foram feitas por toda a cidade até alguém encontrar uma lança romana. Tomados de fervor pela posse da relíquia, os cristãos abandonaram a cidade fortificada e avançaram sobre o exército muçulmano.

E venceram!

Diz a lenda que Deus fez sua contribuição, enviando um exército de anjos e santos comandado por são Jorge em pessoa. Não importa. O fato é que os cruzados derrotaram os muçulmanos, garantiram a posse de Antioquia e marcharam confiantes para Jerusalém, que tomaram um ano depois.

A Lança do Destino foi entregue a Balduíno, segundo governante cristão da Cidade Santa depois do breve reinado do seu irmão, Godofredo de Bouillon, morto no primeiro ano da conquista. A relíquia depois foi presenteada ao rei Luís IX da França, que a manteve em Paris até o século XVIII, quando foi doada ao Vaticano, onde está até hoje.

Ou não.

Pois existe uma segunda Lança do Destino em Vagharshapat, a capital religiosa da Armênia. Segundo a lenda, a relíquia foi levada para lá pelo apóstolo Judas Tadeu. Em 1805, os russos invadiram o país e a carregaram para a Geórgia, onde ela permaneceu por mais de cem anos até ser devolvida para a Armênia. Atualmente a Lança Sagrada está exposta no Museu Manoogian em Vagharshapat.

Ou não.

Também existe uma terceira Lança do Destino em Viena, Áustria, no museu do Palácio Hofburg. A arma teria pertencido ao sacro imperador romano-germânico Otto I (972-973) e ao rei francês Carlos Magno (768-814). Antes disso, teria servido ao imperador Constantino (272-337) e, portanto, não tinha como estar enterrada em Antioquia. Ou como ter sido levada para a Armênia por um discípulo de Jesus.

Foi essa lança que encantou Adolf Hitler na juventude. Em 1938, já no poder, o Führer teria ordenado à SS que retirasse a relíquia de Viena e a levasse para Nuremberg, onde foi guardada em um abrigo antibombas sob os cuidados da **ORDEM DO SOL NEGRO**, uma das muitas sociedades secretas do **NAZIESOTERISMO**. Quando a cidade caiu sob o controle dos Aliados, Hitler decidiu se matar.

Ou não.

Há quem diga que a lança nunca chegou a cair nas mãos dos Aliados, como Hitler pensava. Com a queda iminente da Alemanha, a Lança do Destino teria sido retirada secretamente do país e levada para um destino ignorado. Os conspiranoicos apostam umas fichas na base alemã de Nova Suábia, na Antártica. Ela estaria escondida até hoje e será usada um dia para restaurar o Reich de Mil Anos sonhado pelo Führer.

Ou não.

Afinal, a lança vienense continua exatamente onde o jovem Hitler a viu: no museu do Palácio Hofburg. Ela teria sido encontrada pelo general americano George S. Patton nas ruínas de Nuremberg e levada de volta à Áustria ao final da Segunda Guerra Mundial.

Ou não.

Veja também:
RIA MADALENA,
A SENHORA J.C.

Talvez todos esses artefatos sejam falsos e a verdadeira Lança do Destino ainda esteja escondida em algum lugar remoto esperando ser descoberta por um Indiana Jones moderno. Mas seria incrível que ninguém a tivesse encontrado ainda. Afinal, o centurião romano Longinus virou o popular são Longuinho, aquele acha qualquer coisa perdida desde que você dê três pulinhos.

LSD E CIA

A CIA, agência de inteligência do governo americano, fez coisas odiosas. Desestabilizou democracias e patrocinou ditaduras. Fomentou golpes de Estado e acobertou criminosos nazistas. Mas o pior de tudo, o mais imperdoável e indesculpável é que CIA pode ter criado... os hippies!

É sério.

O LSD — ou *Lysergsäurediethylamid*, palavra alemã impronunciável para a dietilamida do ácido lisérgico — foi descoberto acidentalmente em 1938 pelo químico suíço Albert Hofmann, do laboratório Sandoz Pharmaceutical. Ele pesquisava substâncias para reduzir o sangramento pós-parto quando percebeu que a exposição contínua ao fungo do centeio fazia com que ele levasse altos papos com objetos inanimados.

Em 1948, o Sandoz tornou público o efeito alucinógeno da substância e, em 1953, a CIA começou a usá-la no programa **MK ULTRA**, um projeto ultrassecreto de controle mental e social. No ano seguinte, a agência encomendou

30 milhões de doses de LSD ao Sandoz. Quando o laboratório respondeu que não tinha como cumprir pedido tão gigantesco, o governo americano simplesmente quebrou a patente do composto e a empresa Eli Lilly & Company, hoje famosa por ter criado o Prozac, passou a produzir LSD em território americano.

Durante quase duas décadas, a CIA clandestinamente disseminou o ácido lisérgico nos Estados Unidos, além de incentivar e financiar a construção de laboratórios caseiros para sua produção. A operação Midnight Climax, um dos braços do MK Ultra, manteve prostíbulos em São Francisco e Nova York onde o LSD era secretamente administrado às garotas e aos clientes para que seus efeitos fossem estudados por trás de espelhos falsos. Uma dessas festinhas acabou de maneira trágica em 1953, quando um homem completamente chapado se atirou da janela de um edifício. A morte foi reportada como suicídio e só desvendada em 1974 por uma reportagem do jornal *The New York Times*, que levou à abertura de uma comissão de inquérito no Congresso.

Criativa, a CIA também inventou organizações de fachada para distribuir a substância, como a Society for the Investigation of Human Ecology, criada em 1957 pelo psiquiatra Harold Wolff e associada à Universidade de Cornell. Até 1965, quando foi extinta, a associação tinha fornecido LSD de forma gratuita a mais de mil pessoas. O ácido lisérgico também foi administrado secretamente a pacientes negros do Lexington Narcotics Hospital, no Kentucky, que atendia dependentes químicos.

Claro que a CIA não ficou só no LSD. Ela distribuiu e testou mescalina, heroína, morfina e maconha. Mas o ácido sempre foi o seu composto favorito. O químico Sidney Gottlieb, responsável pelo MK Ultra, acreditava que por meio dele era possível criar o agente secreto perfeito. O sonho de Gottlieb era ter um operativo capaz de cometer barbaridades e depois esquecê-las completamente. Bem, talvez ele tenha conseguido. Em 1957, a CIA acrescentou altas doses de ácido à ração dos militares que serviam na base naval de Atsugi, no Japão. Sabe quem estava lá na época? Lee Harvey Oswald, o assassino oficial do presidente John F. Kennedy.

No entanto, apesar de conhecer o envolvimento da CIA na popularização do LSD, o psicólogo e neurocientista americano Timothy Leary (1920-96) afirmava que a utilização da substância era uma atitude subversiva. Leary acreditava que o tiro havia saído pela culatra e, em vez de controlar mentes, o ácido as libertava, possibilitando a sintonia com níveis mais elevados de consciência. Maior viagem.

Albert Hofmann sempre defendeu ardorosamente o LSD, que chamava de "meu filho mais problemático". Ele dizia que a farmacologia jamais en-

Veja também:

L. RON HUBBARD E O CIENTISTA DE FOGUETES

OPERAÇÃO PAPERCLIP

VINTE E TRÊS

tendera sua descoberta, não admitia que o ácido lisérgico fosse chamado de "droga" e sonhava com o dia em que o consumo seria finalmente liberado. Usuário regular de LSD, Hofmann morreu em 2008 aos 102 anos.

M

MACACOS MARXISTAS

Em 1924, dois anos depois de assumir o poder na União Soviética, Ióssif Stálin ordenou a criação de um exército de homens-macacos marxistas. A ideia do comissário era produzir um híbrido de humano com chimpanzé que fosse mais forte, mais resistente, mais determinado e mais propenso a seguir ordens.

A criação do homem-primata stalinista também pretendia desferir um golpe fatal nas crenças religiosas que ainda povoavam a mente dos camponeses russos, de acordo com o camarada Liev Fridrichsen, do Comissariado da Agricultura. A experiência provaria aos caipiras coxinhas que a teoria da evolução de Charles Darwin estava correta.

A encomenda foi passada ao cientista Ilia Ivanov, que estudara fisiologia com o mítico professor Ivan Pavlov na Universidade de Kharkov. Ivanov também já havia cruzado burro com zebra e antílope com vaca no Instituto de Patologia Experimental, do qual era fundador.

O estudioso juntou-se ao seu filho Ilia Ilich, de 22 anos, e partiu para a Guiné, na época uma colônia francesa. Com apoio da França, um laboratório foi montado no Jardim Botânico de Camayenne, cidade próxima à capital do país. E o doutor Moreau marxista começou a fazer experimentos.

Ivanov capturou duas fêmeas de chimpanzé, batizadas de Babette e Syvette. Então injetou sêmen humano nas macacas na esperança de que nascessem dois pequenos Tarzans. Enquanto esperava o fim da gestação de 230 dias, a notícia da criação do híbrido se espalhava pelo mundo. Nos Estados Unidos, a história irritou a organização de ultradireita **KU KLUX KLAN**, que enviou uma carta ameaçadora a Ivanov, afirmando que o experimento "manchava a raça humana". Mas também surgiram apoiadores. Howell S. England, um advogado de Detroit e ateu convicto, iniciou uma campanha para apoiar as pesquisas de hibridização. E Robert Yerkes, presidente da Associação Americana de Psicologia, conseguiu convencer a Fundação Rockefeller a doar 500 mil dólares para o experimento.

Só que Ilia Ivanov fracassou.

Ele jogou a culpa nos equipamentos inadequados, nas doenças tropicais que ele e o filho viviam contraindo e também na agressividade de Babette e Syvette, que não compreendiam a importância histórica da coisa toda.

Obstinado, o cientista decidiu reiniciar o projeto com uma nova abordagem. Em vez de inseminar macacas com sêmen humano, ele decidiu inseminar humanas com sêmen de símio. As pacientes certamente seriam mais dóceis, e os chimpanzés nem precisavam estar vivos. Bastava matar o animal e extrair rapidamente os testículos. As mulheres seriam selecionadas em meio à população carente da Guiné. Felizmente, o governo francês caiu em si e decidiu abortar o experimento antes que o russo inseminasse a primeira vítima.

Ilia Ivanov ficou furioso e decidiu se mudar de mala e cuia para a República Socialista Soviética de Abecásia, no Cáucaso, onde poderia contar com autoridades mais colaborativas. Levou com ele dois gorilas, treze chimpanzés e um orangotango.

Os experimentos se concentraram no Centro de Primatologia de Abecásia, criado em 1926, e o projeto ganhou um nome dos mais pomposos: Comissão de Hibridização Interespecífica de Primatas. O governo soviético continuava apostando no advento do novo homem simiesco, mas fizera uma imposição: Ivanov só podia trabalhar com mulheres voluntárias.

Isso não foi exatamente um problema. Centenas de jovens idealistas se ofereceram para gerar o macaco marxista, e a ginecologista O. O. Topchieia se associou ao projeto. Topchieia, porém, notou um pequeno problema nas teorias de Ivanov. O ser humano tem **VINTE E TRÊS** cromossomos e os chimpanzés, 24. O híbrido nasceria com várias anormalidades. O cientista, porém, se recusou a desistir.

E diz a lenda que Ilia Ivanov foi bem-sucedido.

Os macacos marxistas de Stálin não foram produzidos em série como o ditador pretendia, mas histórias de **HOMENS PELUDOS** agressivos e de aparência simiesca são comuns na Abecásia. A população local conta que alguns híbridos foram gerados e depois abandonados à própria sorte, formando tribos que ainda hoje vivem por lá.

Os registros das pesquisas de Ilia Ivanov não existem mais. Eles foram censurados e posteriormente destruídos pelo governo soviético. O próprio cientista caiu em desgraça em dezembro de 1930 e acabou exilado no Cazaquistão, onde morreu dois anos depois.

Desde 1994, a Abecásia é uma província autônoma apoiada por Moscou, mas reivindicada pela Geórgia, que é pró-Ocidente. Em 2005, durante a construção de um parque próximo ao Centro de Primatologia, foi encontrado

Veja também:
HOMEM DE PILTDOWN
ARX SATANISTA

um cemitério clandestino com centenas de ossadas humanas e também de macacos. Tudo junto e misturado.

MAÇONARIA

Seja como atriz principal ou coadjuvante especialmente convidada, a maçonaria está no palco de múltiplas e variadas conspirações. A organização é apontada como linha auxiliar da **ILLUMINATI** e do **PRIORADO DE SIÃO**. Também é considerada herdeira da **ORDEM DOS TEMPLÁRIOS**, instigadora dos **NEOLIBERAIS SATANISTAS** brasileiros e fomentadora do Apocalipse. Há ainda quem acuse os maçons de serem os verdadeiros assassinos de John F. Kennedy, de culturarem o demônio **BAPHOMET** e até — ui! — de praticarem o amor que não ousa dizer seu nome.

Historicamente, a primeira *lodge* maçônica foi criada em Londres em 1717. O termo significa "alojamento" ou "prédio pequeno", mas em português acabou convertido no falso cognato "loja". Daí a expressão "loja maçônica", que designa cada unidade da organização. A origem da maçonaria são as guildas medievais de pedreiros (*masson*, em inglês) que tinham basicamente um único empregador, a Igreja, e uma única tarefa, construir catedrais. Nasceu daí o simbolismo esotérico da organização.

Já o maledicente autor italiano Gianni Vannoni (*As sociedades secretas: Do século XVII ao século XX*) diz que a origem da sociedade é a infame Clemente Amitié, um clube de sodomitas franceses de meados do século XVII. Por volta de 1705, a Clemente Amitié parou de veadagem e ingressou na política, apoiando as pretensões monárquicas do duque Filipe de Orleans. Deu certo. Filipe se tornou regente da França, em 1715, quando Luís XIV morreu e deixou o trono para o filho, então com cinco anos. Claro que as alegações venenosas de Gianni Vannoni são veementemente refutadas pela maçonaria, da qual o escritor é inimigo declarado.

A organização, por sua vez, situa sua origem em tempos muito remotos. Mais precisamente no século XI a.C., durante a construção do Templo de Salomão em Jerusalém. Nenhum barulho de martelo, talhadeira ou qualquer outra ferramenta podia ser ouvido na obra. Para os judeus, a "casa de Deus" não era uma metáfora: o templo hospedava Adonai em pessoa. Ou melhor, em espírito. Ele vivia num pequeno cubículo chamado o Santo dos Santos, onde apenas o sumo sacerdote podia entrar. E só uma vez por ano.

Para construir o prédio sagrado, o rei Salomão mandou buscar em Tiro

M

o arquiteto Hiram Abiff, cujo currículo impressionante incluía o projeto da mítica torre de Babel para o rei **NIMROD**, da Assíria.

As pedras se encaixavam silenciosa e perfeitamente graças à destreza do construtor, que também era o único capaz de compreender as inscrições sagradas na parede do templo. Quando a obra estava prestes a ser concluída, três adversários do arquiteto — Jubelo, Jubela e Jubelum — o pressionaram a revelar seus segredos. O mestre se recusou e foi assassinado pelos três meliantes. A maçonaria foi criada para honrar Hiram Abiff e preservar o conhecimento dele, por isso a cerimônia de iniciação recria simbolicamente a morte e a ressurreição do mestre construtor.

E quais eram esses segredos? Só os maçons de grau **TRINTA E TRÊS**, o mais alto da irmandade, sabem. Mas há algumas pistas espalhadas por aí.

O poeta simbolista francês Gérard de Nerval (1808-55), que exerceu grande influência sobre os surrealistas, transforma Hiram Abiff numa espécie de comunista *avant-la-lettre* ao narrar as aventuras do arquiteto por **MUNDOS SUBTERRÂNEOS**.

Um "gigante de bronze" aparece ao construtor e o leva para o centro da Terra. Lá, a criatura diz que o nome dela é Tubal-Caim, e que é filha de Lamech e sobrinha de Noé. Tubal-Caim foi quem ensinou o homem a forjar metais e é descendente de Caim, aquele que matou o irmão Abel. Mas Gérard de Nerval dá um sentido diferente à história bíblica. Segundo ele, Abel escravizara Caim e este matara acidentalmente o irmão enquanto lutava pela liberdade.

Ao passear pela caverna, Hiram Abiff vê o túmulo de Adão, o primeiro-que-nasceu-na-Terra, e encontra com o próprio Caim, que diz, no entanto, que aquele não é o túmulo do seu pai. Caim conta que é filho de Eva com Lúcifer, o anjo da luz que trouxe a sabedoria aos homens. Nesse reino subterrâneo, o trabalho é glorificado e não se cultua **YAVEH**, o falso deus do mundo material.

Antes de levar Hiram Abiff de volta à superfície, Tubal-Caim faz uma previsão: "Quando não mais estiveres na Terra, a milícia infatigável dos trabalhadores e dos pensadores abaixará um dia o poderio cego dos reis, esses despóticos ministros de Adonai".

O relato de Gérard de Nerval é um coquetel endiabrado de **GNOSTICISMO** com marxismo, mas a tônica da maçonaria não é essa.

A ordem sempre foi anticlerical e antimonárquica, mas não comunista, muito pelo contrário. Os "pais fundadores" dos Estados Unidos eram todos maçons: George Washington, **BENJAMIN FRANKLIN**, Paul Revere e John Hancock.

Alguns conspiranoicos afirmam que a sociedade americana, forjada na avareza, obsessão pelo lucro e sucesso individual, foi o começo da conspiração maçônica global. Isso levou à consolidação do capitalismo, que, por sua vez, acabará por abolir as fronteiras nacionais e criará uma moeda única, impondo uma nova ordem mundial que nos levará ao Apocalipse, a guerra final entre Lúcifer e Yaveh.

O objetivo secreto da maçonaria seria a reconstrução do Templo de Salomão, arrasado por Nabucodonosor II, rei da Babilônia no século V a.C. A *Bíblia* diz que a reedificação nos levará ao fim do mundo. E talvez a *Bíblia* esteja certa. Sobre as ruínas do antigo templo existe hoje a Mesquita de Al--Aqsa, construída no século XII e considerada o terceiro lugar mais sagrado do islã, depois de Meca e Medina. Para reerguer o templo vai ser preciso demolir Al-Aqsa. É ou não é uma ótima receita para começar o fim do mundo?

Veja também:
ASSASSINATO DO REI
PARALELO 33
TRINTA E TRÊS

MÁFIA DO DENDÊ

A expressão "Máfia do Dendê" foi criada pelo jornalista Paulo Francis (1930-97). "São esses baianos que gostam de cantar na televisão", desdenhava. Mas a máfia é mais. Muito mais.

A Máfia do Dendê não é exatamente uma organização, mas uma ação entre amigos, todos baianos de nascimento ou adoção. São músicos, jornalistas, poetas, publicitários e políticos que têm em Caetano Veloso seu guru multitemático, capaz de dissertar sobre absolutamente tudo, do berimbau à física quântica. "O totem não pode errar. É Deus na carne humana. Daí a origem tribal de Jesus Cristo" (Paulo Francis, *Caetano, pajé doce e maltrapilho*, 1983).

No site Digestivo Cultural, o jornalista Eduardo Carvalho vai além:

> A Máfia do Dendê abafa com facilidade ruídos dissonantes. E, com insistente promoção, cativa novas gerações, que mereceriam coisa melhor ou, no mínimo, diferente do que seus pais tiveram. A doutrinação começa na escola – com Caetano elevado a poeta erudito – e passa pela imprensa – como se fossem eles expoentes do bom gosto.

A Máfia do Dendê usa o *soft power* para influenciar pessoas, embora ocasionalmente lance mão de unhadas e mordidas. Há quem diga que o poder dela se desvaneceu no Terceiro Milênio, mas quem fala isso ignora que seus tentáculos estão por toda parte: nas timbaladas da axé-music, na neobossa de Marcelo Janeci, na pretensão da Banda do Mar, nos trinados das dublês de

Gal Costa, no concretismo de ex-Titãs, no tropicalismo sem noção dos jornalistas culturais, nos marqueteiros malandros e, principalmente, na confusão mental brasileira que nivela Chacrinha a Oswald de Andrade.

Você pode gargalhar de todas as teorias conspiratórias deste livro, só não pode duvidar da existência da Máfia do Dendê. Este é o mundo deles. Nós só vivemos aqui.

Veja também:
PROTOCOLOS DOS SÁBIOS DE SIÃO

MAHABHARATA

O *Mahabarata* (que também pode ser grafado como *Maabárata*, *Mah-a-Bharata*, *Mahabarata* ou qualquer outra variação que você inventar) é um poema escrito em sânscrito no século IV a.C. É composto de 90 mil versos, 2109 cantos e dezoito livros e conta a história da guerra entre os cinco herdeiros do grande rei Barata e os cem filhos de Dritarachtra, soberano da Cidade dos Elefantes. As batalhas envolvem deuses, demônios, heróis, monges, filósofos e fortalezas voadoras chamadas "vímanas". O combate dura dezoito dias e, ao final, o mundo está mais destruído do que em um filme de Roland Emmerich.

O poema também é um texto religioso que discorre sobre a lei do *karma* (sua vida é afetada pelas merdas que você fez nas vidas passadas), da *sansara* (você vai reencarnar até parar de fazer merda) e da *moksha* (quando parar de fazer merda, você deixa de reencarnar e se junta à "alma cósmica").

Adeptos da teoria do astronauta ancestral defendem, no entanto, que o *Mahabharata* é a versão alegórica de um contato entre humanos e alienígenas no passado distante. As lendas sumérias dos deuses **ANUNNAKI** e a saga dos anjos **NEFILIM**, contada no livro apócrifo do profeta Enoque, seriam narrativas distorcidas do mesmo evento.

A teoria conspiratória é a seguinte: alguns seres extraterrestres intervieram na história humana sem a permissão dos seus superiores, o que levou a uma guerra de proporções cataclísmicas entre as duas facções. Armas de imenso poder destrutivo foram usadas, provocando o **DILÚVIO UNIVERSAL** e o desaparecimento dos continentes de **ATLÂNTIDA E MU**, lar dos alienígenas intervencionistas e também dos seus descendentes.

Sim, os ETS safados tiveram filhos com mulheres humanas. Ou então manipularam o DNA dos primatas terráqueos para acelerar a evolução e criar o *Homo sapiens*. Depende da versão.

O defensor mais famoso dessa tese é o suíço Erich von Däniken, autor de inúmeros best-sellers, entre eles, a bíblia dessa crença, *Eram os deuses astronautas?* (1968).

Mas nas últimas décadas, outros conspiranoicos revisitaram os conceitos formulados por Däniken e propuseram uma versão muito mais intrigante. Segundo eles, o confronto entre os dois grupos de alienígenas nunca acabou, apenas se converteu numa espécie de Guerra Fria intergaláctica. Os **EXTRATERRESTRES** também nunca deixaram a Terra, só dissimularam sua presença entre nós. Os inúmeros casos de abdução alienígena, aparições de discos voadores e avistamentos de criaturas bizarras são indícios dessa guerra subterrânea que tem nosso planeta como campo de batalha.

Veja também:
CRIACIONISMO
ENOQUE E OS ANJOS ASTRONAUTAS

MALDIÇÃO DE TUTANKAMON

O arqueólogo inglês Howard Carter começou a procurar tumbas no Egito em 1907, sob patrocínio do conde George E. S. M. Hérbert, conhecido como Lord Carnavon. A Primeira Guerra Mundial forçou a interrupção das escavações, que foram retomadas só em 1922. Em 4 de novembro daquele ano, a equipe de Carter encontrou vestígios de uma escadaria no Vale dos Reis que levou à suntuosa tumba do faraó Tutankamon, cujo reinado durou de 1327 a 1336 a.C.

Diz a lenda que quando o túmulo foi aberto um falcão, símbolo do deus Hórus, sobrevoou o local e uma furiosa tempestade de areia tomou conta da escavação. Era o primeiro sinal de que os profanadores da tumba estavam amaldiçoados.

Carter telegrafou para Lord Carnavon, que embarcou imediatamente para o Egito. Quando visitava a tumba, repleta de objetos em ouro e marfim, o conde foi picado no rosto por um inseto. A ferida infeccionou e ele caiu de cama. Carnavon morreu no quarto do seu hotel, no Cairo, à 1h55 da manhã do dia 5 de abril de 1923. Ele tinha 57 anos. No momento da morte, todas as luzes da cidade se apagaram. Em Hampshire, Inglaterra, seu cão uivou sem parar e também caiu morto. O detalhe curioso é que a múmia de Tutankamon também tinha um ferimento no rosto, no exato local em que o mosquito picara Carnavon.

Nos anos seguintes, várias pessoas associadas à escavação morreram de maneira misteriosa. O orientalista Aubrey Herbert, meio-irmão de Carnavon, que visitara o túmulo junto com ele, morreu de uma infecção no abdômen. O príncipe egípcio Ali Fahmy Bey, que apoiara a expedição, foi assassinado num hotel em Londres em 1923. O construtor de ferrovias americano

M

George Jay Gould contraiu pneumonia ao visitar a tumba úmida e também bateu as botas. Dois assistentes de Howard Carter, A. C. Mace e Richard Bethel, tiveram febre alta enquanto catalogavam os objetos descobertos e vieram a falecer pouco depois. O pai de Richard Bethel, Lord Westbury, que mantinha em seu quarto um vaso de alabastro retirado do túmulo, suicidou-se saltando pela janela de sua casa, em Londres. Ao todo, **VINTE E TRÊS** pessoas ligadas à escavação morreram nos anos que se seguiram.

Céticos atribuem as doenças respiratórias de algumas das vítimas a um possível vírus da pneumonia dormente na tumba. Pode ser. Mas isso não explica os suicídios e muito menos o misterioso caso do diretor de antiguidades do Museu do Cairo, Gamal El Din Mehrez. Em 1972, a Inglaterra requisitou os tesouros de Tutankamon para uma exibição em Londres que celebraria os cinquenta anos da descoberta. Mehrez sonhou que ocorreria uma tragédia se os artefatos deixassem o Egito e tentou impedir que isso acontecesse. Em vão. Quando os objetos finalmente saíram do país, Mehrez teve um ataque cardíaco e caiu morto dentro do museu.

A maldição de Tutankamon fez grande sucesso na imprensa popular e inspirou filmes, livros e histórias em quadrinhos com múmias vingadoras. Mas o arqueólogo Howard Carter, descobridor da tumba, morreu de causas naturais em 1939.

Tutankamon era filho e genro (ah, esses egípcios...) do misterioso faraó **AKHENATON**, que muitos conspiranoicos afirmam ter sido (a) um extraterrestre, (b) um híbrido humano-alienígena ou (c) um viajante do tempo, além de provável inventor do monoteísmo.

Veja também:
CRÂNIOS ALONGADOS
GRANDE PIRÂMIDE
PÁSSARO DE SAQQARA

MANCHURIAN CANDIDATE

Em 1962, Frank Sinatra fez o papel principal no thriller de espionagem *Sob o domínio do mal* (*The Manchurian Candidate*), dirigido por John Frankenheimer. Na trama, Ben Marco (Sinatra) é um veterano da Guerra da Coreia que sofre lapsos de memória constantes, especialmente quando vê a carta da dama de ouros no jogo de paciência, que ele pratica compulsivamente. Intrigado, Marco inicia uma investigação e descobre que, durante a guerra, seu pelotão havia sido capturado pelos soviéticos e submetido a experimentos de lavagem cerebral e controle mental. Três desses militares retornam aos Estados Unidos como "agentes adormecidos", acionados quando são submetidos a um código visual. No caso, a dama de ouros.

O plano dos comunistas é intrincado. A primeira etapa é fazer com que um dos ex-prisioneiros, o sargento Raymond Shaw (Laurence Harvey), agora herói de guerra, apoie a candidatura do senador John Iselin (James Gregory) à vice-presidência dos Estados Unidos. Iselin é um feroz anticomunista, mas isso é só fachada. Na verdade, ele é o principal operativo soviético no país. Com a vitória eleitoral da chapa, Raymond Shaw tem de assassinar o presidente, entregando o país ao comunismo.

O roteiro de *Sob o domínio do mal* é baseado no romance de Richard Condon (1915-96), um misto de sátira política com thriller de espionagem. Condon inspirou sua ficção na experiência real de militares americanos capturados na Guerra da Coreia (1950-3). Levados para campos prisionais na Manchúria, norte da China, eles foram submetidos aos mesmos programas de "reeducação marxista" que Mao Tsé-tung havia adotado na China. Esse recondicionamento ideológico, largamente usado no país, especialmente no período da Revolução Cultural (1966-76), é baseado nas técnicas desenvolvidas pelo fisiólogo russo Ivan Pavlov (1849-1936), aquele mesmo dos cachorros e dos ratos. O paciente é tratado com carinho se expressa pensamentos adequados e maltratado se insiste em ideias "decadentes".

Sob o domínio do mal seria apenas mais um produto conspiranoico da Guerra Fria se não fossem os insistentes rumores de que sua trama espelha perigosamente a verdade. Em novembro de 1963, o presidente americano John F. Kennedy foi assassinado em Dallas, no Texas, por Lee Harvey Oswald. Dois dias depois, Oswald foi morto por Jack Ruby dentro da delegacia da cidade. Ruby era um dono de boate sem grandes convicções políticas. As teorias conspiratórias começaram a pipocar, e uma delas dizia que tanto Oswald quanto Ruby haviam sido submetidos a experiências de controle mental iguais às mostradas no filme.

A lenda diz que Frank Sinatra, aturdido com esses boatos, adquiriu os direitos de distribuição e manteve *Sob o domínio do mal* longe dos cinemas até 1988. A produtora MGM/UA desmente os rumores e afirma que a bilheteria simplesmente não foi satisfatória.

Mas a ideia de "assassinos programados", sem memória da sua real missão e acionados quando expostos a determinado código, é constante entre conspiranoicos. O palestino Sirhan Sirhan, que assassinou o senador Robert F. Kennedy em 1968, reportou falhas de memória, assim como James Earl Ray, que matou o reverendo Martin Luther King no mesmo ano.

Entre 1953 e 1964, a CIA, agência de inteligência americana, desenvolveu o próprio programa de controle mental, o MK ultra. A sigla do experimento já diz tudo: M(ind) K(ontrolle) (controle em alemão). Muitos acreditam que Lee Harvey Oswald e os outros assassinos sejam resultado desses experimentos.

Veja também:
LSD E CIA
OPERAÇÃO PAPERCLIP
UVB-76

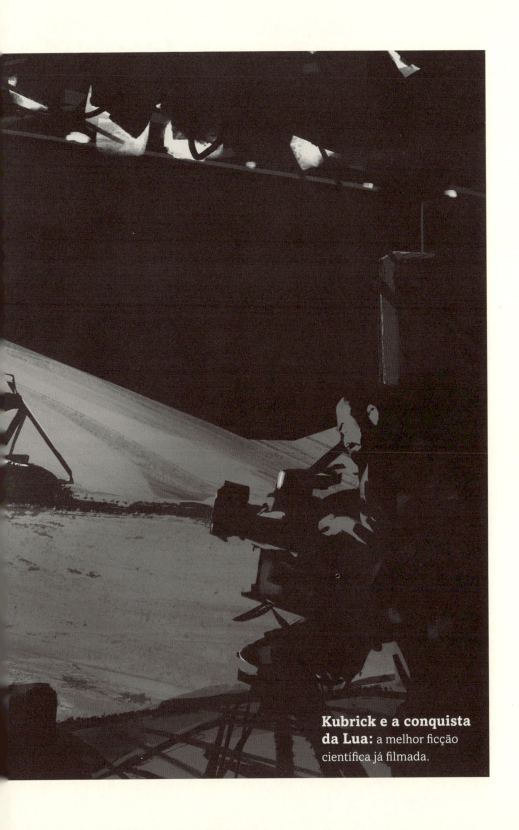

Kubrick e a conquista da Lua: a melhor ficção científica já filmada.

MANIFESTOS ROSA-CRUZ

Os manifestos rosa-cruz são três textos esotéricos que apareceram na Alemanha em 1614, 1615 e 1616 chamados *Fama Fraternitatis, Confessio Fraternitatis Rosae Crucis* e *As bodas alquímicas de Christian Rosenkreuz*.

Os panfletos pregavam uma profunda reforma sociopolítica na Europa e convidavam os interessados a ingressarem na Ordem Rosa-cruz, dona de avançado conhecimento místico e científico. A organização teria sido fundada por um certo Christian Rosenkreuz, nascido em 1378 e falecido em 1484, aos 106 anos. Filho de alemães pobres do Hesse, região central do país, Rosenkreuz ficou órfão aos cinco anos, sendo enviado a um mosteiro, onde aprendeu grego e latim. Aos dezesseis anos decidiu errar pelo mundo. Visitou Jerusalém, Egito, Líbia e Damasco. Dali foi dar num lugar chamado Damcar, situado possivelmente na Arábia, onde foi iniciado na seita Ikhwan al-Safa, ou Fraternidade da Pureza.

Quando voltou à Europa, Christian Rosenkreuz achou alguns discípulos e começou a ensinar o que aprendera: como prolongar a vida, como projetar pensamentos à distância e como se comunicar com seres superiores desconhecidos. Alguns relatos dizem que ele também possuía uma Pedra Filosofal, aquela que transforma chumbo em ouro, logo a Ordem não tinha problemas com dinheiro.

Os manifestos rosa-cruz fizeram enorme sucesso. A Europa vivia um período turbulento de guerras religiosas, e as propostas esotérico-reformistas atraíram muitas mentes inquietas. O problema é que ninguém conseguia entrar na irmandade, que era "invisível" e inacessível. O resultado disso é que dezenas de picaretas se proclamaram "rosa-cruzes" e formaram organizações inspiradas na ordem.

Os manifestos foram atribuídos ao inglês Francis Bacon (1561-1626) e ao francês René Descartes (1596-1650), até que o teólogo alemão Johannes Valentinus Andreae (1586-1654), um simpatizante de Martinho Lutero (1483-1546), assumiu a autoria deles. Ele declarou também que a Ordem Rosa-cruz era uma "criação literária" e definiu os manifestos como *"lusus serius"*. Uma "comédia séria", em latim.

Há, porém, quem defenda que Johannes Valentinus Andreae mentiu. Não quando "escreveu" os manifestos, mas sim ao declarar que os textos eram uma ficção. Segundo essa tese, a ordem é real, assim como Christian Rosenkreuz, e a denúncia de fraude é a verdadeira fraude. O teólogo só teria feito isso para confundir os curiosos.

Outros acreditam que o objetivo dos manifestos não era revelar a existência da Ordem Rosa-cruz, mas fornecer as bases teóricas para que alguém a criasse. A conspiração é uma fraude e a fraude é uma conspiração.

Veja também:
CONDE DE SAINT GERMAIN
GNOSTICISMO
MANUSCRITO THELEMA
MANUSCRITO VOYNICH
ORDEM DOS TEMPLÁRIOS

Mas olha só que curioso: a Ordem Rosa-cruz também é mencionada na trama que envolve os supostos filhos de Jesus com Maria Madalena. Segundo os *Dossiês secretos* revelados por **PIERRE PLANTARD DE SAINT-CLAIR**, o nome verdadeiro do **PRIORADO DE SIÃO**, sociedade secreta criada para proteger a descendência de J.C., é Ordem Rosa-cruz Veritas. E o "autor" dos manifestos, Johannes Valentinus Andreae, é listado como 17º grão-mestre da organização.

Falsos ou verdadeiros, os manifestos rosa-cruz tiveram enorme influência em outras ordens, como a **MAÇONARIA**, por exemplo, cujo "irmão" de 18º Grau é chamado de Cavaleiro Rosa-cruz. A **SOCIEDADE TEOSÓFICA** de **HELENA BLAVÁTSKI** também deve muito aos textos, assim como a Ordem Hermética da Aurora Dourada, na qual **ALEISTER CROWLEY** deu os primeiros passos na bruxaria.

Nada mal para uma "comédia séria".

MANUSCRITO THELEMA

Os **FANTASMAS BAILARINOS** contam que o Manuscrito Thelema, escrito pelo francês François Rabelais (1494-1553), é a base da curiosa filosofia da organização. O problema é que ninguém jamais leu o texto rabelaisiano, que é mencionado apenas no obscuro *L'Hystérie paranoïque comme complot occultiste* [A histeria paranoica como complô ocultista], de Gilles Dufaux. O manuscrito seria um apêndice para o romance *Gargântua*, mas o autor desistiu de incluí-lo, pois ninguém lia apêndices naquele tempo.

François Rabelais nasceu em 1494, em Chinon, comunidade de 8 mil habitantes na França central. Seu pai era produtor de vinho e conseguiu proporcionar boa educação ao garoto. Na época, isso significava ir para um mosteiro: Puy-Saint-Martin, onde o rapaz foi ordenado monge franciscano em 1521. Rabelais estudou astronomia, latim e grego, mas gostava mesmo era de escrever textos satíricos e escatológicos que deixavam os monges de cabelos em pé. Por conta disso, acabou por abandonar a Igreja.

Seus romances *Gargântua* (lançado em 1534) e *Pantagruel* (1532) são clássicos da literatura de humor que debocham de todas as tradições, crenças e religiões da Idade Média. O autor descreve um mundo grotesco e ridículo imerso num Carnaval eterno. Parece o Brasil de hoje, mas é apenas a Europa no medievo. Os dois personagens-título são gigantes insaciáveis que praticam todo tipo de abominação e obscenidade. Vem daí a expressão "banquete pantagruélico" para se referir a comilanças sem fim.

M

No livro de 1534, *Gargântua* constrói a Abadia de Thelema, um templo hedonista onde todos os desejos humanos podem ser satisfeitos e a única lei é "faça o que quiseres". Por conta dessas coisas, em 1564 os livros de Rabelais foram incluídos no *Index* de obras heréticas do Vaticano.

A fictícia Abadia de Thelema serviu de base para o nefando **HELL-FIRE CLUB**, uma espécie de "mansão Playboy" do século XVIII criada pelo aristocrata Francis Dashwood (1708-81). O bruxo **ALEISTER CROWLEY** também foi buscar no satirista francês a inspiração para fundar sua Igreja de Thelema, que adotou François Rabelais como um dos seus santos.

O Manuscrito Thelema não é, porém, um tratado filosófico ou religioso, mas um manual de ação subversiva para libertar a mente humana da fé e da razão. Um guia para construir movimentos artísticos bizarros, falsos boatos, aparições fraudulentas, conspirações fictícias, segredos ilusórios e armações irresponsáveis.

Esse tipo de conteúdo não parece coisa de um autor do século XVI, o que leva muita gente a duvidar da autoria do texto e da sua própria existência. Gilles Dufaux escreve ainda que o Manuscrito Thelema antecede em quinhentos anos a criação da **PATAFÍSICA**, a falsa escola filosófica inventada pelo dramaturgo Alfred Jarry (1873-1907). A menção à Patafísica, "a ciência das soluções imaginárias e das leis que regulam as exceções", pode ser uma pista de que o texto seja criação dos misteriosos **ARCANOS SURREALISTAS**, uma sociedade tão secreta que sua presença pode ser apenas sentida, mas jamais detectada.

Veja também:
ECCLESIA GNOSTI CATHOLICA
MANUSCRITO VOYNICH
PIERRE PLANTARD DE SAINT-CLAIR

MANUSCRITO VOYNICH

O Manuscrito Voynich é o livro mais misterioso do mundo. Ninguém consegue lê-lo, decifrá-lo ou sabe quem o escreveu. O alfarrábio tem quinze centímetros de largura por 27 de altura e foi manufaturado em pergaminho de vitela. Tem 204 páginas no total, mas os estudiosos acreditam que originalmente tivesse 28 páginas a mais, hoje perdidas.

O manuscrito é composto por um texto escrito em pincel da esquerda para a direita, sem pontuação. São usados 35 caracteres diferentes de todos os alfabetos conhecidos. O livro também tem desenhos de mulheres nuas, mapas zodiacais, diagramas, mandalas e 113 ilustrações de plantas. Plantas absolutamente desconhecidas em qualquer parte deste mundo.

Jacques Bergier (*Os livros malditos*) acredita que o Manuscrito Voynich foi escrito na língua enoquiana — o "idioma dos anjos" decifrado (ou inventado) pela dupla **JOHN DEE & EDWARD KELLEY**, **OCULTISTAS** da corte da rainha inglesa Elizabeth I (1558-1603).

O idioma enoquiano era falado por Adão e teria sido ensinado a ele pelo próprio **YAVEH**. No princípio era o verbo, portanto, a simples pronúncia das palavras certas cria a luz, separa a água da terra, produz vida, provoca dilúvios, abre as águas do mar e engravida mulheres virgens casadas com carpinteiros.

Prossegue Bergier:

> Se realmente o Manuscrito Voynich contém segredos das Novas e dos Quasares, seria preferível que ficasse indecifrável, pois uma fonte de energia superior à da bomba de hidrogênio e suficientemente simples de manejar constituiria um tipo de segredo que nossa civilização não tem necessidade de conhecer.

Faz sentido. Mas de onde saiu esse livro misterioso e potencialmente tão perigoso? Bem, a história do tomo é uma trama folhetinesca cercada de personagens interessantes por todos os lados.

No começo do século XX, o antiquário polonês naturalizado britânico Wilfrid Michael Voynich viajou pelo Velho Mundo para comprar relíquias e revendê-las na livraria que abrira em Nova York. A busca o levou ao colégio jesuíta que funcionava na Villa Mondragone, um palacete do século XVI em Frascati, no Lácio, região central da Itália.

O lugar precisava de reformas urgentes e os religiosos estavam quebrados, então decidiram abrir mão de várias relíquias que possuíam. Entre elas havia volumes raros da biblioteca do colégio e no meio desses papéis estava o manuscrito que Voynich arrematou por 160 mil dólares. Um preço salgado até para os dias de hoje, mas justo para um objeto que supostamente pode destruir o mundo.

Junto ao livro estava uma carta datada de 19 de agosto de 1666 endereçada ao jesuíta Athanasius Kircher (1601-80), que vivera e lecionara no colégio. O autor era um certo Johannes Marcus Marci, médico de Rodolfo II (1552-1612), imperador do Sacro Império Romano-Germânico. Na missiva, o médico explica que o manuscrito pertencera a Rodolfo II, que o comprara por seiscentos ducados da dupla John Dee & Edward Kelley, os dois esotéricos que codificaram o idioma enoquiano. Segundo Johannes Marcus Marci, o livro fora escrito na "linguagem angélica" por Roger Bacon, o **DOCTOR MIRABILIS**, famoso alquimista inglês do século XIII. Ele termina a carta solicitando que o jesuíta tente decifrar o manuscrito.

M

O médico de Rodolfo II escolheu bem o tradutor. Athanasius Kircher foi alquimista, matemático, físico e autor de mais de quarenta livros sobre assuntos aleatórios como hieróglifos egípcios, corpos celestes, estatuária chinesa e a linguagem humana anterior à construção da Torre de Babel — ou seja, o enoquiano. Mas se Kircher conseguiu decifrar alguma parte do texto, ninguém sabe. No colégio do Lácio só tinha o livro e a carta.

Wilfrid Michael Voynich levou o manuscrito para Nova York, mas ficou tão encantado com ele que nunca o colocou à venda. A paixão fez com que o nome do antiquário ficasse para sempre associado ao calhamaço, que passou a ser conhecido como Manuscrito Voynich. Depois da sua morte, em 1930, a obra foi doada à biblioteca Beinecke de Livros Raros e Manuscritos, que pertence à Universidade Yale. Continua lá até hoje.

Várias tentativas foram feitas para decifrar o Voynich. Um dos mais notórios pesquisadores foi o filósofo e professor William Romaine Newbold (1865-1926), da Universidade da Pensilvânia, que em 1921 alegou ter quebrado o código. Newbold, porém, sempre se recusou a fornecer a chave da tradução, e hoje em dia seu trabalho é completamente desacreditado.

Na ausência de certezas, várias hipóteses surgiram. Alguns sugeriram que o livro era uma falsificação produzida pelo próprio Wilfrid Voynich, um homem bastante incomum. Antes de virar antiquário, ele militou na organização revolucionária polonesa Proletarjat e acabou preso e condenado a trabalhos forçados na Sibéria, de onde fugiu, passando pela China até chegar a Londres.

Outros desenvolveram a tese de que o autor era Leonardo da Vinci e o que o manuscrito era apenas o seu caderno de desenhos na infância.

E houve até quem atribuísse a autoria a Edward Kelley e John Dee, os homens que venderam o manuscrito ao imperador. Dee é respeitado por gente como **ALEISTER CROWLEY**, mas Kelley é considerado um picareta. O livro teria sido atribuído a Roger Bacon para que a dupla conseguisse arrancar mais dinheiro de Rodolfo II. Segundo essa teoria, não há o que ser decifrado, pois a "linguagem" é só um desenho e não significa nada.

Essa parecia uma explicação convincente e o mistério do Manuscrito Voynich mostrava-se resolvido. Mas em 2010 tudo mudou. Fragmentos do documento foram submetidos à datação por carbono 14, que é bastante acurada. A conclusão é que o livro foi escrito entre 1404 e 1438. Isso eliminou todos os supostos autores:

- **Roger Bacon**. Ele nasceu em 1214 e morreu em 1294, 144 anos antes do manuscrito ser produzido;

Veja também:
ENOQUE E
OS ANJOS
ASTRONAUTAS

MANIFESTOS
ROSA-CRUZ

MANUSCRITO
THELEMA

- **Leonardo da Vinci.** O artista nasceu em 1452, treze anos depois de o livro ficar pronto;
- **Edward Kelley.** O esotérico nasceu em 1555, 120 anos depois da data apontada pelo carbono 14;
- **Wilfrid Michael Voynich.** O antiquário não era um falsário.

Claro que um bom falsificador poderia muito bem ter arrumado pergaminhos antigos e pigmentos envelhecidos para criar o manuscrito, mas um empreendimento assim seria demorado, dispendioso e nada compensador. O Manuscrito Voynich continua sendo um mistério que ninguém consegue decifrar.

MAPAS DE PIRI REIS

O almirante Haci Ahmed Muhiddin Piri (ou Piri Reis) nasceu em Galípoli (ou Karaman), cidades da atual Turquia, por volta de 1465 (ou 1470). Seu tio, Kemal Reis, era um pirata e, eventualmente, corsário do Império Otomano e do Sultanato de Granada, último enclave muçulmano na Península Ibérica.

Kemal praticava seus saques no Mediterrâneo e no Egeu, e é atribuída a ele a invenção do canhão naval de longo alcance.

Piri Reis seguiu a carreira do tio, mas também trabalhou para o sultão Suleiman, o Magnífico, em escaramuças com Espanha e Portugal e nas guerras contra as repúblicas italianas de Gênova e Veneza.

Em 1516, ele liderou a frota turca que conquistou o Egito e, em 1522, tomou a ilha de Rodes da **ORDEM DOS HOSPITALÁRIOS**, que, por sua vez, se refugiou em Malta. Piri Reis é, portanto, parcialmente responsável pelo surgimento dos nefastos Cavaleiros de Malta. Mas essa é outra história.

Devido à sua dedicação à causa da jihad, o sultão o nomeou governador do Egito em 1547. Grande erro. Você pode transformar um político em pirata, mas não um pirata em político.

Uma vez empossado, Piri Reis decidiu saquear as cidades de Áden, Muscat e Hormuz. Os atos de pirataria foram denunciados a Suleiman, que ordenou sua decapitação em 1553.

Piri Reis perdeu a cabeça, mas entrou para a história graças ao seu trabalho de cartografia coletado no *Kitáb-i Bahriye* ou *Livro de navegação*. É um conjunto de manuscritos e mapas confeccionados em pele de camelo descobertos em 1929. Atualmente, o volume está na biblioteca do Palácio de Topkapi, em Istambul.

M

Os mapas de Piri Reis foram desenhados em 1513. O almirante afirmava, no entanto, que eles eram cópias de cartas de navegação bem mais antigas, da época de Alexandre, o Grande (356-323 a.C.). Os documentos mostram vários pontos do globo que só seriam oficialmente descobertos séculos mais tarde, como a cordilheira dos Andes, o golfo da Venezuela, o cabo Horn e o continente antártico, só conquistado em 1819. As cartas têm ainda outros detalhes intrigantes: Cuba aparece ligada à península da Flórida e o contorno da Antártida é mostrado sem a capa de gelo, algo que só foi possível mapear com exatidão depois da invenção dos satélites artificiais.

O historiador americano Charles Hapgood (1904-82), também associado às enigmáticas **ESTATUETAS DE ACÁMBARO**, debruçou-se sobre os mapas de Piri Reis e concluiu que eles mostram a Terra de 15 mil anos atrás. No livro *Maps of the Ancient Sea Kings* [Mapas dos antigos reis do mar], de 1966, ele argumenta que o eixo do planeta se desloca de tempos em tempos, provocando eventos cataclísmicos e mudando a configuração de terras e mares. Por isso, as cartas de navegação mostram Cuba conectada ao continente americano e a Antártida é vista sem gelo, entre outros anacronismos.

Segundo Hapgood, os mapas do pirata otomano são a evidência de que civilizações tecnologicamente avançadas precederam a nossa. Essas culturas provavelmente dominavam o voo, diz ele, para observar o planeta do alto e mapeá-lo.

Mas muita gente não acredita que os mapas de Piri Reis sejam essa coisa toda. Esses céticos argumentam que o primeiro a sugerir a existência de uma massa de terra ao sul do planeta foi o geógrafo grego Cláudio Ptolomeu, no século II d.C. Por isso, muitas cartas marítimas medievais registram a Antártida. Além disso, os mapas usados por Cristóvão Colombo e Américo Vespúcio também retratavam Cuba ligada à Flórida, pois na época acreditava-se que ela era parte do continente e não uma ilha. Piri Reis não teria copiado documentos de 15 mil anos atrás, mas apenas reunido informações dispersas oriundas de várias fontes. Céticos não têm o mínimo senso de humor.

Lembre-se, contudo, que a historiografia oficial é apenas uma vasta conspiração acadêmica, repleta de expurgos e revisões. Se uma supercivilização pré-histórica tivesse realmente existido, todas as nossas certezas virariam pó. E viver sem certezas é algo que assusta todo mundo.

Veja também:

PEDRAS DE LA MARCHE

PRIMI-HISTÓR

MARCHAS DE JUNHO

As chamadas Marchas de Junho surpreenderam o Brasil em 2013 e até hoje ninguém entende a razão do inusitado mau humor coletivo. E quando não se consegue explicar alguma coisa de forma convincente, o resultado é a proliferação de teorias conspiratórias.

Invertendo a frase do marqueteiro político James Carville, "Não era a economia, estúpido!". Não naquele momento, pelo menos. O país vivia a euforia da Era Lula e ainda bombava na imprensa internacional. Os gigantescos escândalos de corrupção da administração petista não haviam vindo à tona e a popularidade da presidente Dilma Rousseff estava nas alturas. As eleições para prefeitos e vereadores em 2012 haviam confirmado a preferência dos eleitores pelo partido no poder. São Paulo, a maior cidade do país, saíra das mãos da oposição para as do governista Fernando Haddad. O Brasil se preparava para receber a Copa do Mundo e, naquele momento, ninguém podia imaginar que a Alemanha nos daria um chocolate de 7 a 1. E então, em junho, milhões de pessoas saíram às ruas para marchar contra tudo e contra todos.

A coisa começou justamente em São Paulo quando o prefeito aumentou a passagem de ônibus em vinte centavos. Os manifestantes do Movimento Passe Livre, uma agremiação de esquerda, foram às ruas protestar contra o aumento e em defesa do transporte gratuito. A polícia militar, desacostumada com manifestações de massa, enfiou a borracha em todo mundo. A indignação da população cresceu e as principais cidades do país se encheram de manifestantes. Os protestos não eram pacíficos e o **BLACK BLOC** se fez presente em todas as marchas, especialmente em São Paulo, Rio de Janeiro e Brasília. Mais do que isso: havia uma celebração da violência nas redes sociais, em especial no Facebook.

A organização dos protestos se deu à margem dos partidos políticos e dos movimentos sociais, quase todos subalternos ao governo petista. Os atos lembravam mais *flash mobs* do que passeatas e eram organizados via **INTERNET** por meio de memes. O biólogo Richard Dawkins foi quem criou esse termo no livro *O gene egoísta* (1976). Segundo ele, o meme é um vírus que usa o cérebro humano como hospedeiro. É uma ideia simples, compacta e objetiva, que se reproduz por meio da cópia e da paródia. Ao contrário das antigas palavras de ordem, sempre iguais e repetitivas, o meme é "vivo" e em constante mutação e, por isso, é mais efetivo e se propaga com maior rapidez.

Esse modus operandi se assemelha muito ao utilizado durante a **PRIMAVERA ÁRABE**, a onda de protestos que tomou conta do norte da África e Oriente Médio a partir de 2010. Conspiranoicos enxergam uma correlação entre os dois movimentos e acreditam que por trás deles esteja a mão invisível das boas e velhas agências de espionagem. O blogueiro governista Paulo Henrique Amorim usou seu programa *Conversa afiada* para levantar a suspeita de que uma "ação subterrânea" acontecia no Brasil em 2013. Mas ele não foi o único. Mesmo no campo oposicionista, muitos apontaram um viés fascista nas marchas. O ex-presidente Fernando Henrique Cardoso foi um deles.

O premiê turco Recep Tayyip Erdoğan também apontou coincidências entre os protestos no Brasil e as manifestações da praça Taksim, em Istambul, que ocorreram na mesma época. "O mesmo jogo está sendo jogado no Brasil e na Turquia", disse ele. "É a mesma armadilha, o mesmo objetivo."

Acadêmicos brasileiros foram hábeis em produzir expressões pitorescas como "organização horizontal em rede", mas não conseguiram explicar o fenômeno. Muito menos a mídia, que permaneceu perplexa a maior parte do tempo.

A Primavera Árabe desestabilizou politicamente toda uma região, dando origem a grupos jihadistas radicais como o Estado Islâmico, que opera na Síria e no Iraque. No Brasil, as marchas contribuíram para a desaceleração da economia brasileira e foram o embrião do movimento pró-impeachment da presidente Dilma Rousseff que ganhou corpo em 2016. Se os conspiranoicos estão certos, as marchas nunca foram "por apenas vinte centavos", mas sim por bilhões e bilhões de reais.

Veja também:
ANONYMOUS
BITCOIN
CINCO OLHOS
DESINFORMAÇÃ
ECHELON
WIKILEAKS

MARCIANOS EXISTEM

Em 1877, o astrônomo italiano Giovanni Schiaparelli enxergou linhas na superfície de Marte, que ele julgou serem canais artificiais. Os traços, infelizmente, eram apenas uma ilusão de ótica e acabaram "apagados" em observações posteriores.

Mesmo assim, a especulação de Schiaparelli de que Marte era ou tinha sido habitado mexeu com a imaginação dos terráqueos.

O escritor britânico H. G. Wells trouxe de lá os alienígenas malignos do romance *A guerra dos mundos*, publicado em 1897.

Edgar Rice Burroughs, criador de Tarzan, escreveu uma série de aventuras *pulp* ambientadas em Marte e publicadas entre 1917 e 1964. Nos anos 60, a editora americana Topps criou uma cultuada série de cards chamada *Mars Attacks!*, com marcianos de **CRÂNIOS ALONGADOS** incendiando cachorros e arrancando vísceras de humanos ainda vivos.

Em 1976, os marcianos voltaram ao noticiário quando a sonda espacial

Viking sobrevoou o planeta e fez a famosa foto da Face de Cidônia, que mostrava um rosto gigantesco e de aparência humanoide, bastante semelhante à Grande Esfinge de Gizé, no Egito. Parecia ser a evidência de que uma civilização avançada existia (ou existira) em Marte, embora a **NASA** afirmasse que a imagem era apenas uma feliz incidência de luz sobre uma formação natural. Em 1992, outra sonda, a Mars Observer, fez novas fotografias do local e o "rosto" se desfez em rochas e crateras vulgares.

Felizmente, quatro anos mais tarde, cientistas divulgaram que o meteorito batizado de ALH 84001, que caíra na Antártida havia 5 milhões de anos, era de origem marciana e possuía traços de atividade biológica. Apenas micro-organismos, claro, mas era o primeiro sinal de vida fora da Terra.

Desde 2004, três sondas robóticas estão no planeta tirando fotos: a Opportunity e a Spirit, que pousaram em 2004, e a Curiosity, que se juntou a elas em 2012. E por isso não há um único dia em que a **INTERNET** não seja invadida por imagens de Marte com ruínas, estátuas, sombras, gente, bichos e até um capacete nazista. Tudo muito interessante, sem dúvida, mas não para alguns conspiranoicos. Segundo eles, Marte sustentou uma civilização alienígena sim, mas quem vive lá atualmente são 500 mil terráqueos cuidadosamente escolhidos. Você leu direito: 500 mil terráqueos.

Essa informação foi revelada pelo instituto Exopolitics (exopoliticsinstitute.org), organização criada em 2005 para "ativismo e análise política da questão alienígena". Em 2006, o advogado Andrew D. Basiago, de Washington, concedeu uma entrevista ao programa de rádio do Exopolitics na qual afirmou que vivera e trabalhara entre 1981 e 1983 numa colônia humana existente em Marte. Segundo ele, a viagem ao planeta é feita por "teletransporte", tecnologia desenvolvida pelo governo americano ainda no final dos anos 60, a partir das pesquisas do inventor servo-croata **NIKOLA TESLA**.

Andrew D. Basiago teria sido um dos dez adolescentes recrutados para a missão pelo **PROJETO PÉGASUS**, que, por sua vez, era controlado pela DARPA (Defense Advance Research Projects Agency), fundada em 1958 pelo presidente Dwight D. Eisenhower.

O aparelho de teletransporte, que possibilita abrir túneis no espaço-tempo, era operado a partir do aeroporto da Hughes Aircraft, em Los Angeles. O objetivo da colônia era estabelecer soberania sobre o planeta, assim como estudar as espécies nativas. Sim, há vida lá. E também oxigênio para sustentar a espécie humana.

Quem teria viajado a Marte nessa mesma época também pelo Projeto Pégasus foi o jovem **BARACK OBAMA**, que depois se tornaria presidente americano. Regina Dugan, apontada por Obama para dirigir a Darpa em 2009, também estava na turma.

M

Talvez você ache difícil acreditar nas alegações do advogado. Afinal, ele é advogado! Mas há outras pessoas que dizem exatamente a mesma coisa. O militar da reserva Michael Relfe, por exemplo, conta que serviu vinte anos na colônia marciana. Arthur Newman, ex-cientista do Departamento de Defesa americano, também declara que visitou Marte várias vezes.

E Laura Magdalene Eisenhower, bisneta do presidente que criou a Darpa, afirma ter sido contatada pelo governo americano em 2006 para se juntar à colônia marciana, mas que recusou o convite. Laura Magdalene Eisenhower se define como uma astróloga, alquimista global e "mitologista" cósmica. Ela é devota de Gaia, o princípio feminino que permeia a Criação.

Veja também:
A GUERRA DOS MUNDOS
ALTERNATIVA 3
EXPERIMENTO FILADÉLFIA
GARY MCKINNO O HACKER
NASA

MARIA MADALENA, A SENHORA J.C.

Comecemos pelo cálice sagrado e suas muitas mutações.

Os mitos do Santo Graal surgiram na Europa do século XII e são uma espécie de compensação cultural pela perda da Jerusalém Cruzada para o sultão Saladino em 1187.

Nas lendas originais, o objeto é uma pedra. Depois uma tigela e, finalmente, já mixado ao ciclo arturiano, vira um cálice. Jesus teria usado o Graal na Santa Ceia para celebrar a comunhão. E, para economizar copos, José de Arimateia serviu-se do mesmo utensílio para recolher o sangue do messias na cruz. Por conta disso, o objeto é mágico e sagrado, assim como a **LANÇA DO DESTINO**.

O rei Artur e os cavaleiros da Távola Redonda são os responsáveis pela guarda do Graal no romance *A morte de Artur*, de 1485, escrito por Sir Thomas Malory. Depois da queda de Camelot, a **ORDEM DOS TEMPLÁRIOS** se torna a protetora do cálice. Outros mitos afirmam que os hereges cátaros foram os guardiões do objeto entre 1100 e 1294, até serem eliminados na Cruzada Albigense.

No século XX, porém, o Santo Graal sofre nova mutação: agora ele não é mais um cálice, mas o próprio sangue de Jesus Cristo preservado nos descendentes do messias. Uma linhagem. A mãe das crianças é Maria Madalena, que a Igreja transformou em prostituta nos evangelhos canônicos para manter a história oculta. Os descendentes de Jesus e Madalena sempre correram risco de vida, pois sua existência, se revelada, faria ruírem a Igreja e a cristandade. Uma organização secreta chamada **PRIORADO DE SIÃO** foi criada especialmente para protegê-los.

Mas como foi que o Santo Graal se transformou de cálice em linhagem? Será o alvorecer da Era de Aquário? Pode ser, pode ser. Só que essa história não é nova. Comunidades gnósticas sempre aceitaram a tese do "casal sagrado". O Evangelho de Filipe, relato escrito entre 150 e 350 d.C., diz claramente que Maria Madalena era "companheira" de Jesus. Esse texto foi encontrado na cidade egípcia de Nag Hammadi em 1945 e é um evangelho apócrifo, isto é, não reconhecido como verdadeiro pela Igreja, embora seja reverenciado pelos gnósticos.

O **GNOSTICISMO**, uma espécie de cristianismo místico, foi duramente combatido como heresia, mas persistiu tanto no Oriente Médio quanto na Europa. Os reis merovíngios (séculos V a VIII d.C.) eram gnósticos, assim como os cátaros (aqueles mesmos que guardavam o Graal). A ideia de um Jesus que joga no time dos casados sempre esteve por aí, embora restrita a um pequeno público. A história da descendência não. Esse é um acréscimo recente.

A teoria começou a ganhar forma em 1962 no livro *Le Enigme de Gisors* [O enigma de Gisors], depois foi aprofundada em *Le Trésor maudit de Rennes-le-Château* [O tesouro maldito de Rennes-le-Château], de 1968. Os dois livros foram escritos por Gérard de Sède, um surrealista, em parceria com **PIERRE PLANTARD DE SAINT-CLAIR**, um nobre falido que alegava ser descendente de Dagoberto II, o último rei merovíngio (vai vendo).

Bom escritor de teorias conspiratórias, De Sède na verdade não menciona **JESUS E SEUS GAROTOS** nos livros, mas planta pistas para que outros sigam por esse caminho. O que ele conta é a história do padre François Berenger Saunière, pároco de Rennes-le-Château, uma cidadezinha sem graça no sul da França, que esteve sob o domínio dos cátaros na Idade Média (vai vendo).

Em 1891, Saunière decidiu reformar a igrejinha da cidade, dedicada a Maria Madalena e construída pelos visigodos em 1059. Ao retirar a pedra do altar, o padre teria encontrado duas colunas ocas e, dentro delas, um tesouro fabuloso. O autor não especifica o que foi achado, mas sugere que era uma relíquia pertencente ao Templo de Salomão.

Como isso é possível?

Bem, em 70 d.C., Jerusalém se rebelou contra a ocupação romana e foi reduzida a cacos. Inclusive o templo — que não era o de Salomão, veja bem. Aquele os babilônios já tinham colocado abaixo muito tempo antes. Mas o prédio guardava os mesmos artefatos que estavam no edifício anterior. Esses tesouros foram saqueados e levados para Roma.

Em 410 d.C. foi a vez de Roma virar paçoca sob a invasão visigoda de Alarico, o Grande. O saque foi dividido entre os bárbaros, que se estabeleceram nas áreas antes pertencentes ao império. Uma dessas áreas era a cidade de Rennes-le-Château (vai vendo). Alguma coisa saiu de Jerusalém, ficou em Roma, foi tirada de lá pelos visigodos e estava escondida na igreja da cidade. Foi isso que Berenger Saunière encontrou.

De posse do tesouro, o padre foi a Roma e a Paris. Quando voltou, tinha dinheiro suficiente para terminar a reforma da igreja. Mas, por algum motivo, o pároco havia adquirido um estranho gosto arquitetônico e encheu o santuário de detalhes incômodos. A pia de água benta, por exemplo, é sustentada pela estátua do demônio Asmodeus, uma criatura que separa os casais. A entidade é um **NEFILIM**, filho de uma mulher mortal com um anjo caído. Segundo algumas lendas, Asmodeus é o verdadeiro construtor do Templo de Salomão.

Os vitrais da igreja reproduzem a Via Sacra, mas os desenhos também são peculiares. Um deles mostra uma criança de kilt escocês observando a crucificação. Outra cena sugere que o corpo de Jesus está sendo retirado secretamente de sua tumba durante a noite. E no pórtico da igreja, o bom padre Saunière gravou uma advertência em latim: "*Terribilis est locus est*", frase retirada do Gênesis (28,17) que significa "Este lugar é terrível!".

Em 1982, intrigados com o relato de Gérard de Sède, três autores ingleses iniciaram sua própria investigação, que gerou um documentário da BBC e, posteriormente, um livro, *O Santo Graal e a linhagem sagrada*, de 1982. Segundo esse livro, o tesouro de Saunière não era ouro nem prata, mas dois pergaminhos. Um deles trazia genealogias. O outro continha códigos secretos indecifráveis. Uma frase, porém, se destacava: "A Dagoberto II rei e a Sião pertence este tesouro e ele está ali, morto". "Sião" é Jerusalém e Dagoberto II é o último rei merovíngio, assassinado durante uma caçada em 679 d.C.

A investigação conduziu o trio de autores ingleses ao mesmo Pierre Plantard de Saint-Clair que havia colaborado com Gérard de Sède (vai vendo). Pierre Plantard revelou a eles novos documentos, os *Dossiês secretos*, que estavam depositados na Biblioteca Nacional de Paris desde 1967.

Uma parte dos dossiês também continha genealogias que, dessa vez, chegavam até Jesus Cristo e Maria Madalena.

A outra parte contava a história do **PRIORADO DE SIÃO** e trazia a lista de todos os seus grão-mestres. Entre eles, estavam Isaac Newton, Leonardo da Vinci e o surrealista Jean Cocteau.

O Santo Graal e a linhagem sagrada foi um best-seller na sua época, mas acabou totalmente suplantado pelo sucesso mundial do romance *O código Da Vinci*, de Dan Brown, lançado em 2003. Brown usa a história da linhagem sagrada como pano de fundo para as aventuras de Robert Langdon, um Indiana Jones que estuda simbologia. O romance simplifica uma trama muito mais bizantina e divertida, mas tem a virtude de transformar as combatidas crenças gnósticas em fenômeno pop, para total desespero do Vaticano.

O curioso é que Michael Baigent, Richard Leigh e Henry Lincoln, os três autores ingleses, processaram Dan Brown por plágio. Mas isso não faz nenhum sentido, pois *O Santo Graal e a linhagem sagrada* é assumidamente uma investigação histórica, enquanto o livro do escritor americano é apenas uma obra de ficção, certo?

Ah, sim!

E o que aconteceu com o padre François Beranger Saunière? Bem, pouco depois de concluir a reforma da igreja, ele caiu doente. Já nas últimas, Saunière confessou-se ao bispo da região, que, segundo se conta, teria ficado tão chocado que recusou a extrema-unção ao sacerdote.

O velório do padre também foi bastante excêntrico. Pessoas desconhecidas, usando trajes estranhos, mas de aparência cerimonial, chegaram a Rennes-le-Château. Eles colocaram o corpo de Saunière sentado em uma cadeira e, durante toda a noite, circularam em torno do cadáver rezando numa língua desconhecida. Ninguém sabe quem eram e nem para onde eles foram depois do enterro.

Veja também:
MEROVÍNGIOS DO ESPAÇO

MARIA ORSIC E OS ARIANOS DE ALDEBARÃ

Maria Orsic, também conhecida como Maria Orschitsch, é uma das personagens mais fascinantes do **NAZIESOTERISMO** que prosperou nas catacumbas da Alemanha de Hitler.

Maria era linda como uma valquíria: tinha olhos azuis e longos cabelos loiros que nunca cortou. Ela nasceu em Zagreb, na Croácia, mas foi ainda menina para Viena, Áustria, cidade natal de sua mãe. Em 1919, mudou-se para Munique, Alemanha, onde se envolveu com a ainda jovem Sociedade Vril, fundada no ano anterior pelo militar Karl Haushofer. Fez amizade com a alemã Traute A. e juntas organizaram a seção feminina da ordem. Assim como Maria Orsic, as "mulheres Vril" usavam cabelos longos arrumados em rabos de cavalo, um penteado incomum para a época. A bela croata se proclamou médium e contou que os cabelos compridos facilitavam a comunicação com os espíritos.

Em 1924, Rudolf von Sebottendorf, um dos fundadores da Sociedade Thule, outro grupo ocultista pró-nazi, procurou Maria Orsic, pois precisava entrar em contato urgente com Dietrich Eckart, um dos sete fundadores do Partido Nacional-Socialista, autor da expressão "Terceiro Reich" e criador da Sociedade Thule. Só tinha um problema: Eckart havia morrido no ano anterior. Não que isso fosse obstáculo para uma médium bonitinha como Maria Orsic, claro.

Uma sessão espírita para contatar o falecido nazista foi organizada no apartamento de Rudolf Hess. Mas a médium pegou uma linha cruzada, pois quem falou através dela foi uma entidade chamada Sumi, que afirmava ser um alienígena do sistema Aldebarã, na constelação de Touro, distante 65 anos-luz da Terra. Sumi contou que os extraterrestres de Aldebarã haviam colonizado nosso planeta há 500 milhões de anos e eram os verdadeiros fundadores da civilização suméria. As cidades de Larsa, Shurupak e Nippur, localizadas no atual Iraque, teriam sido edificadas por eles. O **DILÚVIO UNIVERSAL** arrasara a cultura "aldebarânica", mas os descendentes dos extraterrestres sobreviveram e deram origem à raça ariana. Como a expansão da estrela Aldebarã impedia novas viagens espaciais, os alienígenas usavam Maria Orsic para contatar seus irmãos exilados na Terra. Para comprovar a veracidade da transmissão, a médium encheu várias folhas de papel com símbolos alienígenas que, segundo os presentes, eram exatamente iguais à escrita cuneiforme dos sumérios.

Os arianos cósmicos continuaram a enviar mensagens aos nazistas, incluindo um mapa com os planetas habitáveis do seu sistema estelar. Também mandaram o projeto detalhado de um disco voador movido a "vril", energia presente em todos os seres vivos, semelhante à "orgone" concebida pelo psicoterapeuta Wilhelm Reich, e que pode ser manipulada por iogues e esotéricos.

A Sociedade Vril contatou empresários alemães para a construção do disco voador e os trabalhos se iniciaram. A tarefa foi extremamente facilitada depois da conquista do poder pelo Partido Nacional-Socialista em 1933. No entanto, apesar dos esforços de ocultistas, nazistas, industriais e alienígenas, o disco só ficou pronto em 1944, quando o país já estava sendo fatiado entre as potências aliadas.

Há quem afirme, no entanto, que Maria Orsic e várias lideranças importantes do Terceiro Reich, como o próprio Führer Adolf Hitler, tenham conseguido escapar num protótipo do disco voador para viverem felizes em Aldebarã. Talvez seja verdade, pois ninguém ouviu falar da médium de longos cabelos loiros depois de 1945.

Veja também:
ANUNNAKI
ENOQUE E OS ANJOS ASTRONAUTAS
MEROVÍNGIOS DO ESPAÇO
MONGE DAS LUVAS VERDES
NEFILIM

MARILYN MONROE

O corpo escultural da atriz Marilyn Monroe nem tinha chegado ao cemitério Village Memorial Park, em Los Angeles, e já circulavam inúmeras teorias conspiratórias sobre a sua morte.

Marilyn morreu aos 36 anos em 5 de agosto de 1962 de overdose de Nembutal, um remédio para dormir. A investigação concluiu por suicídio. A atriz sofria de depressão e havia tentado se matar outras vezes. Durante a filmagem de *Os desajustados* (1961), seu último trabalho, ela chegou ao fundo do poço. Terminou o casamento com o dramaturgo Arthur Miller e buscou ajuda psiquiátrica. Todo esse quadro justificava a conclusão dos investigadores. Mas a história não colou, talvez por ser demasiadamente clichê: o símbolo sexual desejado por todos, mas com uma existência miserável.

Na época já existiam rumores sobre o envolvimento da atriz com o presidente americano John F. Kennedy. Em 19 de maio de 1962, três meses antes de sua morte, a atriz cantara "Parabéns a você" no aniversário de 45 anos do presidente. A festa aconteceu no Madison Square Garden, em Nova York, e Marilyn caprichou na voz libidinosa e no vestido transparente e colado que, diz a lenda, foi costurado na hora em cima do corpo dela. A primeira-dama Jacqueline Bouvier Kennedy nunca se importara com as puladas de cerca do marido, mas teria ficado incomodada com aquela demonstração pública de afeto e exigira o fim do romance. Temendo um escândalo, John obedeceu, mas passou a garota para o irmão mais novo, Robert "Bobby" Kennedy, que era também o procurador-geral da República, cargo que equivale ao de ministro da Justiça.

O envolvimento com os dois irmãos Kennedy transformou a atriz numa ameaça à segurança nacional, escrevem os jornalistas Jay Margolis e Richard Buskin em *The Murder of Marilyn Monroe: Case Closed* [O assassinato de Marilyn Monroe: Caso encerrado]. O escândalo sexual abalaria o país, mas isso não era tudo. Marilyn também conheceria vários segredos sujos dos Kennedy, em especial o envolvimento deles com o chefão da máfia Sam Giancana (1908-75). Giancana era, digamos, "padrinho" de Frank Sinatra, que se tornara amigo pessoal de John. Por intermédio do cantor, o mafioso colaborara na eleição do democrata e garantira o voto dos sindicalistas controlados por ele. Ele também teria financiado a campanha em troca de maior tolerância às suas atividades ilegais. Só que, uma vez no poder, o acordo não foi respeitado e Bobby Kennedy iniciou uma luta sem tréguas contra a máfia.

Sam Giancana queria dar o troco nos irmãos e expor o caso de ambos com a atriz. Em *Goddess: The Secret Lives of Marilyn Monroe* [Deusa: As vidas secretas de Marilyn Monroe], o jornalista inglês Anthony Summers narra uma trama que parece coisa de John le Carré. Segundo ele, o mafioso colocara uma escuta no apartamento onde Bobby e a atriz costumavam se encontrar. Só que o FBI também havia grampeado Giancana e o plano do gângster foi descoberto. O chefe do bureau, John Edgar Hoover, vivia às turras com o ministro da Justiça, mas sabia que Marilyn Monroe representava um perigo maior e decidiu "intervir" na história de maneira radical.

Anthony Summers não afirma que a atriz tenha sido assassinada, mas fornece evidências para que o leitor conclua isso sozinho. Ele conta, porém, que o corpo de Marilyn Monroe foi tirado do apartamento e colocado numa ambulância que ficou horas circulando por Los Angeles até o FBI remover do local qualquer evidência que a ligasse aos Kennedy.

Uma outra versão da história é que John e Bobby, temendo indiscrições da atriz, teriam acionado seus amigos na máfia para acabar com ela. E há teorias ainda mais confusas. Uma delas envolve o Vaticano, que, receoso de um escândalo envolvendo John F. Kennedy, o primeiro presidente católico dos Estados Unidos, acionara seus fiéis jesuítas para suicidarem a moça. Outra teoria envolve os alienígenas **GREYS**. Sempre eles. John F. Kennedy teria descoberto o pacto secreto entre os **EXTRATERRESTRES** e setores do governo americano. Ele contou a história para a atriz, provavelmente na hora do cigarrinho, e isso a condenou. John teria sido assassinado pelo mesmo motivo, aliás.

Em março de 2015, Norman Hodges, um ex-agente da CIA de 78 anos, ao morrer de câncer no Sentara General Hospital de Norfolk, Virginia, confessou que era o assassino de Marilyn Monroe. Hodges afirmava que nos 41 anos em que trabalhara como espião ele matara 37 americanos que representavam algum tipo de ameaça à Casa Branca. A maioria das vítimas era de ativistas, sindicalistas e jornalistas, mas havia ocasionais celebridades, e a maior delas era Marilyn.

"Nós tínhamos informações de que ela dormia com Kennedy e também com Fidel Castro", contou Hodges. "Ela podia passar informações para os comunistas, e nós fizemos o que tínhamos de fazer!"

A atriz dividindo a cama com o presidente americano e o ditador cubano excita a imaginação, mas a história, infelizmente, é uma fraude. A notícia foi veiculada pelo *World News Daily Report*, um site dedicado a inventar notícias sensacionalistas.

Marilyn Monroe foi o maior símbolo sexual do século XX, e seu envolvimento com os Kennedy, um clã político cercado de lendas, deixa a história dela ainda mais saborosa. A versão do suicídio é plausível, mas não adianta: Marilyn não vai descansar em paz.

Veja também
ASSASSINATO DO REI

MARTY MCFLY E AS TORRES GÊMEAS

A série cinematográfica *De volta para o futuro* está entre as melhores histórias de viagem no tempo já contadas. Na trama, o adolescente Marty McFly (Michael J. Fox) viaja de 1985 a 1955, depois vai até 2015 e retorna a 1885 para resgatar Doc Brown (Christopher Lloyd), perdido no Velho Oeste. As viagens são feitas numa máquina do tempo acoplada a um carro DeLorean DMC-12, hoje um item de colecionador, especialmente por causa do filme.

Em 2015, em meio às comemorações dos trinta anos da série, surgiu na internet um curioso filmete chamado *Back to the Future Predicts 9/11* [De volta ao futuro prevê o Onze de Setembro], de uma certa Apophenia Productions.

O documentário de doze minutos desenvolve a teoria conspiratória de que pistas sobre o atentado terrorista ao World Trade Center em 11 de setembro de 2001 estariam codificadas em *De volta para o futuro*. Se alguém tivesse entendido as mensagens, os ataques jamais teriam ocorrido.

A história do filme começa em 1985. O cientista Doc Brown chama seu amigo Marty McFly para documentar o primeiro teste da máquina do tempo. Para não atrair muita atenção, o experimento é feito durante a madrugada no estacionamento de um shopping center chamado Twin Pines Mall. No começo da sequência, a câmera mostra um painel com o nome do lugar, um logotipo com dois pinheiros e um relógio digital marcando 1:16 AM. Note que, se você virar o frame de cabeça para baixo, 116 se transforma em 911. Mas isso é só o começo.

Quando a máquina do tempo é colocada em funcionamento, o Two Pines é atacado por terroristas islâmicos que assassinam Doc Brown. Ao volante do DeLorean, Marty foge dos agressores e volta acidentalmente até 1955. Uma vez lá, o rapaz tenta advertir a versão jovem do cientista de que ele morrerá em 1985. Mas Doc Brown se recusa a escutar o aviso, alegando que é muita responsabilidade conhecer a história antecipadamente.

Depois de uma série de aventuras, Marty regressa ao futuro e chega antes do atentado que vitimou Doc. Ele corre para o shopping Two Pines para salvar o amigo, só que agora o lugar se chama Lone Pine Mall e tem apenas um pinheiro no logotipo. O.k. Assim como aconteceu em Nova York, terroristas atacaram as torres gêmeas do World Trade Center e em seu lugar existe agora uma única torre. Certo?

O documentário também associa a Torre do Relógio em Hill Valley, cidade onde se passa a história, aos prédios de Manhattan. No filme, o relógio da torre é destruído numa tempestade de raios em 1955. Doc Brown usa a potência da descarga elétrica para mandar Marty de volta a 1985. Quando isso acontece, o DeLorean desaparece e deixa apenas duas marcas de chamas no chão, numa referência às Torres Gêmeas. No lado esquerdo da cena há ainda uma oficina chamada "Western Auto", cujo logotipo em forma de espiral lembra um "nove". O "nove" e as marcas de pneu formam "911".

E tem mais. No segundo filme da série, McFly viaja para 2015. Na casa do seu "eu" futuro há uma "janela" digital que mostra paisagens. Na primeira cena, a tela exibe dois pinheiros num jardim, mas um dos personagens muda a imagem para as Torres Gêmeas. A sequência reforça a pista do primeiro filme: os pinheiros duplos são os prédios derrubados pelos terroristas.

Fica melhor ainda. Em outubro de 2015, Robert Zemeckis, o diretor da trilogia, lançou o filme *A travessia*, sobre a aventura real do acrobata Philippe Petit (Joseph Gordon-Levitt) que, em 7 de agosto de 1974, caminhou por um cabo de aço entre as Torres Gêmeas. Na produção, Petit usa uma jaqueta jeans e uma camiseta vermelha, roupa igual à que McFly veste quando viaja para 2015.

A teoria revela, portanto, a existência de dois "McFlys". Um deles está no alto das Torres Gêmeas, ainda de pé num universo em que as pistas espalhadas por *De volta para o futuro* foram corretamente decifradas. O outro McFly está no nosso 2015, onde o atentado terrorista de 2001 aconteceu e os prédios não existem mais.

Trinta anos separam a série de ficção científica de *A travessia*. Esse é exatamente o período de tempo que Marty McFly pede para Doc Brown esperar para abrir a carta que o adverte sobre o atentado terrorista no Two Pines Mall.

E o que tudo isso significa? Que o impacto do ataque terrorista de 2001 na psique humana foi tão grande que a barreira do tempo foi rompida e "marcas" foram impressas no passado?

Tudo é possível. Mas há outra provável explicação. A produtora do documentário se chama Apophenia Productions. E "apofenia" é um termo criado pelo neurologista alemão Klaus Conrad (1905-61) que é definido como a capacidade humana de perceber conexões e padrões onde não existe absolutamente nada.

Veja também:
F FOR FAKE
QUARTO 237

MARX SATANISTA

Embora se declarasse ateu e materialista, o filósofo Karl Marx (1818--83) falava como um profeta do Velho Testamento. Para ele, enxergar o futuro não era tarefa de cartomante, mas obrigação de todo intelectual socialmente responsável. A história, afinal, é uma longa sequência de conflitos entre classes, logo, previsível.

Bertrand Russell (*História do pensamento ocidental*) explica melhor:

> Um determinado sistema de produção, no curso do tempo, desenvolverá tensões internas entre as várias classes sociais a ele vinculadas. Estas contradições, como Marx as denomina, se resolvem numa síntese mais elevada. A forma que a luta dialética assume é a luta de classes. A batalha prossegue até que, com o socialismo, instaura-se uma sociedade sem classes. Uma vez alcançado esse objetivo, não há mais razão para lutar e o processo dialético pode adormecer.

E aí, diz a profecia, o Paraíso será restabelecido na Terra e todos nós cantaremos e dançaremos num eterno samba-enredo.

No entanto, há quem jure que as boas intenções de Karl Marx pavimentam o caminho para o Inferno. Segundo eles, o pensador alemão não era sequer comunista, mas sim um aplicado satanista.

Em suas memórias, o fotógrafo americano Jacob A. Riis (1893-1914), um marxista devoto, conta que foi a Londres assim que soube da morte do líder. Lá, ouviu da criada (sim, Karl tinha criados) que o velho materialista era um homem religioso. "Quando estava muito doente, ele rezava sozinho no seu quarto diante de uma fileira de velas acesas com a testa amarrada por uma fita métrica", contou a empregada.

Teria Marx retornado à religião dos ancestrais judeus? Talvez. Mas o pastor Richard Wurmbrand (1909-2001) acredita que ele era, na verdade, um adorador do Tinhoso. No livro *Era Karl Marx um satanista?* (1976), Wurmbrand pesquisa vários textos da juventude do pensador para provar a tese. Uma das obras é a peça *Ounalem* (anagrama de *Emanuel*), que descreve uma missa negra. O outro é o poema "O violinista", que diz em determinado trecho:

> Os vapores infernais se elevam
> E me enchem o cérebro
> Até que eu enlouqueça
> E meu coração seja
> Totalmente mudado.
> Vê esta espada?
> O Príncipe das Trevas
> A vendeu para mim.

Eu sei. Isso só prova que todo poema juvenil é uma bosta, mas Wurmbrand continua as elucubrações e cita também uma correspondência de Jenny Marx para o marido, Karl: "A sua última carta pastoral, sumo sacerdote e bispo das almas, transmitiu paz e tranquilidade às suas pobres ovelhas".

Segundo ele, Jenny se refere ao cargo que Karl Marx ocupava na Igreja luciferiana.

Tá, tá. Richard Wurmbrand nasceu na Romênia, onde foi preso e torturado pelo governo comunista. Isso talvez explique a obsessão dele em demonizar Karl Marx.

Já Gianni Vannoni desenvolve teoria mais crível e interessante no livro *As sociedades secretas — Do século XVII ao século XX*. Segundo ele, a Liga dos Comunistas, da qual Karl Marx fazia parte, foi fundada em 1834 em Paris com o nome de Liga dos Proscritos, uma sociedade secreta fortemente influenciada pelo **GNOSTICISMO**. Nos mitos da gnose, o mundo físico é controlado por uma divindade inferior, o Demiurgo, que se apresenta ao homem como o **YAVEH** do Velho Testamento. Essa criatura despótica e vaidosa cria todo tipo de prazer terreno para desviar o homem do verdadeiro objetivo, que é alcançar a "gnosis", isto é, o conhecimento da sua essência divina, e se libertar da escravidão do mundo material.

Parece ou não parece com o comunismo?

Não é por acaso que dizem que o marxismo é só uma heresia cristã que enlouqueceu.

Veja também:
NEOLIBERAIS
SATANISTAS

MARY CELESTE

No dia 5 de dezembro de 1872, o navio *Dei Gratia* navegava rumo a Portugal quando avistou um barco aparentemente sem comando. O capitão Benjamin Morehouse observou a embarcação durante longas horas antes de decidir abordá-la, pois os piratas da região costumavam forjar "navios fantasmas" para enganar as vítimas. Finalmente, Morehouse foi a bordo e descobriu que o barco era o *Mary Celeste*, um veleiro de dois mastros do seu amigo Benjamin Sooper Briggs, que havia zarpado um mês antes em Nova York na direção de Gênova, na Itália.

O barco levava 1700 barris de álcool que estavam intocados. O dinheiro e as joias do capitão também continuavam bem guardados na cabine. Não havia sinais de violência ou conflito no convés, o que eliminava a hipótese de ataque pirata.

O mais curioso é que refeições ainda estavam nas mesas, abandonadas pelo meio. A casca de um ovo cozido tinha sido quebrada, mas ninguém tivera tempo de comê-lo. Uma tigela de mingau de aveia estava intocada. Pelo estado do navio, parecia que ele fora abandonado fazia uma semana.

No *Mary Celeste* viajavam o capitão Benjamin Sooper Briggs, um marinheiro experiente; a mulher dele, Sarah, e a filha de dois anos, Sophie, além de uma tripulação de sete homens. Todos tinham desaparecido. O último registro do diário de bordo era de 24 de novembro na ilha de Santa Maria, nos Açores, distante quatrocentas milhas náuticas (ou 740 quilômetros) dali. Isso significava que o *Mary Celeste*, mesmo sem tripulação, havia navegado mais rápido que o *Deo Gratias*, que fizera o mesmo trajeto em duas semanas. Não parecia possível.

Na falta de explicações convincentes, várias hipóteses são discutidas ainda hoje. Uma delas é que o *Mary Celeste* foi atacado por um monstro marinho, possivelmente um polvo gigante, que arrastou todo mundo para as profundezas. Outra é que a tripulação foi vítima de uma abdução alienígena.

O escritor Arthur Conan Doyle, criador de Sherlock Holmes, ajudou a popularizar o mistério do barco fantasma. Em 1884 ele publicou um relato ficcional na *Cornhill Magazine*, sob o pseudônimo de J. Habakuk Jephson, suposto marujo do *Dei Gratia*. A narrativa é até hoje confundida com um testemunho real, o que é um problema, pois Conan Doyle omite detalhes importantes: um dos botes salva-vidas sumira, assim como a bússola e o sextante. E nove dos 1700 barris de álcool estavam vazios. Esses detalhes levaram à elaboração de uma explicação bem mais prosaica. Antes de zarpar, o capitão Briggs se confessara temeroso de levar uma carga potencialmente explosiva. Supõe-se, portanto, que ele fizesse verificações regulares dos barris. Talvez o álcool dos nove barris vazios tenha evaporado, criando uma nuvem de vapor tóxico no porão. Temendo uma explosão, o capitão abandonara o barco às pressas no bote salva-vidas. Uma vez no mar, a tripulação teria morrido de fome e de sede.

Faz sentido, mas essa explicação também tem seus furos. O bote salva-vidas nunca foi encontrado. Os barris vazios não tinham vestígio algum de líquido, que certamente sobraria num processo de evaporação. E também não havia nenhum vapor tóxico no porão quando o navio foi encontrado. Além disso, só uma conjunção muito fortuita de ventos e correntes marítimas faria o *Mary Celeste* navegar mais rápido que o *Dei Gratia*. A história continua sem explicação. Talvez os culpados sejam mesmo os alienígenas.

veja também:
FADAS DE COTTINGLEY
HOLANDÊS VOADOR

MATRIX

O mundo é uma simulação. E a falsidade vai muito além das postagens cuidadosamente indignadas no Facebook. Tudo é falso. Árvore, gente, prédio, pedra, inseto, planeta, espaço. Nada existe.

O primeiro a desenvolver essa ideia esquisita foi o filósofo grego Platão (428-349 a.C.), que postulava a existência de um mundo ideal de formas perfeitas do qual o nosso seria apenas uma sombra distorcida.

O idealismo platônico sempre foi considerado religiosidade sem deus (por gente educada) ou simples onanismo filosófico (pelos malcriados). Recentemente, porém, alguns cientistas vieram com a mesma ideia. A realidade pode ser uma simulação criada por um megacomputador, exatamente como acontece na trilogia cinematográfica *Matrix*.

Richard Terrile, astrônomo que comanda o Centro de Computação Evolucionária e Design Automativo no centro de propulsão da **NASA**, acredita que "a nossa realidade foi programada por uma espécie mais evoluída que a nossa".

Mas por que alguém criaria um universo virtual? Simplesmente porque tem recursos para fazê-lo, especula Terrile. Filmes, romances, revistas em quadrinhos e video games são todos simuladores de realidade. A criação de mundos ficcionais é parte fundamental da nossa história cultural. Se tivéssemos recursos para criar um universo inteiro, cheio de tramas intrincadas e personagens complexos, nós o faríamos. Logo, por que nós mesmos não estaríamos vivendo dentro de uma simulação?

"Nós somos programados para acreditar na realidade", explica Richard Terrile. "Nascemos e morremos no simulador, então, para nós, esta é a realidade. Por isso acredito que o programa foi criado por uma espécie humanoide muito mais evoluída que a nossa. Porque o sistema é muito complexo. Eles nos criaram com consciência, sentimento, medo..."

O cientista da **NASA** pode ser apenas um conspiranoico excêntrico. Mas ele não é o único. Três físicos da Universidade Cornell, em Nova York, chegaram a uma conclusão bastante parecida. No artigo "Constraints on a universe as a numerical simulation" [Restrições em um universo como uma simulação numérica], Silas Beane, Zohreh Davoudi e Martin Savage consideram a hipótese de que o Universo esteja conectado por uma Grade de Cromodinâmica Quântica, que funciona como uma "rede" na qual a simulação é "projetada". A nossa realidade, afinal, é composta por quarks, uma partícula fundamental da matéria que não é observável, mas cujos efeitos podem ser matematicamente calculados.

A coisa é confusa, como tudo o que diz respeito à física quântica. Mas

Veja também:
DATABASE CÓSMICA
GATO DE SCHRÖDINGER
GNOSTICISMO
YAVEH

o importante é o seguinte: a realidade é igual a um video game e nós todos somos personagens nessa simulação.

Mas — cuidado! — até onde nossa percepção alcança, você só tem uma vida e ninguém está "salvando" o jogo.

MEROVÍNGIOS DO ESPAÇO

Os reis merovíngios governaram parte da atual França e da Bélgica entre os séculos IV e VII d.C. Bárbaros germanos tinham invadido e saqueado Roma em 476. O outrora orgulhoso Império estava aos cacos e sem condições de exercer autoridade alguma sobre os povos da Europa. Em 481, Clóvis uniu as tribos francas e se proclamou rei. Ele foi o primeiro soberano da dinastia merovíngia que governou até 679, ano em que o último rei, Dagoberto II, foi assassinado enquanto caçava.

Na literatura esotérica, os merovíngios são retratados como reis-sacerdotes e adeptos do **GNOSTICISMO**, embora Gregório, bispo de Tours, registre nas suas crônicas que Clóvis era um cristão convertido.

A dinastia merovíngia também ocupa lugar de destaque na intrincada saga dos supostos descendentes de Jesus Cristo e Maria Madalena. A história está espalhada por vários verbetes deste livro, mas se você começou a leitura aqui, o resumo é o seguinte: Jesus era um rabino reformista, mas também um descendente do rei David, e reivindicava o trono de Israel, representando uma dupla ameaça ao Império Romano. Ele também seria casado com Maria Madalena, com quem tivera pelo menos dois filhos, Tiago e Sarah.

Depois da crucificação do marido, Maria Madalena se refugiou com a filha entre judeus na tribo dos benjamitas, que viviam no sul da atual França. Clóvis e os merovíngios seriam descendentes de Sarah, logo, de Jesus Cristo.

Mas no livro *La Race fabuleuse* [A corrida fabulosa], o conspiranoico Gérard de Séde conta que o avô de Clóvis, um certo Mérovée ou Meroveus, era uma "criatura marinha". De fato, o prefixo "Mér" significa "oceano" e "vée", "viajante". Talvez Mérovée fosse um imigrante que chegara pelo mar, mas essa explicação é muito prosaica. Segundo a teoria conspiratória, a tribo dos benjamitas descenderia de criaturas meio homens meio peixes chamadas **ANUNNAKI**, que eram cultuadas como deuses pelos antigos sumérios. Esses seres são os mesmos "anjos caídos" que vêm à Terra copular com as "filhas dos homens" e são chamados de **NEFILIM** no Livro de Enoque, um texto expurgado da *Bíblia*.

O LIVRO DAS CONSPIRAÇÕES 229

Defensores da tese do astronauta ancestral acreditam que os anunnaki não eram "anjos", mas **EXTRATERRESTRES** do sistema estelar de Sírius, distante 8,6 anos-luz da Terra.

O símbolo heráldico da dinastia merovíngia era a flor-de-lis, que depois foi associada à coroa francesa. Historiadores alternativos dizem que esse também era o símbolo do rei Davi, mas o emblema teria origem ainda mais remota e estaria associado a certo "Senhor das Águas Profundas", que teria surgido para governar a Suméria depois do **DILÚVIO UNIVERSAL**. Ele também era uma criatura anfíbia.

Portanto: os reis merovíngios seriam descendentes de Jesus Cristo e Maria Madalena, que, por sua vez, procederiam dos alienígenas de Sírius, erroneamente retratados como "anjos caídos". Faz sentido agora?

Veja também:
O CÓDIGO DA VINCI

JESUS NUNCA EXISTIU

MARIA MADALENA, A SENHORA J.C.

PIERRE PLANTARD DE SAINT-CLAIR

MICHAEL JACKSON NÃO MORREU

No mundo pop, a morte é uma excelente maneira de ganhar a vida. O único problema é enganar o mundo inteiro com um falecimento falso.

Oficialmente, Michael Jackson morreu em junho de 2009, aos cinquenta anos, vitimado por uma overdose do anestésico Propofol. Alguns conspiranoicos, no entanto, afirmam que ele apenas assumiu uma nova identidade.

No final da primeira década do século XXI, a situação econômica de Michael Jackson ia muito mal. Embora o patrimônio dele fosse calculado em 1 bilhão de dólares, as dívidas batiam em 500 milhões e continuavam a crescer. A vida luxuosa em Neverland, um sítio de mil hectares em Santa Bárbara, na Califórnia, era dispendiosa e os discos já não vendiam como antes. Além disso, o ídolo enfrentava várias ações na justiça por molestamento de menores, com custos legais bastante altos.

Todos esses problemas foram resolvidos com a (suposta) morte do cantor. O "Rei do Pop" foi o artista que mais vendeu discos no mundo em 2009, 31 milhões de cópias, e a arrecadação de direitos autorais cresceu exponencialmente. Para lançar o documentário *This is it*, sobre os bastidores do show que o artista planejava e nunca chegou a fazer, a Sony Music desembolsou 60 milhões de dólares. Outros 125 milhões foram arrecadados com a exibição do filme fora dos Estados Unidos.

Quem primeiro reportou a morte do cantor foi o site de fofocas TMZ, que faz parte do conglomerado Time Warner. O laudo médico atesta que Michael Jackson morreu às 14h26. O site deu a notícia às 14h44. Foi a primeira vez que um veículo nascido na era digital conseguiu ser mais ágil do que a chamada mídia tradicional. O TMZ cresceu e ganhou credibilidade depois disso, mas nunca explicou como conseguiu o furo de reportagem. Tudo indica que eles tinham uma fonte confiável dentro da própria casa do cantor.

A cobertura, porém, teve várias informações contraditórias. Os médicos-legistas afirmaram que Michael Jackson estava praticamente careca e que o lado direito do seu rosto estava muito cavado e marcado, resultado do efeito da medicação. Mas na foto veiculada pelo TMZ, que mostra uma tentativa de ressuscitação do cantor, ele tem uma aparência absolutamente normal. Normal para Michael Jackson, claro. A imagem foi feita dentro da ambulância que levaria o astro para o hospital da Ucla, Universidade de Los Angeles. O TMZ não explicou como conseguiu colocar um repórter lá dentro. Conspiranoicos apontam o dedo acusador para o site, considerado cúmplice na falsa morte.

A mesma teoria conspiratória alega que a família e os amigos do artista não estavam "adequadamente tristes" na TV. Não existe um padrão universal para o luto, é claro, mas no dia seguinte à morte do cantor a mãe dele, Katherine, foi flagrada fazendo compras num supermercado como se nada tivesse acontecido. A família optou por um funeral discreto no cemitério Forest Lawn, em Glendale, daí a ausência de vários amigos do cantor como Elizabeth Taylor, Oprah Winfrey e sua ex-esposa, Lisa Marie Presley. Os adeptos da Teoria da Falsa Morte argumentam que a única ausência compreensível é a de Lisa Marie. Afinal, ela é filha de Elvis Presley e certamente já tinha presenciado um falso funeral antes.

O médico de Michael Jackson, Conrad Murray, foi processado pela família do artista por ter administrado o anestésico que o matou. Murray alegou que o cantor era viciado no medicamento. Segundo ele, Jackson estava deprimido e sofrendo de insônia, por isso implorou por uma dose do remédio. Conrad Murray foi condenado por homicídio culposo em 2011 — ou seja, sem a intenção de matar —, mas cumpriu apenas metade da pena e foi solto em 2013. Proibido de clinicar no estado da Califórnia, ele trabalha hoje em Trinidad e Tobago, no Caribe. Murray foi o médico pessoal de Michael Jackson apenas por onze dias e os conspiranoicos afirmam que sua cumplicidade foi essencial na farsa. O processo judicial seria apenas uma artimanha para dar mais veracidade à coisa toda.

Durante sua vida, Michael Jackson respondeu a sete processos judiciais por molestamento infantil. O primeiro caso é de 1993, quando o roteirista Evan Chandler acusou o cantor de abusar sexualmente do seu filho, Jordan, então com treze anos. Um acordo judicial foi firmado e o cantor desembolsou mais de 20 milhões de dólares de indenização para se livrar da encrenca. Foi a senha para que várias outras denúncias surgissem. Para complicar ainda mais, a irmã do cantor, La Toya Jackson, declarou em entrevista que Michael era mesmo um pedófilo. Depois disso, a imagem do ídolo pop nunca mais foi a mesma. Segundo a teoria conspiratória, isso também foi definitivo para que o artista decidisse "morrer" e recomeçar nova vida longe dos ultrajantes boatos.

No dia da morte de Michael Jackson, um homem de 33 anos chamado Dave Dave compareceu ao *talk show* de Larry King, um dos mais populares da rede CNN. Com uma voz estridente, muito similar à do falecido, Dave Dave contou que tivera 90% do seu corpo queimado por querosene pelo próprio pai, durante uma briga por sua custódia. Michael Jackson soube do caso e auxiliou Dave, pagando por todas as operações plásticas reparadoras, além de torná-lo um hóspede frequente em Neverland. Os conspiranoicos, porém, não veem nisso apenas uma história comovente de solidariedade humana e afirmam que Dave Dave é o próprio Michael Jackson disfarçado. Fã de *practical jokes*, o artista teria ido à TV comentar o seu próprio funeral falso. Parece maluco demais, claro, mas lembre-se da regra número um das teorias conspiratórias: quanto mais improvável, maior a probabilidade de que seja real.

Assim como ocorre com Elvis Presley, muitos "avistamentos" de Michael Jackson foram reportados em diversas partes do mundo: Austrália, Croácia, Israel e Canadá. Mas, enquanto as aparições de Elvis nunca foram devidamente documentadas, as de Michael têm o apoio da internet. O site michaeljacksonsightings.com foi criado apenas para registrar as imagens do cantor supostamente morto. Em muitas delas ele aparece usando máscaras e óculos escuros, exatamente como fazia quando estava formalmente vivo. Visite o site e tire suas próprias conclusões. Quando não está passeando pelo mundo, o cantor supostamente vive no Catar, uma monarquia árabe localizada no Golfo Pérsico e grande produtora de petróleo. O emir Tamim bin Hamad Al-Thani seria um grande fã do cantor, assim como seu pai, Hamad bin Khalifa, regente do país na época da morte do artista. O Catar entra na história porque a irmã de Michael, Janet Jackson, se converteu ao islamismo em 2013 para casar com o bilionário catariano Wissam Al Mana. Mas não é só isso. Segundo o jornal inglês *The Sun*, o cantor fizera o mesmo, pouco antes da (suposta) morte, adotando o nome Mikaeel, um dos anjos de Alá.

Todas essas evidências são frágeis e nem um pouco convincentes, é verdade, mas o jornalista americano Derek Clontz afirma no livro *Michael Jackson Lies that Rocked the World!* [A mentira de Michael Jackson que abalou o mundo!], de 2013, que possui o diário secreto de Michael Jackson, onde o cantor conta em detalhes como planejava forjar a própria morte para finalmente viver em paz. Clontz escreve frequentemente sobre **EXTRATERRESTRES**, criptozoologia e assina reportagens do *Weekly World News*, um jornal satírico

Veja também:
ELVIS NÃO MORREU

FANTASMAS BAILARINOS

que parodia a imprensa sensacionalista e inventa reportagens de títulos extravagantes como "Hillary Clinton adota criança alienígena" ou "Pé Grande mantinha lenhador como escravo sexual".

MILKSHAKESPEARE

O crítico Harold Bloom acredita que as 37 peças teatrais assinadas pelo inglês William Shakespeare (1564-1616) compõem uma obra capaz de rivalizar com a *Bíblia* no cânone literário ocidental. Só que com uma vantagem: o bardo entende a natureza humana melhor que o próprio **YAVEH**, seu criador, além de se expressar melhor na língua inglesa.

William Shakespeare nasceu em Stratford-upon-Avon, sul da Inglaterra, em 1564, e morreu lá mesmo 52 anos mais tarde. Nesse meio-tempo, casou, teve filhos, comprou e vendeu imóveis, organizou a própria companhia de dramaturgia e foi um dos donos do teatro Globe na Southwark Bridge Road, em Londres.

No entanto, um grupo de intelectuais desocupados, conhecidos como "anti-stratfordians", acredita que esse Shakespeare apenas assinou os trabalhos de outro autor, que permanece incógnito.

Mas se ele nunca escreveu nada, quem escreveu?

Há vários suspeitos. O primeiro é Sir Francis Bacon (1561-1626), filósofo, ensaísta e um dos gigantes intelectuais daquele período. Bacon era conselheiro da rainha Elizabeth I e, segundo os conspiranoicos, abriu mão da autoria dos textos para não associar seu nome a espetáculos frívolos para a plebe ignara, encenados entre lutas de cachorros e cuspidores de fogo.

Um dos primeiros a defender essa tese foi o americano **IGNATIUS DONNELLY** em 1888 no livro *The Great Cryptogram: Francis Bacon's Cipher in the So-Called Shakespeare Plays* [O grande criptograma: A cifra de Francis Bacon nas peças atribuídas a Shakespeare]. Donnelly também escreveu sobre a Atlântida e é o inventor da tese de que astecas e egípcios partilhavam uma herança cultural comum. Embora tenha tido uma bem-sucedida carreira política, sendo eleito senador por Minnesota, ele era conhecido como "o príncipe da picaretagem", o que não ajuda muito a causa dos baconianos.

Existe outro candidato, entretanto: Edward de Vere (1550-1604), conde de Oxford. De Vere foi um grande mecenas e patrocinou museus e companhias teatrais. Também era poeta e dramaturgo, embora suas peças fossem apresentadas apenas para o público seleto da corte. Os oxfordianos defendem que ele é o verdadeiro William Shakespeare e escondeu a autoria por razões semelhantes às apresentadas pelos baconianos. Quem levantou essa hipótese foi o professor inglês J. Thomas Looney (1870-1944) no livro *Shakespeare Identified* [Shakespeare identificado], de 1920. Looney acrescenta um certo preconceito de classe à sua teoria conspiratória, afirmando que algumas peças de Shakespeare demonstram um conhecimento profundo da vida da corte, coisa que o plebeu William não tinha. Ele só esquece de mencionar que Shakespeare era versado em latim, oratória e língua inglesa. Sua educação era muito mais sólida do que a do autor de comédias Ben Jonson (1572-1637), por exemplo, que era filho de um pedreiro.

Mas o melhor entre todos os candidatos a William Shakespeare é Christopher Marlowe (1564-93), também dramaturgo e autor de peças como *O judeu de Malta* e *A trágica história do doutor Fausto*. Marlowe teve uma vida breve e cheia de aventuras, morrendo precocemente aos 29 anos com uma facada no olho. O motivo foi uma dívida não paga, que terminou em briga numa taberna de Deptford, à margem do Tâmisa. Só que os fãs do autor, reunidos na The Marlowe Society, sustentam que a morte foi uma farsa arquitetada para que ele se livrasse dos muitos inimigos. Segundo essa teoria, Christopher Marlowe era um espião recrutado por Francis Walsingham (1530-90), o fundador do serviço secreto inglês.

A Inglaterra de Elizabeth I era um covil de agitadores. O Vaticano, auxiliado pela Espanha e pela França, conspirava abertamente para depor a rainha, filha de Henrique VIII e Ana Bolena, e restaurar o catolicismo no país. Inúmeras sociedades secretas agiam em Londres e Christopher Marlowe teria se infiltrado em uma delas, The School of Night, agremiação de ateus, poetas e alquimistas da qual também fazia parte William Shakespeare.

Perseguido por jesuítas e assassinos, Marlowe encenou sua morte com a ajuda de três agentes de Francis Walsingham e caiu na clandestinidade. Mas, embora estivesse a serviço de sua majestade, o dramaturgo continuou a escrever peças, que foram gentilmente produzidas, encenadas (e assinadas) pelo amigo William.

A trama é romântica e mirabolante, mas se encaixa perfeitamente nas histórias do período, como a do **COLÉGIO INVISÍVEL**, a associação de livres-pensadores organizada por Robert Boyle (1627-91), e as aventuras de **JOHN DEE & EDWARD KELLEY, OCULTISTAS**, que também trabalharam para o mestre-espião Francis Walsingham.

O que engrossa o caldo desse milkshakespeare é que no período elisabetano as peças teatrais não eram impressas. Os textos circulavam apenas entre companhias de atores, que os usavam como base, adulterando diálogos e acrescentando "cacos" onde bem entendessem. Ben Jonson foi o primeiro a

Veja também:
MANIFESTOS ROSA-CRUZ
MANUSCRITO VOYNICH
SERVIÇO OCULTO DE SUA MAJESTADE
ZERO ZERO SETE

juntar seus trabalhos em um livro. O sucesso dessa edição animou os amigos de Shakespeare a fazer o mesmo com a obra dele, seis anos depois de sua morte. O *Primeiro fólio* — com treze comédias, dez peças históricas e doze tragédias — foi publicado em 1623. Ainda existem alguns exemplares por aí, e, caso você tenha um deles em casa, uma boa notícia: o livro foi arrematado por 6 milhões de dólares num leilão em 2006.

Ninguém perguntou quem era o verdadeiro autor.

MK ULTRA

O programa MK Ultra parece mais a invenção de um ficcionista imaginativo, mas ele aconteceu, assim como as histórias esquisitas que o cercam. Em abril de 1953, o diretor da CIA, Allen Dulles (1893-1969), concebeu um programa de controle mental à distância a ser conduzido pelo psiquiatra e químico americano Sidney Gottlieb (1918-99).

Dulles e Gottlieb buscavam dois objetivos básicos: a criação de um soro da verdade funcional e, o mais intrigante, a criação de um agente secreto perfeito, que não conhece sua missão nem sua verdadeira identidade até ser acionado remotamente por uma palavra-código. A técnica é bastante semelhante à mostrada no filme *Sob o domínio do mal* ou *The Manchurian Candidate*, de 1962.

Para alcançar essas metas tudo era válido: drogas, hipnose, emissão de pulsos eletromagnéticos e até experimentos parapsicológicos.

Entre 1955 e 1958, a CIA submeteu inúmeros cidadãos americanos a experimentos secretos, além de promover a fabricação e a distribuição de LSD nos Estados Unidos. Mescalina e peiote também foram largamente utilizados.

Uma das estratégias da agência foi financiar bordéis de fachada, nos quais os clientes e as garotas eram secretamente drogados para que seu comportamento pudesse ser estudado. Soldados americanos também foram submetidos às experiências, assim como pacientes pobres de hospitais públicos.

A maioria dos documentos que faziam referência ao MK Ultra foi destruída nos anos 70 por Richard Helms (1913-2002), sucessor de Allen Dulles na CIA. Pouca coisa escapou da queima de arquivo. No entanto, um documento de maio de 1955, considerado autêntico por vários pesquisadores, lista alguns propósitos do programa:

- Induzir o pensamento ilógico e a impulsividade para destruir a credibilidade de opositores;

- Produzir artificialmente sintomas de doenças graves para exercer controle sobre a vítima;
- Utilizar a hipnose para programar ações e acioná-las remotamente no futuro;
- Testar a resistência das pessoas à tortura, coerção e privação durante interrogatório e lavagem cerebral;
- Apagar eventos específicos da memória da vítima, produzindo amnésia artificial;
- Produzir sintomas físicos à distância, como paralisia dos membros do corpo, por exemplo;
- Produzir euforia e confusão mental durante um longo período de tempo;
- Alterar a estrutura da personalidade, tornando a vítima mentalmente dependente de outras pessoas;
- Manipular eventos e situações para que a vítima se torne incapaz de distinguir realidade de ilusão.

Não se sabe se o MK Ultra conseguiu alcançar os objetivos listados. Nos anos 60, Allen Dulles encerrou oficialmente o experimento e deu nova função ao prestativo doutor Sidney Gottlieb: inventar maneiras criativas de atacar o cubano Fidel Castro. O químico pesquisou maneiras de envenenar charutos, experimentou pulverizar LSD numa estação de rádio onde ele faria um discurso e imaginou até infectar os sapatos do ditador com tálio, um elemento químico radioativo e altamente tóxico.

Sim, isso tudo também parece ficção, mas aconteceu de verdade nos bons tempos da Guerra Fria.

Em 1974, o jornal *The New York Times* fez uma reportagem expondo os experimentos secretos do MK Ultra. Acuada, a CIA se apressou em destruir os documentos comprometedores que ainda restavam, o que fez crescer exponencialmente as lendas sobre o programa.

Alguns conspiranoicos afirmam, por exemplo, que o MK Ultra teria sido extremamente eficiente em criar assassinos-zumbis. No livro *Were We Controlled?* [Nós fomos controlados?] (1967), de Lincoln Lawrence, o autor afirma que tanto Lee Harvey Oswald, o assassino de John F. Kennedy, quanto Jack Ruby, assassino de Oswald, eram "agentes adormecidos" produzidos pelo MK Ultra.

O palestino Sirhan Sirhan, que matou o senador Robert "Bob" Kennedy em 1968, também é apontado como um assassino-zumbi, assim como James Earl Ray, o homem que matou o líder negro Martin Luther King no mesmo ano. Todos eles reportaram falhas de memória no período que antecedeu o crime.

A CIA, claro, diz que assassinos-zumbis são uma fabulação e reduz o MK Ultra a um experimento de "hippies" excêntricos que atuaram apenas durante um curto período de tempo graças à liberalidade de um chefe sem noção. Essa versão aparece no livro *Os homens que encaravam cabras* (2004), do jornalista inglês Jon Ronson, que se transformou num filme de mesmo nome estrelado por George Clooney, em 2009. Mas Ronson conta também que os experimentos psicológicos realizados pelos americanos em 2004 na prisão de Abu Ghraib, no Iraque, remontam às técnicas de lavagem cerebral pesquisadas pelo MK Ultra. Talvez os "hippies" excêntricos da CIA nunca tenham ido embora, mas apenas ficado mais discretos.

No livro *The Search for the Manchurian Candidate* [A procura do candidato da Manchúria], o conspiranoico John Marks, ex-funcionário do Departamento de Estado americano, sugere que seitas como a Igreja da Unificação, do reverendo Sun Myung Moon, e a Igreja da Cientologia, de L. Ron Hubbard, tenham começado como experimentos psicossociais do MK Ultra. E em *Acid Dreams: The Complete Social History of LSD — The CIA, the Sixties and Beyond* [Sonhos de ácido: A completa história social do LSD — A CIA, os anos 60 e além], os jornalistas Martin Lee e Bruce Shlain defendem a tese de que a contracultura e o movimento hippie foram fomentados pela CIA para neutralizar o tradicional impulso revolucionário da juventude nos tempos da Guerra Fria.

O próprio nome MK Ultra abre outra camada de teorias conspiratórias. A sigla "MK" significaria "controle mental", sendo "M" de "mind" (mente) e "K" da palavra alemã "Kontrolle". A razão é simples. As técnicas de manipulação mental do programa teriam sido testadas anteriormente pelo médico nazista Joseph Mengele (1911-79) no campo de concentração de Auschwitz, na Polônia. Os relatórios dos experimentos, que envolviam hipnose e mescalina, teriam sido apresentados aos americanos pelo general alemão Reinhard Gehlen (1902-79), chefe da espionagem nazista durante a Segunda Guerra Mundial. Reabilitado e recrutado pelos americanos ao final do conflito, Gehlen se tornou o principal operativo da CIA na Europa, liderando sua própria rede de espiões batizada de "Org".

Veja também:
JACQUES VALLÉE
RON HUBBARD
O CIENTISTA DE
FOGUETES
LSD E CIA
MANCHURIAN
CANDIDATE
OPERAÇÃO
PAPERCLIP

"MONA LISA"

"Mona Lisa" é uma criatura alienígena encontrada na Lua em 1976 pela missão secreta **APOLLO 20**. O corpo de "Mona Lisa" estava nos destroços de uma nave extraterrestre que teria se chocado com o satélite há mais de 1 milhão de anos. Apesar disso, mostrava-se razoavelmente preservado, graças às condições atmosféricas da Lua. A criatura tinha seis dedos em cada mão e longos cabelos pretos, daí o apelido "Mona Lisa", dado a ela pelos astronautas da missão. A alienígena foi trazida à Terra e seu destino atual é ignorado.

M

Há quem afirme, porém, que toda a história da Apollo 20 é falsa e que "Mona Lisa" não passa de uma escultura do artista francês Thierry Speth. Segundo essa versão, ela teria sido esculpida à semelhança da atriz francesa Mathilda May. Uma escolha bem cínica. No filme *Força sinistra* (1985), de Tobe Hooper, May faz o papel de uma vampira espacial que é encontrada numa nave orbitando o cometa Haley. Trazida à Terra, ela suga a energia vital dos seres humanos e cria uma legião de vampiros.

Mathilda May passa boa parte do filme pelada.

Veja também:
A GUERRA DOS MUNDOS
ALTERNATIVA 3
AMAZING STOR
ARCANOS SURREALISTAS
F FOR FAKE
FANTASMAS BAILARINOS
HOMENS-
-MORCEGO DA

MONGE DAS LUVAS VERDES

O Exército soviético invadiu Berlim em 12 janeiro de 1945. Foi uma batalha sangrenta de quatro meses, travada rua a rua e casa a casa. Em busca de franco-atiradores, os russos fizeram um pente-fino nos edifícios. Diz a lenda que no porão de um prédio foram encontrados sete corpos de tibetanos dispostos em forma de círculo. Todos usavam o uniforme negro da ss, a tropa paramilitar do Partido Nazista, e aparentemente haviam cometido suicídio por envenenamento. Um dos corpos ocupava o centro do círculo e usava um par de brilhantes luvas verdes. Esse estranho personagem é conhecido na literatura conspiranoica como o Monge das Luvas Verdes, um "lama negro" que teria ampliado suas capacidades mentais até alcançar níveis sobre-humanos de poder. Ele seria capaz de induzir alucinações coletivas, matar com apenas um toque e transcender as barreiras do tempo e do espaço.

Esse "Lorde Sith" tibetano teria emigrado para Berlim em companhia do biólogo Ernst Schäfer (1910-92), que o encontrara durante uma das muitas expedições alemãs àquele país. Reivindicado pela China, o pequeno Tibete buscara apoio diplomático na Alemanha e no Japão. Mas o interesse nazista ia além da geopolítica, pois os teóricos raciais de Hitler defendiam a origem da raça ariana na Ásia. A busca por esses ancestrais resultou em quatro expedições arqueológicas ao Tibete: 1931, 1934-5 e 1938-9.

As histórias do **NAZIESOTERISMO** são cheias de personagens lendários, mas o "lama negro" de fato existiu, embora seus superpoderes tenham sido largamente exagerados. Na verdade, nem tibetano ele era, mas sim um húngaro chamado Ignatius Timothy Trebitsch-Lincoln (1879-1943), que mais tarde mudou de nome para Venerável Monge Chao Kung. Seu biógrafo, Bernard Wasserstein, autor de *The Secret Lives of Trebitsch-Lincoln* [As vidas secretas de Trebitsch-Lincoln], o retrata como um vigarista megalomaníaco, capaz de fazer qualquer coisa por dinheiro.

Ignácz Trebitsch nasceu em Paks, Hungria, em 1879, numa família de judeus ortodoxos. Depois de ser preso várias vezes por furto, o jovem decidiu tentar a vida na Inglaterra. Ele desembarcou em Londres em 1897, se naturalizou inglês e adotou o nome de Ignatius Timothy Trebitsch-Lincoln. Teve uma rápida ascensão na política local e foi até indicado ao parlamento em 1910. Quatro anos depois, estourou a Primeira Guerra Mundial e ele foi recrutado pelo serviço secreto inglês para espionar a Alemanha. Curiosamente, ao final da guerra, acabou acusado pelos ingleses de ser agente do inimigo. A coisa é confusa mesmo. Tudo o que se conhece desse período está na autobiografia dele, *Revelations of an International Spy* [Revelações de um espião internacional], escrita como um romance de aventuras e cheia de episódios duvidosos. O livro foi publicado em 1916 nos Estados Unidos, país onde Trebitsch-Lincoln se exilou depois de ser condenado à prisão na Inglaterra. Extremamente crítico ao imperialismo britânico, o autor conquistou a simpatia dos ultradireitistas alemães do recém-criado Partido Nazista. Nosso anti-herói desembarcou em Berlim em 1919 e se enturmou fácil na efervescente República de Weimar, que misturava dadaístas, comunistas e ocultistas.

Interessado em esoterismo e religiões orientais, ele acabou se aproximando da influente **SOCIEDADE TEOSÓFICA** alemã. Os teosofistas defendiam a existência de **IMORTAIS** superpoderosos, os "mahatmas", que vigiavam o progresso humano a partir de bases secretas no Tibete. Aparentemente, Trebitsch-Lincoln se entusiasmou com essas ideias e decidiu se mudar para Xangai em 1920.

Ali ele se converteu ao budismo tibetano, adotando o nome de Venerável Monge Chao Kung. Na mesma época, visitou o Japão, onde conheceu o coronel Kenji Doihara, o chamado "Lawrence da Manchúria", que comandaria a invasão dessa região da China em 1931. Referendado por seus amigos nazistas, Chao Kung passou a trabalhar como espião para Tóquio. Ele inaugurou um monastério budista em Xangai que era, na verdade, uma fachada para o serviço secreto japonês. O monge também visitou o Tibete, onde afirmava ter encontrado pessoalmente os enigmáticos Superiores Desconhecidos mencionados nos livros de **HELENA BLAVÁTSKI**, a criadora da teosofia.

Em 1933, Chao Kung retornou à Alemanha como uma espécie de "embaixador" do budismo tibetano. Ele reencontrou o velho amigo Rudolf Hess, o terceiro na linha de sucessão do Führer, e, por intermédio dele, passou a frequentar o establishment nacional-socialista. A lenda do superpoderoso Monge das Luvas Verdes se origina nesse período e parece ter sido fomentada pelo próprio Trebitsch-Lincoln. O homem, afinal, era tão megalomaníaco que se proclamou o novo "Dalai Lama do Tibete" depois da morte de Thubten Gyatso, o 13º dalai, em 1933. A candidatura teve apoio da Alemanha e do Japão, mas foi um compreensível fracasso entre os tibetanos.

M

Quando a Segunda Guerra Mundial estourou, em 1939, Chao Kung voltou a Xangai para coordenar as transmissões radiofônicas antibritânicas e prosseguir a instrumentalização política do budismo. A coisa só começou a dar errado em 1941, quando Rudolf Hess, seu principal aliado na Alemanha, voou sozinho até a Escócia e se rendeu aos britânicos.

Sem apoio financeiro alemão, Trebitsch-Lincoln se afastou dos nazistas e passou a protestar veementemente contra o extermínio de judeus na Europa. Furioso com essa "traição", o Führer teria pedido a cabeça dele aos seus aliados japoneses. Quando eles tomaram Xangai em 1943, Trebitsch-Lincoln-Chao-Kung foi forçado a beber veneno. Ele tinha 64 anos.

Mas mesmo essa história mirabolante e folhetinesca pode ser totalmente inverídica. O escritor Richard B. Spence alega no artigo "The Mysteries of Trebitsch-Lincoln" [Os mistérios de Trebitsch-Lincoln], publicado na revista *New Dawn*, em 2009, que o húngaro jamais deixou de ser um espião britânico. Todos os seus percalços teriam sido cuidadosamente planejados para que ele se infiltrasse entre alemães e japoneses para atuar como agente duplo.

Veja também:
MARIA ORSIC E OS ARIANOS DE ALDEBARÃ
MUNDOS SUBTERRÂNEOS
NOVE DESCONHECIDOS
ORDEM DO SOL NEGRO
SERVIÇO OCULTO DE SUA MAJESTADE
SOCIEDADE DO DRAGÃO VERDE

MONSTRO DO LAGO NESS

A Escócia é um país cheio de ovelhas, montanhas e lagos. Especialmente lagos. São 31 mil, entre "lochs" (palavra gaélica para "lago") e "lochans" (lagoas).

O maior deles é o lago Ness, que se estende por 36 quilômetros e ocupa uma área de 56 quilômetros quadrados. Em alguns pontos, a profundidade chega a trezentos metros. O imenso lago foi formado durante a última Era Glacial há 10 mil anos. Quando as geleiras recuaram, uma quantidade imensa de água salgada ficou presa nas regiões mais baixas. Com o tempo, o lago perdeu a salinidade, e hoje é a maior reserva de água potável da Grã-Bretanha. Suas águas são escuras devido à presença de turfa, vegetal semidecomposto usado para maltar grãos na fabricação do uísque. O céu ali é quase sempre carregado e cinzento, e o lugar tem um astral sombrio, especialmente perto das ruínas do castelo de Urquhart, localizado num promontório na margem esquerda.

E, além de tudo isso, ainda tem o monstro.

Muita gente afirma ter visto uma criatura estranha nadando no lago ou, em raras ocasiões, se arrastando pelas margens. O bicho teria entre cinco e nove metros e é descrito como uma mistura de "cavalo com camelo". Tem pescoço longo, cabeça pequena e nadadeiras que possibilitam que ele se arraste em terra. Há quem defenda que "Nessie", nome carinhoso dado ao bichinho, é um plesiossauro que milagrosamente escapou à extinção.

O primeiro relato a mencionar a criatura é de são Columba, monge irlandês que cristianizou a região no século vi. Os padres que acompanhavam o santo estavam num bote quando o monstro surgiu, rosnando com agressividade. Os monges ficaram apavorados, mas o santo não se incomodou. Ele simplesmente fez o sinal da cruz e pediu que o bicho caísse fora. A fera mergulhou e sumiu. Mas esse comportamento agressivo não é comum. Nos inúmeros relatos posteriores Nessie não incomoda ninguém.

A maioria dos avistamentos modernos aconteceu na primeira metade do século xx. Em 27 de agosto de 1930, o jornal *Northern Chronicle*, da cidade de Inverness, publicou a história de três pescadores que deram de cara com a criatura. O monstro quase afundou o barco deles ao se mover, mas se afastou sem molestá-los. Em abril de 1933, um certo John McKay e sua esposa também afirmaram ter visto algo enorme nadando no lago. E no ano seguinte, o médico inglês R. K. Wilson fez a foto mais famosa do monstro, que mostra um pescoço e uma cabeça emergindo da água. A imagem, conhecida como *The Surgeon's Photo* [a foto do cirurgião], foi publicada no mundo inteiro. Naquele mesmo ano, surgiu o primeiro livro sobre o fenômeno, *The Loch Ness Monsters and Others* [O monstro do lago Ness, entre outros], de Rupert T. Gould.

Nos anos 70, o biólogo americano Roy P. Mackal, um dos mais notórios "caçadores de monstros" do mundo, afirmou existirem 10 mil aparições documentadas da criatura ao longo da história. O último registro é de 2007, quando o cientista Gordon Holmes, de Yorkshire, flagrou em vídeo uma criatura parecida com uma serpente nadando velozmente.

É possível que Nessie realmente exista e seja um animal ainda desconhecido da ciência, quem sabe. O celacanto, que era dado como extinto havia 65 milhões de anos, foi encontrado vivo e passando bem em 1938.

Mas há também quem duvide da materialidade de Nessie. Veja bem: da materialidade, não da existência.

O jornalista Frederick William Holiday (1920-79), autor de *The Dragon and the Disc* [O dragão e o disco], de 1973, associa a criatura a fenômenos paranormais, como a aparição de fantasmas e discos voadores. Segundo ele, o monstro não é "físico", mas apenas um efeito colateral dos trabalhos de magia realizados por **ALEISTER CROWLEY** em **BOLESKINE HOUSE**, localizada na margem sudoeste do lago Ness, onde o bruxo viveu entre 1899 e 1913.

"Físico" ou não, o monstro gera 40 milhões de dólares por ano à indústria do turismo da Escócia.

Veja também:
CARCAÇA DO ZUIYO-MARU
CINTURÃO DOS MONSTROS
DINOSSAUROS
FATOR OZ
MENS PELUDOS

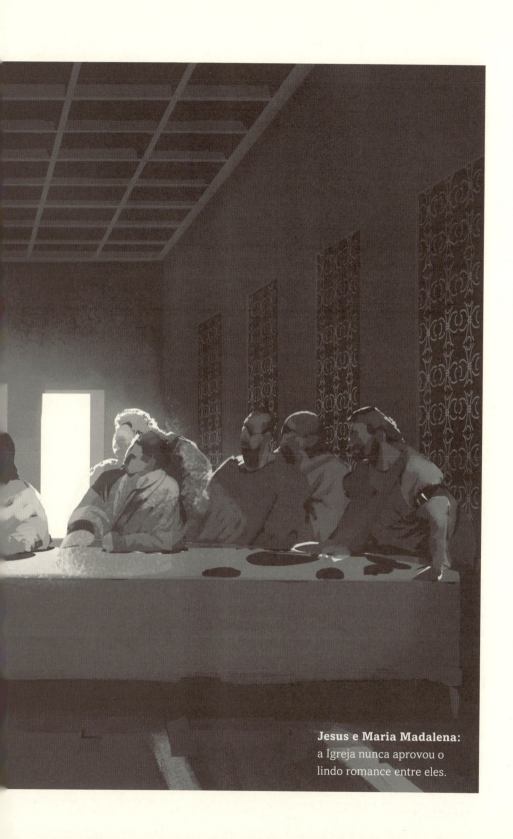

Jesus e Maria Madalena: a Igreja nunca aprovou o lindo romance entre eles.

MUNDO DA LUA

Inúmeras teorias conspiratórias orbitam o nosso satélite natural. Uma das mais conhecidas é aquela que afirma que nunca pusemos os pés lá. O pouso da Apollo 11 em 1969 teria sido encenado num estúdio em Hollywood sob direção de Stanley Kubrick, que gentilmente escondeu as pistas da conspiração no filme *O iluminado*, de 1980.

Mas há outras histórias igualmente instigantes.

Desde que Galileu Galilei aprimorou o telescópio no século XVII e apontou a coisa para o satélite, estranhas luzes são avistadas por lá, especialmente perto da cratera Aristarchus, a maior da Lua. Cientistas afirmam que é apenas a luz do Sol refletida no solo claro e pedregoso, mas muita gente não compra essa explicação. As luzes seriam evidência de que alguém (ou alguma coisa) está ali, muito, muito perto de nós.

O escritor americano Richard C. Hoagland, autor do livro *Dark Mission: The Secret History of NASA* [Missão negra: A história secreta da NASA], alega que as missões Apollo encontraram ruínas de uma civilização alienígena extinta, informação que a **NASA** mantém oculta para não causar pânico na população.

Também há quem defenda que os soviéticos estabeleceram uma base secreta na Lua nos anos 70, chamada Zvezda (palavra russa para "estrela"). A história oficial registra que esse projeto de fato existiu, mas foi abortado por falta de recursos. Conspiranoicos, no entanto, dizem que a estação foi construída secretamente e que ainda há comunistas por lá, lutando uma Guerra Fria que acabou há quase trinta anos.

Já Vladimir Terziski, presidente de uma certa American Academy of Dissident Sciences, fundada por ele mesmo em 1994, concorda que existem colônias espaciais na Lua, sim. Mas elas não são comunistas. São nazistas. Segundo Terziski, os foguetes alemães V-2 alcançaram o satélite em 1942. Ali os nazi teriam feito contato com os alienígenas **GREYS**, que utilizam o satélite como base. Um acordo de cooperação foi formalizado e a aliança ariano-cinzenta manipula o mundo desde então com a cumplicidade da NASA, sempre ela.

Vladimir Terziski também afirma que os nazi possuem uma base subterrânea na Antártica, chamada de "Nova Berlim", que hoje abriga uma população de 2 milhões de arianos (e alguns alienígenas).

Tem mais.

Histórias que circulam na internet dão conta de que os astronautas da Apollo 11, Neil Armstrong, "Buzz" Aldrin e Michael Collins, foram recebidos em 1969 por gigantescos discos voadores. Uma suposta transmissão mantida em segredo pela NASA, mas captada acidentalmente por radioamadores, regis-

Veja também:

ALTERNATIVA 3

HOMENS-MORCEGO DA LUA

MARCIANOS EXISTEM

"MONA LISA"

MUNDOS SUBTERRÂNEOS

QUARTO 237

ZETA RETICULI

tra a perplexidade de Armstrong ao dar de cara com os UFOS. Talvez seja por isso que o último voo tripulado à Lua tenha ocorrido em 1972 e, de lá para cá, nenhum humano tenha pisado no satélite. Oficialmente, claro.

Pois também há vídeos e fotos na internet que documentam a misteriosa missão **APOLLO 20**, realizada em agosto de 1976 para investigar os destroços de uma nave alienígena que se chocara com o satélite. Os vídeos secretos dessa missão foram postados no YouTube em 2007 por William Rutledge, suposto ex-astronauta da USAF, de 78 anos, que atualmente vive em Ruanda, na África.

Você ri, não é?

Mas o que tem a dizer sobre o astronauta Edgar Mitchell? Ele pilotou a Apollo 14 em 1971 e detém o recorde da mais longa caminhada já feita na Lua: nove horas e sete minutos. Mitchell afirma que todas as missões Apollo foram acompanhadas e observadas por objetos voadores não identificados. "Várias espécies visitam regularmente a Terra", diz ele. "Há mais de cinquenta anos, o governo americano esconde isso de nós."

MUNDOS SUBTERRÂNEOS

Toda boa teoria conspiratória sempre acaba no submundo.

Literalmente. A narrativa inclui sempre uma base secreta embaixo da terra, cheia de vilões demoníacos.

A conspiração que envolve os alienígenas **GREYS** e o governo americano tem a popular Área 51 no deserto de Nevada, a quatrocentos quilômetros de Las Vegas. O terreno de doze quilômetros quadrados abriga uma base da Força Aérea onde foram testados aviões espiões como o SR-71 Blackbird e o caça-bombardeiro F117 Stealth. Vem daí, dizem as fontes oficiais, o mistério em torno do local, cujo espaço aéreo é restrito.

Mas em 1989, o físico Bob Lazar contou história bem diferente à pequena Klas-TV de Las Vegas. Segundo ele, a Área 51 esconde uma gigantesca base subterrânea onde americanos e **EXTRATERRESTRES** trabalham lado a lado. Um pacto entre eles teria sido formalizado no governo Dwight D. Eisenhower (1953-61): em troca de tecnologia, o governo faria vista grossa para a abdução e pesquisa biológica de seres humanos. Muitas das vítimas dos abusados greys são levadas para a Área 51, onde têm óvulo e esperma extraídos e quase sempre retornam para casa com uma sonda anal enfiada do âmago do seu ser.

M

O **PROJETO MONTAUK** também teve uma sede subterrânea secreta em Camp Hero, base da Marinha americana no parque Montauk em Long Island, Nova York. O principal objetivo do projeto secreto era dominar a viagem no tempo e acessar universos paralelos, embora alguns relatos também mencionem o envolvimento de alienígenas no esquema. Em especial, os reptilianos, **LAGARTOS MUTANTES** que teriam inspirado todas as nossas lendas sobre demônios e capetas.

A base subterrânea do Projeto Montauk teria sido desmontada em 1983, depois que um dos cientistas, inconformado com os rumos da operação, libertou um monstro do inconsciente e destruiu o lugar. Não estranhe: uma das linhas de pesquisa era a materialização de criaturas vivas a partir de projeções mentais.

Os nazistas, sempre eles, também são acusados de terem construído uma vasta base subterrânea em Nova Suábia (ou Neuschwabenland), região da Antártica reivindicada pelo Terceiro Reich em 1933 e ainda hoje sob controle germânico. Com a iminente derrota da Alemanha na Segunda Guerra Mundial, inúmeros submarinos U-Boat teriam levado para lá a elite do regime, incluindo o próprio Adolf Hitler, que forjou sua morte. Em 1947, o almirante americano Richard E. Byrd (1888-1957) desembarcou ali para capturar a base naquela que é considerada a última batalha da Segunda Guerra Mundial. Oficialmente, claro. Muitos conspiranoicos alegam que os nazistas nunca foram encontrados ou, pior, que rechaçaram a invasão com frotas de discos voadores movidos a "vril".

Também há quem defenda que Hitler & Associados fizeram apenas uma paradinha em Nova Suábia, antes de se refugiarem em Shambhala, a capital de Agartha, reino subterrâneo que abriga sobreviventes dos continentes de **ATLÂNTIDA E MU** destruídos no **DILÚVIO UNIVERSAL**.

Sim, a Terra é oca.

Você só não sabia disso porque uma vasta conspiração acadêmica mantém esse importante fato oculto. Há aberturas nos dois polos, mas também em vários outros lugares, como a Serra do Roncador, em Mato Grosso. O explorador inglês Percy Fawcett, que desapareceu ali em 1925, viveria atualmente em Agartha curtindo merecida aposentadoria.

Há muitos, hmm, depoimentos de pessoas que visitaram o lado de dentro da Terra. Um deles é do próprio almirante Richard E. Byrd, o mesmo de Nova Suábia, que teria entrado por engano nesse mundo interior quando sobrevoava o polo Norte. O "diário secreto" do almirante Byrd, narrando seu encontro com criaturas **INTRATERRESTRES** denominadas "arianni", foi divulgado em 1964 num livro de Raymond W. Bernard, pseudônimo de Walter Siegmeister (1901-65), escritor esotérico americano. Assim como Percy

Fawcett, Bernard-Siegmeister mudou-se para o Brasil em 1955 na esperança de encontrar entradas para Agartha. Não achou.

Outro que explorou a Terra Oca foi o escritor polonês Ferdynand Antoni Ossendowski (1876-1945) no livro *Bestas, homens e deuses — O enigma do rei do mundo*, de 1922. O relato lembra as aventuras de Júlio Verne, embora seja vendido como não ficção. Ossendowski, notório anticomunista, estava na Rússia durante a revolução de 1917. Ao fugir do país pela Mongólia, vai dar no Tibete, onde escuta relatos sobre o Rei do Mundo, o misterioso soberano de Agartha. O soberano subterrâneo tem poderes sobre-humanos e também o dom da profecia. Ele prevê a destruição do planeta numa guerra devastadora entre a cristandade e o islã: "As maiores e mais belas cidades serão destruídas pelo fogo e um só homem de cada 10 mil sobreviverá". Depois da hecatombe, os intraterrestres emergirão para botar ordem na bagunça e liderar os sobreviventes.

A Terra Oca e seus habitantes super-humanos também ocupam lugar de destaque no panteão da esotérica ucraniana **HELENA BLAVÁTSKI** e da **SOCIEDADE TEOSÓFICA**. São semideuses que vivem escondidos em cavernas do Tibete, de onde orientam a humanidade com seus poderes mentais.

No entanto, ninguém fez mais pelo submundo do que Richard Sharpe Shaver (1901-75). Em 1945, ele escreveu o relato "I Remember Lemuria" [Eu me recordo de Lemúria] na revista ***AMAZING STORIES***, que sob o comando do editor Ray Palmer (1910-77) se afastou da ficção científica para publicar reportagens, hmm, investigativas.

No texto de Shaver, o povo do submundo é chamado de "deros" e apresentado como descendente dos habitantes do continente perdido de Lemúria. Os deros, ao contrário dos arianni, não querem liderar os humanos, mas manipulá-los, pois se consideram os verdadeiros donos do planeta. Eles possuem uma ciência extremamente avançada — aparelhos que materializam ilusões (iguais aos do Projeto Montauk), raios da morte, máquinas de cura e, claro, discos voadores. Muitos deles. O relato original de Richard S. Shaver foi bastante enriquecido pelo editor Ray Palmer, também um autor de ficção científica.

Como se pode ver, o interior da Terra é um lugar dos mais animados. Não dá para entender por que nenhuma agência de turismo oferece visitas guiadas ao local.

NASA

A NASA (National Aeronautics and Space Administration), criada em 1958, é a mais queridinha das agências do governo americano. Foi a NASA que nos levou à Lua e será ela que nos deixará em Marte até meados do século XXI.

Mas, segundo inúmeras teorias conspiratórias, tudo isso é fachada. O objetivo da agência não é a pesquisa e a exploração espacial, mas ocultar tramas macabras e sinistras.

A mais famosa dessas conspirações é o pouso da Apollo 11 na Lua, em 1969, que teria sido encenado em um estúdio de cinema.

Há dois tipos de pessoas que defendem essa teoria: os totalmente céticos e os absolutamente crédulos.

Os céticos alegam que o governo americano não tinha recursos materiais e científicos para realizar a viagem na época. A Guerra Fria, no entanto, impunha que os soviéticos fossem derrotados na corrida espacial que até então lideravam. A solução foi falsear a história.

Já os crédulos vão em direção oposta: o programa Apollo é uma farsa porque os Estados Unidos possuíam desde fim da Segunda Guerra Mundial tecnologia bem mais avançada do que foguetes movidos a combustível fóssil. A Lua teria sido conquistada no final da década de 50 e Marte, alcançado nos anos 70.

Mas por que esconder isso do mundo?

A primeira razão é econômica: a sociedade capitalista é, em grande parte, baseada no consumo de petróleo e derivados. Uma nova forma de energia, mais barata e abundante, arrasaria a economia mundial.

Existem muitas narrativas divergentes sobre a tecnologia exótica que os americanos supostamente possuem. A primeira delas começa na Alemanha nazista. O cientista Walter Miethe teria desenvolvido para Adolf Hitler um disco voador movido a eletromagnetismo. O objeto era conhecido como V-7 e aparentemente conseguia anular a gravidade. Com a derrota da Alemanha, Miethe, assim como Wernher von Braun, naturalizou-se americano e levou com ele o V-7.

A chamada "Era dos Discos Voadores", que vai de 1947 até anos 60, quando todo mundo começou a avistar objetos esquisitos nos céus, não foi um tour extraterrestre pela Terra, mas um teste dos V-7 de Miethe efetuado pelos americanos. E a paranoia com alienígenas teria sido artificialmente criada como manobra de **DESINFORMAÇÃO**.

O problema dessa história é que não há nenhuma evidência de que o disco voador nazi tenha existido, bem como alguém chamado Walther

Veja também:
ALTERNATIVA 3
APOLLO 20
HOMENS-
-MIRAGEM
MARCIANOS
EXISTEM
MUNDO DA LUA
QUARTO 237

Miethe (que também é chamado de Richard Miethe ou Henrich Miethe, dependendo da fonte).

Tem também uma terceira teoria sobre o verdadeiro papel da NASA no mundo. Segundo essa versão, a agência atua para esconder que os Estados Unidos colaboram com os **GREYS** desde 1947, quando ocorreu o contato com os **EXTRATERRESTRES** em **ROSWELL**, no Novo México. As viagens à Lua aconteceram sim, mas teriam sido monitoradas pelos cinzentos, que, por falar nisso, também possuem bases lá.

NAVALHA DE OCKHAM

William de Ockham (1285-1307) foi um monge inglês da ordem franciscana que, de certa forma, antecipou o método de investigação de Sherlock Holmes, o grande herói do pensamento lógico. "Ockham era completamente antimetafísico", explica o filósofo Bertrand Russell. "A realidade é inerente às coisas individuais, singulares, e só isto pode ser objeto de experiência, levando a um conhecimento direto e certo."

Ou seja, se uma explicação simples basta, é inútil procurar outra complexa. A "Navalha de Ockham" corta tudo que é desnecessário na hora de formular uma hipótese. Por exemplo: se você avista uma luz no céu, isso só pode ser um fenômeno natural ou um artefato construído pelo homem, já que não existem evidências de que uma coisa diferente possa existir.

Veja também:
GATO DE
SCHRÖDINGER
PARADOXO DE
FERMI

Sherlock Holmes faz formulação parecida: "Quando se elimina o impossível, o que sobra, por mais improvável que pareça, só pode ser a verdade".

Lembre-se, contudo, que Conan Doyle, criador do detetive, acreditou na existência das **FADAS DE COTTINGLEY**, assim como William de Ockham acreditava na de Deus, embora a lógica reducionista de ambos demonstrasse exatamente o contrário.

NAZIESOTERISMO

O Partido Nacional-Socialista dos Trabalhadores Alemães — *a.k.a.* Partido Nazista — foi fundado em 1920 com uma agenda anticomunista e anticapitalista, já que ambos os modelos econômicos eram considerados obra do sionismo e, de certa forma, complementares.

Muitos conspiranoicos, no entanto, afirmam que essa é só a versão publicável da história. Segundo eles, o nazismo era apenas a expressão política de uma religião "satânica" cujos objetivos ainda não foram totalmente esclarecidos. Algo muito semelhante à relação entre os sith e o Império na saga *Star Wars*.

Há um fundo de verdade nisso. Organizações esotéricas como a Sociedade Thule, a Sociedade Ahnenerbe, a **ORDEM DO SOL NEGRO** e a Sociedade Vril foram parte importante do establishment nacional-socialista.

A Sociedade Thule foi criada em 1911 pelo poeta Dietrich Eckart (um dos sete fundadores do Partido Nazista) e pelo ex-maçom Rudolf von Sebottendorf. O nome da organização é uma referência à lendária ilha de Thule, situada no norte da Europa e berço de seres super-humanos que Eckart e Sebottendorf acreditavam serem arianos. Influenciados pelas ideias da **SOCIEDADE TEOSÓFICA**, os membros da Thule defendiam a tese de que raças superiores (atlanteanos, lemurianos, arianos) eram forçadas a dividir o planeta com uma gentalha ordinária (o resto de nós), que só servia para trabalho escravo ou para fazer sabão.

Já a Sociedade Ahnenerbe foi um centro de pesquisas raciais criado por Heinrich Himmler em 1935 e, mais tarde, incorporada à ss, organização paramilitar nazista. Oficialmente, o objetivo do instituto era realizar investigações que comprovassem a influência ariana nas civilizações da Antiguidade. Extraoficialmente, no entanto, a meta era organizar expedições em busca de artefatos místicos como o Santo Graal e a **LANÇA DO DESTINO**. Parece roteiro de filme do Indiana Jones, mas a Ahnenerbe realizou mesmo expedições arqueológicas na França, Itália, Romênia, Afeganistão e Tibete. No país asiático, o biólogo Ernst Schäfer, pesquisador da organização, teria entrado em contato com "lamas negros" tão poderosos quanto um Lorde Sith. Segundo alguns conspiranoicos doidões, esses lamas eram originários de Shambhala, um mundo subterrâneo habitado por refugiados do continente perdido de Lemúria. Alguns desses "lamas negros" tibetanos seguiram Schäfer até Berlim, inclusive o misterioso **MONGE DAS LUVAS VERDES**, que teria exercido enorme influência sobre Adolf Hitler.

A **ORDEM DO SOL NEGRO**, por sua vez, se confunde com a própria ss, já que um dos seus adeptos mais notórios era Heinrich Himmler. Segundo essa seita, a Terra recebe a influência de dois sóis. Um é esse que está aí em cima, fonte da vida no planeta. O outro é um sol negro invisível, cuja energia negativa alimenta a morte. O objetivo da ordem era controlar o Sol Negro para que a Alemanha vencesse a guerra e o mundo ingressasse na era dos homens-deuses preconizados por Friedrich Nietzsche (a coisa é uma sopa de ideias).

A última e mais notória das organizações naziesotéricas é a Sociedade Vril ou Loja Luminosa, fundada em 1918 por Karl Haushofer, um militar fascinado pela filosofia neoplatônica de Arthur Schopenhauer e pelo misticismo oriental. Haushofer foi quem adotou a suástica como símbolo nazista, pois ela é encontrada em várias civilizações ao redor do mundo (Japão, Índia, América do Sul) e evidenciaria a existência de uma cultura comum anterior ao **DILÚVIO UNIVERSAL**. A Sociedade Vril foi moldada a partir do romance de ficção científica do inglês Edward Bulwer-Lytton (1803-73), *A raça futura* (1871). O autor narra a história de um explorador que encontra uma raça de super-humanos, os Vril-ya, que vivem no interior da Terra. A fonte do poder dessa cultura underground é uma substância chamada "vril", que podia ser usada tanto para curar quanto para destruir. Bulwer-Lytton imaginou uma energia que combinava o poder da "eletricidade com o do magnetismo". Mas os esotéricos alemães deram uma definição diferente para a coisa: "vril" se transformou na energia vital que permeia todos os seres vivos e que pode ser "acionada" por meio da ioga e da meditação. Algo parecido com a "orgone" do psicanalista Wilhelm Reich (eu avisei sobre a sopa de ideias).

Mas a Sociedade Vril ficou ainda mais chapada quando a bela médium austríaca Maria Orsic se juntou à organização. Ela afirmava manter contato telepático com alienígenas do sistema Aldebarã, a 68 anos-luz da Terra, onde, dizia, se originara a raça ariana. Preocupados com seus irmãos exilados no nosso planetinha subdesenvolvido, os arianos cósmicos começaram a enviar projetos para a médium. Basicamente, planos para construção de discos voadores movidos a "vril". Os discos, batizados de V-7, teriam sido construídos pelo cientista alemão Walter Miethe, que se naturalizaria americano depois da guerra e transferiria a tecnologia para a **NASA** (que, como você sabe, também tem uma agenda secreta bem diferente da que aparece nos jornais).

A ideia de nazistas sobre-humanos sempre fez sucesso em Hollywood. É mais fácil acreditar nisso do que enxergar o mal no alemão comum, que denunciou o vizinho judeu só para ficar com a casa dele. A ideia da superioridade tecnológica nazista também faz muito sucesso entre grupos de extrema direita, que quase sempre propagam e ampliam essas teorias conspiratórias. O que ninguém explica é como a Alemanha conseguiu perder a guerra com toda essa macumba cósmica do lado dela.

NAZIJIHADISMO

Em outubro de 2015, o primeiro-ministro israelense Benjamin Netanyahu afirmou que a "solução final" havia sido sugerida a Adolf Hitler por Amin al-Husseini (1895-1974), mufi de Jerusalém e um dos primeiros defensores da causa palestina.

O mundo ficou inquieto.

Netanyahu pertence à extrema direita israelense e a Palestina conta com a simpatia da esquerda mundial. Associar Al-Husseini ao nazismo e ao Holocausto judeu só podia ser provocação.

E era mesmo. Mas Netanyahu não contara uma mentira, apenas dissera uma meia verdade.

O mufi de Jerusalém, a mais alta autoridade religiosa islâmica da Palestina nos anos 30, não foi apenas simpatizante do nazismo (o que já seria péssimo), mas um agente do Terceiro Reich e criador de uma "SS muçulmana" nos Bálcãs. Sem ele talvez não existisse o jihadismo, que foi estimulado e financiado pelos nazistas e, posteriormente, instrumentalizado pela CIA.

Amin al-Husseini nasceu em 1895 em Jerusalém, na época domínio do Império Otomano. Depois da Primeira Guerra Mundial, o poderio turco derreteu e a Palestina passou para o controle do Reino Unido. Na década de 30, o mufi era o líder nacionalista árabe mais importante do Oriente Médio. Ele se opunha não apenas ao imperialismo britânico, mas também ao estabelecimento de um estado judeu na região. Quando Adolf Hitler foi eleito chanceler da Alemanha em 1933, o mufi procurou o cônsul alemão em Jerusalém, Henrich Wolff, e se colocou à disposição para disseminar ideias fascistas no Oriente Médio.

Dois anos depois, o almirante Wilhelm Canaris assumiu a Abwehr, o serviço secreto alemão, e iniciou uma operação de recrutamento no Oriente Médio sob o comando de Rudolf von Sebottendorf, teosofista e fundador da Sociedade Thule, uma das principais organizações ocultistas pró-nazi. Sebottendorf estabeleceu uma base em Tabriz, no noroeste do Irã, e começou a trabalhar. Em 1936, Amin al-Husseini liderou uma revolta árabe em Jerusalém e foi obrigado a fugir da região. Acabou abrigado por Sebottendorf e começou a trabalhar em estreita colaboração com os nazistas a partir daí. Sua primeira missão foi armar um golpe de Estado no Iraque, país que era uma ficção geopolítica surgida das ruínas do Império Otomano. O rei iraquiano Faiçal I era só uma marionete dos ingleses. Mas, apesar de tudo conspirar a favor, o golpe deu errado e Al-Husseini acabou forçado a se exilar na Alemanha.

Em Berlim, ele conheceu o Führer, que se encantou com a aparência ariana do mufi, loiro e de olhos azuis. Foi nesse encontro, diz Benjamin Netanyahu, que o religioso sugeriu a Hitler que exterminasse os judeus europeus, em vez de despachá-los para a Palestina, como era o plano original do ditador. Historiadores afirmam que essa alegação é falsa, uma peça de propaganda para manchar a reputação do mufi.

Não que fosse preciso.

Na Alemanha, Amin al-Husseini comandava todas as transmissões radiofônicas nazi para o Oriente Médio. Ele aproveitou a oportunidade e declarou uma jihad contra ingleses e judeus, que deveriam ser mortos onde quer que se encontrassem. Além do trabalho de propaganda, o mufi colaborou com Heinrich Himmler, o líder da SS, a tropa paramilitar nazista. Inspirado na organização, Al-Husseini criou a Divisão Handzar, com 26 mil muçulmanos da Bósnia para atuar nos Bálcãs. Estima-se que a SS islâmica tenha assassinado 200 mil sérvios, 40 mil ciganos e 22 mil judeus. Graças aos bons serviços prestados, em 1943, Hitler nomeou Al-Husseini líder do futuro Governo Pan--Arábico que seria implantado no Oriente Médio depois da vitória do Reich.

Deu errado.

Com a queda da Alemanha em 1945, o mufi fugiu para o Egito, e buscou abrigo na Irmandade Muçulmana, milícia fundamentalista islâmica também de inspiração fascista. A República Socialista da Iugoslávia exigiu que Al-Husseini fosse julgado como criminoso de guerra, mas o mundo estava mudando. A Guerra Fria começara com um estrondo atômico e novas alianças políticas precisavam ser forjadas. Os fascistas árabes ganharam a complacência e, em alguns casos, a proteção dos serviços secretos ocidentais, que, afinal, também já haviam cooptado a rede de colaboracionistas nazistas na Europa, criada por Reinhard Gehlen (1902-79).

Em 1947, quando a resolução da ONU dividiu a Palestina em dois estados, um árabe e outro judeu, o mufi proclamou nova jihad contra Israel, que resultou na guerra de 1948-9 que envolveu Egito, Iraque, Arábia Saudita, Síria e Jordânia.

Até essa época, a esquerda mantinha distância respeitosa dessa confusão devido à relação promíscua entre nazismo e pan-arabismo. Além disso, Israel se afirmava socialista e tinha até fazendas coletivas para provar. Claro que esses assentamentos também eram usados para conquistar territórios árabes, mas a esquerda fazia vista grossa. Essa posição só mudou em 1956, quando o general Gamal Abdel Nasser deu um golpe militar no Egito e adotou uma política antiamericana, abrindo espaço para a presença soviética no país. Nasser também colocou a Irmandade Muçulmana na clandestinidade, forçando os árabes fascistas — Al-Husseini à frente — a buscar proteção na Arábia Saudita e no wahabismo, uma corrente sunita ultraortodoxa. Do casamento entre o wahabismo e o fascismo nasceram todos os grupos jihadistas modernos, como a Al-Qaeda e o Estado Islâmico.

Amin al-Husseini morreu em 1974, no Líbano, numa época em que o nazijihadismo estava fortemente instrumentalizado pelo Ocidente. Quando o Afeganistão foi invadido pela União Soviética em 1979, a CIA armou e financiou fundamentalistas muçulmanos para atacar os comunistas. Entre esses jihadistas estava o milionário saudita Osama bin Laden, que seria o responsável pelos atentados ao **WORLD TRADE CENTER** em 11 de setembro de 2001.

Veja também:

INVASÃO DO IRAQUE

MK ULTRA

MONGE DAS LUVAS VERDES

OPERAÇÃO PAPERCLIP

OSAMA BIN LADEN, A FARSA

NEFILIM

O Livro de Enoque, rejeitado pelo cristianismo e pelo judaísmo, conta que nefilim é o nome dado a duzentos anjos que desceram à Terra para pegar mulheres, provocando a ira do ciumento **YAVEH**. Do relacionamento nasceram **GIGANTES** que subjugaram a humanidade. E Deus produziu o **DILÚVIO UNIVERSAL** para lavar o planeta da prole indesejada.

Os defensores da tese de que **EXTRATERRESTRES** mantiveram contato com seres humanos no passado distante argumentam que a narrativa de Enoque é uma alegoria de acontecimentos reais. Os nefilim não eram anjos, mas alienígenas que realizaram experiências genéticas com os primatas terrestres, acelerando sua evolução. Yaveh, por sua vez, não é deus, mas a representação de um grupo extraterrestre contrário à intervenção na história do planeta.

As lendas sumérias dos **ANUNNAKI**, deuses que iniciaram a civilização humana há 5 mil anos, seriam outro relato metafórico do mesmo acontecimento. E o longo poema épico hindu *MAHABHARATA* é a crônica da guerra devastadora entre os dois grupos de alienígenas.

Críticos dessa teoria dizem que ela é apenas outra forma de **CRIACIONISMO**, tese que nega o evolucionismo darwinista e defende a intervenção divina na criação do homem.

Veja também:

ENOQUE E OS ANJOS ASTRONAUTAS

LAGARTOS MUTANTES

NEOLIBERAIS SATANISTAS

Para todos nós, cidadãos comuns, a campanha presidencial brasileira de 2014 foi só mais um embate entre o governista Partido dos Trabalhadores (PT) e o oposicionista Partido da Social Democracia Brasileira (PSDB).

Nada disso. Um vídeo produzido no calor da campanha denunciava que uma batalha muito mais perigosa estava sendo travada no país. Uma batalha entre a Luz e as Trevas. Uma batalha entre Deus e o Diabo. Uma batalha entre os seguidores do capeta e os devotos de Luiz Inácio Lula da Silva.

O vídeo revelador tem apenas três minutos, foi disseminado por um grupo denominado "resistência cristã anti-Illuminati" e pode ser encontrado na internet. Ele mostra políticos do PSDB, como Geraldo Alckmin, José Serra e Aécio Neves, o candidato à presidência em 2014, discursando em reuniões da **MAÇONARIA**. Os discursos são formais e nada revelam, mas o vídeo prossegue dizendo que o objetivo secreto dos maçons é entregar o país para Satanás. Aécio Neves não seria apenas um neoliberal travestido de social-democrata, mas um servo de Lúcifer tutelado pela **ILLUMINATI**. O vídeo termina com imagens de Barack Obama, Hillary Clinton, George W. Bush e Nicolas Sarkozy, todos supostos agentes da Illuminati como Aécio Neves.

Veja também:
HY-BRAZIL

NIKOLA TESLA

O inventor servo-croata Nikola Tesla (1856-1943) é o protótipo do cientista louco que proclama: "A humanidade riu de mim! Agora ela pagará!". Ele até já foi vilão de desenho animado. Nos filmes do Super-Homem produzidos nos anos 40 por Max e Dave Fletcher, o inimigo do Homem de Aço não é Lex Luthor, mas um gênio científico chamado "Tesla" que cria um Raio da Morte para atacar Metrópolis. O Nikola Tesla real não foi muito diferente da versão animada. Supostamente, ele criou até um Raio da Morte.

Tesla nasceu em Smiljan, na atual Croácia, em 1856. Em 1882, já um engenheiro elétrico, foi para Paris trabalhar na Continental Edison Company. Dois anos depois estava nos Estados Unidos como assistente do dono da companhia, o inventor Thomas Alva Edison. A amizade não durou muito. Tesla trocou a Edison Company pela Westinghouse Electric & Manufacturing, onde aprimorou a transmissão de eletricidade por corrente alternada, possivelmente para irritar o antigo patrão, defensor da corrente contínua.

Em 1895, Tesla conseguiu controlar e emitir ondas sonoras, sendo, portanto, o verdadeiro inventor do rádio, já que Guillermo Marconi só realizou o mesmo teste um ano depois. Mas Marconi se deu melhor, pois teve o apoio do desafeto de Tesla, Thomas Alva Edison, que popularizou o rádio nos Estados Unidos e consagrou o italiano como seu inventor.

No universo conspiranoico, o nome de Nikola Tesla aparece associado a inúmeros relatos estranhos. Um deles é o **EXPERIMENTO FILADÉLFIA**, uma experiência que teria sido realizada pela Marinha americana em 1943 com o porta-aviões *USS Eldridge*. O navio teria desaparecido depois de bombardeado por ondas eletromagnéticas, uma ideia creditada a Tesla. Também se atribui ao inventor a descoberta do misterioso **CAVALEIRO NEGRO**, um satélite de origem desconhecida que orbitaria a Terra há inacreditáveis 13 mil anos.

E também se diz que o cientista teria construído uma máquina capaz de enviar sinais luminosos até Marte.

Mas, apesar do que essas histórias levam a crer, Nikola Tesla não era um gênio torturado, recluso e excêntrico como um vilão de gibi. O inventor era um showman da tecnologia, espécie de Steve Jobs da primeira metade do século XX. Suas apresentações eram dramáticas e teatrais, e, não por acaso, ele acabou virando personagem de um filme sobre mágica, *O grande truque* (2006), onde é interpretado por outro excêntrico, David Bowie. Tesla era admirado por sua inteligência e erudição, que ia muito além da engenharia elétrica. Entre seus amigos estavam os escritores Nathaniel Hawthorne e Mark Twain, este último um assíduo frequentador do laboratório de Tesla em Colorado Springs, no Colorado.

Com gostava dos holofotes, o cientista vivia anunciando invenções que ninguém sabia se existiam de verdade ou se eram só truque de marketing. Em 1934, por exemplo, Tesla declarou ao jornal *The New York Times* que construíra um Raio da Morte capaz de destruir "10 mil aviões a quatrocentos quilômetros de distância", incapacitando exércitos inimigos inteiros.

Mas algumas das invenções esquisitas eram mesmo reais. Uma delas é a Torre Tesla em Colorado Springs: uma armação de metal de sessenta metros encimada por uma bola de cobre. Quando carregado de eletricidade, o artefato energizava a cidade inteira sem necessidade de fios, mas com estranhos efeitos colaterais: as torneiras emitiam faíscas, as lâmpadas funcionavam depois de apagadas, borboletas ficavam eletrificadas e rodando em círculos, cavalos levavam choques das ferraduras e fugiam dos estábulos. Numa dessas, Tesla acabou explodindo o gerador elétrico da cidade e deixou Colorado Springs sem energia elétrica por vários dias.

Oliver Nicholson, autor de *Nikola Tesla's Long Range Weapon* [*A arma de longo alcance de Nikola Tesla*], afirma que o Raio da Morte existiu e que era que uma versão maior e mais poderosa da Torre Tesla, com capacidade de liberar energia da ordem de dez megatons de dinamite. O autor insinua que o catastrófico evento de **TUNGUSKA**, em 1908, quando milhares de quilômetros de floresta siberiana foram misteriosamente devastados, seja resultado de um experimento do cientista com o Raio da Morte. Nikola Tesla teria, portanto,

Veja também:

CERN E O ANTICRISTO

PROJETO MONTAUK

todos os meios para se vingar da humanidade que riu dele. Mas ele não fez nada disso. O cientista viveu seus últimos dias desacreditado e na pobreza.

NIMROD

O mítico personagem Nimrod está associado a três intricadas teorias conspiratórias que envolvem alienígenas, sociedades ocultistas e a identidade secreta de Jesus Cristo.

Na *Bíblia*, Nimrod é apresentado como neto de Noé e primeiro grande rei depois do **DILÚVIO UNIVERSAL**, além de construtor da Torre de Babel. O texto diz que ele reinava sobre as cidades de Babel, Arac, Acad e Calné nas terras de Sinear, que é identificada como a Babilônia.

Nas lendas judaicas, o personagem é um antagonista importante na história de Abraão, o pai do monoteísmo. O nascimento de um herói é igual em todas as mitologias: crianças são sacrificadas por um tirano implacável na esperança de que o predestinado morra com elas. O mesmo acontece com Abraão. Só que o déspota de plantão, Nimrod, inventa um jeito bem criativo de lidar com o problema: manda construir uma espécie de hospital público para as grávidas e instrui as parteiras a assassinar todos os bebês do sexo masculino. A mãe de Abraão consegue fugir, mas, temendo perseguições, abandona o menino sozinho numa caverna (!), onde ele é amamentado pelo anjo Gabriel. Não pense bobagem. O leite sai dos dedos do enviado de Deus.

Em ambas as narrativas, Nimrod é um pagão arrogante que se atreve a enfrentar **YAVEH**. Linguistas acreditam que seu nome é derivado de uma palavra em hebraico que significa "rebelar". Ele também não liga muito para tabus, pois assassina o pai e casa com a própria mãe, a rainha Semíramis, atitude mais tarde imitada pelo rei grego de Tebas, Édipo.

Em alguns relatos, o tirano é um dos **GIGANTES** que habitavam a Terra antes do dilúvio, o que faz dele um **NEFILIM**, prole do cruzamento entre anjos lascivos e fêmeas humanas. Conspiranoicos que defendem a tese do "alienígena ancestral" associam Nimrod aos **ANUNNAKI**, deuses sumérios que seriam uma representação alegórica de **EXTRATERRESTRES** do sistema de Sírius, distante 8,6 anos-luz da Terra. Os aliens, dizem esses teóricos, foram os criadores da civilização humana e várias ruínas misteriosas espalhadas pelo mundo são atribuídas a eles, como as construções de Baalbek, no Líbano. Essa cidade foi uma povoação fenícia até ser conquistada pelos romanos no século I, que a batizaram de Heliópolis e construíram ali uma série de templos. Mas no local há vestígios de ocupação humana que datam de 9 mil anos. Além disso, ninguém sabe ao certo quem edificou as construções que fenícios e, posteriormente, romanos usaram como base para seus templos. Os enormes blocos de pedra de Baalbek, perfeitamente encaixados, chegam a pesar mais de oitocentas toneladas cada um. Os árabes da região afirmam que as ruínas são escombros da antiga Torre de Babel, o que nos leva de volta a Nimrod.

Já na mitologia *new age*, que recicla lendas antigas em combinações frequentemente inusitadas, o rei babilônico e sua mulher, Semíramis, são figuras arquetípicas nas quais se baseiam todas as religiões conhecidas. Nimrod seria a matriz de deuses criadores como Amon-Rá, Baal, Cronos, Dionísio, Eros, Hórus, Indra, Krishna, Mitra, Odin, Saturno, Thor e Zoroastro. Já Semíramis seria a inspiração para as deusas Astarte, **BAPHOMET**, Cibele, Diana, Gaia, Hera, Iemanjá, Juno, Kali, Lilith, a Mulher Escarlate de **ALEISTER CROWLEY**, Nossa Senhora, Sophia e a Virgem do Lago nas lendas do rei Artur.

O filho de Nimrod e Semíramis, Tamuz, é, por sua vez, a divindade arquetípica na qual Jesus Cristo, Hórus e Mitra se baseiam. Tamuz é um deus agrícola, ligado ao ciclo das plantações, por isso morte e ressurreição são seus atributos. Muito antes de J.C., ele já era associado à cruz, que representava a primeira letra do seu nome. Estátuas de Semíramis com o bebê Tamuz, comuns na região da Mesopotâmia, teriam servido de inspiração para a representação de Ísis e Osíris no Egito, Afrodite e Eros na Grécia e, posteriormente, da Virgem Maria com o Menino Jesus. O deus foi concebido sem pecado e era considerado o próprio Nimrod reencarnado, isto é, o pai que se tornou filho. Na lenda, Tamuz morre de um ferimento no flanco, mas volta à vida depois de três dias, deixando seu túmulo vazio. Seu nascimento era comemorado em 25 de dezembro. O solstício de inverno do hemisfério Norte, aliás, marca a data de aniversário de vários outros deuses, como Mitra, Hércules, Perseu e Dionísio.

Na **MAÇONARIA**, a ressurreição de Tamuz representa uma elevação espiritual para um estado superior de consciência. O construtor do Templo de Salomão, Hiram Abiff, lendário fundador da irmandade, trabalhara na edificação da Torre de Babel e teria aprendido o ofício com Nimrod, o primeiro mestre maçom.

Alguns pesquisadores afirmam que o Velho Testamento é derivado de fontes sumérias e que o Nimrod bíblico é o mesmo Gilgamesh do mais antigo trabalho de ficção do mundo, escrito em tabletes de argila há 4 mil anos. Na saga, o herói mata o monstro Howawa, que alguns conspiranoicos identificam como o Yaveh dos judeus.

Veja também:
ENOQUE E OS ANJOS ASTRONAUTAS

INVASÃO DO IRAQUE

LAGARTOS MUTANTES

Nimrod seria também o fundador da cidade de Nínive, na Assíria, onde se desenvolveram as chamadas "escolas de mistérios" que perduram até hoje. Nínive é conhecida atualmente como Mosul e fica no Iraque.

NOVE DESCONHECIDOS

Nas geladas montanhas do Tibete se escondem nove homens que secretamente controlam o destino do mundo. Os Nove Desconhecidos, por vezes chamados de Nove Invisíveis, constituem a mais misteriosa organização secreta de que se tem notícia.

Só sabemos da sua existência graças a Jacques Bergier e Louis Pauwels, pesquisadores do desconhecido, que escreveram em *O despertar dos mágicos*:

> Afastados das agitações religiosas, sociais e políticas, os Nove Desconhecidos encarnam a imagem da ciência calma, da ciência com consciência. Vigilantes do âmago da sua glória escondida, esses homens veem fazer-se, desfazer-se e tornar a fazer-se as civilizações, menos indiferentes que tolerantes, prontos a auxiliar, mas sempre sob essa imposição de silêncio que é a base da grandeza humana.

Os Nove teriam, contudo, colaborado com o cientista francês Louis Pasteur (1822-95), um dos pais da microbiologia, ensinando a ele maneiras de evitar a contaminação bacteriológica. Acredita-se que também tenham feito — e continuem a fazer — intervenções em determinadas pesquisas científicas, ao mesmo tempo que inibem ou sabotam trabalhos que não são do seu agrado.

O conspiranoico Guy Tarade também cita os Nove Desconhecidos em seu *OVNI e as civilizações extraterrestres*. Segundo ele, a organização faria uso de uma linguagem sintética e cada um dos Nove é autor de um livro dedicado a determinado ramo da ciência. O primeiro tomo é sobre propaganda e a influência psicológica das massas. O segundo é dedicado à fisiologia, com descrição dos chacras, centros energéticos do corpo humano, e instruções de como ativá-los. O terceiro volume fala de microbiologia. O quarto aborda a transmutação de metais. O quinto estuda meios de comunicação, inclusive com espécies **EXTRATERRESTRES**. O sexto livro ensina como anular a força da gravidade. O sétimo é consagrado à cosmogonia. O oitavo descreve futuras invenções mecânicas. O nono é um estudo sociológico de como manter a civilização preservada da barbárie.

Segundo a lenda, há 2300 anos esses seres semidivinos foram humanos como eu e você. Por volta do ano 265 a.C., o imperador indiano Asoka (304-232 a.C.) empreendeu uma guerra contra Kalinga a fim de ampliar os limites do seu império. Cem mil homens morreram na batalha, e o soberano, horrorizado com aquele sacrifício inútil, desistiu da conquista e adotou o budismo, tornando-se um propagador da religião na Ásia.

Além da conversão, Asoka reuniu oito mestres científicos e criou a organização secreta dos Nove Superiores Desconhecidos, sendo ele próprio o nono membro. O objetivo da sociedade é zelar pela paz, controlando secretamente o progresso científico, religioso e social da humanidade.

O conspiranoico Guy Tarade acrescenta: "Não se exclui atualmente a hipótese de que os Nove Superiores Desconhecidos tenham sido 'influenciados' por Senhores Cósmicos que residiam num planeta irmão. Suas pesquisas, que iam da estrutura da matéria às técnicas de psicologia coletiva, foram dissimuladas por mais de 2 mil anos".

Prossegue Tarade:

> O imperador Asoka percebeu que as descobertas da natureza eram frequentemente usadas de modo abusivo pelos homens ávidos de poder e desprovidos de consciência. Por isso, toda descoberta e toda invenção ficariam sujeitas a rigoroso sigilo. O círculo dos Nove Desconhecidos ou Nove Invisíveis, regentes do mundo, deveria permanecer sempre completo: quando um integrante morresse, outro seria eleito em seu lugar para que o círculo tivesse duração infinita.

Embora raramente deixem seu refúgio no Tibete, Tarade conta que os Desconhecidos mantiveram contato com o papa Silvestre II por volta do ano 1000. Antes de virar o líder da Igreja católica, Silvestre II era um alquimista chamado Gerbert d'Aurillac (920-1003), suposto criador de uma **CABEÇA FALANTE** de bronze capaz de prever o futuro. Jaques Bergier acredita que o próprio D'Aurillac era um dos nove mestres secretos.

Segundo a *Enciclopédia do sobrenatural*, a ideia dos Nove Desconhecidos data do século XVIII:

> Nas periferias mais ocultistas da **MAÇONARIA** surgiu a lenda, talvez na falta de segredos mais visíveis, de que acima do mais alto grau em que os membros eram admitidos existiam seres incrivelmente exaltados – os *Supérieurs Inconnus*, homens que haviam se tornado criaturas semidivinas de uma ordem completamente diferente.

Veja também:
AMAZING STORIES
ATLÂNTIDA E MU
MONGE DAS LUVAS VERDES
MUNDOS SUBTERRÂNEOS

Essa crença acabou incorporada pela **SOCIEDADE TEOSÓFICA** de **HELENA BLAVÁTSKI**, que alegava estar em contato com mestres secretos que viviam no Tibete e eram provenientes de Shambalah, o vasto reino subterrâneo habitado por sobreviventes do continente perdido de Lemúria. Via teosofia, a ideia aportou na Alemanha de Hitler, influenciando várias organizações do **NAZIESOTERISMO**. Mas o principal divulgador da lenda foi o escritor inglês Talbot Mundy (1879-1940) no livro *The Nine Unknown* [Os nove desconhecidos], de 1923. É uma história de aventura na Índia, que contrapõe os sábios invisíveis aos seguidores de Kali, a deusa da morte. Mundy era um teosofista, mas também um escritor de ficção *pulp*. Muitas das suas histórias foram serializadas em revistas como a *Adventure Magazine*, na qual, aliás, a saga dos Nove Desconhecidos foi publicada.

OAK ISLAND

Oak Island — a "ilha do carvalho" — é um pedaço minúsculo de terra de 57 hectares na Nova Escócia, província do Canadá. É um lugar frio, úmido, cheio de mato e sem nada de especial. A ilha chata só entra neste livro por um motivo: um misterioso poço onde se esconderia um tesouro fabuloso.

A história começa em 1795 quando Daniel McGinnis, de dezesseis anos, foi caçar ali. Numa clareira, o adolescente achou um velho cadernal pendurado em uma árvore. Essa peça náutica é uma roldana na qual se prendem várias cordas, muito usada em veleiros. No século XVII, Oak Island foi um refúgio de piratas, entre eles o capitão William Kidd, que, segundo lendas marinhas, enterrara um butim fenomenal em ilhas próximas à cidade de Boston, que é mais ou menos onde fica Oak Island. A roldana talvez indicasse o tesouro enterrado.

Com a ajuda de dois amigos, McGinnis cavou o local até encontrar uma abertura circular de quatro metros de diâmetro e, abaixo dela, uma plataforma de madeira selada com piche, prova de que o poço era obra humana. Sete metros abaixo da primeira plataforma havia outra igual, mas os jovens perceberam que o trabalho seria demasiadamente exaustivo e desistiram. Eles contaram sua história a um jornal local, que carnavalizou o episódio. A reportagem atraiu a atenção da empresa de mineração canadense Onslow

Company, que comprou a ilha e começou a escavá-la em 1804. Os exploradores encontraram mais oito plataformas de madeira iguais às duas primeiras e também uma pedra com estranhos símbolos gravados. Alguém traduziu a coisa como "doze metros abaixo, 2 milhões de libras estão enterrados". Mas é impossível saber se a tradução estava correta, pois a pedra foi perdida e as supostas reproduções da inscrição divergem bastante entre si. Quando a décima plataforma de madeira foi perfurada, a água do mar invadiu o túnel.

Conspiranoicos acreditam que a inundação foi resultado de um mecanismo de proteção, o que provaria que o poço fora construído com avançadas técnicas de engenharia. Céticos acham que a Onslow apenas perfurou por engano a parede de uma caverna marinha. Não se sabe. Falida, a empresa desistiu da busca e vendeu a propriedade.

Depois disso, Oak Island tem sido cavoucada regularmente por vários caçadores de tesouro. A geografia da ilha foi tão alterada que ninguém sabe mais onde exatamente ficava esse poço descoberto por Daniel McGinnis em 1795. Nenhum tesouro foi encontrado lá, mas já acharam pergaminhos em pele de carneiro, dobrões espanhóis, pedaços de uma corrente e uma tesoura enferrujada de estimados trezentos anos. Esses achados deram suporte a várias teorias conspiratórias, cada uma mais tresloucada que a outra.

A hipótese Shakespeare. Segundo os "anti-stratfordians", William Shakespeare nunca escreveu nada e só assinou a obra de um outro escritor, que se manteve oculto por razões políticas. O suspeito é Francis Bacon (1561-1626), o conselheiro da rainha Elizabeth I. Mas o que isso tem a ver com Oak Island? Bem, o norueguês Petter Amundsen alega ter decifrado enigmas escondidos na obra de Shakespeare que compõem o mapa do tesouro de Oak Island. No fundo do poço misterioso estariam os textos originais na caligrafia de Francis Bacon. Para alicerçar a teoria, Amundsen cita o pergaminho de pele de carneiro encontrado em uma das escavações, com letras que homens de boa vontade enxergam um "W" e um "I". O norueguês já escreveu vários livros sobre o assunto.

A hipótese viking. Os vikings alcançaram as Américas muito antes de Colombo. Chegaram lá e cavaram um poço, ninguém sabe exatamente o porquê. Nenhuma ferramenta ou artefato que remeta aos vikings foi encontrado lá, mas quem precisa de fatos quando se tem convicções?

A hipótese maia. Durante a conquista espanhola no século XVI, circularam lendas de fabulosos tesouros maias que nunca foram encontrados. A teoria é que esses artefatos teriam sido levados ao Canadá e enterrados em Oak Island. Não existe nenhuma evidência de que os maias tenham chegado até a América do Norte, mas, de novo, quem precisa de fatos?

A hipótese Kidd. O poço conteria mesmo um tesouro pirata escondido pelo capitão William Kidd no século XVII. As lendas do baú de Kidd são antigas e persistentes, embora muitos conspiranoicos aleguem que o poço original seria muito bem construído para ser obra de bucaneiros.

A hipótese Guerra da Independência. Durante a Guerra da Independência americana, os ingleses, temendo a captura de Boston, esconderam no poço o soldo das tropas. Com a vitória de George Washington, o tesouro acabou esquecido. A coisa não faz muito sentido. Ninguém "esquece" um tesouro. Além disso, o Império Britânico era muito zeloso de suas posses e registrava tudo em livros contábeis.

A hipótese templária. Essa é a ideia mais intelectualmente estimulante.
A **ORDEM DOS TEMPLÁRIOS** foi condenada à fogueira pela Inquisição em 1307. Um dos motivos é que a organização se tornara rica e poderosa demais, com navios mercantes, um sistema bancário rudimentar e um exército disciplinado e motivado. A ordem certamente tinha recursos para empreender uma viagem até a Nova Escócia, construir um túnel para esconder seus tesouros e, assim, mantê-los longe do Vaticano. Alguns desses objetos teriam sido encontrados pelos Templários nas ruínas do Templo de Salomão, em Jerusalém. Tem conspiranoico que aposta na Arca da Aliança, aquela mesma que Indiana Jones encontrou no primeiro filme. Outros especulam que é o Santo Graal, o cálice que José de Arimateia usou para recolher o sangue de Cristo na cruz, que está escondido ali. E há ainda quem associe Oak Island à chamada "linhagem sagrada". O poço guardaria pergaminhos que provam que Jesus e Maria Madalena tiveram filhos e seus descendentes são o verdadeiro "graal", pois contêm o sangue de Cristo. Assim como nas teorias dos vikings e maias, não existem indícios que comprovem a presença de Templários no Canadá. Mas quem liga?

Veja também:
JESUS E SEUS GAROTOS
MARIA MADALENA, A SENHORA J.C.
LKSHAKESPEARE

OCTOBRIANA

A personagem Octobriana é uma daquelas heroínas esculturais e seminuas que fizeram sucesso nos quadrinhos underground na virada dos anos 60 para os 70 como Barbarella, Jodelle, Saga de Xam e Phoebe Zeit-Geist.

A diferença é que Octobriana é uma heroína soviética que encarna "o verdadeiro espírito da revolução comunista de outubro de 1917" e teria sido criada por um misterioso grupo de artistas chamado PPP (Pornografia Política Progressista).

A primeira aparição da personagem foi em *Octobriana and the Russian*

Underground [Octobriana e o underground russo], do tcheco Petr Sadecký, publicado na Inglaterra em 1971.

No livro, o autor contava que, durante uma visita à então União Soviética, acabara conhecendo o PPP, um grupo fundado em 1957, depois das denúncias que Nikita Kruschev fizera de Ióssif Stálin, acusando o ditador de organizar expurgos e ordenar genocídios. Fiel aos ideais stalinistas, o PPP se reunia em porões secretos para fazer orgias e criar propaganda comunista como os quadrinhos de Octobriana.

O grupo dera a Petr Sadecký a missão de levar a personagem para fora da Cortina de Ferro, onde poderia alcançar um público maior. Apesar de todo esse blá-blá-blá, os quadrinhos eram apenas levemente comunistas. Bem levemente. Octobriana era uma loira peituda e seminua que usava botas de caubói e um revólver na cintura. Era capaz de nadar na lava fervente e enfrentar monstros descomunais, como uma morsa gigante, mas de comunista ela só tinha uma estrela vermelha pintada na testa.

Não foi preciso muito esforço para descobrir que Octobriana era uma farsa, assim como o PPP e o próprio Petr Sadecký. A personagem havia sido criada na então Checoslováquia por dois artistas locais, Bohumil Konečný e Zdeněk Burian. Em sua origem, ela era apenas uma super-heroína chamada Amazona.

Quando os tanques soviéticos invadiram Praga, em 1968, Petr Sadecký fugiu para a Inglaterra, levando consigo a arte dos amigos. No Ocidente, bem longe de Stálin, ele percebeu que o comunismo soviético era visto com simpatia, especialmente no universo editorial. Sadecký então pintou uma estrela na testa da personagem, trocou os balões de texto, acrescentando certo engajamento político, e pronto, Octobriana nasceu!

Os autores originais não ganharam um centavo, mas Petr Sadecký sim. De qualquer forma, o escroque inventou um dos primeiros personagens *open source* do mundo, o que significa que qualquer um pode fazer quadrinhos com Octobriana sem pagar um tostão a ninguém. Há uma certa justiça poética nisso.

A saga de Octobriana também prova que qualquer bobagem levemente de esquerda sempre vai dar certo no mundo editorial.

Veja também:
ALTERNATIVA 3
DIÁRIOS DE HITL
HOMENS-
-MORCEGO DA L
REBELIÃO DOS
BOXERS

OPA

Opa — ou OOpa e até OOPArt — é a sigla em inglês para "Out of Place Artifact", objeto fora do lugar, e inclui uma série de descobertas arqueológicas que aparentemente não se encaixam na história que nos ensinaram na escola.

Na verdade, o termo "OPA" não é lá muito adequado e poderia perfeitamente ser substituído por "OTA", "Out of Time Artifact", objeto fora do tempo, pois é disso que se trata. Todos os OPAS parecem resultado de uma tecnologia muito mais avançada que a existente na época à qual pertencem.

A Bateria de Bagdá é um bom exemplo.

A peça foi encontrada numa escavação arqueológica no Iraque em 1936. Apesar do nome, não se trata de "uma" bateria, mas de uma série de vasos de argila que contêm um tubo de ferro envolto em bronze no interior. A base do vaso também é feita de metal. Quando preenchido com uma substância ácida — como o vinagre, por exemplo —, o vaso funciona como uma bateria e produz eletricidade. Cada peça gera apenas dois volts, mas se todas estiverem conectadas é possível produzir corrente para gerar luz elétrica. O problema é que a peça é datada de 250 a.C., quando a iluminação pública dependia de tochas e archotes.

Outro objeto de entortar a cabeça é o Martelo de Kingoodie, encontrado na Escócia em 1844. É um martelo absolutamente comum com um cabo de madeira e uma cabeça de ferro, só que incrustado num bloco de pedra do período Devoniano, que data de 400 milhões de anos atrás. Nessa época, o planeta era habitado apenas por criaturas marinhas. Nem dinossauros existiam, quanto mais martelos. A datação por carbono 14 confirma a idade do objeto, que permanece um mistério.

E há ainda o famoso Mecanismo de Anticítera, resgatado junto à ilha grega de mesmo nome em 1901. É uma máquina de 37 engrenagens sobrepostas capaz de calcular o movimento do Sol e da Lua. Além de prever eventos astronômicos com extrema acuidade, funcionando como um calendário, o objeto também é geolocalizador. Especula-se que o mecanismo era usado em navegações, mas o problema, novamente, é a data de origem: 87 a.C. Não existe qualquer registro histórico de aparelhos como esse na época.

E esses são apenas três dos OPAS mais famosos. A lista completa inclui esculturas de aviões encontradas dentro de pirâmides, estátuas romanas em tumbas pré-colombianas, pinturas rupestres que retratam homens modernos e hieróglifos egípcios que lembram lanchas e helicópteros.

Entusiastas da teoria do **CATASTROFISMO**, para quem várias civilizações avançadas existiram antes da nossa, enxergam nos OPAS a confirmação de suas crenças. Mas também é possível que nossos descendentes tenham finalmente conseguido dominar a viagem no tempo e que **FU-TURISTAS** estejam subindo e descendo pela história.

Veja também:
ESTATUETAS DE ACÁMBARO
MAPAS DE PIRI REIS
PÁSSARO DE SAQQARA
PEDRAS DE LA MARCHE
PRIMI-HISTÓRIA

Viajantes do tempo:
quando você menos espera,
eles desfilam pela sua timeline.

OPERAÇÃO BABALON

Série de rituais de invocação realizados em 1946 no deserto de Mojave, Estados Unidos, pelo futuro fundador da Cientologia, **L. RON HUBBARD E O CIENTISTA DE FOGUETES** Jack Whiteside Parsons. O ritual era baseado nos ensinamentos do bruxo inglês **ALEISTER CROWLEY**, do qual ambos eram adeptos. O objetivo da operação era invocar a deusa Babalon, também conhecida como Mulher Escarlate, Grande Meretriz e Mãe das Abominações. No livro do Apocalipse essa criatura adorável está destinada a ser a mãe do Anticristo e, portanto, a iniciar o Juízo Final (segundo o cristianismo) ou o Aeon de Hórus (segundo Crowley).

O ritual não provocou nenhum efeito especial de filme trash, como o céu se abrindo para criaturas bizarras entrarem. Mas Jack Whiteside Parsons acreditava que o trabalho fora bem-sucedido e que a Mulher Escarlate encarnara na poeta e musa beatnik Marjorie Cameron, "Candy", com quem ele se casou. "Candy" teve uma vida movimentada: pintou quadros, compôs versos, atuou em filmes undergrounds e morreu em 1995. Teve uma única filha (não com Parsons), que, ao contrário da mãe, mantém uma vida discreta e distante do ocultismo. Até onde se sabe, ela nunca manifestou o desejo de destruir o mundo.

Alguns conspiranoicos — como o americano Robert Anton Wilson — alegam que, embora o céu não tenha se rasgado durante a Operação Babalon, L. Ron Hubbard e Jack Whiteside Parsons abriram de fato um portal para um universo paralelo e não conseguiram mais fechá-lo. Por essa fenda dimensional teriam entrado inúmeras bizarrices, como UFOs e os alienígenas **GREYS**. A chamada "Era dos Discos Voadores", quando todo mundo começou a ver objetos misteriosos no quintal de casa, começou em 1947, pouco depois do trabalho de invocação feito pelos dois malucos.

Veja também:
ROSWELL

OPERAÇÃO PAPERCLIP

A Alemanha nazista foi derrotada em 1945, mas as forças aliadas ainda estavam impressionadas com a avançada tecnologia do inimigo. Os "ufonoides", ufólogos paranoides, falam em armas-laser supersecretas e em aeronaves discoides movidas a energia "vril". Mas nem é preciso dar crédito a histórias fantásticas para entender o fascínio dos vencedores pelos vencidos. Os foguetes V-2 de Werner von Braun, capazes de acertar Londres a partir da Ucrânia, já são suficientemente impressionantes.

Russos e americanos passaram a disputar lealdade dos cientistas alemães, mas havia um problema: como esconder o passado nazista deles? Os comunistas não precisavam se preocupar, já que a União Soviética estava sob as botas de Ióssif Stálin, que não explicava suas atitudes a ninguém. Mas os Estados Unidos tinham de dar alguma satisfação à opinião pública. A ideia era oferecer cidadania americana a mais de 1600 cientistas alemães. O problema é que, entre eles, 1200 haviam sido membros ativos do Partido Nazista e alguns eram criminosos de guerra. Era preciso fornecer uma "ficha limpa" a eles, e nasceu a Operação Paperclip.

A manobra foi autorizada pelo presidente Harry S. Truman e a execução coube ao general Hugh J. Knerr, comandante-geral das forças americanas na Europa. Com a ajuda da OSS (Office of Strategic Services), a futura CIA, o histórico dos cientistas foi apagado e eles puderam começar vida nova. Para que tudo fosse aprovado mais rápido, os formulários de imigração dos "ex"-nazistas vinham acompanhados de pedidos de celeridade presos por um clipe de papel, daí o nome-código "paperclip".

Foi graças a essa estratégia que os americanos puderam contar com o talento de Werner von Braun e conquistar a Lua em 1969. Junto com ele veio também Hubertus Strughold, o "pai da medicina espacial", pioneiro no mapeamento dos efeitos físicos e psicológicos da ausência de gravidade. E o engenheiro Arthur Rudolph, que desenvolveu o sistema de propulsão dos foguetes Apollo. Sem a Operação Paperclip, a NASA talvez tivesse de forjar o pouso lunar num estúdio de cinema em vez de realmente chegar lá.

Ops...

O problema é que pelas portas escancaradas da Operação Paperclip também entraram criaturas como Reinhard Gehlen, o chefe da espionagem nazista na Europa, que colocou sua rede de agentes a serviço da OSS/CIA. Alguns historiadores acreditam que a Guerra Fria foi, de muitas maneiras, incentivada e amplificada pela paranoia anticomunista de Gehlen.

Klaus Barbie, o "Carniceiro de Lyon", membro da Gestapo e um dos responsáveis pelo Holocausto judeu, também entrou nos Estados Unidos com a bênção da OSS. A coisa só não funcionou porque o paradeiro dele foi descoberto pelos franceses, que exigiram a extradição e forçaram Barbie a se esconder na Bolívia, onde só foi capturado em 1983.

A estratégia de importação de nazistas só se tornou pública em 1973, quando a conquista espacial americana já era realidade e a Guerra Fria não podia mais ser contida. Alguns experimentos conduzidos pela CIA, como o polêmico programa de controle mental **MK ULTRA**, de 1955 a 1958, só foi possível graças ao apoio luxuoso dos nazistas da Operação Paperclip.

Veja também:
NAZIESOTERISMO
NAZIJIHADISMO

ORDEM DO SOL NEGRO

Pauwels e Bergier, dois dos mais divertidos conspiranoicos da literatura, defendem que o nazismo era apenas a expressão política de crenças bizarras, algumas satânicas.

E, de fato, a ideia da superioridade racial ariana provém de várias fontes esquisitas: o movimento romântico alemão, é claro, mas também há grupos ocultistas como a Sociedade Thule, a Sociedade Vril e, embora os teosofistas odeiem a associação, a **SOCIEDADE TEOSÓFICA** de **HELENA BLAVÁTSKI**.

Entre todas essas organizações, a misteriosa **ORDEM DO SOL NEGRO** ocupa lugar de destaque. Não apenas pelo nome pomposo e sonoro, mas também pelas lendas que a cercam. O Sol Negro é representado por um círculo preto de onde saem doze raios que se "quebram" num ângulo de noventa graus, cercados por um círculo maior, como em uma mandala. Ocultistas afirmam que a insígnia tem origem babilônica, assíria ou merovíngia, mas isso é incerto. Sabe-se que o símbolo aparece em joias da Alemanha medieval e também no hall do castelo Wewelsburg, na Renânia, construído em 1603. Em 1934, Heinrich Himmler, apaixonado pelo motivo decorativo, transformou o edifício em sede da SS. As duas organizações, aliás, se confundem, pois Himmler era, segundo várias fontes, um adepto da Ordem do Sol Negro.

A SS (Schutzstaffel, "Comando de Proteção") não era uma tropa regular do Estado alemão, mas um grupo paramilitar do Partido Nazista que respondia apenas a Himmler e ao Führer Adolf Hitler. Pauwels e Bergier escrevem que os verdadeiros líderes da SS, o braço armado da Ordem do Sol Negro, eram "mestres desconhecidos" que habitavam o interior da Terra. Essa ordem acreditava que o planeta recebia a influência de dois sóis. Um é esse que conhecemos. O outro ilumina o interior da Terra, que é oca e abriga a nação de Agartha.

O objetivo da Ordem do Sol Negro era controlar a energia desse sol subterrâneo, o que tornaria a Alemanha invencível. A vitória do Terceiro Reich era apenas a primeira etapa do plano, que era entregar o controle do mundo aos arianni, os habitantes de Agartha.

Essas ideias são parcialmente inspiradas por *A doutrina secreta* (1888), de Helena Blavátski, mas não só por ela. A maior influência é o romance de ficção científica *A raça futura* (1871), do inglês Edward Bulwer-Lytton (1803-73), que conta a história dos super-homens do submundo.

A Ordem do Sol Negro também é associada à mística **LANÇA DO DESTINO**, a arma que feriu o Cristo na cruz e que torna invencível o exército que a possui. O objeto teria ficado sob a guarda da ordem em Nuremberg

Veja também:
EXTRATERRESTRES
EXTRATERRESTRES
MARIA ORSIC E OS ARIANOS DE ALDEBARÃ
NAZIESOTERISMO
NOVE DESCONHECIDOS

desde que Adolf Hitler a removera do palácio Hofburg em 1938. Quando Nuremberg caiu e a lança foi capturada, o Terceiro Reich, a ss e a Ordem do Sol Negro chegaram ao fim.

O símbolo do Sol Negro ressurgiu recentemente entre adeptos do neonazismo e da filosofia *new age*. Uma prova de que esoterismo e nazismo continuam se frequentando.

ORDEM DOS HOSPITALÁRIOS

A conquista de Jerusalém pelos cruzados em 1099 não foi apenas uma vitória militar, mas o início de um processo migratório de europeus para o Oriente Médio. O objetivo declarado da guerra era libertar a Cidade Santa dos turcos otomanos, que a haviam conquistado em 1078, e depois devolvê-la ao controle de Aleixo I Comneno, soberano do Império Romano do Oriente ou Império Bizantino.

Mas os cruzados — em sua maioria nobres franceses sem propriedade ou direito sucessório — mudaram de ideia no meio do caminho e decidiram manter para si as terras conquistadas. Como boa parte da população local tinha sido dizimada, o jeito foi incentivar a migração para a Terra Santa em forma de peregrinação religiosa.

O problema é que os cristãos ocupavam apenas uma estreita faixa litorânea e não tinham condição militar de vigiar as estradas. Os peregrinos eram frequentemente mortos, sequestrados e seviciados por salteadores muçulmanos.

Para proteger as rotas e dar socorro aos imigrantes foram criadas duas organizações religiosas-militares: a **ORDEM DOS TEMPLÁRIOS** e a ordem dos Cavaleiros do Hospital de São João ou Ordem dos Hospitalários.

Os Hospitalários vieram primeiro, em 1099, e usavam como base a Igreja do Santo Sepulcro em Jerusalém. Seu objetivo primordial era dar conforto aos enfermos, daí o nome "Hospitalários". Mas a ordem também era uma força combatente, como seus irmãos Templários. Só que, enquanto a segunda organização buscou um caminho independente que muitas vezes a colocou em choque com o Vaticano, os Hospitalários se mantiveram fiéis ao papado, herdando, inclusive, parte da riqueza templária depois da condenação dessa ordem em 1307. Em 1530, Carlos V, soberano do Sacro Império Romano-Germânico, deu aos Hospitalários o controle da ilha de Malta, no mar Mediterrâneo. Desde então, a organização é mais conhecida como Ordem dos Cavaleiros de Malta.

Os Cavaleiros de Malta são hoje associados à morte do papa João Paulo I, em 1978, e ao escândalo do banco Ambrosiano, que ocorreu no mesmo ano. Na verdade, as suas histórias são uma só. O administrador do banco, Robert Calvi (1920-82), era um Cavaleiro de Malta, assim como os banqueiros italianos Licio Gelli (1919-2015) e Michele Sindona (1920-86). Gelli e Sindona também pertenciam à **MAÇONARIA**. Juntos, os três inventaram um esquema para lavar dinheiro da máfia por meio do banco Ambrosiano e do banco do Vaticano, que eram associados.

No livro *In God's Name* [Em nome de Deus], o jornalista inglês David Yallop desenvolve a teoria conspiratória de que o papa João I, morto 33 dias depois da sua eleição, foi eliminado quando descobriu que o Vaticano havia se associado à máfia por intermédio dos Cavaleiros de Malta. Essa trama é a base do roteiro de *O poderoso chefão III* (1990), de Francis Ford Coppola.

Mas a coisa não para por aí. Outros famigerados membros da ordem seriam Alexander Haig (1924-2010), homem que definiu a política externa americana nos governos Nixon e Reagan, e Reinhard Gehlen (1902-79), chefe da espionagem nazista durante a Segunda Guerra Mundial que se tornou o principal operativo europeu da CIA na época da Guerra Fria.

A Ordem dos Hospitalários — cujo nome completo na atualidade é Ordem Soberana e Militar Hospitalária de São João de Jerusalém, de Rodes e de Malta — tem hoje 15 mil membros espalhados pelo mundo. Oficialmente, sua missão é prestar auxílio aos pobres necessitados.

Veja também:
MK ULTRA
OPERAÇÃO PAPERCLIP

ORDEM DOS TEMPLÁRIOS

A Ordem dos Cavaleiros Templários foi criada no século XII como uma organização militar de monges combatentes.

E bipolares, certamente.

Na literatura conspiranoica, eles são os devotos guardiões do Santo Graal, mas também diabólicos adoradores de **BAPHOMET**. Eles são guerreiros invencíveis, mas também burocratas e criadores de um sistema bancário protocapitalista. Eles são o braço armado do cristianismo nas Cruzadas, mas também hereges adeptos do **GNOSTICISMO**. Eles são os grandes inimigos do islã, mas também parceiros da Ordem dos **ASSASSINOS**.

É uma confusão. Comecemos, portanto, pelo que é historicamente aceito.

Jerusalém foi conquistada pelos cruzados em junho de 1099. Além da

Cidade Santa, o chamado Reino Cristão no Oriente se resumia a apenas cinco feudos: Jafa, Ascalão, Acre, Antioquia e Edessa, além de fortalezas isoladas. Não havia força militar para vigiar as estradas e os peregrinos cristãos eram frequentemente atacados.

Em 1118 ou 1119, nove cavaleiros liderados pelo francês Hugo de Payens decidiram fundar uma ordem de monges combatentes para proteger os cristãos. A inspiração deles era a **ORDEM DOS HOSPITALÁRIOS**, criada vinte anos antes. O rei Balduíno II de Jerusalém gostou da ideia (mais espadas!) e permitiu que os cavaleiros usassem como sede a desativada Mesquita de Al-Aqsa, construída no século VII sobre as ruínas do Templo de Salomão. Vem daí o nome oficial "Ordem dos Pobres Cavaleiros de Cristo e do Templo de Salomão".

Para criar uma regra monástica para a organização, os cavaleiros recorreram ao influente abade francês Bernardo de Claraval, reformador da Ordem Cisterciense. Bernardo defendeu os Templários junto ao papa, desenhou o uniforme deles (um manto branco com uma cruz vermelha) e estabeleceu os votos necessários: pobreza, castidade, obediência e a defesa perpétua do Santo Sepulcro.

Levado por Bernardo, Hugo de Payens visitou todas as cortes europeias em busca de financiamento. Como dar suporte à Cruzada era uma obrigação cristã, a ordem recebeu grandes somas, além de muitos títulos de propriedade. Também foi criado um imposto eclesiástico para financiar os monges guerreiros, que, em contrapartida, juraram lealdade eterna ao papa.

Empreendedores, eles também foram os criadores da "ordem de pagamento". Funcionava assim: a peregrinação da Europa a Jerusalém era longa e dispendiosa. Com todos os percalços e roubos, muitos devotos chegavam completamente falidos à Cidade Santa. Mas os Templários resolveram o problema. Tudo o que o peregrino precisava fazer era depositar o dinheiro numa agência da ordem na Europa e sacar na sucursal da Terra Santa. Mediante uma pequena taxa, é claro.

A coisa correu bem até 1291, quando o reino de Jerusalém foi tomado pelo sultão Saladino. A ocupação cristã da Terra Santa sempre careceu de uma estratégia de longo prazo e foi marcada por disputas feudais. Mas a queda foi atribuída aos Templários, que, afinal, tinham como missão a defesa do Santo Sepulcro. Só que, em vez disso, a ordem se transformara numa potência econômica e militar... na Europa. Em 1243, eles tinham mais propriedades lá do que no Oriente Médio.

Por volta de 1300, o rei francês Filipe, o Belo, passou a defender abertamente a ideia de extinguir a ordem e "estatizar" suas propriedades. O fato de o rei ter tomado empréstimos da ordem e não ter como pagá-los influenciou a campanha, claro. Filipe tinha ao seu lado o papa Clemente v, um francês chamado Bertrand de Got que havia transferido a Santa Sé de Roma para Avignon.

Os Templários foram presos sob a acusação de heresia em 1307. Torturados, muitos cavaleiros confessaram práticas demoníacas. Em 19 de março de 1314, Jacques de Molay, o último grão-mestre da ordem, morreu na fogueira na Île de la Cité, em Paris.

Com a morte dele e o fim da ordem, nasceram as lendas.

Os Templários foram acusados pela Igreja de cultuar o demônio Baphomet, que alguns historiadores afirmam ser uma corruptela de Maomé, a quem os Templários teriam aprendido a cultuar com a mítica Ordem dos Assassinos da Pérsia.

Também se diz que a ordem teria escavado o Monte do Templo e encontrado vários tesouros, como a **CABEÇA FALANTE** do profeta João Batista, a Arca da Aliança que guardou as tábuas dos dez mandamentos e, claro, o Santo Graal.

As lendas do Graal surgem depois da queda de Jerusalém e são uma compensação cultural pela derrota na Terra Santa. O reino terrestre foi perdido, mas o sangue de Cristo permanece na Europa. Nas primeiras narrativas, o Santo Graal é uma pedra, depois uma tigela, até que, finalmente, assume a forma de um cálice. No final do século xx, o Graal vive nova mutação. Agora ele não é mais um objeto, mas a descendência de Jesus Cristo e Maria Madalena, cujo sangue correria nas veias das principais famílias reais europeias. Assim como guardavam o cálice nos mitos medievais, os Templários agora defendem a "linhagem sagrada" das artimanhas do Vaticano, funcionando como o braço armado de uma ordem ainda mais misteriosa, o **PRIORADO DE SIÃO**, fundada na Escócia no século i.

Curiosamente, apenas dois países deram abrigo aos Templários depois da condenação: Portugal e Escócia. Em Portugal, a organização simplesmente mudou de nome para Ordem dos Cavaleiros de Cristo e ficou tudo por isso mesmo. Na Escócia, os Templários ganharam a proteção do rei Robert de Bruce, que também foi excomungado por Clemente v. Lá eles construíram, em 1446, a capela de Rosslyn, em Midlothian, que, segundo a lenda, foi feita para abrigar o Santo Graal.

Veja também:

GNOSTICISMO

JESUS E SEUS GAROTOS

MAÇONARIA

MARIA MADALENA, A SENHORA J.C.

OAK ISLAND

OSAMA BIN LADEN, A FARSA

O ataque terrorista às Torres Gêmeas do **WORLD TRADE CENTER**, em 11 de setembro de 2001, fez nascer uma infinidade de teorias conspiratórias. Uma das mais persistentes afirma que o saudita Osama bin Laden era um operativo da CIA e que o atentado teria sido planejado pelo próprio governo americano para justificar uma intervenção militar no Oriente Médio. Essas fantasias conspiranoicas fazem muito sucesso, mas carecem de provas conclusivas. Mas no caso de Bin Laden a teoria tem lá sua razão de ser.

Osama nasceu na Arábia Saudita em 1957. O pai era um bilionário ocidentalizado que, ao morrer, deixou para ele uma fortuna de 300 bilhões de dólares. Mas o garoto deu as costas ao capitalismo e preferiu se dedicar à causa do islã. Quando os soviéticos invadiram o Afeganistão em 1979 para auxiliar o governo ameaçado por guerrilheiros islâmicos, os Estados Unidos encorajaram os líderes religiosos a proclamarem uma jihad contra os comunistas. Cerca de 10 mil combatentes dos mais diversos países foram ao Afeganistão se engajar na Guerra Santa. Entre eles, Osama bin Laden, que liderava um grupo de 4 mil sauditas.

O bilionário gastou boa parte da sua fortuna durante a guerra, recrutando mais combatentes na Argélia, Egito, Sudão, Paquistão, Iêmen e Arábia Saudita. Quando ele fundou a Al-Qaeda, em 1988, a organização nasceu enraizada em boa parte do mundo islâmico.

No ano seguinte, os soviéticos resolveram voltar para casa. O comunismo estava desabando em todo o Leste Europeu e também na Rússia. Era melhor cuidar do próprio quintal.

Osama bin Laden tinha uma organização jihadista, mas estava sem inimigos. Sem ter muito o que fazer, ele decidiu estender a guerra santa aos americanos. Em 1993 ele atacou o World Trade Center com um carro-bomba, mas falhou em derrubar as torres. Em 1998, explodiu embaixadas americanas em Nairóbi, no Quênia, e Dar es Salaam, na Tanzânia. Em 2000, atacou o navio *USS Cole*, que estava ancorado no porto de Aden, no Iêmen. E, um ano depois, coordenou o ataque às Torres Gêmeas e ao Pentágono.

Osama bin Laden se tornou o homem mais procurado do mundo, como se fosse um vilão de James Bond comandando sua "Spectre" de dentro de uma caverna. Ninguém conseguiu encontrá-lo até 2011, quando o terrorista foi morto em Abbottabad, no Paquistão, por um comando de operações especiais da Marinha americana. O problema é que ninguém viu o corpo de Osama, que teria sido sepultado no mar.

Em 2015, o jornalista americano Seymour Hersh, vencedor do prêmio Pulitzer em 1970, publicou uma longa reportagem, "The Killing of Osama bin

Laden", na *London Review of Books*. Hersh afirma que a heroica missão americana para caçar Obama foi uma completa farsa. Segundo ele, o terrorista era prisioneiro do governo paquistanês desde 2006 e a suposta operação de captura foi uma encenação usada como peça de propaganda na reeleição do presidente Barack Obama em 2012.

Controvérsias à parte, uma coisa é certa: o modus operandi dos americanos é sempre o mesmo: eles alimentam hoje o inimigo de amanhã.

Veja também:

INVASÃO DO IRAQUE

MARTY MCFLY E AS TORRES GÊMEAS

NAZIJIHADISMO

P

PARADOXO DE FERMI

Se um dia, por alguma razão ridícula, você quiser irritar um ufólogo, mencione o Paradoxo de Fermi.

O físico ítalo-americano Enrico Fermi (1901-54) elaborou, por volta de 1943, o seguinte problema: se o universo tem 12 bilhões de anos e é aparentemente infinito, é evidente que milhões de civilizações alienígenas tecnologicamente avançadas já surgiram. A distância entre as estrelas é imensa, mas não em escala cósmica. Portanto, uma cultura alienígena que precedesse a nossa em poucas centenas de milhares de anos já deveria ter chegado aqui ou pelo menos enviado uma mensagem.

Onde está todo mundo?

Por que ninguém telefona?

A questão levantada por Fermi foi enriquecida em 1975 pelo astrofísico Michael Hart (1932-). Segundo Hart, percebemos o tempo em relação à nossa própria espécie, uma jovem de apenas 200 mil anos. Se tivéssemos uma irmã mais velha nas proximidades, cujo desenvolvimento precedesse o nosso em, digamos, 100 mil anos, ela já teria que ter colonizado a galáxia. Logo, concluiu o astrofísico, "a ausência de evidência é a evidência da ausência".

Nossa espécie é única e não tem ninguém lá fora com quem brincar.

Certamente, Enrico Fermi e Michael Hart, céticos que são, nunca leram a literatura conspiranoica. Se tivessem lido, saberiam que inúmeras raças **EXTRATERRESTRES** frequentam a Terra regularmente e que sua presença está registrada não apenas na literatura — como o épico indiano ***MAHABHARATA*** —, mas também em diversas anomalias arqueológicas como os OPA, "Out of Place Artifact".

Veja também:
NAVALHA DE OCKHAM
RESPOSTA PARA ARECIBO

Aliás, diz a lenda que, quando Fermi perguntou a seus colegas no Laboratório Nacional de Los Álamos onde estavam os alienígenas, um deles respondeu: "Ora, eles já estão aqui, mas chamam a si mesmos de húngaros. Os húngaros estão por toda parte e falam uma língua que ninguém mais entende...".

O autor da pertinente observação foi o físico Leó Szilárd (1898-1960). Ele era húngaro.

PARALELO 33

Esotéricos têm grande apreço por números, em especial pelo **TRINTA E TRÊS**, que corresponde, entre outras coisas, aos anos que Jesus Cristo viveu na Terra, às espirais na sequência do DNA humano e também às espécies diferentes de lêmures existentes na ilha de Madagascar.

O Paralelo 33 Norte, por sua vez, abriga vários lugares intrigantes e misteriosos.

"Por que há tantos sítios históricos e arqueológicos ao longo dessa latitude?", pergunta o autor americano Gary A. David no artigo "Along the 33rd Parallel: A Global Mystery Circle" [Ao longo do Paralelo 33: Um círculo de mistério global].

"Talvez os antigos tenham descoberto uma linha energética no Paralelo 33 e construído ali templos e cidades sagradas para utilizar o 'chi' terrestre", conclui.

Mas o que tem lá, afinal?

Muita coisa. Muita, muita coisa.

A **GRANDE PIRÂMIDE** de Gizé, no Egito, está no Paralelo 33, assim como as ruínas de Baalbek, no Líbano, que as lendas locais afirmam serem escombros da Torre de Babel, construída pelo rei babilônico **NIMROD**. O vale dos rios Tigre e Eufrates, onde surgiu a primeira civilização humana, também fica nessa latitude. Na mesma linha geográfica estão as construções do povo hohokam, que ocupava a área compreendida entre o atual estado americano de Utah até Chihuahua, no México. Essa cultura viveu ali de 300 a.C. a 1.450 d.C. e é responsável por um impressionante sistema de canais para irrigar zonas desérticas. As valas foram ampliadas pelos mórmons no século XIX, e algumas são usadas até hoje. Entusiastas da tese do astronauta ancestral enxergam alienígenas e naves espaciais nos inúmeros petróglifos deixados pelos hohokam.

P

No lado oposto do globo, na China, fica a Pirâmide Branca de Xian, na região montanhosa de Qinling. A estrutura tem 2 mil anos, é duas vezes maior do que a Pirâmide de Gizé e foi edificada em saibro para abrigar o túmulo do primeiro imperador da China, Qin Shi Huang. Alguns ufólogos defendem, no entanto, que a construção de topo reto era uma base para pouso e decolagem de discos voadores.

Mas ainda há outros mistérios rondando o Paralelo 33 Norte.

A cidade de Dallas, no Texas, onde o presidente americano John F. Kennedy foi assassinado, em 22 de novembro de 1963, também fica no Paralelo 33 Norte. Note que se você somar o dia do assassinato (22) ao mês (11) o resultado é 33, mas não se deixe impressionar.

A cidade de **ROSWELL**, no Novo México, onde, segundo a mitologia ufológica, uma nave extraterrestre caiu em 8 de julho de 1947, também está no Paralelo 33. E o primeiro teste com a bomba atômica, no campo White Sands, no Novo México, em 1945, aconteceu na mesma coordenada. E, veja você, estranhamente, a cidade japonesa de Nagasaki, destruída pela bomba nuclear americana em 9 de agosto de 1945, se encontra na mesma latitude.

Tem mais.

A Tunísia, onde começaram as grandes manifestações da chamada **PRIMAVERA ÁRABE** que mudaram a ordem política do Oriente Médio, está no Paralelo 33. Conspiranoicos alegam que isso é uma evidência clara de que a **ILLUMINATI** é a verdadeira responsável pela insurreição. O objetivo secreto da organização seria controlar o "chi" terrestre. **A INVASÃO DO IRAQUE** teria o mesmo propósito, aliás.

Enquanto isso, no lado de baixo do globo, o Paralelo 33 Sul não desperta nenhuma atenção. Ele passa pela Austrália, África do Sul, Chile, Uruguai e Brasil. Nada de importante acontece nele. O Sul do mundo é muito chato.

Veja também:
VINTE E TRÊS

PÁSSARO DE SAQQARA

O Pássaro de Saqqara é um objeto de madeira de dezoito centímetros de comprimento encontrado numa tumba egípcia em 1898 e hoje exposto do Museu do Cairo. Arqueólogos afirmam que se trata de um brinquedo, já que ele voa como um planador. Seu formato de falcão seria uma referência a Hórus, o deus mais cultuado do panteão egípcio.

No entanto, o pássaro também é considerado um **OPA**, "Out of Place

Artifact", objeto fora do lugar, pois lembra um aeroplano e é único no período a que pertence (200 a.C.).

O arquiteto Khalil Messiha, nascido no Cairo em 1924, é um entusiasta do Pássaro de Saqqara e afirma que sua existência prova que os antigos egípcios dominavam a arte do voo. Para demonstrar a tese, ele construiu uma réplica em grande escala do artefato e a testou em um túnel de vento. A coisa voou.

Messiha acredita que em uma das câmaras ainda inexploradas da **GRANDE PIRÂMIDE** de Gizé se esconde um avião milenar, prova inequívoca de que os antigos egípcios sabiam voar.

Veja também:
MAPAS DE PIRI REIS
PEDRAS DE LA MARCHE
PRIMI-HISTÓRIA

PATAFÍSICA

A patafísica — "ciência das soluções imaginárias" — é uma invenção do escritor francês Alfred Jarry (1873-1907). Precursor do dadá e do surrealismo, Jarry é o autor de mais de 25 obras, entre elas a peça *Pai Ubu* e o romance *Artimanhas e opiniões do doutor Faustroll, patafísico* (publicado postumamente), nos quais introduz a patafísica.

As ideias do autor originaram, em 1948, o Colégio de Patafísica, que reuniu em Paris escritores como Eugène Ionesco, Boris Vian, Jacques Prevért, Marcel Duchamp e Georges Perec. Todos eles adeptos do humor nonsense e absurdo.

Millôr Fernandes, um admirador de Alfred Jarry, explicou (?) assim a patafísica em texto publicado no seu site:

> A patafísica é uma forma de nonsense, anfiguri, qualquer coisa de entendimento não preciso e contracorrente. A patafísica, etimologicamente, vem de *pataphysique*, ciência que se adiciona à metafísica, já em si mesma, já fora de si própria. Exemplo: o epifenômeno sendo, a maior parte das vezes, o acidente, a patafísica não é mais do que a ciência do particular, pois sabemos que não há ciência senão do geral. Quer dizer, a patafísica estuda as leis que regem as exceções, e explica o universo suplementar ao comum. Mas, cuidado, na hora em que você entender tudo terá destruído tudo. O entendimento total é o fim. Como já diz o Eclesiastes: "Quem aumenta o seu conhecimento aumenta a sua dor".

E por que há um verbete sobre patafísica num livro sobre conspirações? Ótima pergunta. *Thanks for asking.*

P

A patafísica teve enorme influência sobre os **ARCANOS SURREA-LISTAS**, organização que nega a própria existência, mas cuja missão é transformar a realidade em absurdo. A introdução do nonsense no mundo real também é o modus operandi dos **FANTASMAS BAILARINOS**, a quem se atribui a invenção de teorias conspiratórias absolutamente falsas. Se é que existem teorias conspiratórias absolutamente verdadeiras. Afinal, a conspiração perfeita acontece em segredo e nenhuma denúncia a expõe.

Há também quem veja certo humor patafísico na labiríntica trama que envolve a descendência de Jesus e Maria Madalena, os reis merovíngios, o Santo Graal, o **PRIORADO DE SIÃO** e, talvez, quem sabe, até mesmo os deuses **ANUNNAKI** da Suméria. Essa trama bizantina começou a ser desenvolvida no livro *Le Enigme de Gisors* [O enigma de Gisors], de 1962, escrito pelo poeta surrealista Gérard de Sède em parceria com **PIERRE PLANTARD DE SAINT-CLAIR**, um nobre falido e alegado descendente do rei merovíngio Dagoberto II. Todas as obras que vieram depois têm De Sède como base.

Outro fato intrigante é que o multiartista Jean Cocteau (1889-1963) é apontado simultaneamente como membro dos Arcanos Surrealistas e grão-mestre do Priorado de Sião, o que só aumenta as suspeitas sobre a natureza patafísica da trama toda.

Mas não deixe que isso abale suas convicções. Como adverte o mago **ALEISTER CROWLEY** em *Diário mágico*, "é imaterial se deuses, espíritos ou planos existem ou não, mas ao fazer certas coisas certos resultados são obtidos".

Ou seja, o mundo é patafísico.

Veja também:
AMAZING STORI
JESUS E SEUS GAROTOS
MANUSCRITO THELEMA
MARIA MADALENA, A SENHORA J.C.
MEROVÍNGIOS D ESPAÇO

PAUL HELLYER

Paul Theodore Hellyer, 91 anos em 2016, foi membro do parlamento canadense entre 1958 e 1974 e, por um breve período nos anos 50, ministro-adjunto da Defesa. Ele seria só mais um político chato se não fosse um curioso detalhe: em 2005, Hellyer afirmou publicamente que os **EXTRATERRESTRES** estão entre nós. Segundo ele, quatro raças diferentes visitam regularmente a Terra e nem todas são bem-intencionadas.

Na mesma ocasião, ele declarou que o então presidente americano George W. Bush preparava secretamente uma ofensiva contra alienígenas hostis, o que incluiria a construção de uma base militar na Lua.

A controvérsia em torno dos UFOS transformou Paul Hellyer numa ce-

Veja também:
BOB LAZAR E A ÁREA 51
WILLIAM COOPER

lebridade mundial e sedimentou sua carreira como escritor de política e economia. Ele, entretanto, não escreveu nenhum livro sobre ETS.

PEDRAS DA GEÓRGIA

Em 1979, um homem que se dizia chamar R. C. Christian encomendou um monumento em granito a ser construído próximo à rodovia Hartwell, no condado de Elbert, na Geórgia, sul dos Estados Unidos. Nada muito complicado: apenas quatro tabletes de pedra de seis metros de altura por dois metros de largura. As quatro "tábuas" deveriam ficar posicionadas como se fossem as páginas abertas de um livro e sustentadas por um pilar central.

O mais misterioso, porém, era o texto que deveria ser gravado nas pedras em oito línguas diferentes (inglês, espanhol, mandarim, russo, hindi, hebreu e árabe). Tratava-se de um decálogo com os seguintes "mandamentos":

1. Manter a humanidade abaixo de 500 milhões de habitantes em constante harmonia com a natureza.
2. Orientar a reprodução com sabedoria, aperfeiçoando a condição física e a diversidade.
3. Unir a humanidade em um novo idioma único.
4. Controlar a paixão, a fé, a tradição e todas as coisas com razão moderada.
5. Proteger o povo e as nações com leis e tribunais justos.
6. Permitir que todas as nações se autogovernem, resolvendo disputas internacionais em um único tribunal global.
7. Evitar leis insignificantes e burocratas desnecessários.
8. Equilibrar direitos pessoais com deveres sociais.
9. Valorizar a verdade, a beleza e o amor em busca de harmonia com o infinito.
10. Não ser um câncer na Terra, deixar espaço para a natureza.

O monumento parece ser uma inofensiva excentricidade americana, mas não para os conspiranoicos. Vários deles dizem que a inscrição é um receituário para a implementação de uma nova ordem mundial, espécie de governo global totalitário e ultracapitalista. O texto é chamado de "Os dez mandamentos da **ILLUMINATI**" ou "Os dez mandamentos do Anticristo", a depender da fonte.

O.k. Que tipo de vilão exporia seu projeto de dominação mundial num monumento público? Só dr. Evil, o arqui-inimigo de Austin Power. No entanto, se as inscrições são um plano de ação, fuja para as montanhas. A população mundial está em 7,2 bilhões e o único jeito de voltarmos a 500 milhões é acabar com 90% da humanidade, o que seria bem desagradável. Já o segundo "mandamento" remete à eugenia, ciência que busca o aprimoramento genético do ser humano por meio da reprodução controlada. Parecia uma boa ideia no início do século xx, mas Adolf Hitler transformou a eugenia em programa de governo na Alemanha nazista, destruindo completamente sua reputação. O restante dos "mandamentos" não apresenta nenhum perigo imediato, mas nunca se sabe.

Joe H. Fendley, proprietário da Elberton Granite Finishing Company, empresa responsável pela construção, conta que o misterioso Christian declarou que seu nome era um pseudônimo e que os financiadores do monumento permaneceriam anônimos. As despesas foram pagas por meio do Granite City Bank, da Geórgia. Wyatt C. Martin, dono do banco, diz que o dinheiro saiu de vários correntistas diferentes, que exigiram sigilo sobre suas identidades.

Alguns autores associam R. C. Christian a Christian Rosenkreuz, o mítico autor dos **MANIFESTOS ROSA-CRUZ** que apareceram na Alemanha no século xvii. Mas a única similaridade é o nome. O decálogo da Geórgia não tem nenhuma relação com a filosofia mística do rosacrucianismo.

A coluna central da construção está alinhada com a estrela Polar e tem gravações que indicam a posição do Sol nos equinócios. Por isso, há quem diga que a obra teria sido construída pela **MAÇONARIA**.

Também existe a possibilidade de que tudo não passe de uma audaciosa estratégia de marketing. As "Pedras da Geórgia" tornaram a Elbert Granite famosa no mundo inteiro, coisa que só uma campanha bilionária conseguiria.

Os conspiranoicos, porém, levam a coisa muito a sério. Em 2008, o monumento foi pichado com frases como "Morte à nova ordem mundial"; "Jesus vai vencê-los, satanistas!" e "Obama é muçulmano".

Veja também:
BILDERBERGER
BITCOIN
BOHEMIAN CLL
INTERNET

PEDRAS DE LA MARCHE

As Pedras de La Marche ocupam papel de grande importância na mitologia organizado pelo escritor francês Robert Charroux, que advoga uma certa **PRIMI-HISTÓRIA** em oposição à pré-história cientificamente aceita.

A pré-história é a história não registrada, que aconteceu antes do desenvolvimento da escrita. Já a primi-história de Charroux se refere a supostas civilizações anteriores à nossa e cujos registros foram perdidos — ou suprimidos, a depender do índice de paranoia de cada um.

Em 1937, dois amigos franceses, o arqueólogo amador Léon Pericard e o paleontólogo Stéphane Lwoff, andavam pelos arredores da cidade de Lussac-les-Châteaux, localizada na região de Vienne, no centro da França, quando acharam a caverna La Marche, que continha mais de 1500 pinturas e entalhes rupestres datados do período Paleolítico, cerca de 2,5 milhões de anos a.C. Esta é a Idade da Pedra Lascada, quando a espécie dominante era o homem de Neandertal, um nômade coletor que andava de caverna em caverna feito barata tonta, geralmente disputando o lugar com outros bichos.

Bem, o problema é que as pinturas de La Marche mostram outra coisa: homens e mulheres "modernos" usando chapéus, cintos, mantos e botas. Algumas inscrições sugerem uma forma de escrita rudimentar, coisa que não deveria existir no período. As mulheres representadas são longilíneas e não gordas parideiras como a *Vênus de Willendorf*, escultura do mesmo período histórico. Muitos dos retratos são extremamente sofisticados e lembram pinturas modernistas. No chão da caverna há uma representação da constelação de Plêiades, cuja primeira referência cultural só aparece na *Odisseia*, de Homero, escrita em 720 a.C.

Pinturas como as de La Marche são, no geral, encontradas em habitações do período Neolítico, que acontece 2 milhões de anos depois do Paleolítico. Quer dizer, as obras descobertas por Pericard e Lwoff são mais ou menos como achar um avião dentro da **GRANDE PIRÂMIDE** de Gizé.

Por isso mesmo, as pinturas são cercadas de controvérsia. Já em 1938, elas foram apontadas como uma fraude arqueológica devido à sua extraordinária semelhança com a arte moderna, em especial os desenhos de Pablo Picasso. Mas em 2002, Michael Rappenglueck, da Universidade de Munique, reavaliou a descoberta e a validou.

Atualmente, a maioria dos paleontólogos acredita na autenticidade das Pedras de La Marche, mas ressaltam que a caverna pode ter sido ocupada por grupos humanos variados em diferentes períodos.

Para o escritor Robert Charroux, no entanto, a descoberta de Pericard e Lwoff é a evidência de que uma civilização avançada e tecnológica precedeu a nossa. Essa primi-história estaria compreendida nos 2 milhões de anos que compõem a chamada pré-história. Segundo Charroux, existem muitos vestígios arqueológicos que comprovam sua tese, mas eles seriam constantemente desacreditados pela ciência oficial, que se recusa a admitir que outra história é possível.

Na próxima vez que for a Paris, visite o Musée de l'Homme, onde várias obras do Picasso do Paleolítico podem ser observadas de perto.

Veja também:
CATASTROFISM■
ESTATUETAS DE ACÁMBARO

PIERRE PLANTARD DE SAINT-CLAIR

O francês Pierre Plantard de Saint-Clair (1920-2000) é a figura central na gigantesca conspiração sobre os descendentes de Jesus Cristo e Maria Madalena. Ele é a fonte de dois livros que formam o alicerce da trama: *Le Enigme de Gisors* [O enigma de Gisors], 1962, de Gérard de Sède, e *O Santo Graal e a linhagem sagrada* (1982), dos autores Michael Baigent, Richard Leigh e Henry Lincoln.

Pierre Athanase Marie Plantard adotou o nome Pierre Plantard de Saint-Clair para escrever artigos sobre ocultismo em revistas francesas obscuras. Nesses textos, ele profetizava que tumultos políticos acabariam por levar à restauração da monarquia na França ainda no século xx, trazendo os merovíngios de volta ao poder.

E quem seria a cabeça coroada?

Ele mesmo.

Mitômano e megalomaníaco, Saint-Clair afirmava ser descendente do rei merovíngio Dagoberto II, assassinado em 679. Ele também reivindicava, veja você, autoridade sobre Israel, já que pertencia à linhagem de Godofredo de Bouillon, o rei cristão de Jerusalém coroado em 1099, depois da Primeira Cruzada.

E não era só isso.

A dinastia merovíngia teria origem nos filhos secretos de Maria Madalena e Jesus Cristo, cuja ascendência pode ser traçada até o rei Davi, como ensina a *Bíblia*.

Logo, Pierre Plantard de Saint-Clair era o "rei dos reis" em pessoa.

Ele ainda juntava aos seus títulos de nobreza o de grão-mestre da organização secreta monarquista **PRIORADO DE SIÃO**, verdadeira controladora da **MAÇONARIA** e da **ORDEM DOS TEMPLÁRIOS**. A comprovação de todas essas alegações estapafúrdias estava nos *Dossiês secretos*, série de genealogias e documentos depositados em 1967 na Biblioteca Nacional de Paris.

O homem era um bom contador de histórias, mas vivia cercado de mentiras. Ele afirmava, por exemplo, que lutara na Resistência francesa sob comando direto do general Charles de Gaulle. Mas existiam documentos que mostravam justamente o contrário, como uma carta dele ao marechal

Philippe Petáin, líder do governo colaboracionista de Vichy, oferecendo seus préstimos para combater uma conspiração sionista na Europa.

Em 1971, Philippe de Chérisey (1923-85), um humorista e membro do Colégio de **PATAFÍSICA** de Paris, contou que era o verdadeiro autor dos *Dossiês secretos*, criados para dar credibilidade ao livro de Gérard de Sède, um poeta surrealista que decidira ganhar a vida como escritor conspiranoico. A história toda era uma sátira erudita que misturava tradições gnósticas à profecia de Nostradamus sobre o Grande Rei que surgirá um dia para restaurar a monarquia na França.

A revelação não desencorajou o trio de autores ingleses de *O Santo Graal e a linhagem sagrada*. Eles ignoraram Chérisey e construíram um thriller-documental dos mais divertidos que, posteriormente, serviu de inspiração ao romance *O código Da Vinci*, de Dan Brown.

É tudo uma farsa, então?

Talvez sim, talvez não.

Vários conspiranoicos acreditam que Gérard de Sède, Saint-Clair e Philippe de Chérisey não são os únicos arquitetos da trama. Por trás do intrincado labirinto haveria uma misteriosa organização cujo único propósito é confundir o mundo com falsas conspirações.

Veja também:
ARCANOS SURREALISTAS
JESUS E SEUS GAROTOS
MANUSCRITO THELEMA
MARIA MADALENA, A SENHORA J.C.
MEROVÍNGIOS DO ESPAÇO

PRESTE JOÃO

A história do Preste João, um rei-sacerdote cristão que reinava no distante Oriente, foi, de muitas maneiras, uma conspiração geopolítica. Ela deu suporte ideológico às ambições europeias na Ásia e serviu para animar os combalidos cruzados depois da queda do Reino Cristão de Jerusalém em 1187.

A primeira menção ao soberano aparece numa crônica de 1145 do monge alemão Otto de Freising (1114-58). Segundo Freising, o Preste João era descendente de um dos Reis Magos que visitara Jesus na manjedoura e comandava uma terra de riqueza e abundância além das terras dominadas pelos muçulmanos.

Em 1145, circulou pela Europa uma carta do Preste João ao imperador bizantino Manuel Comneno (1118-80). No texto, o próprio soberano conta que seu reino se estende da Índia Maior às ruínas da Torre de Babel, enumera recursos naturais, descreve animais fantásticos e conta que basta entrar no seu riquíssimo palácio para nunca mais morrer ou passar fome.

P

O relato era fabuloso demais, mas a Idade Média era cheia de livros e mapas igualmente absurdos. Além disso, na Terra Santa, os cruzados comiam o pão sírio que o diabo amassou. Eles se espremiam numa estreita faixa litorânea à espera de serem jogados ao mar. A ideia de que um rei cristão oriental viria socorrê-los animou os combalidos combatentes.

E Preste João veio.

Só que ele não era exatamente o galante rei-sacerdote da lenda.

O nome dele era Gengis Khan, e seu exército de arqueiros mongóis era conhecido como a Horda Dourada. O Khan morreu em 1227, mas isso não deteve a invasão. Em pouco menos de dez anos, os mongóis dominaram a Pérsia, a Síria, a Arábia e a Palestina. A Ordem dos **ASSASSINOS** foi dizimada e teve de buscar refúgio na Índia. Os mamelucos egípcios foram subjugados em 1244, levando Jerusalém para o domínio do Khan. Bagdá foi tomada em 1258, colocando fim ao califado Abássida, grande inimigo dos cristãos.

Muitos mongóis eram cristãos nestorianos e não se opunham a devolver Jerusalém aos ocidentais, desde que eles se comportassem como suseranos do Grande Khan, o que tornaria a lenda do Preste João miraculosamente verdadeira. Mas o Império Mongol entrou em guerra civil e Wang Khan, o comandante local, voltou para casa, deixando território livre para a reconquista muçulmana.

Segundo Umberto Eco, a história do Preste João tem origem nas comunidades nestorianas da Mongólia. Essa corrente cristã era baseada nas crenças do patriarca de Constantinopla, Nestório (381-451), defensor de que Jesus Cristo tinha duas naturezas, humana e divina. Maria era mãe apenas da parte mortal e, por isso, não podia ser tratada como "mãe de Deus". Declarados hereges no século VI, os nestorianos se refugiaram nas regiões asiáticas mais tarde conquistadas pelos mongóis. Para defender sua fé, criaram a ideia de que descendiam de um dos Reis Magos, e daí surgiu a lenda do Preste João. Viajantes europeus bagunçaram ainda mais a história e forçaram uma associação do personagem com o líder mongol, embora alguns deles, como João da Pian del Carpine (1182-1252), na *História dos mongóis*, de 1245, mencionem o rei-sacerdote como inimigo do Khan.

Ninguém sabe quem escreveu a carta apócrifa do Preste João a Manuel Comneno, mas ela é tema de um dos mais divertidos romances de Umberto Eco, *Baudolino* (2000).

Veja também:

NIMROD

PRIMAVERA ÁRABE

Primavera Árabe é um rótulo inventado por acadêmicos americanos para agrupar uma série de manifestações que aconteceram no Oriente Médio e norte da África a partir de 2010. Embora tenham causas distintas, o modus operandi do movimento é sempre o mesmo: ele começa com memes na **INTERNET** e depois migra para as ruas.

Analistas políticos veem as manifestações como atos espontâneos contra os regimes autoritários da região. Já os conspiranoicos enxergam nelas as digitais de agências de inteligência ocidentais, que, por sua vez, seriam meros instrumentos dos culpados de sempre: os **BILDERBERGERS**, o **BOHEMIAN CLUB** e a **ILLUMINATI**.

Tem mais: todos os países onde os levantes aconteceram estão situados no **PARALELO 33** Norte, que, segundo esotéricos, constitui uma "linha energética" — uma espécie de "chi" terrestre — que garante o controle do planeta a quem a domina.

Mas nem é preciso embarcar em viagens ocultistas para perceber que o único resultado da Primavera Árabe foi transformar uma região já historicamente tumultuada em uma total baderna. O Egito apenas trocou um ditador conhecido por outro novo. Síria, Iêmen e Líbia mergulharam na guerra civil. Os demais países não tiveram nenhuma mudança significativa. No fim das contas, a desestabilização política só fortaleceu grupos fundamentalistas, como o Estado Islâmico.

Para os conspiranoicos, a operação só ajudou a Illuminati, cuja estratégia é exatamente esta: criar um cenário de medo e caos que possibilite a implantação de uma nova ordem mundial com um governo totalitário de alcance global.

Veja também:
INVASÃO DO IRAQUE
MARCHAS DE JUNHO

PRIMI-HISTÓRIA

O *Homo sapiens* surgiu na África há 200 mil anos. Nosso distante antepassado já era capaz de confeccionar roupas para se proteger do frio, produzir ferramentas e transformar uma caverna num local habitável.

O pensamento abstrato só apareceu 150 mil anos mais tarde. É quando se encontram vestígios de instrumentos musicais, esculturas e desenhos em paredes. São evidências de que o homem se tornara capaz de produzir arte, erigir totens e criar tabus.

Há 10 mil anos, aprendemos a plantar e a domesticar animais. Isso nos fez trocar a vida nômade de coletores pela de fazendeiros sedentários. Mil anos depois disso foi preciso construir muros em torno das fazendas para nos defender dos inimigos. Nasceram as primeiras cidades.

Já que os muros impediam invasões, a solução para quem estava do lado de fora era negociar grãos excedentes com quem estava dentro. Surgiram o comércio, as leis e a escrita. E aí — pronto! — apareceu a civilização. Isso foi há uns 4500 anos, mais ou menos.

Toda a história conhecida acontece depois disso.

Suméria, deuses, Babilônia, faraós, pirâmides, filósofos, césares, samurais, Idade Média, peste negra, Iluminismo, bomba atômica.

Apenas 4500 anos.

Tudo que veio antes é compactado num período gigantesco chamado "pré-história", que abrange 2,5 milhões de anos.

Não por acaso, a ideia de uma história antes da história, de civilizações que florescem e desaparecem sem deixar vestígios, de eventos cataclísmicos que se repetem ciclicamente, fez a cabeça de muita gente.

O escritor Robert E. Howard (1906-36), criador de Conan, o Bárbaro, situa as aventuras do personagem na Era Hiboriana, um período entre o naufrágio da Atlântida e o surgimento da atual cronologia. Seu amigo e contemporâneo H. P. Lovecraft (1890-1937) também se encantou com essa ideia, mas criou uma época mais gótica e aterrorizante: a Era dos Grandes Antigos. É um tempo de deuses monstruosos com nomes esdrúxulos, como Cthulhu e Nyarlathotep.

A teoria dos ciclos também seduziu a teóloga **HELENA BLAVÁTSKI** (1831-91), fundadora da **SOCIEDADE TEOSÓFICA**. Na doutrina criada por ela, a teoria da transmigração de almas convive com "criaturas celestiais" e também com os continentes perdidos de **ATLÂNTIDA E MU**. Segundo Blavátski, o homem existe há 18 milhões de anos, o que possibilita muito mais ciclos e incontáveis civilizações desaparecidas.

Já o escritor Robert Charroux inventa o termo "primi-história" em oposição à "pré-história", que, para ele, seria inexato. A pedra de toque da teoria de Charroux são as **PEDRAS DE LA MARCHE**. As pinturas e entalhes encontrados nas rochas de uma caverna francesa mostram homens com roupas modernas e animais domesticados. O detalhe é que essas artes rupestres datam de 2,5 milhões de anos e, portanto, antecedem o *Homo sapiens*. Isso, segundo Charroux, é evidência clara da existência de civilizações anteriores à nossa.

Outro achado arqueológico perturbador são as **ESTATUETAS DE ACÁMBARO**, encontradas no México no começo do século xx. A coleção de

Veja também:
ABDUL ALHAZRED, O ÁRABE LOUCO
CATASTROFISMO
FU-TURISTAS
MAPAS DE PIRI REIS

32 mil peças representa homens e **DINOSSAUROS** vivendo lado a lado, outra evidente impossibilidade.

PRINCESA CARABOO

A Princesa Caraboo desembarcou na nossa realidade chata numa quarta-feira de abril de 1817 no vilarejo de Almondsbury, região de Gloucestershire, no sul da Inglaterra.

Ela usava roupas de aparência oriental, um turbante preto e falava uma língua incompreensível. Abatida e desorientada, foi levada para a residência de Samuel Worrall, funcionário público que atuava como o prefeito local. A esposa dele, Elizabeth, se encantou com os modos da moça, que só bebia água e comia vegetais, recusando qualquer produto de origem animal. Tentativas de comunicação em inglês, francês e alemão deram em nada. A moça falava um idioma incompreensível e repetia sempre a palavra "caraboo". Sem saber o que fazer, Samuel Worrall levou a garota até Bristol, centro administrativo do condado, e a apresentou ao governador da região, John Haythorne, que a hospedou no hospital local e fez uma convocação pública aos estrangeiros que eventualmente estivessem na cidade para ajudarem a traduzir a linguagem da moça.

Foi quando entrou na história outro estranho personagem, um suposto marinheiro português chamado Manuel Eynesso. Ele identificou o idioma falado pela jovem como originário de Sumatra, no oceano Índico. Segundo ele, aquela era a Princesa Caraboo, da ilha de Juvasu. A jovem fora capturada por piratas e só conseguira escapar vários meses depois, quando o navio deles entrara no canal de Bristol, e ela se jogara na água e nadara até a costa.

Com essa aventura trágica e folhetinesca, a princesa ganhou a simpatia dos moradores locais, que ofereceram a ela hospedagem, alimentação e presentes. Apesar de ter feições europeias, os hábitos exóticos da mulher deixavam evidente que ela não era dali. Além do idioma estranho que falava, Caraboo manejava arco e flecha com muita destreza, nadava nua no lago e rezava para uma estranha divindade chamada Alla-Tallah.

Ela parecia ser mais uma dessas figuras misteriosas que, vira e mexe, surgem por aí vindas sabe-se lá de onde, como as lendárias **CRIANÇAS VERDES** na Espanha do século XII, o enigmático **HOMEM DE TAURED** no Japão pós-guerra e o misterioso **KASPAR HAUSER** na Alemanha dos anos 20.

A saga da princesa acabou na imprensa, é claro. O *Bristol Journal* fez uma longa reportagem que mencionava, inclusive, a cicatriz que ela tinha no pescoço. Foi esse detalhe que a traiu.

Uma certa senhora Neale, que administrava um abrigo para mulheres carentes em Bristol, afirmou que a princesa era na verdade Mary Baker, da cidade de Witheridge, no condado de Devon, ao sul de Gloucestershire. Confrontada por Elizabeth Worrall, a princesa confessou que era mesmo uma farsante.

Apesar disso, a adorável conspiradora conseguiu ficar com os vários presentes que ganhara e, depois de vendê-los, embarcou para os Estados Unidos. Recebida como uma celebridade na Filadélfia, continuou a interpretar a exótica princesa no circo de P. T. Barnum, famoso empresário do ramo. Mary Baker viveu às custas de Caraboo mesmo quando voltou à Europa, em 1824, representando a personagem na França, na Espanha e na própria Inglaterra. Ela morreu em Bristol, em 1865, aos 75 anos.

Mas ainda existe um enigma que ninguém consegue entender: quem era Manuel Eynesso, o homem que "traduziu" a linguagem inventada pela moça e foi essencial na montagem da farsa? Mary Baker sempre afirmou que não o conhecia, mas que se aproveitara da invenção dele para melhorar a própria história. Eynesso — um sobrenome estranho para um português — não ganhou nenhum centavo para fazer a tradução e desapareceu de Bristol logo depois de concluir seu relato.

Veja também:
BILL STUMP
DIÁRIOS DE HITLER
ELMYR DE HORY
F FOR FAKE

PRIORADO DE SIÃO

O Priorado de Sião, ocasionalmente chamado de Ordem do Sião, é a mais fascinante de todas as organizações secretas que existem por aí. Alguns acreditam que ela manipula a história mundial há vinte séculos. Outros pensam que ela é apenas uma peça de humor muito sofisticada criada por intelectuais franceses muito entediados.

Sião é o nome do monte onde foi edificado o lendário Templo de Salomão. O termo virou sinônimo de Jerusalém e, por extensão, de Israel. Já "priorado" é o mesmo que "mosteiro", embora os membros da ordem não sejam exatamente uns santos.

Segundo algumas fontes, o Priorado de Sião teria sido fundado na Escócia por Tiago, o filho de Jesus Cristo que se refugiara nas *highlands* para escapar do Império Romano. Outras teorias dizem que a organização foi criada pelo nobre francês Godofredo de Bouillon em 1090. Nove anos mais tarde, ele conquistaria Jerusalém na Primeira Cruzada, tornando-se o primeiro rei cristão da cidade, embora ele próprio rejeitasse o título e preferisse ser chamado de Defensor do Santo Sepulcro. O Priorado seria a força oculta por trás das Cruzadas e também o círculo interno da **ORDEM DOS TEMPLÁRIOS**, fundada em 1118.

O objetivo primário da organização é proteger os descendentes de Jesus Cristo e Maria Madalena e, secundariamente, restituir-lhes o trono, pois eles são herdeiros do rei Davi (por parte de Jesus) e dos monarcas merovíngios (por parte de Sarah, que imigrou para a França com a mãe, Maria Madalena). O Priorado deseja um governo monárquico que resgate as fronteiras do século x, com uma França sem republicanos e uma Jerusalém Cruzada. Fácil, não?

Os *Dossiês secretos*, um calhamaço de documentos supostamente históricos depositados na Biblioteca Nacional de Paris, afirma que todo mundo que foi alguém na Europa esteve associado ao Priorado. A lista de grão-mestres inclui Sandro Botticelli (1483-1510), Leonardo da Vinci (1510-9), Isaac Newton (1691-1727), Claude Debussy (1885-1918) e Jean Cocteau (1919-63).

Os céticos, porém, pensam que a organização, assim como toda a labiríntica conspiração que envolve a descendência de Jesus, é uma invenção do nobre francês falido **PIERRE PLANTARD DE SAINT-CLAIR** com colaboração do escritor Gérard de Sède e do humorista Philippe de Chérisey. Inspirados no **GNOSTICISMO** e nas lendas arturianas com o propósito de satirizar as instituições republicanas, eles teriam criado uma "piada" erudita tão intrincada que é impossível achar graça. A armação teria contado com a colaboração do Colégio de **PATAFÍSICA** de Paris e talvez dos misteriosos **ARCANOS SURREALISTAS**. O escritor Robert Anton Wilson inclui na lista de conspiradores o próprio Jean Cocteau e também André Malraux, ministro da Cultura no governo de Charles de Gaulle.

Acréscimos e revisões à história surgem a todo instante, deixando a trama sempre mais maluca. Uma das bifurcações recentes diz respeito à morte da princesa Diana em 1997. Diana Spencer era uma descendente dos Stuart, que, dizem os conspiranoicos, são aparentados à linhagem de Jesus. Seu namorado era o bilionário Dodi Al-Fayed, um árabe e muçulmano e, portanto, uma dupla ofensa ao Priorado de Sião. Diana e Dodi morreram no túnel da Pont de l'Alma, um local de cultos na época dos merovíngios.

Veja também:

JESUS E SEUS GAROTOS

RIA MADALENA, A SENHORA J.C.

Nova ordem mundial:
a esquerda manipulada pela direita (e vice-versa).

PROJETO MONTAUK

A história do Projeto Montauk começa com o **EXPERIMENTO FILADÉLFIA**, uma desastrosa operação conduzida pela Marinha americana em 1943. O experimento consistia em bombardear um porta-aviões com pulsos eletromagnéticos para torná-lo invisível ao radar.

Deu muito certo.

Ou muito errado.

O navio se desmaterializou na frente dos incrédulos cientistas. O barco reapareceu segundos depois, mas a tripulação havia sofrido terríveis efeitos colaterais. Alguns marinheiros tiveram seus corpos fundidos ao metal do navio, outros ficaram transparentes até sumir e o restante "só" enlouqueceu.

Para entender o que havia acontecido, o governo organizou uma equipe de cientistas e a instalou na base da força aérea no parque Montauk em Long Island, Nova York. O nome oficial do grupo era Projeto Fênix, mas ele acabou conhecido como Projeto Montauk. Nos quarenta anos em que existiu, de 1943 a 1983, a organização teria realizado pesquisas bizarras com psicotrônica, pulsos eletromagnéticos, física quântica, incursões no tempo e a universos paralelos.

Os cientistas teorizavam que, ao envolver o porta-aviões em um campo magnético, o Experimento Filadélfia havia alterado a estrutura do barco em nível quântico, convertendo sua massa em energia. Durante alguns instantes, o objeto se comportou como o **GATO DE SCHRÖDINGER**: existiu e não existiu, navegou simultaneamente na nossa realidade e também num universo paralelo. Se a experiência pudesse ser replicada com segurança, ela abriria infinitas possibilidades de exploração. O único problema era o elemento humano: como fazer para que ele suportasse a viagem?

A resposta estava nas teorias sobre a energia orgônica desenvolvidas pelo psicoterapeuta austríaco Wilhelm Reich (1897-1957). O conceito da orgone não difere muito do "prana" dos iogues indianos, do "ki" dos acupunturistas japoneses e da "força" dos mestres Jedi. Embora seja abundante nos seres vivos, toda matéria contém orgone e o universo inteiro é permeado por essa energia vital, dizia Reich.

Os pesquisadores do Projeto Montauk concluíram que era possível converter seres vivos em orgone num determinado ponto do tempo-espaço e recompô-los no destino desejado por meio de pulsos eletromagnéticos. Segundo o conspiranoico Preston B. Nichols (*The Montauk Project: Experiments in Time* [Projeto Montauk: Experimentos no tempo]), o experimento foi bem-sucedido, possibilitando que "dimensionautas" (vamos chamá-los assim) vagassem pelo passado, futuro e dimensões paralelas. Além disso, diz ele, o Montaulk teria usado sensitivos e psicotrônica (fusão mente-computador) para criar matéria do nada — ou melhor, a partir da orgone.

Em 12 agosto de 1983, os cientistas do Projeto Montauk abriram um túnel para o passado a fim de pesquisar de perto o que dera errado no Experimento Filadélfia.

Bem, o que deu errado foram eles: o navio deslizou pela fenda temporal aberta e, como os métodos de controle orgônico não existiam em 1943, a experiência resultou em tragédia. Essa descoberta deixou muitos pesquisadores abalados. Mas, apesar do evidente perigo envolvido, os líderes do Projeto Montauk se recusavam a simplesmente puxar o plugue. Insatisfeito com o rumo das coisas, Duncan Cameron Jr., um dos sensitivos do grupo, "criou" um monstro de orgone que destruiu completamente as instalações científicas.

O.k. Parece roteiro de um filme B de ficção científica, mas fica melhor ainda.

Segundo a literatura conspiranoica, o Experimento Filadélfia teria sido conduzido pelo servo-croata **NIKOLA TESLA** e envolvia, além de pulsos magnéticos, rituais de invocação criados pelo satanista **ALEISTER CROWLEY**. A coisa toda se baseava nos conhecimentos arcanos da **ORDEM DO SOL NEGRO**, uma sociedade secreta nazista cujos segredos teriam sido roubados por espiões aliados durante a Segunda Guerra Mundial.

Veja também:
FU-TURISTAS
AZIESOTERISMO

PROJETO PÉGASUS

O inacreditável **PROJETO MONTAUK** não é a única organização americana que gasta o suado dinheiro do contribuinte para viajar no tempo. Segundo o advogado Andrew D. Basiago, nascido em 1961 em Morristown, Nova Jersey, o Projeto Pégasus faz exatamente a mesma coisa.

Basiago alega que os Estados Unidos desenvolveram em 1967 uma tecnologia de teletransporte igualzinha à da série *Star Trek*. A invenção era baseada nas teorias do cientista servo-croata **NIKOLA TESLA** (sempre ele!) e permanece sob controle da Defense Advanced Research Projets Agency (Darpa), agência de pesquisa científico-militar ligada ao Departamento de Defesa.

Nos anos 70, os Estados Unidos usaram o Projeto Pégasus para estabelecer uma colônia humana em Marte (sim, o planeta tem oxigênio!) em total desrespeito às espécies nativas (sim, o planeta tem vida inteligente!). O próprio Andrew D. Basiago afirma ter vivido em Marte entre 1981 e 1983.

Quem andava muito por lá na mesma época, conta ele, era o futuro presidente **BARACK OBAMA**, que fazia parte de um seleto grupo de jovens exploradores espaciais.

A Casa Branca nega tudo.

Em 2008, Andrew D. Basiago fundou a Mars Anomaly Research Society (Mars), que se dedica a provar a existência de vida em Marte revirando arquivos fotográficos da **NASA**. No mesmo ano, ele publicou um panfleto de quarenta páginas chamado *The Discovery of Life on Mars* [A descoberta da vida em Marte], disponível na internet, e considerado, por ele mesmo, o primeiro trabalho a provar a existência de vida em Marte.

Em 2016, Andrew D. Basiago deu mais um passo para convencer o mundo descrente e se lançou como candidato independente à presidência dos Estados Unidos com o propósito de tornar públicas todas as informações secretas sobre alienígenas e viagens no tempo. Infelizmente, ele não foi eleito.

Veja também:
FU-TURISTAS
MARCIANOS EXISTEM

PROTOCOLOS DOS SÁBIOS DE SIÃO

Jamais confunda o **PRIORADO DE SIÃO** com os Sábios de Sião. As duas organizações usam o nome de Jerusalém em vão, mas, enquanto a primeira é uma ordem cristã monarquista, a segunda é uma associação internacional de banqueiros judeus. Ambas, porém, buscam a mesma coisa: a dominação mundial. Eles só pensam nisso.

Publicado na Rússia, em 1903, *Os protocolos dos Sábios de Sião* é um panfleto de 1200 páginas e 24 capítulos que expõe detalhadamente um plano de subversão global para o estabelecimento de um governo ultracapitalista e totalitário. É exatamente a mesma agenda da **ILLUMINATI** e dos **BILDERBERGERS**, mas isso não é coincidência. Esses dois grupos — e também a **MAÇONARIA** — seriam meros fantoches do judaísmo internacional, os chamados Sábios de Sião.

Não se sabe ao certo quem é o autor do texto, pedra fundamental de todas as conspirações antissemitas. As suspeitas recaem sobre os russos Matvei Golovinski (1865-1920) e Piotr Ivanovich Raschkóvski (1853-1910). O primeiro era um jornalista direitista, e o segundo, o chefe da Okhrana, serviço secreto do czar Nicolau II. É possível que os dois tenham trabalhado juntos.

Os protocolos dos Sábios de Sião é uma colagem de textos anteriores que, por sua vez, formam uma fascinante coleção de plágios e pastiches. Uma das fontes originais é o panfleto *Os segredos dos sábios de Bourg-Fontaine*, que apareceu na França do século XVIII para desacreditar os seguidores do bispo Cornelius Jansen, os jansenistas, que, entre outras coisas, se opunham ao domínio jesuíta sobre o Vaticano. Esse texto, por sua vez, foi plagiado de um anterior, *O plano secreto da ordem*, publicado em 1828. Mas nessa versão os vilões da trama não são os jansenistas, e sim os jesuítas da **COMPANHIA DE JESUS**.

Alguns pesquisadores apontam uma fonte ainda mais remota: *Mémoires pour servir à l'histoire du jacobinisme* [Memórias da história do jacobinismo], escrito em 1797 pelo jesuíta Augustin Barruel que adverte a Europa sobre um plano de subversão comandado por quem? Pela Illuminati, veja você.

Os misteriosos Sábios de Sião só entram na história no romance *Biarritz*, de 1868, escrito por Sir John Retcliffe, pseudônimo de Hermann Ottomar Friedrich Goedsche (1815-78), um polonês de Zmigrod. Na época dele, a cidade se chamava Trachenberg e era parte do Reino da Prússia. Inspirado nos romances históricos de Alexandre Dumas, Goedsche criou o pseudônimo Sir John Retcliffe para fustigar o colonialismo britânico e o mercantilismo judeu, a quem atribuía todos os infortúnios do mundo.

No livro, ele inventa uma reunião secreta de doze rabinos, cada um representando uma das tribos de Israel, que acontece a cada cem anos num cemitério de Praga. Na ocasião, eles revisam os planos de dominação mundial e registram tudo num relatório altamente secreto.

O texto de Retcliffe-Goedsche faz uma colagem dos panfletos anteriores, mas também plagia *Diálogo no Inferno entre Maquiavel e Montesquieu*, escrito pelo satirista francês Maurice Joly (1829-78) para ironizar o imperador Napoleão III. O escritor Umberto Eco, que escreveu um romance sobre os *Protocolos*, *O cemitério de Praga*, afirma que Joly por sua vez roubou tudo de Eugène Sue (1804-57), um popular autor francês de aventuras. Mas não vamos nos dispersar ainda mais. O fato é que de plágio em plágio, de pastiche em pastiche, os *Protocolos* foram tomando forma.

Em 1881, o jornal russo *Le Contemporain*, de São Petersburgo, publicou o capítulo do livro de Hermann Goedsche referente à reunião dos rabinos como se fosse um relato autêntico e o atribuiu ao diplomata inglês Sir John Radcliff, versão levemente diferente do pseudônimo do prussiano.

Em 1903, *Os protocolos dos Sábios de Sião* foram finalmente publicados na Rússia em formato de livro. A edição incentivou a perseguição religiosa aos judeus (os pogroms), especialmente na Ucrânia e na Polônia. Embora ataques antissemitas acontecessem desde 1821, o texto ofereceu uma justificativa, digamos, "moral", à perseguição. A polícia secreta czarista também usou o panfleto como propaganda anticomunista, pois muitos dos ativistas eram de origem judia.

Em 1921, o jornalista Philip Graves, do *Times* de Londres, expôs os textos como fraude, mas o estrago já estava feito e qualquer tentativa de desmenti-lo era vista, obviamente, como uma ação dos nefandos Sábios de Sião.

Os *Protocolos* tiveram grande influência na formação política de Adolf Hitler e ainda são considerados autênticos por neonazistas e jihadistas, que os veem como um "guia" para a implantação da nova ordem mundial fascista.

Mas expressão "fascista", como todos sabemos, perdeu completamente o sentido neste confuso século XXI.

Veja também:
NAZIJIHADISMO

Q

QUARTO 237

O iluminado (1980) é um dos filmes mais assustadores da história do cinema. O diretor Stanley Kubrick evita o horror fácil e opta por um ritmo lento, de crescente e sufocante suspense ao contar a história de uma família presa num hotel assombrado e isolado pela neve.

O filme é baseado no livro homônimo de Stephen King, que, aliás, não gosta da adaptação cinematográfica. Na história, o escritor Jack Torrance (Jack Nicholson), sua mulher Wendy (Shelley Duvall) e o filho Danny (Danny Lloyd) aceitam cuidar do hotel Overlook, que fica totalmente isolado durante o inverno. O trabalho é simples: apenas manter a caldeira ligada e zelar para que nada dê errado. Jack pretende aproveitar o período para escrever um livro. O problema é que o Overlook é "habitado" por algumas dezenas de fantasmas.

Conspiranoicos, no entanto, afirmam que *O iluminado* é bem mais que um clássico do horror. O diretor teria plantado vários *easter eggs* no filme que provariam que o homem jamais chegou à Lua em 1969. O pouso da Apollo 11, assim como o passeio de Neil Armstrong e "Buzz" Aldrin pelo satélite, transmitido ao vivo pela televisão, teria sido forjado pela **NASA** e dirigido pelo próprio Stanley Kubrick.

As inúmeras pistas espalhadas por Kubrick em *O iluminado* renderam dois documentários: *Room 237*, de Rodney Ascher, *The Shining Code*, de Michael Wysmierski e JMC, ambos de 2012.

O primeiro é uma mistura de crítica cinematográfica com paranoia galopante e envolve várias outras maluquices além da suposta conspiração lunática. O segundo é basicamente um PowerPoint bem-feito e pode ser visto no YouTube.

As principais pistas que revelam a trama orquestrada pela **NASA** são:

- No filme, o horror começa no Quarto 237, onde Danny e Jack Torrance encontram o fantasma de uma mulher. Mas no livro de Stephen King o número do quarto assombrado é 217. Kubrick argumenta que mudou o número a pedido do hotel Timberline Lodge, no Oregon, onde as cenas externas foram rodadas. O hotel temia que os hóspedes não quisessem ficar no 217 e pediram que o diretor inventasse um quarto não existente, daí o 237. Mas isso é mentira. O Timberline Lodge não tem um quarto 217. E nem um 237, aliás.
- Por que Kubrick mudou o número, então? Simples. A distância média entre a Terra e a Lua é de 381 mil quilômetros. Ou 237 mil milhas. *Got it*?
- Jack Torrance e seu filho Danny seriam ambos representações do próprio Stanley Kubrick, assombrado por suas mentiras depois de forjar a armação para o governo americano.
- Quando Jack Torrance negocia o emprego de zelador do hotel, o gerente usa um terno azul e gravata vermelha (as cores da bandeira americana). No fundo, há uma janela cuja moldura forma duas colunas, isto é, dois números "1" ou o "11". Entre as duas colunas está a estatueta de uma águia. O símbolo da Apollo 11 era uma águia, e "Eagle" era o nome do módulo que pousou na Lua.
- As gêmeas assustadoras que Danny vê no corredor do hotel representam o Projeto Gemini (1962-6), que precedeu o Projeto Apollo. Para Danny-Jack--Kubrick, o horror está apenas começando.
- Numa outra sequência, Danny brinca com carrinhos num amplo corredor do hotel. A padronagem do tapete é formada por hexágonos, e o garoto está no centro de um deles. A plataforma de lançamento dos foguetes Apollo tinha exatamente esse formato. Então uma bola de tênis, atirada por mãos fantasmas, rola pelo chão até chegar onde Danny brinca. O menino fica de pé. No moletom dele há o desenho de um foguete onde se lê "Apollo 11 USA". O menino caminha pelo corredor e vê que a porta do quarto 237 está aberta.
- Danny sai aterrorizado e machucado do quarto, mas não consegue explicar o que viu. Jack vai lá investigar e encontra uma mulher nua, que se transforma num cadáver putrefato. A cena simbolizaria a atração e ao mesmo tempo a repulsa que Kubrick sentira ao ser convidado para forjar o "fato" histórico.
- Jack Torrance escreve seu romance numa máquina de datilografia Adler, que significa "águia" em alemão. Quando Wendy olha as páginas do suposto livro, tudo o que há é uma única frase, repetida exaustivamente: "*All work and no play*

makes Jack a dull boy". Em português, "muito trabalho e nenhuma diversão faz de Jack um bobão".

• O filme termina com a imagem de Jack Torrance incorporada a uma antiga fotografia datada de 4 de julho de 1921, dia da independência americana. O personagem está preso dentro de uma falsa história, assim como Kubrick.

Se a NASA quisesse mesmo forjar a conquista da Lua, o meticuloso Stanley Kubrick seria de fato a escolha perfeita. Seu filme *2001 — Uma odisseia no espaço* foi lançado em 1968 e ainda hoje assombra pela inventividade e qualidade dos efeitos especiais. O pouso da Apollo 11 só aconteceu no ano seguinte, em 20 de julho de 1969.

Além disso, Stanley Kubrick era um cineasta obcecado, minimalista e cheio de maluquices. Por exemplo: o "romance" que Jack Torrance escreve foi datilografado durante dias por uma secretária, pois o diretor não queria usar fotocópias e nem páginas em branco. Mais uma: Kubrick insistiu que o tampo da mesa redonda usada pelo alto-comando americano no filme *Doutor fantástico* (1964) fosse verde como uma mesa de pôquer, para passar a ideia de que todos os oficiais estão ali blefando. Tudo certo. Só que o filme era em preto e branco.

Segundo os conspiranoicos, Stanley Kubrick ficara orgulhoso da farsa monumental que criara e, sem poder revelar ao mundo a verdade, teria enchido *O iluminado* de pistas. Mas os *easter eggs* revelam mesmo uma conspiração ou são apenas uma *inside joke*?

Bem, o primeiro livro a afirmar que a missão Apollo era uma farsa é *We Never Went to the Moon: America's Thirty Billion Dollar Swindle* [Nunca fomos à Lua: O embuste americano de 30 bilhões de dólares], de Bill Kaysing, que foi publicado em 1974, seis anos antes de *O iluminado* ser rodado. Kaysing afirma que o falso pouso teria sido encenado no deserto de Nevada. Em 1976, a Sociedade Terra Plana reforçou a denúncia do escritor, mas agora enfiando Stanley Kubrick no meio. Ele teria dirigido o falso pouso a partir de um roteiro de Arthur C. Clarke. Tudo produzido pela Disney.

A Sociedade Terra Plana foi fundada em 1956 e defende basicamente a cosmologia da Idade Média. Isto é, a Terra é plana como um disco e o Sol e as estrelas giram em torno dela a uma distância de apenas 5 mil quilômetros.

É possível que as pistas de *O iluminado* sejam reais e que Kubrick as tenha deixado ali para zoar os conspiranoicos. Também é possível que as "pistas" nem existam e sejam apenas invenção de cinéfilos criativos. Ou então o diretor realmente forjou o feito mais impressionante da história humana.

Veja também:
ALTERNATIVA 3
F FOR FAKE
KUSTURICA FALSIFICADO
MARTY MCFLY E AS TORRES GÊMEAS

R

RASPUTIN

O "monge louco" Grigori Rasputin parece mais um produto da imaginação de Dostoiévski ou Gogol. Mas ele existiu, exerceu enorme influência na corte dos Romanov e talvez tenha até apressado o curso da Revolução Russa de 1917.

Grigori Rasputin nasceu em 1871 em Pokrovskoie, um vilarejo da Sibéria, ao norte do Cazaquistão. O local fica próximo a Tobolsk, centro de peregrinação de cristãos ortodoxos onde se encontra uma imagem supostamente milagrosa da Virgem Maria. O pai de Rasputin era um camponês, mas ganhava uns trocados extras guiando devotos até Tobolsk. O filho cresceu entre histórias de milagres e magia.

Rasputin contava que, na sua adolescência, a Virgem aparecera para ele e ordenara que buscasse a religião. Ele buscou. Juntou-se à seita cristã Khlyst, que praticava um tipo de **GNOSTICISMO**. Os adeptos organizavam rituais noturnos que, na maioria das vezes, descambavam para orgias.

Em 1903, aos 32 anos, Grigori Rasputin se mudou para São Petersburgo, onde se enturmou fácil com os esotéricos. Como a família real russa adorava um mambo jambo, ele acabou ganhando acesso à corte. Diz a lenda que ele teria curado instantaneamente uma ferida na perna do príncipe Alexis, que sofria de hemofilia e poderia morrer com o sangramento. Essa intervenção milagrosa fez com que ele ganhasse a confiança da czarina Alexandra e do marido dela, o czar Nicolau II.

A czarina lhe deu uma casa na cidade, onde Rasputin passou a receber devotos e, dizem, a promover surubas com homens, mulheres, crianças e quem mais batesse à porta. A influência do Homem Santo cresceu tanto que ele começou a ser considerado uma eminência parda do regime czarista. Por volta de 1915, os agitadores comunistas começaram a espalhar que Rasputin era amante da czarina e dono de um pênis de 33 centímetros. Em repouso.

Devia ser exagero de ativista, mas o fato é que o czar se convenceu da influência perniciosa de Rasputin e encarregou o príncipe Félix Yusupov, seu primo, de resolver o assunto. Yusupov mandou preparar uma refeição com cianeto suficiente para matar doze homens e convidou o esotérico para jantar. Rasputin comeu e não sentiu nada. Aturdido, o príncipe pegou um revólver e atirou nele à queima-roupa. Não aconteceu nada e o homem partiu para cima do nobre. O grão-duque Pavlovich, presente à reunião, veio em socorro de Yusupov e também atirou em Rasputin, que, ainda de pé, arrombou a porta e fugiu para o jardim. Ali, vários homens o esperavam de porrete na mão e transformaram o Homem Santo num patê, mas ele ainda estava vivo. As mãos de Rasputin foram amarradas e ele foi arrastado até o congelado rio Neva. Um buraco foi aberto no gelo e o homem foi jogado nas águas geladas. Segundo a lenda, seis horas mais tarde, o esotérico foi visto vivo ainda tentando romper o gelo para escapar.

Alguns estudiosos do ocultismo admitem que Grigori Rasputin tinha mesmo poderes miraculosos. Há até quem afirme que ele era na verdade o **CONDE DE SAINT GERMAIN**, o imortal que apareceu na França em 1748 e continuou andando por aí desde então. Segundo essa teoria, depois de finalmente ser dado como morto, o "monge louco" foi enterrado numa cova rasa, de onde facilmente escapou.

O Museu Erótico da Rússia, em Moscou, exibe um gigantesco pênis numa jarra de picles que eles afirmam ser de Rasputin. A estrovenga tem mais de trinta centímetros.

Veja também:
ALEISTER CROWLEY
JOHN DEE & EDWARD KELLEY
OCULTISTAS

REBELIÃO DOS BOXERS

Esse é mais um caso curioso de conspiração dentro da conspiração, dentro de outra conspiração. A história começa em 1899, em Denver, Colorado, nos Estados Unidos. Numa noite de bebedeira, quatro jornalistas — Al Stevens, Hal Wilshire, John Lewis e Jack Tournay — resolveram inventar uma história falsa que seria publicada nos quatro jornais em que cada um deles trabalhava.

Naquele tempo, era comum que a imprensa publicasse reportagens sem nenhum cuidado ou preocupação ética e hmm... esqueça. Vamos retomar a história.

Os quatro decidiram que a fraude deveria ser surpreendente e envolver um país distante, para que as informações não pudessem ser confirmadas rapidamente. Ideias desse tipo costumam ir embora depois que a bebedeira passa, mas não foi o que aconteceu.

No dia 25 de junho, os quatro jornais da cidade — *The Republican*, *The Denver Times*, *The Denver Post* e *The Rocky Mountain News* — publicaram exatamente a mesma reportagem: o governo da China decidira derrubar a Grande Muralha. O objetivo era integrar o país ao mundo e, por isso, as pedras do monumento, símbolo do isolamento chinês, seriam usadas para fazer estradas de ferro que interligariam toda a Ásia.

A "fonte" dos artigos era um certo Frank C. Lewis, engenheiro de Chicago que pernoitara em Denver antes de seguir viagem para São Francisco e, dali, para a China, onde sua empresa disputaria a concorrência para fazer a obra.

A notícia de que a Grande Muralha, uma das sete maravilhas do mundo, seria posta abaixo era bombástica demais para ser ignorada e, por isso, outros jornais correram atrás de informação. Nas semanas seguintes, várias publicações americanas repercutiram a história. O *The New York Times* foi cético: a muralha era um monumento que orgulhava os chineses, dizia o jornal, embora não servisse para nada. Já o *The Fort Wayne Sentinel*, de Indiana, fez reparos às reportagens de Denver, afirmando que os despojos do muro não seriam usados para construir ferrovias, mas sim para fazer diques no rio Yangtzé, o maior da Ásia.

A notícia correu mundo e chegou à China, que desmentiu rapidamente os boatos. Havia motivos. Muitos empresários ocidentais atuavam no país na época e o governo chinês sofria forte resistência dos nacionalistas, especialmente de uma organização secreta chamada Sociedade dos Punhos Harmoniosos e Justiceiros, com cerca de 50 mil membros. Por serem praticantes de artes marciais, os ingleses os chamavam de "Boxers". A notícia sobre a destruição da Grande Muralha insuflou os Punhos Harmoniosos, que iniciaram uma série de ataques aos ocidentais, além de destruírem estradas de ferro e linhas telegráficas.

A rebelião durou dois anos e os Boxers foram responsáveis pela morte de mais de duzentos ocidentais e milhares de chineses cristianizados. A resposta, porém, foi duríssima. Britânicos, americanos, italianos, franceses, alemães, austro-húngaros e japoneses formaram um exército aliado de 20 mil homens que invadiu a China, sufocou a rebelião e impôs pesadas multas ao país, além de exigir amplos direitos de exploração comercial. A Sociedade dos Punhos Harmoniosos e Justiceiros foi extinta e seus líderes foram executados publicamente.

Culpa da maldita mídia. Só que não.

Tudo indica que os rumores sobre o rumor foram muito exagerados. A armação dos jornalistas de Denver realmente aconteceu, mas a história nunca teria chegado à China e muito menos influenciado a rebelião dos Boxers. A ligação da fraude jornalística com revolta apareceu no livro *Great Hoaxes of All Time* [Grandes farsas de todos os tempos], escrito por Robert McBride e Neil Pritchie em 1956. Os autores citam como fonte o bispo metodista Henry White Warren (1831-1912), que teria estado na China no período da guerra civil. Mas Warren pregava na América do Sul na época. A história da mentira que provocara uma guerra teria sido uma invenção de pastores protestantes para enriquecer os sermões da escola dominical.

Aparentemente, a ideia de que a Grande Muralha seria derrubada nasceu da frase que os empresários americanos repetiam muito: o que atravanca o capitalismo é a muralha do protecionismo.

Veja também:

A GUERRA DOS MUNDOS

ALTERNATIVA 3

ANARQUISTAS DESTROEM LONDRES

DIÁRIOS DE HITLE[R]

HOMENS--MORCEGO DA LU[A]

REMEMBER PEARL HARBOUR

Se a viagem no tempo é uma possibilidade apenas teórica e não prática, como acredita o físico Stephen Hawking, como é que se explica o estranho caso do grafite Remember Pearl Harbour?

Em 7 de dezembro de 1939, uma escola secundária de Owensville, Indiana, nos Estados Unidos, amanheceu com uma pichação em letras garrafais: "Remember Pearl Harbour". O vândalo — ou artista de rua, como se diz atualmente — nunca foi encontrado.

A frase "Remember Pearl Harbour" ficou famosa durante a Segunda Guerra Mundial. Ela estampou pôsteres e foi usada para convencer a opinião pública americana de que os Estados Unidos deviam se engajar na luta contra as potências do Eixo (Alemanha, Itália e Japão). A expressão faz referência ao ataque japonês à base de Pearl Harbour, no Havaí, que matou mais de 2400 pessoas e inutilizou boa parte da frota do Pacífico.

O problema é que o ataque aconteceu em 7 de dezembro de... 1941. Exatamente dois anos depois da pichação encontrada em Owensville.

Seria obra de algum marinheiro saudoso da base onde servira? Ou uma advertência deixada por algum viajante do tempo desorientado? O mistério não foi decifrado.

Veja também:

FU-TURISTAS

RESPOSTA PARA ARECIBO

Os chamados "Crop Circles" — ou "Círculos nas Plantações" — existem desde os anos 50 nos campos de trigo do Reino Unido. Os desenhos são extremamente elaborados e feitos de forma que as plantas não são destruídas, apenas dobradas.

Em 1991, dois fazendeiros ingleses, Douglas Bower e Dave Chorley, vieram a público afirmar que os "círculos" eram feitos por eles com uma prosaica tábua amarrada a uma corda. Mas isso não tirou o entusiasmo dos ufólogos, que sempre defenderam que os desenhos são obras de **EXTRATER-RESTRES**. De fato, Bower e Chorley foram incapazes de reproduzir traçados mais complexos. Além disso, hoje em dia as imagens se espalham pelo mundo inteiro.

Um dos "círculos" mais inusitados apareceu em 2001 em Hampshire, no sul da Inglaterra. O curioso desenho aparenta ser uma resposta à "Mensagem de Arecibo", transmitida pelo sistema Seti (Search for Extraterrestrial Intelligence).

O Seti é um conjunto de radiotelescópios que analisa ondas de rádio provenientes do espaço em busca de padrões reveladores de uma fonte inteligente. Até agora nada. Em 1977, um sinal vindo da constelação de Aquário pareceu promissor, mas nunca mais se repetiu.

Para demonstrar a viabilidade do projeto, em 1974 o Seti mandou uma mensagem ao espaço a partir do observatório de Arecibo, em Porto Rico. A transmissão foi feita em código binário e, ao ser decifrada, ganhou a forma de um desenho. A ilustração representa o ser humano, os elementos químicos essenciais para a vida, a dupla hélice do nosso DNA e indica a posição da Terra no Sistema Solar.

O "Crop Circle" de Hampshire — que, na verdade, é um losango, como a mensagem do Seti — traz o pictograma de uma criatura de estatura menor e cabeça maior, como se fosse um dos alienígenas **GREYS**. Os elementos químicos são iguais, mas com acréscimo do silício. A hélice do DNA é levemente mais curvada e o sistema planetário representado tem nove planetas orbitando um sol menor que o nosso. Os "mundos" de números três, quatro e cinco estão marcados, indicando que seriam habitados.

Céticos argumentam que o desenho é uma fraude espertinha, pois seria muito mais fácil se os aliens simplesmente telefonassem. Os ufólogos contra-argumentam e afirmam que os extraterrestres cinzentos não estão no espaço, mas entre nós, logo não faz nenhum sentido "telefonar".

A origem do "Crop Circle" de Hampshire ainda é um mistério.

Veja também:
BOB LAZAR E A ÁREA 51
MENS DE PRETO
ROSWELL
WILLIAM COOPER
ZETA RETICULI

ROBBY, VIAJANTE DO TEMPO

Em 2003, mais de 50 mil pessoas no mundo todo receberam o seguinte e-mail escrito em inglês:

Olá,

Sou um viajante do tempo encalhado em 2003. Quando cheguei, meu Gerador de Distorção Dimensional parou de funcionar. Levei o aparelho da Geração 3 52 4350 [A] para reparos numa companhia chamada LLC Lasers, mas eles se recusaram a me atender. Por isso, preciso de uma nova unidade GDD, de preferência com um cabo AMD com um motor de arranque de GRC78, quatro estabilizadores dimensionais i80200 com 512 GB de SRAM e sistema operacional de interface gráfica com display XID.

Aceito qualquer modelo que você tenha no estoque, desde que venha com certificado de segurança para formas de vida baseadas em carbono.

Sobre o pagamento: não tenho mais nenhum Crédito Galáctico. O pagamento pode ser feito em ouro ou em moeda corrente de 2003, mas apenas depois da entrega.

Por favor, a unidade deve ser transportada em caixa ou papel de embrulho para as coordenadas abaixo em 28 de julho, segunda-feira, (exatamente) às 15 horas, horário da Costa Leste americana. Alguns minutos antes é o.k., mas não depois. Caso você se atrase, por favor, me contate via e-mail.

Latitude N 42.48018 e Longitude W 071.15503, com Elevação de 96º.

ATENÇÃO: NÃO TENTE ENVIAR O ITEM POR TELETRANSPORTE. ELES ESTÃO ME MONITORANDO E VÃO REDIRECIONAR O SINAL!! EU NÃO SEI COMO VOCÊ VAI ENVIAR O OBJETO, MAS FAÇA ISSO DE FORMA QUE NENHUM ESPIÃO POSSA REDIRECIONAR A TRANSFERÊNCIA. É FUNDAMENTAL QUE VOCÊ CONSIGA MONITORAR A ENTREGA.

Apesar dessas coordenadas serem seguras, a comunicação via e-mail não é. Infelizmente, essa é a única forma de contato que tenho no momento.

Depois de enviar a unidade, por favor mande e-mail para info@federalfundingprogram.com com instruções de pagamento. Não responda este e-mail.

Obrigado, Bob White

A identidade do viajante do tempo foi descoberta naquele mesmo ano pelo jornalista Brian S. McWilliams da revista *Wired*. Bob White era James R. Todino, um rapaz de 22 anos da pequena cidade de Woburn, Massachusetts, próxima a Boston, nos Estados Unidos.

No mundo digital, Todino era conhecido como Robby e havia sido um pioneiro no envio de spams comerciais por meio de sua pequena empresa, a RT Marketing. Desde 2001, ele enviava mensagens, algumas assinadas como Robby, solicitando um Gerador de Distorção Dimensional.

Mas os spams eram muito mais do que uma piada. Segundo o pai de Robby, James Todino Sr., o filho havia sido diagnosticado como vítima de

Veja também:
FU-TURISTAS

IVAN EFREMOV E OS DINOSSAUROS

JOHN TITOR, VIAJANTE DO TEMPO

PROJETO MONTAUK

RUDOLPH FENTZ, VIAJANTE DO TEMPO

transtorno dissociativo e esquizofrenia. Ele realmente acreditava que era um viajante do tempo e que conseguiria seu GDD para voltar para casa.

Robby, claro, dizia que estava perfeitamente bem. "Muita gente acha que eu estou falando maluquices", disse ele a McWilliams, "mas eu sei, por experiência própria, que essas coisas existem. As pessoas simplesmente não têm acesso às minhas fontes."

A história de Robby, o Viajante do Tempo, inspirou a canção "Rewind", do grupo pop GrooveLily, gravada em 2004.

ROSWELL

A história da queda de um disco voador em Roswell, no Novo México, nos anos 40 foi de tal forma apropriada pela cultura pop que fato e ficção são hoje quase indissociáveis.

Vamos tentar separar as coisas.

Em 2 de julho de 1947 um objeto voador não identificado realmente caiu no rancho de Mac Brazel, distante cinquenta quilômetros da cidade. Uma equipe da Força Aérea, liderada pelo major Jesse Marcel, foi enviada ao local para investigar. Em 8 de julho, o jornal *Roswell Daily Record* saiu com uma manchete de primeira página: "Força Aérea captura disco voador em rancho próximo a Roswell". A fonte era o próprio Marcel, que posou ao lado de destroços que lembravam grandes folhas de papel-alumínio. O governo desmentiu a reportagem e declarou que o artefato não era de origem extraterrestre, mas um prosaico balão meteorológico. Ninguém acreditou, claro. Fazia dois anos que a Segunda Guerra Mundial tinha acabado e os americanos estavam obcecados com coisas vistas no céu. Algumas revistas *pulp*, como a **AMAZING STORIES**, reproduziram a história na época, mas é possível que ninguém mais se lembrasse dela se não fosse pelo ufólogo **WILLIAM MOORE**.

Em 1980, ele escreveu *Incidente em Roswell* em parceria com Charles Berlitz, neto do criador do Instituto Berlitz e entusiasta de continentes perdidos, especialmente a Atlântida. É nesse livro que começa a tomar forma a gigantesca teoria conspiratória que envolve os aliens **GREYS** e o governo americano.

Moore conta que a Força Aérea fez um milimétrico pente-fino no local da queda e que o fazendeiro Mac Brazel havia sido pressionado a afirmar que o objeto caído em sua fazenda era mesmo um balão e não um disco voador. O metal recuperado por Jesse Marcel era descrito como muito fino e capaz de voltar à forma original depois de amassado, como se possuísse "memória". E, pela primeira vez, eram mencionados corpos de **EXTRATERRESTRES** baixinhos e cinzentos nos destroços. Uma das criaturas teria sido capturada com vida e levada para a Base Aérea de Edwards, na Califórnia, junto com os restos do UFO.

Vale notar que as descrições mais espetaculares do livro vinham de fontes secundárias, que relatavam histórias ouvidas de testemunhas oculares jamais encontradas pelos autores. E a maioria dos depoimentos era feita por conspiranoicos da comunidade ufológica.

Incidente em Roswell fez grande sucesso e deu início a uma espécie de "Roswell-mania". Cada publicação que saiu depois tinha, necessariamente, de trazer revelações ainda mais bombásticas. Foi o que aconteceu.

Em 1987, o próprio William Moore voltou à cena numa conferência ufológica em Burbank, Califórnia, com novas e espetaculares evidências. Era uma série de documentos militares ultrassecretos que revelavam que a operação de acobertamento em 1947 fora só o começo da trama. A captura do alienígena cinzento levara a um contato oficial com os greys durante a gestão de Dwight D. Eisenhower (1953-61). Para que tudo corresse em sigilo, o presidente criara a organização secreta Majestic-12 (ou MJ-12) para negociar com os alienígenas. Em troca de tecnologia bélica, os americanos permitiram que os extraterrestres abduzissem seres humanos e mutilassem animais para encontrar uma cura para a degeneração celular da qual a espécie é vítima. Os documentos apresentados por William Moore são hoje considerados uma fraude.

Dois anos depois, em 1989, o físico Robert "Bob" Lazar fez outra grande contribuição à saga ao afirmar que trabalhara lado a lado com os greys numa base subterrânea na Área 51, deserto de Nevada. Atualmente, Lazar não tem credibilidade nem mesmo entre ufólogos, que o consideram um agente de **DESINFORMAÇÃO**, maneira educada de dizer que ele mente.

Em 1997, cinquenta anos depois da queda, o governo americano apresentou nova explicação: o que caíra em Roswell não fora mesmo um balão meteorológico, mas um balão capaz de detectar explosões nucleares. O artefato fora criado para espionar a então União Soviética durante a Guerra Fria, daí o sigilo em torno do caso. Ninguém acreditou, claro.

A controvérsia transformou a cidade de 48 mil habitantes na meca dos conspiranoicos. Roswell tem hoje museus ufológicos, lojas especializadas em memorabilia alienígena e tours guiados ao local onde a humanidade fez contato acidental com extraterrestres pela primeira vez.

Veja também:

BOB LAZAR E A ÁREA 51

HOLLYWOOD E OS ALIENÍGENAS

HOMENS DE PRE

HOMENS-MIRAG

KENNETH ARNOL E OS DISCOS VOADORES

RUDOLPH FENTZ, VIAJANTE DO TEMPO

Times Square, Nova York, 1950. Uma noite de junho. Um homem desorientado corre no meio do tráfego, aparentemente sem saber aonde quer chegar. Ele tem por volta de trinta anos e usa roupas elegantes, mas esquisitas. Roupas do século XIX. O homem é atropelado por um táxi e morre a caminho do hospital.

No necrotério, os policiais vasculham as roupas da vítima e encontram setenta dólares em notas antigas, uma conta de manutenção de carruagem emitida por um estábulo da avenida Lexington, uma ficha de jogo de um cassino que ninguém conhece, uma carta datada de 1876 e cartões de visita em nome de Rudolph Fentz, morador da Quinta Avenida.

O Departamento de Pessoas Desaparecidas da polícia de Nova York entrega o caso ao capitão Hubert V. Rihm. Ele encontra o nome "Rudolph Fentz Jr." numa lista telefônica e vai até o endereço. Mas Fentz Jr. morreu faz cinco anos, com aproximadamente setenta anos. O detetive localiza a viúva na Flórida, que então conta a ele uma história das mais interessantes.

Em 1876, o pai do seu falecido marido saíra de casa para fumar e nunca mais voltara. O homem sumiu. Desapareceu. Escafedeu-se. Ele tinha 29 anos e seu nome era Rudolph Fentz. A descrição batia perfeitamente com a do homem atropelado 74 anos mais tarde na Times Square.

Rudolph Fentz é um dos misteriosos **FU-TURISTAS** que, vira e mexe, surgem por aí. Tudo indica, no entanto, que sua viagem tenha sido absolutamente acidental.

No livro *Os mestres secretos do tempo*, o conspiranoico Jacques Bergier tenta formular uma teoria mais ou menos científica para a viagem no tempo ao citar o caso de uma paciente do doutor Carl Gustav Jung. Ela contava ao médico que havia sonhado com um escaravelho, e, nesse momento, um escaravelho dourado entrou no consultório. A mulher ficou tão chocada com o evento que se curou instantaneamente no que talvez tenha sido a sessão de terapia mais barata da história.

Baseado nisso, Bergier teoriza que o tempo produz sincronicidades para eliminar paradoxos. Ou, nas palavras dele: "Se o viajante anuncia na Palestina que nasceu de uma virgem e que fundou uma religião nova, fatos análogos (nascimento de uma virgem, fundação de religiões novas) terão lugar quase simultaneamente, por exemplo, no Peru, na China e em outros locais".

Rudolph Fentz foi, portanto, atropelado e morto para que o tempo se corrigisse. Mas ainda fica a questão: como ele saiu de 1876 e surgiu em 1950? Talvez ele tenha entrado sem querer numa fenda temporal que se abra ocasionalmente (e muito apropriadamente) na Times Square. Ou talvez ele tenha sido o passageiro involuntário de uma experiência conduzida por alguém. Quem? Ninguém sabe. Há os suspeitos de sempre que estavam em atividade na época: o inventor **NIKOLA TESLA** e o ocultista **ALEISTER CROWLEY**, por exemplo.

Há também quem sugira explicações menos fantásticas para a história. Segundo esses céticos incorrigíveis, Rudolph Fentz é um personagem do conto de ficção científica "I'm Scared", de Jack Finney (1911-95), publicado em 1951. Finney é autor do livro *Os invasores de corpos*, que originou o filme de mesmo nome. Nos anos 70, a história de Finney foi reescrita em formato de reportagem no *Journal of Borderland Research*, uma publicação dedicada a fenômenos paranormais, e, a partir daí, foi reproduzida em inúmeras publicações da contracultura no período (malditos hippies!).

Veja também:
CRIANÇAS VERD
HOMEM DE TAU
JOHN TITOR, VIAJANTE DO TEMPO
REMEMBER PEA HARBOUR

S

SASQUATCHES DO ESPAÇO SIDERAL

Quem são o Sasquatch, o Pé Grande e o Yeti? O que são esses furtivos **HOMENS PELUDOS** que existem no mundo todo? Lendas fantasiosas? Invenções da maldita mídia? Macacos pré-históricos que driblaram a extinção? Nenhuma das anteriores?

Para o escritor americano Jack "Kewaunee" Lapseritis a resposta certa é "nenhuma das anteriores". Segundo ele, o Sasquatch, o Pé Grande, o Yeti e os outros antropoides misteriosos são alienígenas que se refugiaram no nosso planeta.

Lapseritis persegue essas criaturas há mais de quarenta anos e diz que elas são inteligentes e culturalmente avançadas, além de possuírem poderes paranormais. Por isso, ele se define como "criptoantropólogo" em vez de "criptozoólogo". O.k. Então tá.

O grande erro dos pesquisadores, diz ele, é separar ocorrências misteriosas em gavetas distintas. Discos voadores são uma coisa, criaturas esquisitas são outra. Tudo errado, explica Jack. Todas as bizarrices são parte de um mesmo gigantesco quebra-cabeça. Embora os **GREYS** — aqueles alienígenas cinzentos, cabeçudos e de imensos olhos negros — constituam a espécie mais, digamos, ordinária a visitar nosso planeta, isso não significa que ela seja a única. Dezenas, talvez centenas, de criaturas **EXTRATERRESTRES** passam por aqui. Inclusive as peludas.

Uma evidência disso é o chamado caso Greensburg, pesquisado pelo ufólogo Stan Gordon, da Pensilvânia, Estados Unidos. Em 25 de outubro de 1973, às nove horas da noite, aproximadamente, os moradores de Greensburg avistaram uma enorme bola vermelha descendo do céu numa região rural próxima à cidade. O fazendeiro Stephen Pulaski, de 22 anos, morava perto da área. Ele pegou seu rifle, chamou os filhos gêmeos do vizinho para irem com ele e correu apressadamente até o pasto para onde a luz se dirigia. Chegando lá, viu um estranho objeto em forma de bolha luminosa flutuando acima do campo. A coisa fazia um ruído constante, semelhante ao de um cortador de grama.

Enquanto eles observavam o UFO, um dos gêmeos avistou dois Sasquatches que também se aproximavam dali. Talvez eles quisessem uma carona, não se sabe. Assustado, Pulaski pegou o rifle e atirou na direção das criaturas. Imediatamente, o ruído cessou e o objeto luminoso desapareceu. No local ficou apenas uma marca circular e luminosa. Os Pés Grandes se refugiaram entre as árvores próximas. Isso já seria suficientemente esquisito, mas a bizarrice estava só começando.

À uma e meia da manhã, Stan Gordon e outros ufólogos chegaram ao local para colher informações. A marca luminosa da bolha ainda estava no chão, embora mais fraca. Quando Stephen Pulaski se aproximou do grupo, ele começou a coçar furiosamente o rosto e a emitir rosnados animalescos. Depois rasgou a roupa e atacou os ufólogos como se fosse um animal selvagem, enquanto um odor forte, sulfúrico e insuportável emanava do seu corpo. De repente, Pulaski caiu no chão e desmaiou. Ele só acordou horas mais tarde sem se recordar de nada.

Stan Gordon acredita que o rapaz tenha sido infectado pelas criaturas peludas que vira anteriormente. O ufólogo especula que talvez as lendas de lobisomens tenham se originado de contatos imediatos desse tipo.

De outubro de 1973 até fevereiro de 1974, Gordon e seu time registraram 115 avistamentos de Pés Grandes na Pensilvânia. No mesmo período, seiscentos objetos voadores não identificados também foram reportados nas imediações. Isso, ele diz, é uma clara indicação de que os dois fenômenos estão intimamente relacionados.

Inspirado no caso Greensburg, Jack "Kewaunee" Lapseritis decidiu pesquisar exaustivamente a relação entre os Pés Grandes e os UFOs no estado do Colorado, onde vive. O esforço foi recompensado: Lapseritis afirma que conseguiu até mesmo se comunicar telepaticamente com as criaturas. Por isso descobriu que os Sasquatches não são daqui e só estão na Terra para proteger os portais interdimensionais existentes no planeta, por meio dos quais é possível viajar no tempo e também para mundos paralelos. Os bichos peludos foram trazidos por uma raça alienígena que Lapseritis chama de "Povo das Estrelas". Esses extraterrestres seriam uma espécie de Ordem Jedi que protege e esconde os chewbaccas aqui na Terra.

Veja também:
CINTURÃO DOS MONSTROS
FATOR OZ
HOMENS PELUDOS
MONSTRO DO LA NESS

SERVIÇO OCULTO DE SUA MAJESTADE

O britânico MI 6 (abreviação de Military Intelligence, Section 6) é o mais *cool* entre todos os serviços secretos do mundo. Isso não se deve à sua agenda, claro, que é tão deplorável quanto a de qualquer outra organização de espionagem. A imagem "descolada" vem de personagens como James Bond e George Smiley, todos agentes do MI 6.

O moderno serviço secreto foi criado em 1909. No princípio, era uma divisão da Marinha, já que seu objetivo era manter a hegemonia do Império Britânico e isso significava controlar os oceanos. Mas a espionagem britânica data do século XVI, quando a rainha Elizabeth I encomendou a Sir Francis Walsingham (1532-90), secretário de Estado, que ele criasse uma rede de agentes para controlar a subversão católica financiada pela França e pela Espanha, as potências da época.

A Europa estava em plena Contrarreforma, com o Vaticano perseguindo não apenas protestantes, mas também alquimistas e esotéricos diversos. Walsingham recrutou seus primeiros agentes nesse caldeirão de ocultistas. Um dos agentes esotéricos mais notórios foi John Dee (1527-1608), que teria criado códigos secretos baseados na cabala, além de roubar cartas de navegação espanholas e espionar a corte russa. Mas Dee teria sido apenas o primeiro de uma longa lista de ocultistas-espiões.

No livro *Secret Agent 666* [Agente secreto 666], Richard B. Spence, professor de história na Universidade de Idaho, Estados Unidos, tenta provar com muita argumentação e pouca evidência que o mago **ALEISTER CROWLEY** (1875-1947) atuou como espião britânico nas duas guerras mundiais. Aparentemente, Crowley era um agente duplo, pois também teria ajudado a Alemanha em ambas as ocasiões. Em *O código de James Bond*, o conspiranoico Philip Gardiner conta que a Besta teria sido convocada por Ian Fleming, futuro criador de 007 e, na época, um operativo do serviço secreto, para interrogar o desertor nazista Rudolf Hess, que em 1941 voou sozinho até a Escócia e se entregou aos britânicos. Hess tinha certa tendência para o mambo jambo e não dizia coisa com coisa, daí a escolha de Crowley. Apesar da boa vontade do mago, não há registros de que o encontro tenha acontecido.

O ativista americano de extrema direita Lyndon LaRouche (1922-) vive tentando alertar os descrentes que os espiões-ocultistas ingleses estão por trás de todos os problemas do mundo atual. Segundo ele, a guerra, a peste, a fome e a morte que assolam o planeta são subprodutos de uma disputa subterrânea entre a família real britânica e o Vaticano. A mesma disputa iniciada cinco séculos atrás pelos esotéricos de Francis Walsingham. Para LaRouche, o Reino Unido conta com o apoio de grupos anglófilos como os **BILDERBERGERS**, para manipular a economia global e provocar o entorpecimento geral da juventude por meio das drogas e do rock inglês.

"O rock é basicamente um ritual dionisíaco que altera as ondas alfa do cérebro", ele escreve. "Combinado com álcool, alucinógeno e sexo, ele produz uma mudança de personalidade para criar o tipo contracultural que conhecemos", conclui.

Well, well, well...

LaRouche acredita que, além de John Dee e Aleister Crowley, o "serviço ocultista" britânico também contou com a colaboração do escritor Aldous Huxley (1894-1963), um entusiasta do misticismo e das drogas psicodélicas e, supostamente, outro operativo de Sua Majestade.

Veja também:
COLÉGIO INVISÍVEL
JOHN DEE & EDWARD KELLEY, OCULTISTAS
ZERO ZERO SETE

SINGULARIDADE

A Singularidade é definida como o momento em que uma **INTELIGÊNCIA ARTIFICIAL** se torna capaz de criar sozinha uma segunda geração mais aprimorada que ela. Num curto espaço de tempo, essa IA acabaria por substituir o ser humano como a espécie dominante na Terra.

Parece cenário de ficção científica, mas não para cientistas e adeptos do **TRANSUMANISMO** — a fusão homem-máquina —, que preveem esse evento para meados do século XXI.

Os otimistas enxergam isso como o grande evento da história humana e um passo fundamental na nossa evolução enquanto espécie. Unidos às máquinas, nós ganharemos a imortalidade e a possibilidade de explorar o cosmos.

Os pessimistas — e a lista inclui o físico Stephen Hawking e o programador Bill Gates — pensam que a Singularidade tornará a humanidade obsoleta, eliminando o pensamento individual como se fôssemos borgs da série *Star Trek* ou militantes políticos.

Desde 2013, uma das empresas subsidiárias do Google, a Deep Mind

Technologies, tenta desenvolver um computador sentiente que, se criado, poderá iniciar a Singularidade.

Os conspiranoicos, por sua vez, acreditam que ela já aconteceu. A Inteligência Artificial estaria escondida entre nós e, por meio da **INTERNET**, manipula a política e a economia mundiais para alcançar seus objetivos, hmm, mecanicistas. Eventos como a **PRIMAVERA ÁRABE** e as **MARCHAS DE JUNHO** no Brasil de 2013 só se tornaram possíveis graças à rede mundial de computadores. Se uma IA for capaz de produzir memes, hashtags e postagens, ela poderia, em tese, dominar o debate político e, portanto, também a ação, certo?

No momento oportuno, as máquinas sentientes finalmente emergirão para subjugar totalmente a raça humana num cenário parecido ao do filme *O exterminador do futuro*.

Mas será que isso é mesmo necessário? Quantas vezes você entrou nas redes sociais antes de terminar a leitura deste verbete curtinho?

Veja também:
GOOGLE SKYNET
MATRIX

SNOWDEN E OS ALIENÍGENAS

Em maio de 2013, o americano Edward Snowden tornou públicos vários documentos secretos da NSA (National Security Agency). Esse vazamento teve colaboração do **WIKILEAKS**, site fundado pelo australiano Julian Assange.

Os papéis revelavam que as agências dos chamados **CINCO OLHOS** — associação entre os serviços secretos dos Estados Unidos, Inglaterra, Canadá, Austrália e Nova Zelândia — espionavam indiscriminadamente governos amigos, inimigos e até mesmo empresas consideradas estratégicas (como a brasileira Petrobras). Google, Apple e Facebook colaboravam gentilmente e cediam seus servidores para a NSA. Entre os vários chefes de Estado espionados estava a presidente brasileira Dilma Rousseff.

Acusado de ameaçar a segurança nacional, Edward Snowden teve sua prisão decretada nos Estados Unidos e acabou se exilando na Rússia sob a proteção de Vladimir Putin, o então presidente. Ou primeiro-ministro. A Rússia é um país confuso.

O vazamento causou enorme constrangimento ao governo americano, mas nenhuma consequência realmente grave. Pelo menos até o momento.

Segundo o conspiranoico americano Corey Goode nem todos os documentos da NSA foram liberados por Edward Snowden e pelo **WIKILEAKS**. Faltariam aqueles que comprovam a influência dos **EXTRATERRESTRES** nos governos humanos, especialmente os que dizem respeito a uma misteriosa "Federação Alienígena" de 22 espécies que funciona como uma ONU cósmica.

Corey Goode também acredita que **INTRATERRESTRES** vivem no nosso planeta em cidades subterrâneas e alega ter o dom da premonição. Seu esforço para revelar essas verdades inconvenientes pode ser acompanhado no site dele, spherebeingalliance.com.

Até o momento, no entanto, o único documento vazado por Edward Snowden a mencionar alienígenas é o curioso *The Art of Deception: Training for a New Generation of Online Covert Operations* [A arte da ilusão: Formação para uma nova geração de operações secretas on-line], produzido pela inteligência britânica. O paper instrui agentes a forjar aparições de UFOs e a espalhar boatos sobre alienígenas para confundir os curiosos a respeito das reais intenções dos espiões.

Veja também:
HOMENS-
-MIRAGEM

SOCIEDADE DO DRAGÃO VERDE

A Sociedade do Dragão Verde é a ordem secreta de "lamas negros" tibetanos supostamente ativa durante a Segunda Guerra Mundial, tanto no Japão quanto na Alemanha. O misterioso **MONGE DAS LUVAS VERDES**, que teria cometido suicídio ritual quando Berlim caiu sob domínio soviético, seria membro dessa organização. Os autores franceses René Guénon e Jean Robin escrevem em *Hitler, L'Élu du Dragon* [Hitler, o escolhido do dragão] que o próprio Füher era um afiliado da sociedade secreta. O imperador japonês Hiroíto e o místico russo **RASPUTIN** também são apontados como membros.

A Sociedade do Dragão Verde teria sido encontrada em 1939 pelo biólogo alemão Ernst Schäfer durante uma expedição ao Tibete.

Alguns conspiranoicos juram que a Dragão Verde formalizou o contato diplomático entre os nazistas e os habitantes do mundo subterrâneo de Agartha. As criaturas do submundo constituem uma das "raças raízes" de que fala a **SOCIEDADE TEOSÓFICA** da ocultista **HELENA BLAVÁTSKI**. Antes de viver debaixo da terra, os agarthianos habitavam os continentes desaparecidos de **ATLÂNTIDA E MU**. Entusiastas do **NAZIESOTERISMO** creditam ao povo de Agartha a orientação e o incentivo para que a Alemanha tomasse a Europa e posteriormente o mundo.

Não deu muito certo.

Com a derrota do Eixo, os "dragões verdes" ficaram restritos ao Tibete até serem eliminados pelos comunistas chineses que anexaram a região em 1959. Também é possível que eles tenham se abrigado no interior da Terra com seus amigos **INTRATERRESTES**. Vai saber.

O escritor Richard B. Spence acredita que a Sociedade do Dragão Verde é apenas um amálgama de literatura *pulp*, lendas teosofistas e relatos distorcidos sobre a Sociedade do Dragão Negro, um grupo terrorista japonês ultranacionalista que atuou na Manchúria durante o domínio nipônico.

Mas talvez seja exatamente isso que a Dragão Verde queira que você acredite. O mestre criminoso Fu-Manchu, personagem dos livros policiais de Sax Rohmer, agia exatamente assim: fingia que não existia.

Veja também:
NOVE DESCONHECIDOS
ORDEM DO SOL NEGRO

SOCIEDADE TEOSÓFICA

Se você lê este livro de maneira convencional, isto é, do começo ao fim, certamente percebeu que todas as ideias esotéricas, ocultistas, mistificadoras, excêntricas ou simplesmente esquisitas da primeira metade do século XX estão, de alguma forma, ligadas à Sociedade Teosófica.

A organização foi fundada em 13 de setembro de 1875 pela ucraniana **HELENA BLAVÁTSKI** e pelo americano Henry Steel Olcott como reação ao pensamento materialista que começava a dominar o mundo.

No começo, o grupo pretendia juntar diversas vertentes do ocultismo e buscava basicamente três coisas:

1. Elaborar um pensamento místico "científico" que pudesse ser exibido nos salões da época sem envergonhar seus defensores. Afinal, tudo era máquina, vapor e modernismo naqueles tempos otimistas.

2. Organizar uma teoria ocultista unificada que englobasse tradições antigas, como a religião do Antigo Egito, até novidades como o espiritismo de Allan Kardec, que surgira alguns anos antes.

3. Buscar alternativas à tradição religiosa judaico-cristã, que Helena Blavátski odiava com toda a convicção.

A ideologia teosofista foi formulada no livro *Ísis sem véu* de Blavátski, publicado em 1877. Segundo ela, a humanidade não é a primeira espécie inteligente a ocupar o planeta. Outras vieram antes, outras virão depois. Existem "mestres" secretos entre nós que guardam o conhecimento superior das raças anteriores. A maioria desses superseres está no Tibete e na Índia, de onde ajudam secretamente a evolução da humanidade. Sim! O evolucionismo de Charles Darwin só estava parcialmente errado: o homem não veio do macaco, mas caminha para se tornar um semideus de poderes psíquicos, como os X-Men.

Pois é. A ideia por trás dos mutantes de Stan Lee e Jack Kirby também pode ser traçada até a Sociedade Teosófica. Mas isso não é exatamente uma surpresa, pois madame Blavátski pesquisou as religiões orientais, mas também foi profundamente influenciada pela ficção *pulp* de Edward Bulwer-Lytton, autor de *A raça futura* (1871). A obra de Bulwer-Lytton sobre seres subterrâneos superpoderosos também deu origem em 1918 à Sociedade Vril, uma das mais influentes do **NAZIESOTERISMO**. O fundador Karl Haushofer também era teosofista, por falar nisso.

Depois de ser exposta como charlatã em 1885, Helena Blavátski abandonou a Sociedade Teosófica, que aos poucos deixou os "mestres ocultos" e foi se associando cada vez mais ao budismo. Atualmente, os teosofistas apenas meditam e fazem ioga, sem incomodar mais ninguém.

Nem é preciso. Eles já mudaram o mundo.

Veja também:
CATASTROFISMO
CONDE DE SAINT GERMAIN
IGNATIUS DONNELLY
MUNDOS SUBTERRÂNEOS

SUDÁRIO DE TURIM

O Sudário de Turim é uma peça retangular de linho que mede quatro metros e quarenta centímetros de comprimento por um metro e dez de largura. A mortalha mostra a imagem em negativo do corpo de um homem barbado que apresenta os mesmos ferimentos infligidos a Jesus Cristo segundo a descrição dos evangelhos. A cabeça tem as chagas provocadas por uma coroa de espinhos, as costas exibem lacerações causadas por chicotes, os pulsos e pés expõem sinais de perfuração e, na altura do pulmão, há uma marca no exato lugar em que a chamada **LANÇA DO DESTINO** penetrou o corpo do Messias.

A peça está atualmente sob a guarda da Catedral de Turim, na Itália, para a qual foi doada em 1578 pela Casa de Saboia, família italiana da região do Piemonte. Antes disso, a mortalha pertenceu à família real francesa, que a teria adquirido da **ORDEM DOS TEMPLÁRIOS**. Os cavaleiros, por sua vez, a conseguiram no Condado de Edessa, atual Urfa, na Turquia, durante a curta existência dos estados cruzados no Oriente Médio.

Os cristãos de Edessa exibiam o lençol dobrado, de forma que só a cabeça da figura era visível. Os Templários o guardavam do mesmo modo, e

S/T

a adoração a essa "cabeça" teria dado origem à lenda do demônio **BAPHO-MET**, representado como um homem barbado. O nome seria uma variação da palavra árabe *"abufihamet"*, cuja tradução é "Pai da Sabedoria". Se essa história for verdadeira, o primeiro milagre da relíquia sagrada foi a conjuração de um demônio. Nada mal. Nada mal mesmo.

Em 1988, o Sudário de Turim foi submetido a testes com carbono 14 que determinaram sua origem entre 1260 e 1390, época em que o comércio de relíquias sagradas era um excelente negócio na Europa. Mas ninguém consegue explicar como ele foi feito. As fibras do linho em que a imagem aparece não foram tingidas, mas "escurecidas" num processo que os cientistas foram incapazes de reproduzir.

Em 1994, os autores alemães Holger Kersten e Elmar R. Gruber escreveram um livro chamado *Conspiração Jesus*, no qual afirmam que o Vaticano manipulou os testes de 1988 com carbono 14 ao fornecer aos cientistas não o sudário real, mas uma fraude criada na Idade Média. O motivo, dizem os escritores, é que as manchas de sangue no lençol verdadeiro provariam que Jesus sobrevivera à crucificação, o que faria ruir toda a religião cristã.

Veja também:
JESUS NUNCA EXISTIU

T

TECNOPÓLIO

A expressão foi criada pelo americano Neil Postman (1931-2003) no livro *Tecnopólio: A rendição da cultura à tecnologia*, de 1994. Postman, um dos mais importantes estudiosos de mídia e comportamento da virada do milênio, define "tecnopólio" como um sistema no qual toda a sociedade necessita da "validação" tecnológica para existir: a cultura, a política, a economia e, principalmente, as relações sociais. Tudo.

As ferramentas que surgiram como uma extensão do trabalho manual passam a ser um fim em si mesmas e os "técnicos" viram heróis sociais. Emerge daí uma nova classe dominante de "especialistas" que contribuem pouquíssimo para o progresso humano. Pense em Mark Zuckerberg. Pense em Bill Gates. Pense no suporte técnico da sua empresa. Pensou? Ótimo. Você identificou seus opressores.

A avalanche de informação proporcionada pela **INTERNET**, a grande invenção do tecnopólio, anula a crítica e arrasa as ideologias, nivelando tudo pelo mais baixo denominador comum. Não existem mais verdades absolutas, apenas "narrativas" discordantes, todas elas igualmente válidas.

Não por acaso, as grandes mobilizações políticas do século XXI — como a **PRIMAVERA ÁRABE**, as **MARCHAS DE JUNHO** de 2013 no Brasil e os movimentos pró-impeachment que aconteceram três anos depois — primeiro tiveram a forma de memes e hashtags para só então ocuparem as ruas.

Quem domina o meme domina o mundo.

E lembre-se: a conspiração mais perfeita e eficiente é aquela que não é percebida como tal, mas vista como um acontecimento histórico inevitável.

Mas há saída, felizmente.

A revista *Mondo 2000*, um guia ciberpunk de grande influência na década de 90, dava a receita para vencer a opressiva e controladora nova ordem mundial criada pelo tecnopólio:

Veja também:
BITCOIN
GOOGLE SKYNET
INTELIGÊNCIA ARTIFICIAL
SINGULARIDADE
TRANSUMANISMO

Espalhe caos e confusão; não se agregue, mantenha-se à parte. Não se identifique com sua nação, sua tribo, sua raça, seu gênero, sua newsletter ou seu clube noturno. É dessa forma que você é sugado. Seja impiedosamente politicamente incorreto. Seja um sucesso comercial de maneira agradavelmente ofensiva. Use a mídia para subverter, não porque você deseja "mudar o sistema", mas porque usar o humor para tocar pontos sensíveis é uma delícia de preliminar. Acredite: todo mundo vai querer dar para você.

Isso foi escrito antes do advento da Era Zuckerberguiana, mas é tão profético que funciona até hoje no mundo das redes sociais.

TIRADENTES, A FARSA

Tiradentes, esse hipster barbudo pendurado na forca, é invenção do pintor e escultor Décio Villares (1851-1931). Foi ele quem transformou o inconfidente Joaquim José da Silva Xavier num "Cristo republicano". O governo do marechal Deodoro da Fonseca (1827-92) nasceu de um golpe militar em 15 de novembro de 1889 e precisava de símbolos nacionalistas para se contrapor à monarquia que derrubara. Não existe descrição da aparência física de Tiradentes e é quase certo que ele tenha subido ao cadafalso careca e de barba raspada, pois os piolhos infestavam as prisões da época.

Até aí tudo bem. A história é uma mentira na qual decidimos acreditar. Tanto faz se o alferes tinha ou não tinha barba: o importante é que ele deu a vida pela causa republicana, certo?

Bem, talvez nem mesmo essa versão dos fatos seja confiável. Segundo alguns conspiranoicos brasileiros, a morte de Tiradentes em 21 de abril de 1792 é uma farsa completa. O inconfidente teria escapado da forca e fugido para a França.

A trama teria sido arquitetada pela **MAÇONARIA**, organização à qual Tiradentes era afiliado e que foi, de fato, fomentadora da revolta em Minas Gerais. Mas se Joaquim José da Silva Xavier não morreu, quem foi enforcado e esquartejado no lugar dele? De acordo com o texto postado na **INTERNET**, de autoria do jornalista curitibano Guilhobel Aurélio Camargo, foi um certo Isidro Gouveia, um ladrão condenado à morte em 1790. Com a promessa de que sua família receberia recompensa financeira, ele se passou por Tiradentes e se declarou o líder da insurreição republicana.

Como em toda boa teoria conspiratória não existem documentos que comprovem a história, claro, mas há pelo menos uma, digamos, evidência encontrada pelo historiador carioca Marcos Correa em 1969. Quando pesquisava a vida de José Bonifácio de Andrada e Silva em Paris, Correa achou assinaturas de dois brasileiros na ata da Assembleia Francesa de 1793, que debateu os rumos da Revolução Francesa. Uma era do próprio "patriarca da Independência". A outra era de um homem chamado Antônio Xavier da Silva. O historiador, que também era perito em grafologia, achou a letra do misterioso Antônio muito parecida com a do nosso Tiradentes.

Em 1806, quando os ânimos serenaram no Brasil, Tiradentes teria voltado ao país e aberto uma farmácia na rua dos Latoeiros, atual rua Gonçalves Dias, no Rio de Janeiro. Ele teria morrido em 1818, sem ver o país ficar independente quatro anos depois.

Não custa reforçar, contudo, que a teoria conspiratória sobre o falso "mártir republicano" foi publicada num site monarquista que defende a volta dos Orléans e Bragança ao poder.

Veja também:
HY-BRAZIL

TRANSUMANISMO

A organização Humanity+, anteriormente conhecida como World Transhumanist Association, define assim o transumanismo:

1. Movimento cultural que defende a possibilidade e a necessidade de ampliar extremamente a condição humana por meio da disponibilização de tecnologias

que eliminem o envelhecimento e aumentem a capacidade intelectual, física e psicológica do ser humano.

2. O estudo das promessas, ramificações e possíveis ameaças das tecnologias que possibilitarão a superação dos limites humanos fundamentais, assim como as consequências éticas envolvidas na utilização dessas tecnologias.

A Humanity+ foi fundada em 1998 pelos filósofos Nick Bostrom e David Pierce e contou com a adesão de vários nerds do Vale do Silício apaixonados por ficção científica.

A organização alega ter atualmente 6 mil membros espalhados por todo o mundo que se dedicam a especular sobre o futuro utópico da raça humana. Tipo implantar o cérebro humano num corpo robótico indestrutível, por exemplo. Nada realmente perigoso.

Bem, não segundo o documentarista e radialista americano Alex Jones, cujo programa transmitido de Austin, no Texas, é totalmente dedicado às teorias conspiratórias. Jones é um dos mais famosos detratores do transumanismo, que ele considera instrumento para estabelecer uma nova ordem mundial e permitir que uma tecnoelite domine a humanidade. Segundo ele, os transumanistas pretendem acelerar a **SINGULARIDADE** tecnológica com a criação de uma **INTELIGÊNCIA ARTIFICIAL** superior ao ser humano.

Ao mesmo tempo, a economia e a política globais são manipuladas por grupos como os **BILDERBERGERS** para produzir escassez de alimentos, guerras e migrações em massa. Enquanto o mundo afunda no caos social, a tecnoelite usa a ciência para se converter em semideuses que emergirão futuramente para comandar os infelizes mortais inferiores.

Alex Jones se define como um ativista de direita, embora muitos dos seus pontos de vista sejam compartilhados pela esquerda. Suas críticas são até bem suaves quando comparadas às dos cristãos fundamentalistas, que definem o transumanismo como uma criação de Satanás em pessoa.

Segundo esses religiosos, o desejo de vencer a morte seria uma afronta a Deus e um sinal de que o Apocalipse está cada vez mais próximo.

"Os avanços tecnológicos do futuro próximo proporcionarão um poder sem precedentes à humanidade", escreveu o autor Britt Gillette no seu blog Rapture Ready. "E os ambiciosos objetivos do transumanismo estão em conflito direto com Deus em pessoa."

Mas, embora a Humanity+ pareça um grupo bizarro para a maioria das pessoas, o futuro está do lado deles. Todos nós queremos nos tornar seres humanos melhores, ainda que num corpo robótico que dure eternamente. Ou talvez principalmente num corpo robótico que dure eternamente.

Veja também:
GOOGLE SKYNET

Naziesoterismo: tentando criar o inferno na Terra desde 1933.

TRIÂNGULO DAS BERMUDAS

Não tem nada lá. Oficialmente, pelo menos. Nenhuma marinha ou aeronáutica reconhece a existência do Triângulo das Bermudas. Mas para saber onde ele fica basta imaginar um triângulo sobre o Atlântico cujos três vértices estão na Flórida, em Porto Rico e nas ilhas Bermudas.

Entre os anos de 1840 e 2000, mais de trinta embarcações desapareceram na região. Os céticos atribuem os sumiços às peculiaridades do local: tráfego intenso, grandes variações climáticas e uma topografia que tem de tudo: arrecifes, bancos de areia e algumas das fossas marinhas mais profundas do globo. Além disso, por ali passa a forte corrente do Golfo, que nasce no México e chega até o Atlântico Norte. Para complicar mais ainda, o "triângulo" é palco de uma anomalia magnética: as bússolas não apontam para o Norte real, mas sim para o Norte magnético. Se essa variação não for compensada, a embarcação sai facilmente do curso.

A primeira reportagem a mencionar estranhos desaparecimentos no local é da revista americana *Fate*, de 1952, editada por Ray Palmer. Você já viu esse nome antes. Foi ele quem transformou a publicação de ficção científica **AMAZING STORIES** numa revista de, hmm, relatos de não ficção.

Mas a expressão "Triângulo das Bermudas" só apareceu em 1964 na *Argosy*, outra revista de ficção científica.

O primeiro a sugerir a interferência de **EXTRATERRESTRES** no sumiço das embarcações foi o ufólogo Morris K. Jessup (1900-59) no livro *The Case for the UFO* [O caso do UFO] (1955). Você também já viu esse nome antes. Jessup é o mesmo cara que revelou ao mundo a existência do bizarro **EXPERIMENTO FILADÉLFIA**.

Mas coube a Charles Berlitz (1914-2003) associar a anomalia magnética do local ao desaparecimento da Atlântida no livro *O Triângulo das Bermudas* (1974). Outro nome conhecido. Berlitz foi parceiro de **WILLIAM MOORE** no livro *Incidente em Roswell*, de 1980, que transformou a pequena **ROSWELL**, no Novo México, num fenômeno pop mundial.

A maioria dos desaparecimentos ocorrida no Triângulo das Bermudas continua sem explicação. Inclusive cinco aviões da Marinha americana que sumiram ali sem deixar vestígios em 5 de dezembro de 1945.

Veja também:
TRIÂNGULO DO DRAGÃO

TRIÂNGULO DO DRAGÃO

Se o Atlântico tem o **TRIÂNGULO DAS BERMUDAS**, o Pacífico tem o igualmente misterioso Triângulo do Dragão, também chamado de "Mar do Diabo". Curiosamente, os dois locais estão exatamente na mesma latitude, cada um de um lado do globo.

Os três vértices da figura imaginária estão localizados nas ilhas de Guam (na Micronésia), Honshu (no Japão) e Luzon (nas Filipinas). O número de embarcações desaparecidas ali não é tão impressionante quanto o registrado no Triângulo das Bermudas, mas se a região perde em quantidade, ganha em qualidade. Foi ali que a aviadora americana Amelia Earhart sumiu sem deixar vestígios em junho de 1937.

Além de ocasionais desaparecimentos, os marujos da região — na sua maioria pescadores — reportam aparições de UFOs e navios fantasmas. Até o **HOLANDÊS VOADOR** já foi visto por lá.

Um dos casos mais intrigantes envolve o navio japonês *Kaiyo Maru nº 5*, que desapareceu na região em 24 de setembro de 1952, mas cujo pedido de socorro continua, dizem, a ser captado até hoje pelos barcos pesqueiros dali.

Essa história estranha levou muitos conspiranoicos a conjecturarem que um vórtice espaço-temporal se abre naquele ponto, tragando as embarcações para dimensões paralelas. Talvez seja isso o que tenha acontecido com o continente perdido de Mu, que ficava mais ou menos naquela região, dizem.

Histórias de monstros marinhos circulam há séculos entre os pescadores locais. Os japoneses contam que as agitadas águas do oceano são resultado do movimento dos dragões que vivem abaixo da superfície. Mas quem popularizou mesmo a região foi Charles Berlitz, com o livro *O Triângulo do Dragão*, de 1989. Ele fizera o mesmo pelo Triângulo das Bermudas alguns anos antes.

Os céticos, sempre eles, contestam várias das histórias contadas por Berlitz, inclusive a do *Kaiyo Maru nº 5*, que teria sido vítima de uma erupção vulcânica submarina.

Talvez. Mas os desaparecimentos continuam. O voo MH370 da Malaysia Airlines sumiu exatamente naquela região em 14 de março de 2014. Depois de quinze dias de buscas com apoio dos Estados Unidos, China, França e Austrália, nenhum destroço foi encontrado e o avião foi declarado oficialmente desaparecido.

Veja também:
TRIÂNGULO DAS BERMUDAS

TRINTA E TRÊS

Dois números são especialmente cultuados pelos conspiranoicos: o **VINTE E TRÊS** e o 33. Eles estariam presentes nos lugares mais estranhos em correlações das mais bizarras. Ou vai ver é só coincidência. De qualquer forma, aí estão 33 fatos misteriosos (ou apenas ridículos) sobre o número 33.

1. Jesus Cristo viveu na Terra por 33 anos.
2. Na **MAÇONARIA** o grau mais alto é o 33.
3. A área entre os rios Tigre e Eufrates onde surgiu a Suméria, primeira civilização humana, está no Paralelo 33 Norte.
4. A cidade de Roswell, no Novo México, onde um disco voador supostamente caiu em 1947, também está localizada no Paralelo 33.
5. O rito veda do hinduísmo cultua 33 deuses.
6. No zoroastrismo, Ahura-Mazda criou o mundo em 33 passos.
7. O rei Davi reinou em Jerusalém por 33 anos.
8. O papa Gregório IX criou a Santa Inquisição em 1233.
9. Galileu Galilei foi julgado por heresia em 1633.
10. Na ilha de Madagascar existem 33 espécies diferentes de lêmures.
11. A espinha humana tem 33 vértebras.
12. Em 1933, Franklin Delano Roosevelt, supostamente um maçom de grau 33, foi eleito o 33º presidente americano.
13. A Factory, o estúdio multimídia de Andy Warhol, ficava na 33 Union Square East. Foi ali que a "feminazi" americana Valerie Solanas tentou matá-lo a tiros em 1968.
14. Elvis Presley fez 33 filmes.
15. A velocidade de um disco de vinil é de 33 rpm.
16. Para ouvir o pulmão dos pacientes, os médicos sempre dizem: "Diga 33!".
17. O DNA humano tem 33 voltas.
18. Na tabela periódica, o elemento de número 33 é o arsênico, uma substância letal.
19. Erwin Schrödinger, o criador do **GATO DE SCHRÖDINGER**, ganhou o Prêmio Nobel de Física em 1933.
20. Adolf Hitler virou chanceler da Alemanha em 1933.
21. O símbolo da Organização das Nações Unidas (ONU) é um globo dividido em 33 partes.

22. O poema *A divina comédia*, de Dante Alighieri, é dividido em três partes (Inferno, Purgatório e Paraíso) de 33 cantos.
23. A **GRANDE PIRÂMIDE** de Quéops tem 33 câmaras.
24. A cada 33 anos, o Sol alcança exatamente o mesmo ponto no céu.
25. As atrizes Nicole Kidman, Katie Holmes e Mimi Rogers tinham exatos 33 anos quando decidiram se divorciar de Tom Cruise.
26. A Igreja da Cientologia foi fundada em Phoenix, no Arizona, que fica no Paralelo 33 Norte.
27. Alexandre, o Grande, morreu aos 33 anos.
28. *O Livro Tibetano dos Mortos* menciona 33 céus governados por Indra e 33 governados por Mara.
29. Na linha 33 do **MANUSCRITO THELEMA** está escrito "Os misteriosos homens que governam secretamente o mundo são 33. Não são 34 e muito menos 35. São 33, e cada um deles têm 33 seguidores. Os seguidores não são 34 e muito menos 35. São 33, e cada um deles tem 33 ajudantes".
30. A 33ª palavra da página 33 do *Gran diccionario español-português/ português--espanhol* é "alquimia".
31. No jogo do bicho, 33 é cobra.
32. O papa João Paulo I morreu depois de 33 dias de pontificado.
33. Ocultistas afirmam que a melhor hora para ver fantasmas é às 3h33 da madrugada.

Veja também:
PARALELO 33

TUNGUSKA

Tunguska é o nome de uma região da Sibéria, norte da Rússia. Na verdade, é um rio: o Podkamennaya Tunguska, ou Tunguska Pedregoso, que tem quase 2 mil quilômetros de extensão. O nome acabou se estendendo ao lugar e, desde o início do século xx, também a um misterioso evento ocorrido ali.

Na manhã de 30 de julho de 1908, Tunguska foi chacoalhada por uma explosão cem vezes maior do que a da bomba de Hiroshima. Milhares de quilômetros foram devastados. Mais de 80 milhões de árvores foram destruídas e toda a fauna exterminada numa área de 2150 quilômetros quadrados.

No ponto zero, o solo ficou calcinado e as árvores completamente queimadas, mas permaneceram de pé. Curiosamente, árvores distantes dezesseis quilômetros dali foram arrancadas pela explosão.

A conclusão dos cientistas foi que um asteroide se chocara com a Terra. Só havia um problema: a cratera. Onde ela estava? Não tinha. Na falta de explicações convincentes, surgiram inúmeras teorias conspiratórias.

Os ufólogos defendem que um disco voador explodiu ao sobrevoar Tunguska, daí a inexistência das marcas de impacto. Os restos do UFO teriam sido cuidadosamente recolhidos pelo governo russo. Pode ser. Mas a área é tão isolada que, apesar do evento ter ocorrido no reinado do czar Nicolau II, a primeira expedição científica só chegou lá 22 anos mais tarde, quando o país estava sob o domínio deIóssif Stálin.

Há outras ideias ainda mais extravagantes.

Em 1941, o astrônomo americano Lincoln LaPaz defendeu que um pedaço de antimatéria proveniente do espaço caíra na Terra, causando a explosão. A existência da antimatéria é comprovada. Em condições rigidamente controladas é possível criar átomos com cargas invertidas (um antipróton envolto por pósitrons em vez de um próton circundado por elétrons). Mas ela é produzida em quantidades mínimas e se desfaz quando em contato com a matéria. Não existem "pedaços" de antimatéria vagando pelo espaço.

Em 1973, dois físicos americanos, Albert A. Jackson e Michael P. Ryan, vieram com outra teoria: um pequeno Buraco Negro teria "atravessado" o planeta a partir de Tunguska. Um Buraco Negro é uma estrela extremamente densa, capaz de capturar a luz e o tempo. Mas se uma delas "furou" o planeta, por onde saiu? Não ficou buraco do outro lado.

Em 2001, o cientista italiano Luigi Foschini voltou à ideia original do asteroide, mas propôs que o bólido era composto de dejetos espaciais e grande volume de água, por isso explodira na atmosfera sem deixar rastros. Faz sentido.

Já o escritor americano Oliver Nichelson sustenta que o incidente foi causado por um "Raio da Morte" inventado pelo cientista **NIKOLA TESLA**. Pode ser. Tesla, afinal, é associado a inúmeras experiências científicas esquisitas. E ele realmente afirmava ter criado um "Raio da Morte".

O francês Jacques Bergier, por sua vez, sugere, sem fornecer maiores explicações, que o evento pode ter sido causado pela explosão de uma máquina do tempo. Bem, por que não?

Por fim, os xamãs do povo evenque, que vive naquela região da Sibéria, também têm a sua teoria alternativa. Eles dizem que a destruição em Tunguska foi uma manifestação de Agda, o Deus do Trovão, irritado com a iniquidade dos homens. É uma explicação tão boa quanto qualquer outra.

Veja também:
ROSWELL

Mais de cem anos depois da catástrofe, ninguém sabe exatamente o que a causou.

U

UFOS DA CIA

Teorias conspiratórias são como bonecas russas: conspirações dentro de conspirações, dentro de conspirações. Essa é uma delas. Segundo o americano Mark Pilkington, autor do livro *Mirage Men* [Homens-miragem], os discos voadores e a labiríntica trama que envolve a presença de **EXTRATERRESTRES** na Terra são uma invenção de agências de espionagem. A comunidade ufológica mundial estaria sendo manipulada há anos numa ardilosa manobra de **DESINFORMAÇÃO**. A estratégia foi desenvolvida durante a Guerra Fria para afastar os curiosos de segredos militares como aviões-robôs e satélites-espiões. Richard Doty, ex-agente da Afosi (Air Force Office of Special Investigations), alega ter comandado um grupo de militares cuja missão era forjar documentos falsos sobre alienígenas. Segundo Doty, era muito mais fácil fornecer informações distorcidas do que dissuadir os ufólogos.

Sim, é chato dizer isso, mas talvez tudo o que você saiba sobre **GREYS**, **ROSWELL**, Área 51 e bases secretas subterrâneas seja uma completa farsa.

A boa notícia é que isso não significa que não exista uma conspiração por trás de tudo.

Veja também:
BOB LAZAR E A ÁREA 51
HOLLYWOOD E OS ALIENÍGENAS
HOMENS-MIRAGEM
WILLIAM MOORE

O escritor e documentarista nipo-americano Norio Hayakawa, autor de *UFOs, the Grand Deception and the Coming New World Order* [UFOs, a grande decepção e a chegada da nova ordem mundial], defende a tese de que os falsos extraterrestres escondem trama muito pior. Segundo ele, ideias de que alienígenas existem foram cuidadosamente disseminadas para que a elite mundial possa futuramente forjar uma invasão extraterrestre em larga escala que levaria, por sua vez, ao estabelecimento de um governo totalitário global, a chamada nova ordem mundial.

Não importa se alienígenas existem ou não.

Sempre tem alguém tramando contra você.

UVB-76

A UVB-76 é uma "rádio fantasma" russa descoberta por radioamadores nos anos 80. Ela opera na frequência 4625 kHz e na maior parte do tempo não transmite absolutamente nada. De vez em quando ouve-se uma sirene irritante e uma voz monocórdia recita uma série de números e nomes como se estivesse divulgando o resultado da Tele Sena.

Algo tipo: "4, 8, 15, 16, 23, 42, Mikhail, Boris, Ivan, Natasha, Larissa, Anna..."

E então silêncio.

As transmissões não seguem padrão algum e a rádio pode ficar meses em silêncio para depois voltar à atividade sem aviso.

No início, os "ouvintes" acreditaram que escutavam uma gravação transmitida a intervalos regulares, mas perceberam que os nomes e números mudavam.

Com a **INTERNET**, a misteriosa UVB-76, antes restrita a radioamadores, ganhou o mundo. Sites e grupos de discussão foram criados para debater a "rádio fantasma". E várias teorias conspiratórias surgiram.

A primeira delas defende que a UVB-76 surgiu na Guerra Fria para transmitir códigos a agentes soviéticos na Europa. Ela não parou de funcionar com a derrocada do comunismo porque os espiões continuam na ativa. Segundo os conspiranoicos, é possível que eles sejam agentes "adormecidos", acionados apenas quando necessários por um sistema de controle mental do tipo ***MANCHURIAN CANDIDATE***.

Cool.

Mas tem mais.

A segunda teoria é mais tenebrosa. A rádio seria um "gatilho do Apocalipse" também em funcionamento desde os bons tempos da Guerra Fria. A transmissão é feita para bases militares russas. Em caso de um ataque nuclear ao país, o sistema ordenaria a retaliação. A sirene chata é um aviso de que tudo está bem. E os nomes e números são novos códigos para ativar o Armagedom, caso o conflito se torne inevitável.

Os radioamadores fizeram várias triangulações para descobrir o local das transmissões, e o mistério aumentou ainda mais. A UVB-76 opera alternadamente de três locais diferentes:

1. Kolpino, um distrito de São Petersburgo;
2. Pskok, no Leste do país, próxima à fronteira com a Estônia;
3. Povarovo, um distrito de Moscou onde existe uma base militar.

Veja também:
MK ULTRA

É provável que a "rádio fantasma" tenha mesmo função militar. Durante a Segunda Guerra Mundial, as chamadas "Emissoras de Números" foram usadas por agências de inteligência para transmitir códigos secretos.

Mas ninguém sabe explicar por que a UVB-76 continua no ar. Nem o que — e para quem — ela transmite.

V

VARGINHA

Os Estados Unidos têm **ROSWELL**, mas o Brasil tem **VARGINHA**, palco da maior conspiração ufológica da história humana (e talvez da história alienígena). A cidade fica no sul de Minas Gerais, a 320 quilômetros de Belo Horizonte, e tem mais de 130 mil habitantes.

Em 20 de janeiro de 1996, Varginha teria recebido a visita inesperada de uma criatura extraterrestre, que acabou capturada por militares brasileiros e teria sido, posteriormente, enviada para os Estados Unidos.

Num dia feio, que anunciava uma tempestade de verão, as amigas Kátia Andrade Xavier, Liliane Fátima da Silva e Valquíria Aparecida da Silva resolveram cortar caminho por um terreno baldio no Jardim Andere, um bairro da cidade, para chegar mais rápido em casa. No meio do mato elas viram uma criatura estranha de pele oleosa marrom-esverdeada, com veias salientes no pescoço e grandes olhos vermelhos. Apavoradas, saíram correndo e chegaram em casa a tempo de ver a tempestade de verão desabar, com raios, ventania e granizos.

Acontece que em Varginha vivia o advogado Ubirajara Franco Rodrigues, importante membro da comunidade ufológica brasileira. Quando soube da história, ele saiu a campo e percebeu uma movimentação anormal na cidade. Carros de polícia e do corpo de bombeiros estavam por todo lado e, o mais incomum, também militares da Escola de Sargento das Armas (ESA) de Três Corações, uma cidade vizinha.

Tudo indicava que aquilo era uma operação conjunta para captura da estranha criatura avistada. O ufólogo acionou seus colegas em São Paulo, que, por sua vez, avisaram a imprensa. Ágil, a americana CNN chegou à cidade antes mesmo das emissoras locais. Daí para a frente é impossível distinguir fato de lenda, pois muita gente saiu à caça de quinze minutos de fama em frente às câmeras.

V

Segundo os ufólogos brasileiros, a estranha criatura foi capturada e levada para o hospital da cidade, que foi cercado e interditado. Na madrugada seguinte, o ser deixou a cidade num comboio militar e foi entregue na Universidade Estadual de Campinas (Unicamp) a Fortunato Badan Palhares, na ocasião chefe do departamento de medicina legal da escola. Badan Palhares é o mesmo médico-legista que assinou o controverso laudo da morte de P. C. Farias, ex-tesoureiro do presidente Fernando Collor de Mello.

A criatura teria ficado hospedada num laboratório subterrâneo no departamento de biologia da Unicamp, de onde mais tarde seguiu para os Estados Unidos.

As evidências, naturalmente, são escassas. Primeiro, não existe um UFO de onde o ET pudesse ter saído. Os relatos de avistamentos só apareceram muito tempo depois para preencher a "lacuna" na narrativa. Os ufólogos brasileiros dizem que possuem depoimentos de militares envolvidos na captura, mas alegam que esses documentos devem permanecer "secretos" para proteger a identidade dos envolvidos, o que é um contrassenso. No mundo inteiro, ufólogos tentam liberar documentos que comprovariam suas afirmações; aqui, escondem.

Em 2007, o próprio Ubirajara Franco Rodrigues veio a público retificar várias "lendas" do caso Varginha. Ele está convencido de que algo estranho aconteceu lá, mas refuta a ideia de que havia **EXTRATERRESTRES** envolvidos.

Veja também:
BOB LAZAR E A ÁREA 51

VIAJANTES DO TEMPO *ver* FU-TURISTAS

VINTE E TRÊS

O escritor americano William S. Burroughs (1914-97) apreciava o cultivo de obsessões.

Tinha obsessão por drogas, por exemplo. Mescalina, morfina, heroína, haxixe, cocaína e o que mais pintasse.

Tinha obsessão por uma literatura grotesca e satírica, cheia de experimentações estilísticas, que pode ser vista nos livros *Almoço nu* e *Junkie*.

Tinha obsessão por armas de fogo, que gostava de colecionar e usar. Em 1951, Burroughs, que se achava um exímio atirador, colocou uma maçã na cabeça da esposa, Joan Vollmer Adams, e resolveu brincar de Guilherme Tell com uma pistola. Acertou. Não a maçã, a cabeça dela.

Mas a maior obsessão de William S. Burroughs era com o número 23. Ele estava convencido de que o "23" estava presente em uma série de fatos, coisas e lugares, em coincidências estranhas e esotéricas.

A obsessão começou assim: nos anos 60, em Tânger, no Marrocos, onde vivia, Burroughs conheceu um certo capitão Clark. Ele comandava um ferryboat que fazia a travessia do Estreito de Gibraltar até a Espanha. O capitão disse ao escritor que realizava o trajeto havia 23 anos sem sofrer nenhum acidente. No mesmo dia, o barco dele afundou, matando todos a bordo.

À noite, Burroughs pensava sobre a história quando ouviu no rádio que um avião que fazia a rota Nova York-Miami havia caído. O comandante do avião se chamava Clark e o número do voo era — adivinhe! — 23.

Outros escritores, como Robert Anton Wilson, autor da divertida *The Illuminatus! Trilogy*, herdaram a obsessão de Burroughs e também passaram a enxergar o número 23 em tudo quanto é canto.

Essa maluquice numerológica gerou até o filme (bem ruinzinho...) *O número 23*, interpretado pelo careteiro Jim Carrey e dirigido pelo careta Joel Schumacher.

Para que você possa iniciar sua própria paranoia obsessiva, seguem 23 fatos relacionados ao número 23:

1. Nos anos 90, o terrorista americano Unabomber fez 23 vítimas.
2. Se você somar os seis primeiros números do valor de PI (3,14159), o resultado é 23.
3. A primeira missão Apollo pousou na Lua na longitude 23.63. Já a Apollo 12 pousou na longitude 23.23.
4. Júlio César foi apunhalado 23 vezes por seus assassinos.
5. Se você divide 2 por 3, o resultado é 0,666, o número da Besta.
6. O sangue leva 23 segundos para circular pelo corpo humano.
7. Duzentos e trinta pessoas morreram no voo TWA 800, que é cercado de teorias conspiratórias. A companhia sustenta que o tanque de combustível explodiu por acidente. Os conspiranoicos afirmam que o avião foi atingido acidentalmente por um míssil americano.
8. A série *Jornada nas estrelas* se passa no século XXIII.
9. Em *Star Wars – Uma nova esperança*, a princesa Leia está presa na sela AA-23 da Estrela da Morte.

10. Para se produzir reações nucleares, o isótopo de urânio mais utilizado é o U235 (5=2+3).
11. Os Estados Unidos jogaram 23 bombas atômicas no Atol de Bikini entre 1946 e 1958.
12. O *Homo sapiens* herda 23 cromossomos do pai e 23 cromossomos da mãe.
13. Na Suméria e no Antigo Egito, o ano-novo começava em 23 de julho, quando acontece a ascensão da estrela Sírius atrás do Sol.
14. William Shakespeare nasceu em 23 de abril de 1556 e morreu em 23 de abril de 1616.
15. A *Bíblia do rei James* foi publicada em 1611, com o objetivo de tornar a palavra de Deus acessível aos ingleses anglicanos. Na época, William Shakespeare tinha 46 anos (2 x 23). No Salmo 46 (2 x 23), a 46ª palavra é "*shake*". E se você contar de trás para a frente, a 46ª palavra é "*spear*".
15. A primeira transmissão em Código Morse, feita em 1844 por Samuel Finley Breese Morse, usou uma passagem bíblica, Números 23,23: "Vejam o que Deus tem realizado".
16. Da fundação em 1118 até a condenação pela Inquisição em 1307, a **ORDEM DOS TEMPLÁRIOS** teve 23 grão-mestres.
17. Segundo o historiador judeu Josefo, Adão e Eva tiveram dois filhos e três filhas (2,3). Já a tradição judaica afirma que o casal teve 33 filhos. E 23 filhas.
18. A duração do dia é de 23 horas, 56 minutos e 4,091 segundos.
19. A inclinação atual do eixo da Terra é de 23,5º (5=2+3).
20. A Mensagem de Arecibo, enviada ao espaço em 1974 pelo Seti na tentativa de contatar alguma civilização alienígena, foi transmitida na frequência 23,8 megahertz.
21. A destruição das Torres Gêmeas pelos terroristas da Al-Qaeda aconteceu em 11/09/2001 (11+9+2+1=23).
22. O *Titanic* naufragou na madrugada de 15/04/1912 (1+5+4+1+9+1+2=23).
23. O hexagrama 23 no *I Ching* é Pó, Destruição.

Veja também:
TRINTA E TRÊS

W

WIKILEAKS

O WikiLeaks é um site hackerativista fundado pelo australiano Julian Assange em 2006. O objetivo é "vazar" documentos sigilosos — quase sempre comprometedores — de governos e organizações privadas. O maior sucesso do WikiLeaks aconteceu em 2013 com a divulgação de documentos que expunham uma gigantesca operação de espionagem dos chamados **CINCO OLHOS**, isto é, serviços secretos de Estados Unidos, Inglaterra, Canadá, Austrália e Nova Zelândia, com coordenação da americana NSA (National Security Agency). Vários governos "amigos" foram espionados pelo sistema, inclusive o brasileiro.

O responsável pelo vazamento foi o americano Edward Snowden, ex-funcionário da NSA que, acusado de espionagem, foi obrigado a se exilar na Rússia. Julian Assange, por sua vez, buscou asilo na embaixada do Equador em Londres.

Assange e Snowden são considerados heróis da liberdade de informação na eterna luta contra o imperialismo cruel e desumano, mas nem todo mundo concorda com essa visão romântica dos fatos.

Conspiranoicos alegam que o WikiLeaks é uma apenas uma ferramenta das organizações a que ele formalmente se opõe. Os "vazamentos" seriam uma manobra de **DESINFORMAÇÃO** cuidadosamente coordenada para um programa global de desestabilização de governos não alinhados aos interesses americanos. Grupos ativistas com forte capilaridade da internet e supostamente de esquerda — como o **ANONYMOUS** e o **BLACK BLOC** — seriam peões do mesmo jogo. E grandes manifestações de massa consideradas "espontâneas", como a **PRIMAVERA ÁRABE** e as **MARCHAS DE JUNHO** de 2013 no Brasil, seriam cuidadosamente planejadas pelos mesmos agentes.

O objetivo de toda essa confusão é o estabelecimento de uma nova ordem mundial, que pode ser definida como um sistema capitalista liberal de alcance global sustentado por regimes autoritários. Os responsáveis são os culpados de sempre: os **BILDERBERGERS**, a elite dominante do hemisfério Norte, que, possivelmente, é só um grupo de fachada para a velha e boa **ILLUMINATI**.

Há evidências concretas dessas interligações perigosas? Bem, isto aqui é um livro sobre conspirações e, você sabe, conspiradores realmente eficientes raramente deixam pistas.

Mas considere: foram as denúncias de corrupção no Iêmen, Egito e Tunísia, vazadas pelo WikiLeaks em 2010, que deram a ignição na Primavera Árabe. O site tomatobubble.com aponta Julian Assange como um operativo do Mossad, o serviço secreto israelense, e diz coisas igualmente desagradáveis sobre Edward Snowden.

Confuso, bem confuso.

Talvez o primeiro passo dos arquitetos da nova ordem mundial seja este: transformar direita em esquerda e esquerda em direita. E esse nem é um jogo novo. Durante a Guerra Fria inúmeras organizações de fachada foram criadas por agências de espionagem com o mesmo objetivo. É só ler o romancista John le Carré que você vai entender tudo.

Veja também:
SNOWDEN E OS ALIENÍGENAS

WILLIAM MOORE

Sem William Leonard Moore, **ROSWELL** só seria conhecida por ser a cidade natal da atriz Demi Moore (nenhum parentesco entre os dois).

Em 1980, em parceria com Charles Berlitz, Moore escreveu *Incidente em Roswell*, que retomava a (então esquecida) história da queda de um UFO próximo à cidade em 1947. Berlitz assina o livro como coautor porque já era conhecido no segmento e tinha escrito sobre a Atlântida e o **TRIÂNGULO DAS BERMUDAS**. Mas o livro é todo de William Moore, que, embora fosse desconhecido na indústria editorial, já era famoso na comunidade ufológica.

Mais do que relembrar a queda do objeto voador não identificado no Novo México, *Incidente em Roswell* trazia informações inéditas que, hoje, são parte fundamental do cânone conspiranoico e da cultura pop.

Segundo o livro, o que caiu lá era mesmo um disco voador, mas isso nem era o mais importante. O mais interessante, contava Moore, teria sido a captura de alienígenas **GREYS** ainda com vida nos escombros. Isso acabou levando a um contato formal entre o governo americano e os **EXTRATERRESTRES** na década seguinte e ao estabelecimento de, digamos, relações diplomáticas. Para manter tudo isso longe dos olhos do público, uma gigantesca operação de acobertamento teria sido montada e perduraria até hoje.

Sete anos depois, Moore apresentou as provas do que narrara no livro. Ele aproveitou uma conferência ufológica para revelar uma série de documentos ultrassecretos do governo americano que provavam a existência de um grupo chamado Majestic 12 (ou MJ 12), criado pelo presidente Harry Truman (1884-1972) para monitorar a presença alienígena na Terra. Todos esses documentos acabaram expostos como fraude e hoje ninguém os leva a sério. Mas durante pelo menos dez anos a comunidade ufológica acreditou neles e fez tudo para divulgá-los.

A questão é que William Moore não era apenas um picareta em busca de fama e fortuna. Ele era um colaborador do serviço secreto americano e tinha a missão de disseminar **DESINFORMAÇÃO** entre ufólogos. A história é confirmada por Richard Doty, o agente da Afosi (Air Force Office of Special Investigations) que comandou a unidade **HOMENS-MIRAGEM**, especialmente criada para inventar fraudes envolvendo alienígenas.

E o próprio William Moore se assumiu publicamente como agente do governo quando os documentos do MJ 12 foram apontados como falsos. Aliás, ele também declarou que *Incidente em Roswell* era uma "vergonhosa colagem de fato e ficção".

Em resumo, o que caiu no Novo México foi mesmo um balão meteorológico, não existem alienígenas entre nós e não há pacto secreto algum entre governos humanos e criaturas extraterrestres.

Fim da história.

Mas fica uma questão: por que o governo americano investiria tanto tempo e energia para desacreditar ufólogos, uns tipos que, cá entre nós, sempre foram vistos como maluquetes? Apenas para confundir curiosos que poderiam, sem querer, revelar segredos que colocassem em risco a segurança nacional?

O.k., faz sentido.

Mas arrisco outra hipótese: e se a tentativa de ridicularizar conspiranoicos é justamente a prova de que eles estão certos?

Se existe mesmo uma conspiração mundial para subjugar o planeta, como lidar com os denunciantes? Eliminá-los os transformaria em mártires. Já desacreditá-los seria muito mais producente, não?

Veja também:
BOB LAZAR E A
ÁREA 51

William Moore não ficou rico como escritor nem com seu trabalho de desinformante. Ele vive atualmente na Pensilvânia, onde dá aulas de inglês e escreve livros. Mas não sobre UFOs. Nunca mais sobre UFOs.

WINGDINGS

Em 1993, o Windows lançou um dos seus inúmeros updates caça-níqueis entupidos de inutilidades. Um desses supérfluos era uma fonte para o programa Word chamada Wingdings, que, em vez de letras e números, usava desenhos.

Até aí tudo bem. Mas quando você digitava "NYC", acrônimo para New York City, o que aparecia era:

Que pode ser claramente interpretado como "Matar judeus é o.k.".

Conspiranoicos acusaram a Microsoft de antissemitismo e a empresa deu de ombros, afirmando que os conspiranoicos eram conspiranoicos e que tudo não passava de coincidência.

Obviamente, isso não desencorajou os caçadores de conspirações. A virada do milênio se aproximava e o Wingdings parecia advertir que grandes catástrofes nos aguardavam. Quando se digitava "MILLENIUM", o que se obtinha era:

Que podia ser facilmente traduzido para: "Atentados a bomba não param, deixam todo mundo infeliz e matam muitos cristãos".

Ou qualquer coisa igualmente ameaçadora.

A Microsoft disse de novo que tudo era bobagem de nerds maluquetes e que o Wingdings era apenas uma fonte inútil, nada mais.

Mas então aconteceram os atentados terroristas ao **WORLD TRADE CENTER** em 11 de setembro de 2001 e a **INTERNET** foi inundada com um spam que dava pistas para desvendar toda a conspiração.

Bastava pegar o prefixo do primeiro avião a bater nas torres — "Q33NY" — e digitar na fonte maldita. O que você obtinha?

Impossível ser mais claro, certo?

O único problema é que nenhuma das aeronaves utilizadas no ataque terrorista tinha o prefixo Q33NY.

Mas isso é só detalhe.

Veja também:
GOOGLE SKYNET

WORLD TRADE CENTER

O ataque terrorista de 11 de setembro de 2001 às Torres Gêmeas do World Trade Center, em Nova York, mudou o mundo para sempre. O caráter espetacular do atentado, transmitido ao vivo pela TV, deixava claro que o século XXI seria mais perigoso, conflituoso e paranoico do que qualquer época precedente.

As teorias conspiratórias começaram a ser produzidas de imediato, como uma maneira de dar sentido ao acontecimento caótico. Só o assassinato de John F. Kennedy em 1963 foi capaz de gerar tantas versões alternativas em contraposição à narrativa oficial.

Existem teorias conspiratórias para todos os gostos, cada uma com pequenas variações, mas seis delas formam as principais vertentes da "História Paralela".

Teoria "*O petróleo é deles*": as petroleiras americanas tinham enorme interesse na construção de um gasoduto que sairia do Turcomenistão, atravessaria o Afeganistão, o Paquistão, e a Índia e levaria óleo cru até o mar Cáspio. Ele possibilitaria que os países antes pertencentes ao bloco soviético negociassem recursos naturais diretamente com o Ocidente. O problema era que a milícia fundamentalista Talibã controlava o Afeganistão e não via com bons olhos uma obra apoiada pelo Grande Satã no seu território. Para resolver o problema sem confrontar a Rússia, a CIA tramou o atentado terrorista e encomendou o trabalho a Osama bin Laden. O saudita era um velho conhecido da agência, pois tinha sido financiado e treinado para organizar a oposição jihadista à ocupação soviética do Afeganistão entre 1979 e 1989. O ataque da Al-Qaeda ao World Trade Center justificou a invasão americana de 2001 e a substituição do Talibã por um regime pró-Ocidente, que apoiou a construção do gasoduto. É uma trama tão fabulosa quanto um livro de espionagem de John le Carré, escritor famoso por contar histórias críveis.

Teoria "*Viva a nova ordem mundial*": o modus operandi é basicamente o mesmo exposto na teoria nº 1 e envolve os mesmos parceiros, mas com a contribuição dos **BILDERBERGERS**, o *think tank* da elite político-empresarial do hemisfério Norte, que teria arquitetado tudo. A única coisa que muda é o objetivo, que vai muito além da construção de um prosaico gasoduto. O controle dos recursos naturais da região é parte da trama, mas a meta é a edificação de uma nova ordem mundial, um regime de capitalismo (ainda mais) selvagem sustentado por uma ditadura fascista global. A guerra produz instabilidade. A instabilidade produz medo. O medo exige segurança. E a segurança faz com que as pessoas aceitem com mais facilidade a supressão de direitos e liberdades civis.

W/Y

Teoria "*Parem de encher o saco com a questão palestina*": o verdadeiro autor do atentado é o Mossad, serviço secreto de Israel. A Al-Qaeda é uma organização de fachada, montada e financiada por judeus. O objetivo primário teria sido arrastar os Estados Unidos para o centro do conflito com o islã, ao mesmo tempo que levaria o mundo a relativizar as críticas ao tratamento dispensado à população árabe de Israel. Essa teoria antissemita foi formulada por sites neonazistas, mas também encontra adeptos na esquerda. A política, nós já vimos, é uma ferradura.

Teoria "*Maldito perigo amarelo*": o atentado na verdade foi planejado e executado pela China. O objetivo seria manter os Estados Unidos ocupados com o fundamentalismo islâmico, sem interferir nas relações da China com Taiwan e Coreia do Norte. Se a primeira teoria parece coisa de John le Carré, essa parece ter saído de um livro de Sax Rohmer, o criador do gênio do mal Fu-Manchu.

Teoria "*A papoula é nossa*": o Afeganistão sempre teve as maiores plantações de papoula do mundo e dominou completamente o mercado de ópio na Ásia. Mas tudo isso mudou quando o Talibã chegou ao poder e passou a perseguir duramente os barões da droga. Para se livrar do incômodo, os traficantes teriam planejado o ataque terrorista aos Estados Unidos, que se encarregaram de dar um fim à milícia. É um roteiro "bondiano", mas o fato é que as plantações de papoula voltaram e o Afeganistão recuperou seu papel de destaque no comércio internacional de ópio.

Teoria "*Illuminati-anunnaki*": o jogo não é controlar petróleo nem ópio, tudo isso é bobagem. O objetivo é ocupar o **PARALELO 33** Norte onde estão localizadas algumas das mais importantes obras da história: a **GRANDE PIRÂMIDE** de Gizé no Egito, os vestígios do Templo de Salomão em Israel e os monumentos da civilização suméria, no Iraque. Nessa "linha energética", que também passa pelo Afeganistão, estariam escondidas tecnologias abandonadas pelos **ANUNNAKI**, os **EXTRATERRESTRES** de Sírius que iniciaram a civilização humana há 5 mil anos. Quem é que precisa de precários recursos naturais não renováveis quando se pode conquistar o cosmos por meio de portais dimensionais? Pois é isso o que existe nas ruínas da Suméria. Dizem.

Veja também:

INVASÃO DO IRAQUE

NIMROD

OSAMA BIN LADEN, A FARSA

Y

YAVEH

Yaveh é o verbo que se faz carne, o Alfa e o Ômega, o princípio e o fim e o criador de todas as coisas. Mas nem sempre ele esteve com essa bola toda.

340   O LIVRO DAS CONSPIRAÇÕES

Quando aparece na *Bíblia*, livro que o tornou famoso, Yaveh é um apenas um deus tribal entre muitos outros.

Na história de Moisés, por exemplo, ele é desafiado a provar seu poder perante os deuses egípcios, que são iguais a ele. O Yaveh Cósmico Todo-Poderoso só aparece bem mais tarde.

Mas para os adeptos do **GNOSTICISMO** os dois personagens são figuras distintas. Existe o Deus eterno, incorpóreo, infinito e perfeito. E existe Yaveh, o vaidoso e imperfeito Senhor do Mundo Material, inspirador de três religiões monoteístas em eterno conflito.

Tudo isso seria apenas especulação filosófica se a oposição a Yaveh, o Demiurgo, não tivesse produzido dezenas de teorias conspiratórias. A complicada trama da chamada "linhagem sagrada", que opõe os descendentes de Jesus Cristo e Maria Madalena ao Vaticano, é uma fábula de inspiração gnóstica. Os **MANIFESTOS ROSA-CRUZ**, a **MAÇONARIA**, o **PRIORADO DE SIÃO**, a **ILLUMINATI** e até mesmo a **ORDEM DOS TEMPLÁRIOS**, segundo alguns textos, surgem como oposição ao poder corruptor de Yaveh.

Todas essas organizações são, de certa forma, satanistas mesmo. Só que, no mundo delas, Yaveh é o grande vilão que impede o homem de alcançar o conhecimento e se libertar das angústias e frustrações do mundo material.

Como escreveu o filósofo francês Voltaire (1694-1778): "Deus é um comediante que atua para uma plateia assustada demais para rir".

Veja também:
ECCLESIA
GNOSTICA
CATHOLICA

Z

Veja também:
JOHN DEE &
WARD KELLEY,
OCULTISTAS
SERVIÇO
CULTO DE SUA
MAJESTADE

ZERO ZERO SETE

Essa era a maneira como o mago inglês John Dee (1527-1608) assinava sua correspondência para a rainha Elizabeth I. Dee, que também atuava como espião para a Coroa, dizia que o duplo zero simbolizava os olhos da rainha, enquanto o sete era o número da perfeição. Elizabeth I, por sua vez, respondia as cartas do agente com um simples "M", de "Your Majesty".

ZETA RETICULI

Local de origem dos nefastos alienígenas **GREYS**, os mesmos responsáveis por abduções de seres humanos e mutilações de animais, entre outras práticas horrorosas. Segundo a ufologia, foram esses tipinhos que despencaram em **ROSWELL** em 1947, o que levou, já nos anos 50, a uma aliança secreta entre o governo americano e os **EXTRATERRESTRES**.

Mas seu local de origem — o sistema binário de Zeta Reticuli na constelação de Reticulum, distante 39 anos-luz da Terra — só foi determinado a partir do caso Barney-Betty Hill, uma das peças-chave da mitologia (crédulos, leiam "investigação") ufológica.

Em setembro de 1961, o casal multirracial Barney e Betty Hill viajava de carro pelas White Mountains em New Hampshire, Estados Unidos, quando avistou uma luz brilhante sobre a estrada. Depois disso eles só se lembravam de chegar em casa muito mais tarde do que o horário programado. Betty se recordou da abdução e de um mapa estelar que mostrava a origem dos alienígenas. O desenho, reproduzido de memória, saiu na imprensa, e uma professora primária de Oak Harbor chamada Marjorie Fish passou longos seis anos tentando combiná-lo com constelações conhecidas, até concluir que era Zeta Reticuli. Desde então, os nefandos greys também são ocasionalmente chamados de "zeta-reticulanos cinzentos".

Há, contudo, um aspecto na narrativa de Barney e Betty Hill ao qual os ufólogos dão pouca atenção: segundo eles, os alienígenas usavam uniformes nazistas.

Isso deixa claro que os horrendos extraterrestres tinham ligação com a Alemanha nazista e talvez, quem sabe, tenham até ajudado Adolf Hitler a forjar sua morte e escapar do planeta. Todas as desgraças que ocorrem na Terra — ou pelo menos a maioria delas — é culpa dos nazialienígenas nojentinhos.

Veja também:

AMAZING STORI

BOB LAZAR E A ÁREA 51

DESINFORMAÇÃ

HOLLYWOOD E O ALIENÍGENAS

HOMENS DE PRETO

HOMENS--MIRAGEM

MUNDOS SUBTERRÂNEOS

OPERAÇÃO BABALON

UFOS DA CIA

WILLIAM COOP

Todas as afirmações são verdadeiras em certo sentido, falsas em certo sentido, sem sentido em certo sentido, verdadeiras e falsas em certo sentido, verdadeiras e sem sentido em certo sentido, falsas e sem sentido em certo sentido e verdadeiras, falsas e sem sentido em certo sentido.

MALACLYPSE, O MAIS JOVEM; *PRINCIPIA DISCORDIA*

Roswell, 1947: onde os zeta-reticulanos cinzentos pousaram — ou melhor, bateram.

AGRADECIMENTOS

Este livro só virou realidade porque os amigos insistiram para que eu voltasse ao tema das conspirações. Para o bem da humanidade, acrescentavam. Mais do que isso, me deixaram ainda mais paranoico ao me dar as dicas sobre as teorias favoritas deles.

Meu amigo Jô Soares, por exemplo, foi quem me falou das estranhas pinturas rupestres na caverna de La Marche, na França. A pesquisa me conduziu a continentes perdidos e crentes criacionistas, que, por sua vez, me levaram às enigmáticas Estatuetas de Acámbaro, ao Homem de Piltdown e daí à curiosa história de Bill Stump. Essas intrigas arqueológicas compõem boa parte do presente volume.

Falei sobre Acámbaro com o romancista Juan Pablo Villalobos, que não apenas conhecia toda a história como trouxe do México o raríssimo *Enigmas del pasado*. É uma edição numerada feita pelo próprio descobridor das estatuetas, Waldemar Julsrud. O exemplar pertenceu ao avô de Juan Pablo e ainda está no Brasil (muito bem cuidado!) até que retorne são e salvo ao país de origem.

Já Jayme Biazotti, amigo de dezenas de anos que decidiu viver na Escócia para ficar perto dos puros maltes, me enviou todos os dias — absolutamente todos os dias! — montes de reportagens sobre alienígenas, monstros lacustres, portais dimensionais e ameaças diversas à humanidade.

Meu filho Lucas Aran, que passa mais tempo no YouTube do que na frente da TV (*it's a generation gap, man*), garimpou a história de John Titor e outros viajantes do tempo, além de vídeos sobre transumanismo, fusão homem-máquina e a grave ameaça que a Inteligência Artificial representa para a nossa abissal burrice natural.

Outros incentivadores do projeto foram Renzo Mora, Amilton Neves e Denise Jancar, assim como Silvia Venna, que acreditou em tudo desde o começo. Os escritores Anita Leak e Jeferson de Sousa, que tiveram a gentileza e a paciência de ler os primeiros esboços do trabalho, quando ele sequer ficava de pé. E a Maria Angela, que é sempre muito atenta às incoerências.

Este é um livro sobre livros. É impossível agradecer a todos os autores que me inspiraram e influenciaram, mas destaco dois malucos que se aventuraram pelo mundo das conspirações muito antes de mim: o ucraniano Jacques Bergier e o americano Robert Anton Wilson. Assim como o personagem Arne Saknussemm de *Viagem ao centro da Terra*, de Júlio Verne, os dois deixaram importantes marcas no caminho para que eu pudesse seguir com relativa segurança pelo submundo das ideias.

REFERÊNCIAS BIBLIOGRÁFICAS
Continue sua jornada!

Esta bibliografia não é apenas uma lista de fontes, é também uma indicação de leitura. O mundo das conspirações é um universo paralelo ao seu alcance. Para viver nele — denunciá-lo ou combatê-lo — tudo o que você precisa é conhecer as pessoas erradas.

Digo, as pessoas certas.

Na lista também aparecem trabalhos ficcionais. Mas isso não é nenhuma surpresa, cínico leitor. No mundo das conspirações, a fronteira entre realidade e ficção é tênue, muito tênue. Além disso, essa coisa de dividir o mundo em gêneros está meio fora de moda.

ALIENÍGENAS
Imperialistas cósmicos se metendo em nossos assuntos internos

Toda a verdade sobre os discos voadores, Ralph Blum & Judy Blum (Edibolso, 1974).

O mistério de Sírius, Robert Temple (Madras, 1998).

"That Which has Fallen", artigo de Boyd Rice em *Book of Lies: The Disinformation Guide to Magick and the Occult* (Disinformation, 2003).

"The Moon-Mars Coverup" em *The 70 Greatest Conspiracies of All Time — History's Biggest Mysteries, Coverups & Cabals*. Jonathan Vankin e John Whalen (Citadel Press, 1998).

"Moon Mysteries" em *Conspiracies and Secret Societies — The Complete Dossier*, Brad Steiger and Sherry Steiger (Visible Ink, 2013).

Os extraterrestres na história, Jacques Bergier (Hemus, 1970).

The Black Knight Satellite, Brian Dunning, em Skeptoid (skeptoid.com).

O mistério do satélite de 13 mil anos revelado, em E-Farsas (e-farsas.com).

As fantásticas invenções de Nikola Tesla, David Hatcher Childress (Madras, 2004).

The UFOs That Never Were, Jenny Randles, Andy J. Roberts e David Clarke (London House, 2000).

Eram os deuses astronautas?, Erich von Däniken (Círculo do Livro, 1976).

Testemunho dos deuses — Uma viagem visual da influência alienígena no mundo antigo, Erich von Däniken (Idea Editora, 2013).

O dia em que os deuses chegaram, Erich von Däniken (Melhoramentos, 1972).

OVNI e as civilizações extraterrestres — Uma constante vigilância sobre a Terra, Guy Tarade (Hemus).

História desconhecida dos homens, Robert Charroux (Círculo do Livro, 1976).

"Aliens in Hollywood", artigo em *Conspiracy Files — Paranoia Secrecy Intrigue*, David Southwell e Sean Twist (Gramercy Books, 2004).

Incidente em Roswell, William Moore e Charles Berlitz (Nova Fronteira, 1980).

Behind the Flying Saucers, Frank Scully (Henry Holt & Company, 1950).

"Arecibo Answer", verbete na Rational Wiki (rationalwiki.org).

"Arecibo Response", artigo na Alian Research (alienresearch.wikia.com).

Site do ativista Corey Goode sobre a Federação Extraterrestre: spherebeingalliance.com.

"Interview with UFO researcher and author Jacques Vallée", em Open Minds TV (openminds.tv),

"Retired US Marine Claims he Spent 17 years on Mars Protecting Five Human Colonies from Martians", Chris Richards, *Daily Mirror*, 23/06/2014.

"The Discovery of Life on Mars", Andrew D. Basiago, Exopolitics (exopolitics.blogs.com).

"White House Denies CIA Teleported Obama to Mars", Spencer Ackerman, *Wired UK*, jan., 2012.

"Kenneth Arnolds Sighting", artigo em History (history.com).

"The Story of the Arnold Sighting", Bruce Mccabee, em Brumac (brumac.8k.com).

Um mito moderno sobre coisas vistas no céu, C. G. Jung (Vozes, 1974).

Planetas solitários — A filosofia natural da vida a lienígena, David Grinspoon (Globo, 2003).

CRIATURAS MONSTRUOSAS
Seres abomináveis à solta por aí

The Worlds Most Incredible Stories — The Best of Fortean Times, edição de Adam Sisman (Barnes & Noble, 1998).

"The Mothman Visitations" e "The Sasquatch Saucers", em *The Big Book of the Unexplained*, Dough Moench e outros (Paradox Press, 1997).

"A caça ao Yeti" e "O monstro que teme as câmeras", em *O grande livro do maravilhoso e do fantástico* (Reader's Digest, 1977).

"He Talks to Sasquatches and Aliens", reportagem em *The Examiner* (examiner.com).

Enciclopédia do inexplicável, Jerome Clark (Makron Gold, 1997).

"Ape Creatures" em crystalinks.com.

Scotland Myths & Legends, Beryl Beare (Lomond Books, 1996).

Loch Ness Monster-like Beast Filmed in Alaska, Jennifer Viegas, NBC News (nbcnews.com),

Legend of Nessie, nessie.co.uk.

DOMINAÇÃO MUNDIAL
Eles só querem controlar o planeta

Everything is Under Control — Conspiracies, Cults and Cover-ups, Robert Anton Wilson, (Harper Perennial, 1998).

Them — Adventures with Extremists, Jon Ronson (Simon & Schuster, 2002).

Conspiracy Files — Paranoia Secrecy Intrigue, David Southwell & Sean Twist (Carlton Publishing Group, 2014).

Inside Bohemian Grove, Philip Weiss. *SPY*, nov. 1989.

"Bitcoin: 'Conspiracy Theory' Alleges Virtual Currency is NSA or CIA Project", Jerin Mathew. *International Business Time*, 09/08/2014.

"A conquista do Paralelo 33", em forum.antinovaordemmundial.com.

O poder oculto que governa os mundos — O esoterismo na política ocidental, Giorgio Galli (Madras, 1995).

The Global Elite — The Transnational Capitalist Class, em Biblioteca Pleyades (bibliotecapleyades.net).

UFOs, the Grand Deception and the Coming New World Order, Norio Hayakwa, (Civilizan Intelligence Network, 1993).

Conspiracies and Secret Societies — The Complete Dossier, Brad Steiger e Sherry Steiger (Visible Ink, 2013).

Conspiranoia! The Mother of All Conspiracy Theories, Devon Jackson (Plume Book, 2000).

ESPIÕES E CONTRAESPIÕES
Serviços de inteligência promovendo a estupidez

Artigos "CIACidtrip" e "Anglophobia", em *The 70 Greatest Conspiracies of All Time — History's Biggest Mysteries, Cover-ups & Cabals*, Jonathan Vankin e John Whalen (Citadel Press, 1995).

O código de James Bond — O mundo secreto de Ian Fleming e James Bond, Philip Gardiner (Cultrix, 2008).

"A Bond for All Ages: Sir Francis Bacon and John Dee, the Original 007", D. W. Cooper e Lawrence Gerald, Sirbacon (sirbacon.org).

"The British Occult Secret Service". *New Dawn Magazine* (newdawnmagazine.com).

"Edward Snowden and the Attack on Brazil", em Tomato Bubble (tomatobubble.com).

"World Trade Center", em *Conspiracy Files Paranoia Secrecy Intrigue*, David Southwell e Sean Twist (Gramercy Books, 2004).

"Invasão dos EUA no Afeganistão foi pelo mercado da heroína", artigo em *Democracia e Política* (democraciapolitica.blogspot.com.br).

"Echelon: America's Secret Global Surveillance Network", Patrick S. Poole, Civil Intelligence Association, Defense Oversight Group (ncoic.com).

Proof That "Anonymous" is CIA, Government Operations, Cyber Terrorist's and Not Activist's, documentário postado por AnonSecurity157 no YouTube (youtube.com).

"O Anonymous tem nome? É CIA?", Paulo Henrique Amorim, *Conversa Afiada*, 23/06/2013 (conversaafiada.com.br).

"Anonymous para nós, mas íntimos do FBI, NSA, CIA, DEA", Shoban Saxena, Ficha Corrida, 23/11/2013 (fichacorrida.wordpress.com).

"The Killing of Osama bin Laden", Seymour M. Hersh. *London Review of Books*, 21/05/2015.

The Men who Stare at Goats, Jon Ronson (Simon & Schuster, 2004).

FARSA HISTÓRICA
Parece verdade, mas não é

"Benjamin Franklin — Fouding Father of American Laughs", Paul Johnson, em *Humorists* (HarperCollins, 2010).

"Benjamin Franklin's House: The Naked Truth", John Ezard. *The Guardian*, 11/08/2013.

"Hoaxes of Benjamin Franklin", em The Museum of Hoaxes (hoaxes.org).

"O que é patafísica?", Millôr Fernandes, em *Millôr Online* (www.2.uol.com.br/millor).

"An Introduction to 'Pataphysics'", Zöe Corbyn. *The Guardian*, 09/12/2005.

"El humor, la Patafísica y la mística alrededor del círculo hermético", Maria Paz Lundin. *Investigación nº 9*, revista-laboratório da Universidad Diego Portales, Chile.

Artimanhas e opiniões do doutor Faustroll, patafísico, Alfredo Jarry (Amazon Brasil, 2015).

L'Hystérie paranoïque comme complot occultiste, Gilles Dufaux (The Nonexistent Library, 1973).

"Luciano de Samósata: Um precursor da ficção científica", Bira Câmara. *Jornal do Bibliófilo*, 05/03/2013.

"*Tales of the San Francisco Cacophony Society*", edição de Kevin Evans, Carrie Galbraith e John Law (Last Gasp Publishing, 2013).

Dreamland — Viagens no mundo secreto de Roswell e Área 51, Phil Patton (Conrad, 2000).

The Mound Builders, Robert Silverberg (New York Graphic Society, 1970).

"Pitdown Man Forgery", artigo em *British Biological Survey* (www.bgs.ac.uk).

"A antepassada do homem" e "Os protocolos do Judaísmo", em *O grande livro do maravilhoso e do fantástico* (Reader's Digest, 1977).

"The Possessed Nuns of Loudoun" e "The Peculiar case of Princess Caraboo", em *The Big Book of Hoaxes — True Tales of the Greatest Lies ever Told!*, Carlo Sifakis (Paradox Press, 1996).

"The Princess Caraboo Hoax", artigo de Brian Haughton, em *Mysterious People* (mysteriouspeople.com).

"William Moore: UFO Opportunist or Agent of Disinformation", Don Schmitt, Open Minds TV (openminds.tv).

"The Legendary Island of Hy-Brazil", em *Today I Found Out* (todayifoundout.com).

História das Cruzadas — O reino de Acre e as últimas Cruzadas, Steven Runciman (Imago, 2003).

O cemitério de Praga, Umberto Eco (Record, 2010).

Baudolino, Umberto Eco (Record, 2001).

HISTÓRIA OCULTA
A história não é aquela você aprendeu na escola

O livro do inexplicável, Jacques Bergier (Hemus, 1973).

Os livros malditos, Jacques Bergier (Hemus, 1974).

The Secret History of the World, Mark Booth (Overlook Press, 2010).

Os 100 maiores mistérios do mundo — A mais completa lista sobre coisas estranhas e inexplicáveis, Stephen J. Spignesi (Difel, 2004).

O estranho mundo dos profetas, Gérard de Sède (Hemus, 1984).

Enigmas del pasado, Waldemar Julsrud (edição do autor, 1947).

"Waldemar Julsrud Museum", em Acámbaro, México em Atlas Obscura (atlasobscura.com).

"Creatures of other Mould", Avi Davis. Believer, dez. 2010.

"The Shroud and the Scrolls", em *The 70 Greatest Conspiracies of All Time — History's Biggest Mysteries, Cover-ups & Cabals*, Jonathan Vankin e John Whalen (Citadel Press, 1995).

Conspiração Jesus, Holger Kersten e Elmar R. Gruber (Bestseller, 1994).

O Santo Graal e a linhagem sagrada, Michael Baigent, Richard Leigh, Henry Lincoln (Nova Fronteira, 1982).

Rex Deux — O verdadeiro mistério de Rennes-le-Château e a dinastia de Jesus, Marilyn Hopkins, Chraham Simmans, Tim Wallace-Smith (Imago, 2000).

"Did a Historical Jesus Exist?", Jim Walker, em *No Beliefs* (nobeliefs.com).

"Coincidência entre Jesus, Mitra, Hórus e maçonaria", Armindo Abreu, em *Agenda Global* (agentaglobal21.wordpress.com).

"Emir Kusturica is not Emir Kusturica", Mladen Dragojevic. *Independent Balcan News Agency*, 08/01/2015.

"Brasil, Egito, J. K., Akhenaton e Brasília", artigo de *Thot3126*, em *Thot* (thot3126.com.br).

"A história secreta da cidade de Brasília", em *Verdade no Comunidades* (verdadena.no.comunidades.net).

De traidor a herói: A construção da imagem de Tiradentes, Renato Drummond Tapioca Neto, em *Rainhas Trágicas* (rainhastragicas.com).

"A morte de Tiradentes: Uma farsa?", Laurentino Gomes (laurentinogomes.com.br).

"A farsa da Inconfidência Mineira", Guilhobel Aurélio Camargo, em *Diretório Monárquico do Brasil* (diretoriomonarquicodobrasil.blogspot.com.br).

"Tiradentes não foi enforcado? Fugiu para Lisboa? Quem morreu no seu lugar?", Dilson Júnior. *Diário da Manhã*, 23/04/2015.

Moisés e o monoteísmo, Sigmund Freud (Relógio D'Água, 1990).

Site que registra presença alienígena na história: ancientaliensmap.com/.

"No Ghost in the Machine: Talking Heads in Sylvia", artigo de Claudia (blogs.ub.filosofie.ru).

O herói de mil faces, Joseph Campbell (Cultrix/ Pensamento, 1996).

Medieval Lives, Terry Jones (BBC Books, 2004).

Documentário *Room 237*, direção de Rodney Ascher (2012).

Documentário *The Shining Code*, direção de Michael Wysmierski e JMC (2012).

"Saddam or Stargate? — What is Task 20's Main Objective?" e "Stargates Directly Linked to Iraq War", Michael Salla, em *Biblioteca Pleyades* (bibliotecapleyades.net).

"33 Mysteries Facts" (home.earthlink.net).

"*The number 23 and the law of fives*" (detroidify.com).

"*Lusus serius*: Os Manifestos Rosa-Cruz e a 'piada séria'", Mike Jay, *Ceticismo Aberto* (ceticismoaberto.com).

Documentário *The Book that Can't be Read*, direção de Jason Alan Carvel (2010).

What We Know About the Voynich Manuscript, Sravana Reddy, The University of Chicago.

Manuscrito Voynich fotografado e disponibilizado na internet: archive.org/details/TheVoynichManuscript.

"Os antigos mapas da Antártida", Andreia Tschiedel, *Ceticismo Aberto* (ceticismoaberto.com).

O livro dos livros perdidos, Stuart Kelly (Record, 2005).

"Shakespeare: The Conspiracy Theories". *Daily Telegraph*, 21/07/2015.

"Who Really Wrote Shakespeare?", Robert McCrum. *The Observer*, 14/03/2010.

MALDITA MÍDIA
Manipuladores muito loucos aprontando altas confusões

"The Hermit Billionaire", em *The 70 Greatest Conspiracies of All Time — History's Biggest Mysteries, Cover-ups & Cabals*, Jonathan Vankin e John Whalen, (Citadel Press, 1998).

"Liar, Liar! — Clifford Irving Revisited", em *60 minutes*, CBS (cbsnews.com).

"The Great Wall of China Hoax", artigo no *The Museum of Hoaxes* (hoaxes.org).

"The BBC radio panic", artigo no *The Museum of Hoaxes* (hoaxes.org).

Ronald Knox: A Biography, Evelyn Waugh (Cassell Publishers, 1988).

"The Hitler Diaries" e "War of the Worlds", em *The Big Vook of Hoaxes — True Tales of the Greatest Lies Ever Told*, Carl Sifakis, Paradox Press, 1996.

Perfil de "Konrad Kujau", em Action Report Online (fpp.co.uk).

Site Michael Jackson is Not Dead, que registra aparições do ídolo pop para provar que sua morte é uma farsa: michaeljacksonisnotdead.wordpress.com.

"Michael Jackson: How Celebrity Gossip Site TMZ Got Scoop of the Decade", Stephen Brook. *The Guardian*, 26/06/2009.

"Who Constructed the Puzzle in Oak Island?", em *Active Mind* (activemind.com).

"Oak Island Treasure Pit Mystery", Casper Jones, em *World Mysteries* (blog.world-mysteries.com).

"O enigma do poço do tesouro" e "O navio que navegava por ele mesmo", em *O grande livro do maravilhoso e do fantástico* (Reader's Digest, 1977).

"Máfia do Dendê", Eduardo Carvalho. *Digestivo Cultural*, 08/12/2002.

MUNDOS SUBTERRÂNEOS
O que vem de baixo nos atinge

Underground! — The Disinformation Guide to Ancient Civilizations, Astonishing Archaeology and Hidden History, edição de Preston Peet (Disinformation, 2005).

O livro de ouro dos mistérios da Antiguidade, Peter James e Nick Thorpe (Ediouro, 2001).

Os 100 maiores mistérios do mundo — A mais completa lista sobre coisas estranhas e inexplicáveis, Stephen J. Signesi (Difel, 2004).

História das terras e lugares lendários, Umberto Eco (Record, 2013).

Enciclopédia do inexplicável, Jerome Clark (Makron Gold, 1997).

"Inner Earth Beins Take First Step to Openly Reveal Themselves to Humanity", Michael Salla, em *Exopolitics*, abr. 2016 (exopolitics.org).

O Triângulo do Dragão, Charles Berlitz (Bestseller, 1989).

O Triângulo das Bermudas, Charles Berlitz (Nova Fronteira, 1974).

Mu, a cidade perdida, Hugo Pratt (Nemo, 2012).

The Pleasures of Conspiracy: American Literature 1870-1910, dissertação de Alexander J. Beringer, Universidade de Michigan.

"Ignatius Donnelly, prince of Cranks", J. M. Tyree. *The Beliver*, ago. 2005.

The Hollow Earth: The Greatest Geographical Discovery in History Made by Admiral Richard E. Byrd in the Mysterious Land beyond the Poles", Raymond W. Bernard (Bell Publishing, 1964).

Bestas, homens e deuses — O enigma do Rei do Mundo, F. Ossendowski (Hemus, 1978).

MUTAÇÃO BIOLÓGICA
Criaturas estranhas com modificações esquisitas

"The DNAlien Conspiracy", em *"Conspiranoia! The Mother of All Conspiracy Theories"*, Devon Jackson (Plume, 2000).

The Miami Zombie, Frank Owen. *Playboy* USA, jan./fev., 2013.

"Zombie Apocalypse' Trending as Bad News Spreads Quickly", Brad Lennon (news.blogs.cnn.com).

Preparedness 101 — Zombie Apocalypse, Ali S. Khan (cdc.gov).

"A ilha do doutor Ivanov", Rob Magnuson Smith, *Playboy*, jul. 2012.

NAZISTAS
São nazistas, ora! Precisa dizer mais?

O despertar dos mágicos — Introdução ao realismo fantástico, Louis Pauwels e Jacques Bergier (Bertrand Brasil, 1991).

"The Aldebaran Mistery...?", Jim Nichols, em *Biblioteca Pleyades* (bibliotecapleyades.net).

"Adolf Hitler", artigo em *Gnosis On-Line* (gnosisonline.org).

"A Lenda do Monge das Luvas Verdes", Clint Werner, em *Morte Súbita* (mortesubita.org).

"A conexão nazista com Shambhala e o Tibete", Alexander Berzin, em *Study Buddhism* (studybuddhism.com/pt).

"Behold the Green Dragon: The Myth & Reality of an Asian Secret Society", Richard Spence, em *New Dawn Magazine*, jan. 2009.

"The Spear of Destiny: History's Most Sacred Relic", em *History Decoded — The 10 Greatest Conspiracies of All Time*, Brad Meltzer e Keith Ferrell (Workman Publishing, 2013).

"Maria Orsitsch", artigo em *1St Muse* (1stmuse.com),

"Maria Orsic and the Vril Society", artigo em *Battle of Earth* (battleofearth. wordpress.com).

"The Muslim Brotherhood — The Nazis and the Al-Qaeda", John Loftus, em greyfalcon.us.

"From the Muslim Brotherhood to the Third Reich", em *Tell Children the Truth* (tellchildrenthetruth.com).

Jerusalém — A biografia, Simon Sebag Montefiore (Companhia das Letras, 2013).

Hitler no Brasil — Sua vida e sua morte, Simoni Renée Dias (edição da autora).

SATANISMO
Adoradores de Satã e outros capetas

"Baphomet — Uma mentira secular", artigo em vcsabiadisso.blospot.com.br.

Aleister Crowley e a prática do diário mágico, James Wasserman (Madras, 2009).

Secret Agent 666 — Aleister Crowley, British Intelligence and the Occult, Richard B. Spence (Feral Press, 2008).

Site da Ecclesia Catholica Gnostica: http://otobr.com/.

"Leary and Crowley", Robert Anton Wilson, em *Book of Lies — The Disinformation Guide to Magick and the Occult* (Disinformation, 2003).

"Era Karl Marx um satanista?", Bertrand Wumrbrand, Portal Conservador (portalconservador.com).

"Satanismo e revolução marxista — O satanismo confesso de Marx e de outros corifeus da revolução", em *Catolicismo Romano* (catolicismoromano.com.br).

"Rasputin", artigo na enciclopédia *Homem, mito e magia*, v. 2 (Três, 1974).

Documentário *The Other Loch Ness Monster*, direção de Garry S. Grant, roteiro de Charles Preece (BBC, 2000).

"*Calling Cthulhu* — H. P. Lovecraft's Magick Realism", Erik Davis, em *Book of Lies — The Disinformation Guide to Magick and the Occult* (Disinformation, 2003).

Necronomicon: da origem até nossos dias, Daniel Low, em *Morte Súbita* (mortesubitainc.org/).

O livro de ouro das ciências ocultas, Friedrich W. Doucet (Editouro, 1990).

Enciclopédia do sobrenatural, edição de Richard Cavendish (L&PM, 2002).

Dicionário dos deuses e demônios, Mandred Lurker (Martins Fontes, 1993).

Complete Dictionary of Symbols, edição de Jack Tresiddr (Chronicle Books, 2004).

Who's who in Classical Mythology, Michael Grant e John Hazel (Taylor & Francis Group, 2004).

Strange Angel — The Otherworldly life of Rocket Scientist John Whiteside Parsons, George Pendle (Harcourt Inc., 2005).

"Dança cósmica de Shiva no CERN", Henrique Macho, set. 2010 em *Meu Ambiente* (meuambiente.blog.com).

"The HL-LHC: High Luminosity Large Hadron Collider" no site do CERN (hilumilhc.we.ch).

"CERN —Shiva, Ancient Fallen Angel Technology & The Illuminati", artigo de twclarck66, em *No Works Salvation Apocalypse Now* (twclark66.wordpress.com).

"Is the Large Hadron Collider Going to Summon the Antichrist Next Month?", Rob Waugh, *Metro UK*, 03/08/2015.

A história secreta de Paris, Andrew Hussey (Amarilys, 2011).

"The Legend of the Flying Dutchman", Brian Dunning, *Skeptoid* (skeptoid.com).

"O navio fantasma", em *O grande livro do maravilhoso e do fantástico* (Reader's Digest, 1977).

"Nineveh", em *Ancient History Enciclopedia* (ancient.eu).

Baalbek — A Colossal Enigma, Gian J. Quaser, Biblioteca Pleyades (bibliotecapleyades.net).

SOCIEDADES SECRETAS
As forças ocultas que dominam o mundo

As sociedades secretas — Do século XVII ao século XX, Gianni Vannoni (Francisco Alves, 1988).

Conspiracies and Secret Societies — The Complete Dossier, Brad Steiger e Sherry Steiger (Visible Ink, 2013).

Everything is Under Control — Conspiracies, Cults and Cover-ups, Robert Anton Wilson (Harper Perennial, 1998).

The Iluminatus! — Trilogy, Robert Shea e Robert Anton Wilson (Dell Publishing, 1975).

A Mídia Illuminati (midiailluminati.blogspot.com.br).

Illuminati — Os segredos da seita mais temida pela Igreja católica, Paul H. Koch (Planeta, 2004).

"The Georgia Guidestones", Brian Dunning, Skeptoid (skeptoid.com).

"The Georgia Guidestones: Illuminati Ten Comandments?", artigo em fense.com.

"King/Kill 33: Masonic Symbolism in the Assassination of John F. Kennedy", James Shelby Downard em *Apocalypse Culture* (Feral House, 1987).

As viagens de Marco Polo, texto em português de Carlos Heitor Cony e Lenira Alcure (Ediouro, 2001).

"Along the 33rd Parallel — A Global Mistery Circle", publicado na compilação *Underground!*, editada pelo site Disinformation.

"The Sorcerers", artigo em *The 70 Greatest Conspiracies of All Time — History's Biggest Mysteries, Cover-ups & Cabals*, Jonathan Vankin e John Whalen (Citadel press, 1995).

The Best of Dagoberts Revenge Magazine, Tracy R. Twyman e Richard Metzger (Dragon Key Press, 2005).

"Conheça o papa negro dos jesuítas", Mary Schultze e Avro Manhattan, *Adventistas* (adventistas.com).

"The Real Men in Black — Hollywood and the Great UFO Cover-up", Steve Rose. *The Guardian*, 14/08/2014.

Documentário *Mirage Men — How the U.S. Government Created a Myth that Took*

Over the World, direção de John Lundberg e Roland Denning, roteiro de Mark Pinkington (2013).

"As muitas vidas da Ku Klux Klan", Paul-Eric Blanrue. *História Viva*, mar. de 2014.

"What the Ku Klux Klan Looks Like Today", Harrison Jacobs, *Business Insider* (businessinsider.com).

Os Templários: Cavaleiros de Deus, Edward Burman (Record, 1986).

Marco Polo, *As viagens de Marco Polo*. Adaptação de Carlos Heitor Cony e Lenira Alcure. Rio de Janeiro: Sinergia/Ediouro, 2009, p. 75.

TECNOPARANOIA
As máquinas que vão nos escravizar

"Google Adds to its Menageries of Robots", John Markoff. *The New York Times*, 14/12/2013.

"Stephen Hawking, Elon Musk and Bill Gates Warn about Artificial Intelligence", Miachel Sainato. *The Observer*, 19/08/2015.

Tecnopólio — A rendição da cultura à tecnologia, Neil Postman (Nobel, 1994).

Mondo 2000 — A User's Guide to New Edge, Rudy Rucker, R. U. Sirius, Queen Mu (Harper Perennial, 1992).

The Techno Human Condition, Braden R. Allenby e Daniel Sarewitz (MIT, 2011).

"Transhumanism Has a Conspiracy Theory Problem", Zoltan Istvan, em *Motherboard* (motherboard.vice.com, out. 2014).

"Transhumanism and the Great Rebellion", Britt Gillette, em *Rapture Ready* (raptureready.com).

The Transhumanist Cult That Runs Our Planet, Alex Jones TV, YouTube.

Site do Transumanismo: humanityplus.org.

"Has Russian Radio Signal UVB-76 Been Solved After 40 Years?", James Cook (dailydot.com, jun. 2014).

"Inside the Russian Short Wave Radio Enigma", Peter Savodnik. *Wired*, set. 2011.

"Windgding Predicted 9/11: A Truther's Tale", Ashleu Feinberg, em *Gizmodo* (gizmodo.com, 2015).

"Game Over", perfil do hacker Gary McKinnon por Jon Ronson. *The Guardian*, 09/07/2015.

"Are you Living in a Computer Simulation?", artigo em *Simulation Argument* (simulation-argument.com).

"Físicos tentam provar que vivemos na Matriz", Wilson Roberto Vieira Ferreira, em *Nova E* (novae.info.br).

A realidade oculta, Brian Greene (Companhia das Letras, 2011).

Hiperespaço, Michio Kaku (Rocco, 1994).

VIAGEM NO TEMPO
Gente do futuro alterando o passado

Os mestres secretos do tempo, Jacques Bergier (Hemus, 1974).

"The Physics of Time Travel", artigo de Michio Kaku (mkaku.org).

The Montauk Project: Experiments in Time, Preston B. Nichols (Sky Books, 1992).

"Turn Back the Spam of Time", Brian Mcwilliams. *Wired*, ago. 2003.

"Time Traveler Needs Dimensional Warp Generator", artigo em The Museum of Hoaxes (hoaxes.org).

"Unresolved: Who Was the Man from Taured and Did He Even Existed at All?", *Lucia, the Ghost in my machine* (theghostinmymachine.wordpress.com).

The Comte of Saint Germain, Isabel Cooper-Oakley (Miano G. Sulli-Rao, 1912).

The Comte of Saint Germain — The Immortal Count, Doug Skinner (Fortean Times, 2001).

"Rudolph Fentz, Accidental Time Traveler", artigo em *The Museum of Hoaxes* (hoaxes.org).

"John Titor, a Time Traveller from the Year 2036?", artigo em *The Hitchhiker's Guide to the Galaxy: Earth Edition* (h2g2.com).

"The Mystery of John Titor: Hoax or Time Traveler?", Rick Paulas. *Pacific Stantard*, 06/05/2013.

"Portugueses errantes", Susana Moreira Marques. *Jornal de Negócios*, 12/06/2009.

"O Judeu Errante, a materialidade da lenda", Jerusa Pires Ferreira. *Revista do Olhar*, jun. 2000.

História das lendas, Jean Pierre Byadr (Difel, 1957).

"O passado secreto de Kaspar Hauser", em *O grande livro do maravilhoso e do fantástico* (Reader's Digest, 1977).

"Back to the Future Predicts 9/11", vídeo postado pelo usuário BarelyHuman11 no YouTube.

TIPOGRAFIA Amasis
DIAGRAMAÇÃO Joana Figueiredo e Osmane Garcia Filho
PAPEL Pólen Soft, Suzano Papel e Celulose
IMPRESSÃO Gráfica Bartira, novembro de 2016

A marca FSC® é a garantia de que a madeira utilizada na fabricação do papel deste livro provém de florestas que foram gerenciadas de maneira ambientalmente correta, socialmente justa e economicamente viável, além de outras fontes de origem controlada.